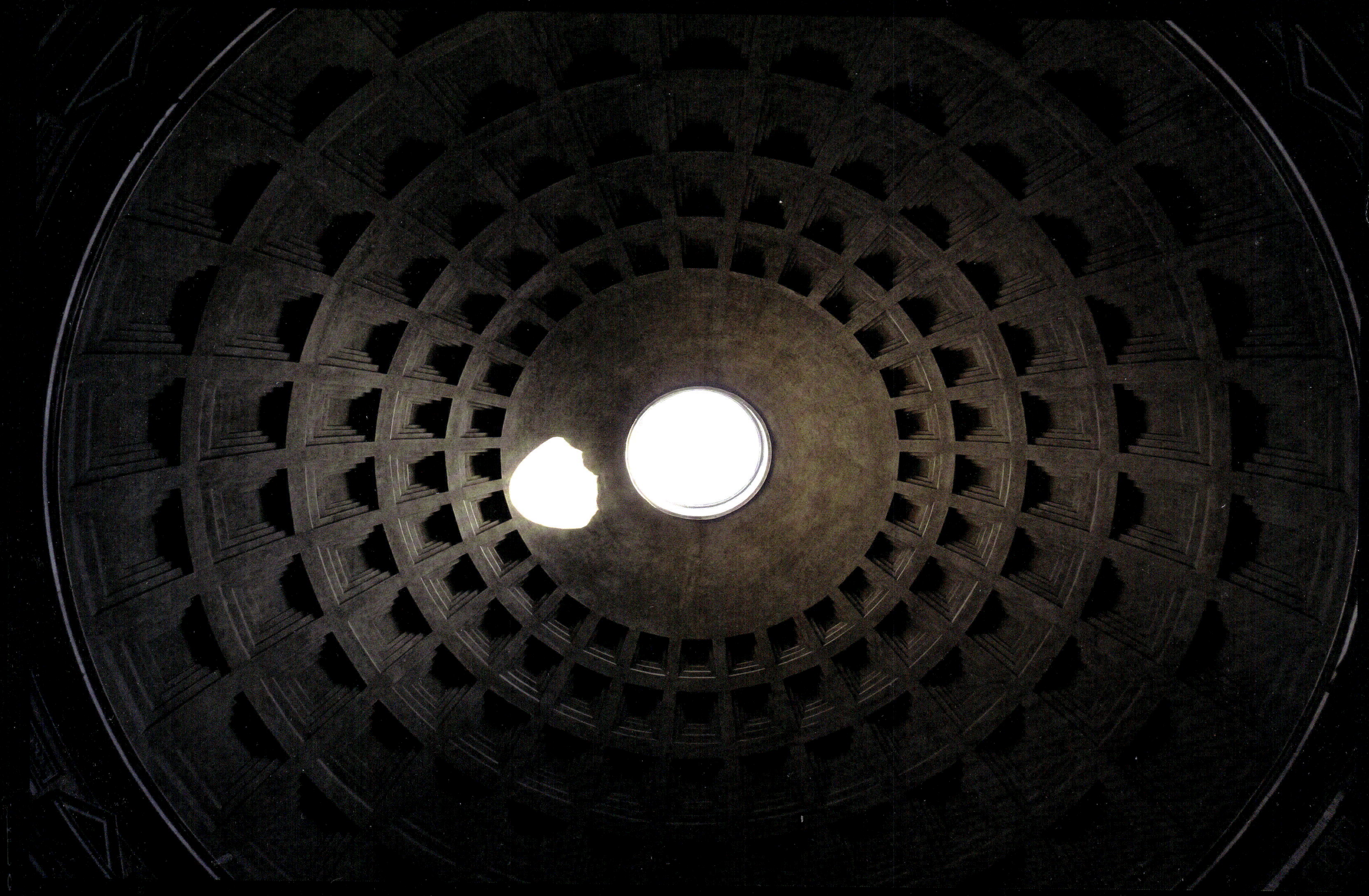

vagabond : ROM - ROME

BERND RÜCKER

EINDRÜCKE AUS ROM - IMPRESSIONS OF ROME

VORWORT

FOREWORD

Altes Mauerwerk, Ruinen, Statuen und Kultur im Überschwang: Das war meine vage Vorstellung von Rom. Ich wurde eines besseren belehrt: Die Metropole hat alle Eigenschaften einer modernen Großstadt – Nur ist sie eben völlig anders.

Ich danke meiner Frau Ellen für ihre Motivation, ihren Ideenreichtum und ihre Klugheit, mit der sie mich fortwährend unterstützt. Mein besonderer Dank gilt meinen Eltern, die stets an mich glauben, mir vertrauen und mir somit den nötigen Mut gaben, vagabond books ins Leben zu rufen. Danke an alle Freunde, Mitarbeiter und Helfer die mit viel Fleiß, Liebe und Engagement zum Erfolg dieser Bildbände beitragen.

Die Personen der Geschichte sind frei erfunden. Mögliche Übereinstimmungen mit existierenden Personen sind rein zufällig und nicht beabsichtigt.

A plethora of old stonework, ruins, statues and culture: that had been my vague image of Rome. I had a lot to learn: this metropolis has all the qualities of a modern big city – but with a character all its own.

I would like to thank my wife, Ellen, for the great support she has given me with her encouragement, wealth of ideas and wisdom. Special thanks go to my parents, who have always believed in me and trusted me, giving me the courage I needed to found vagabond-books. And lastly I'd like to thank all of the friends, colleagues and assistants who have contributed their hard work, love and commitment to the success of these photo essays.

The characters and events depicted in this story are entirely fictitious. Any similarities to actual events or persons are purely coincidental and not intentional.

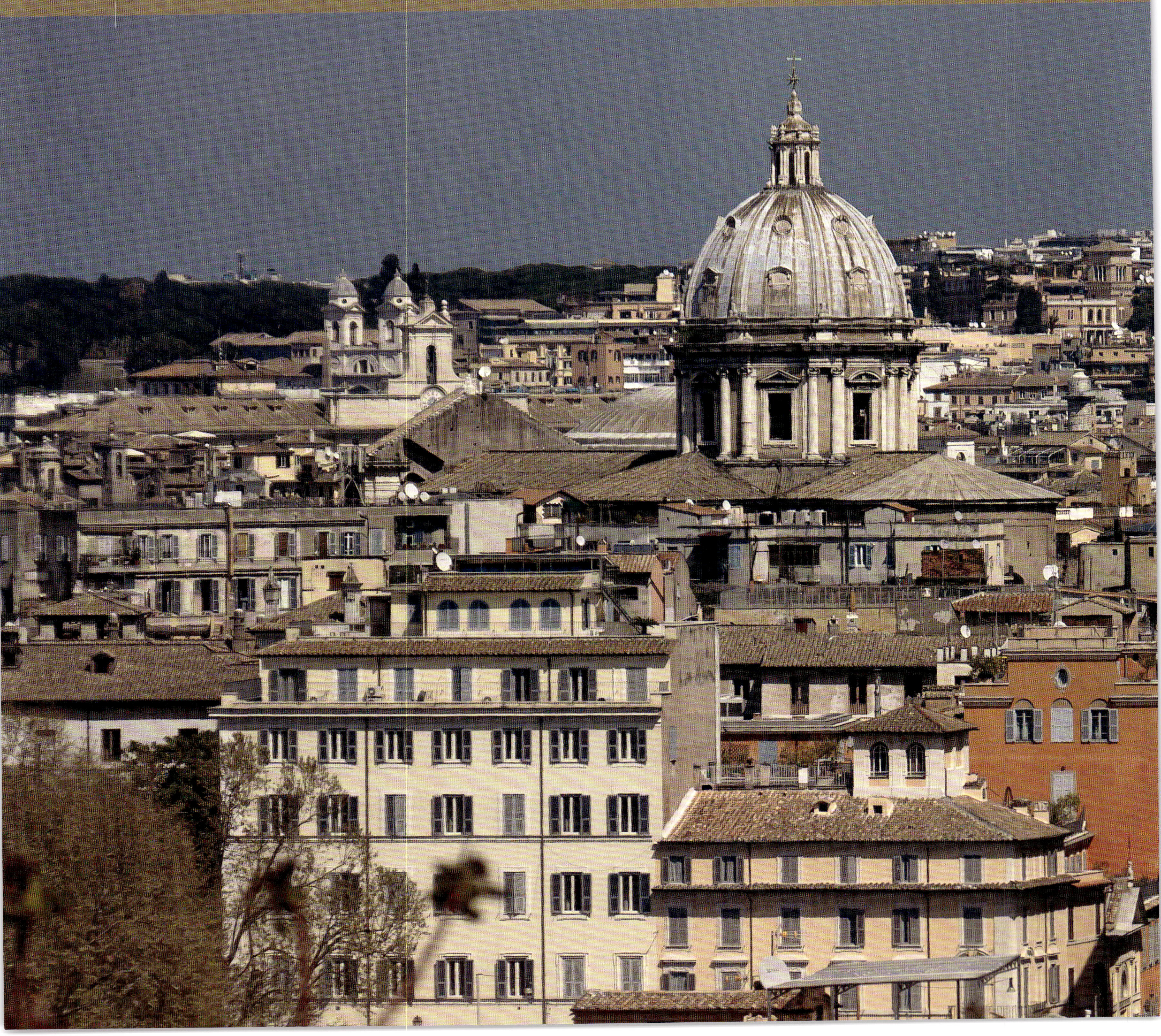

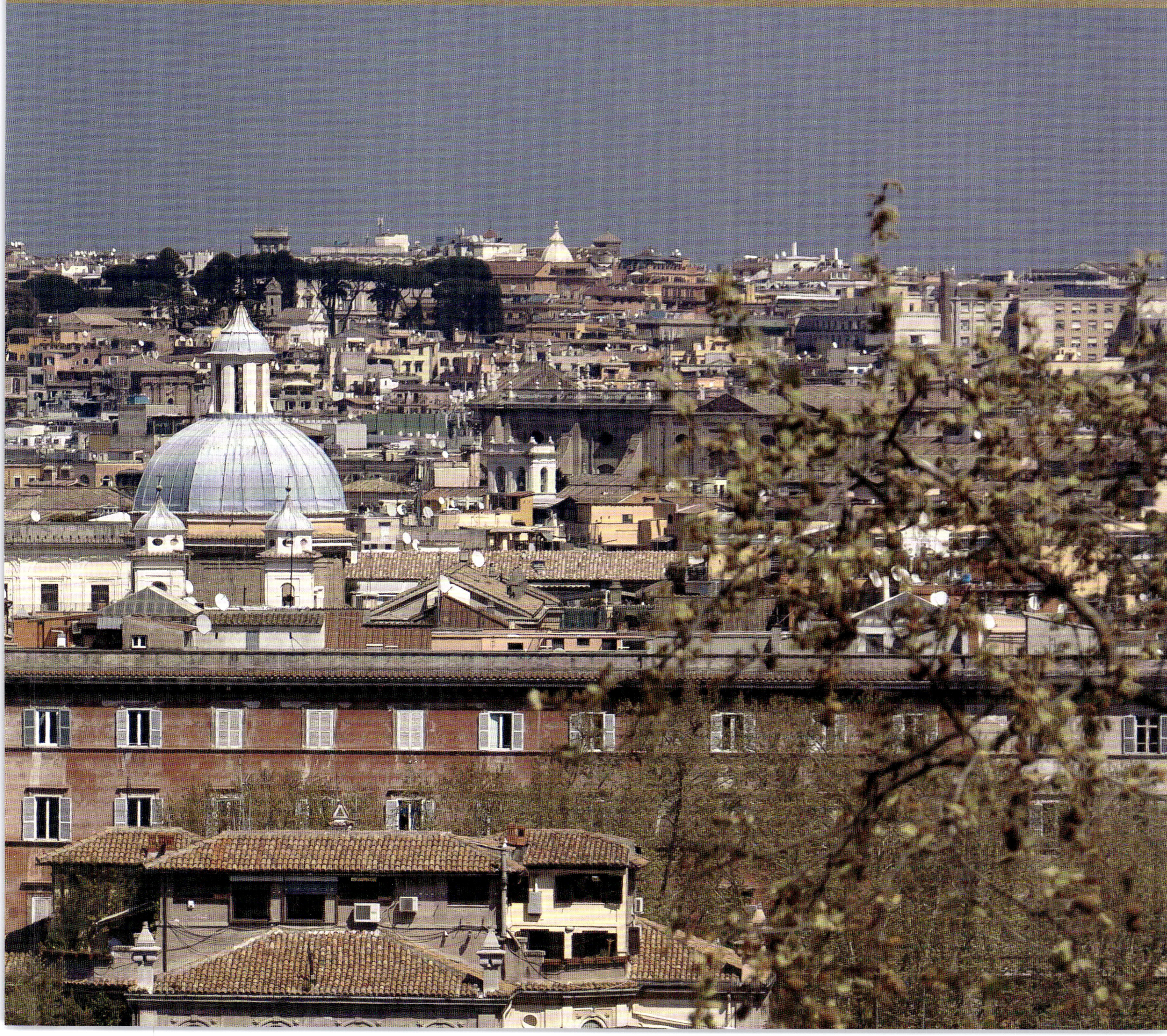

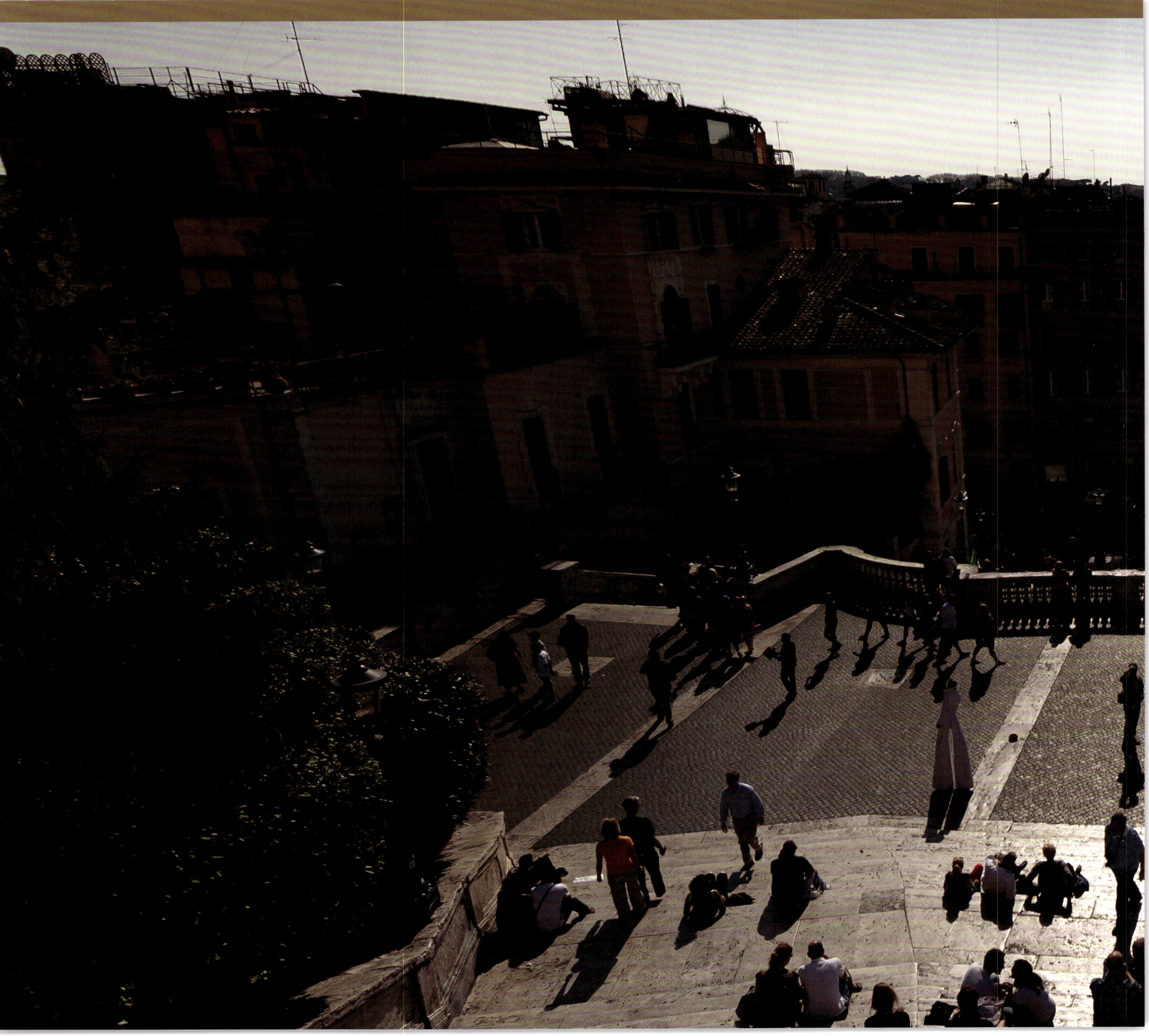

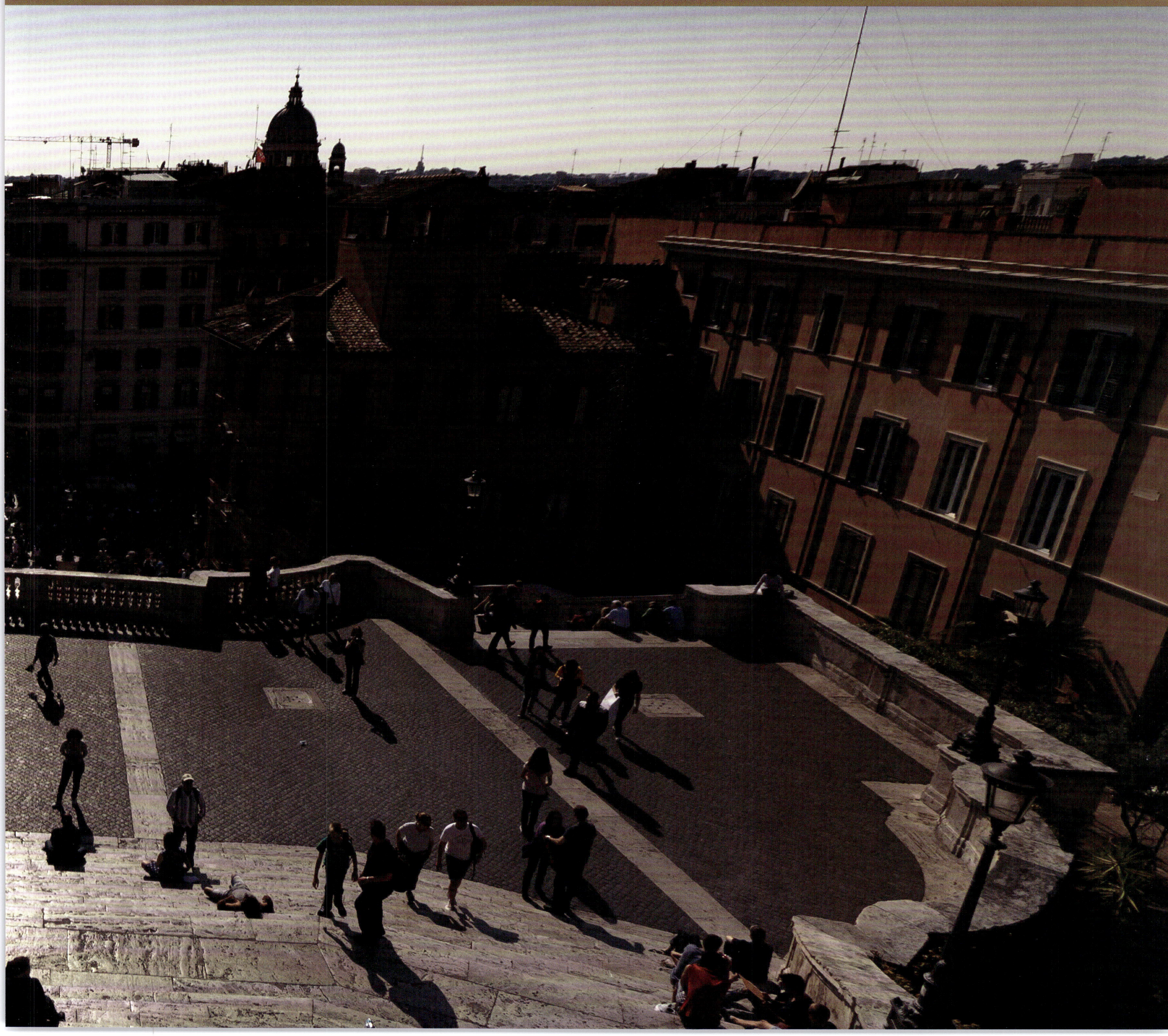

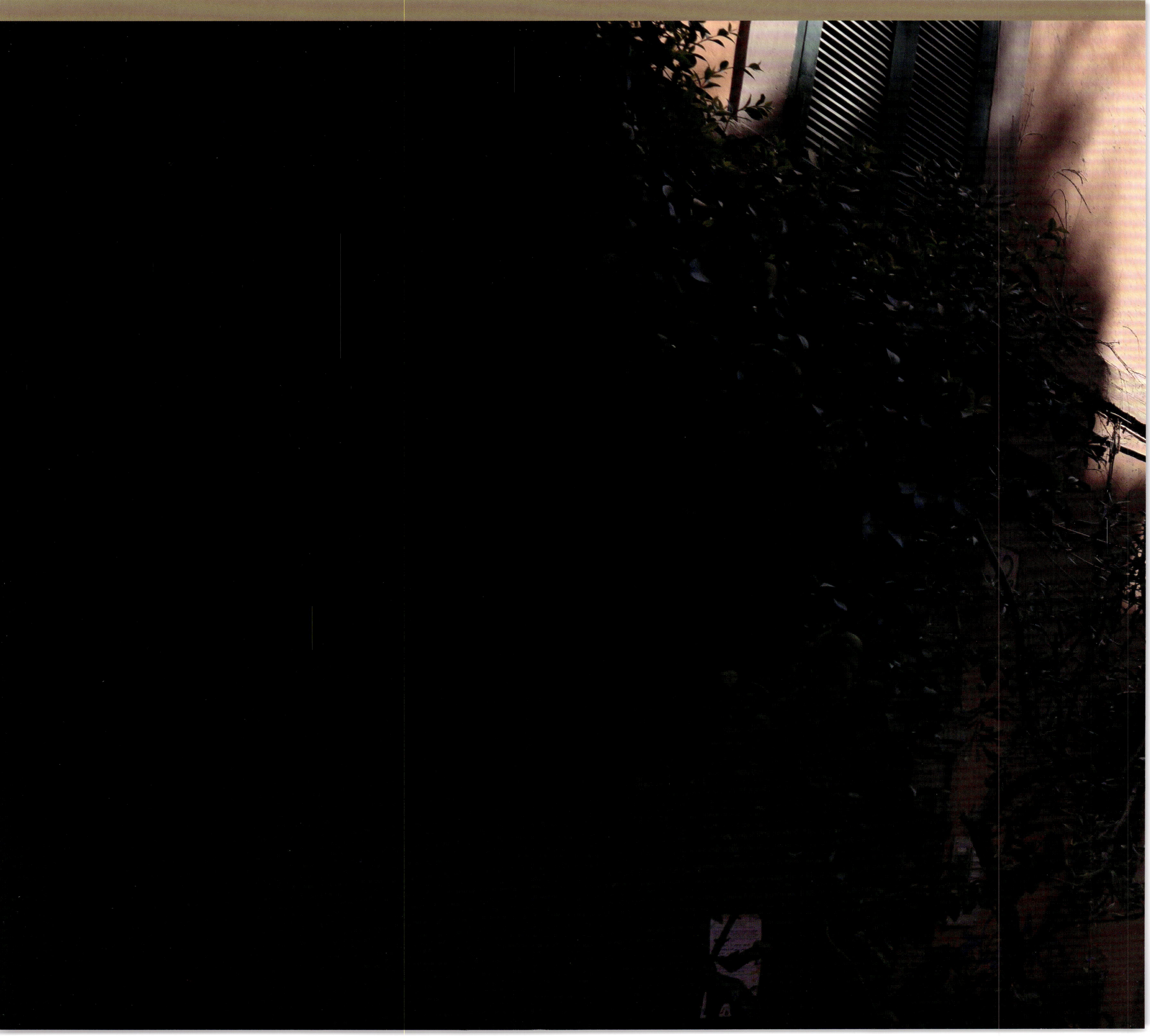

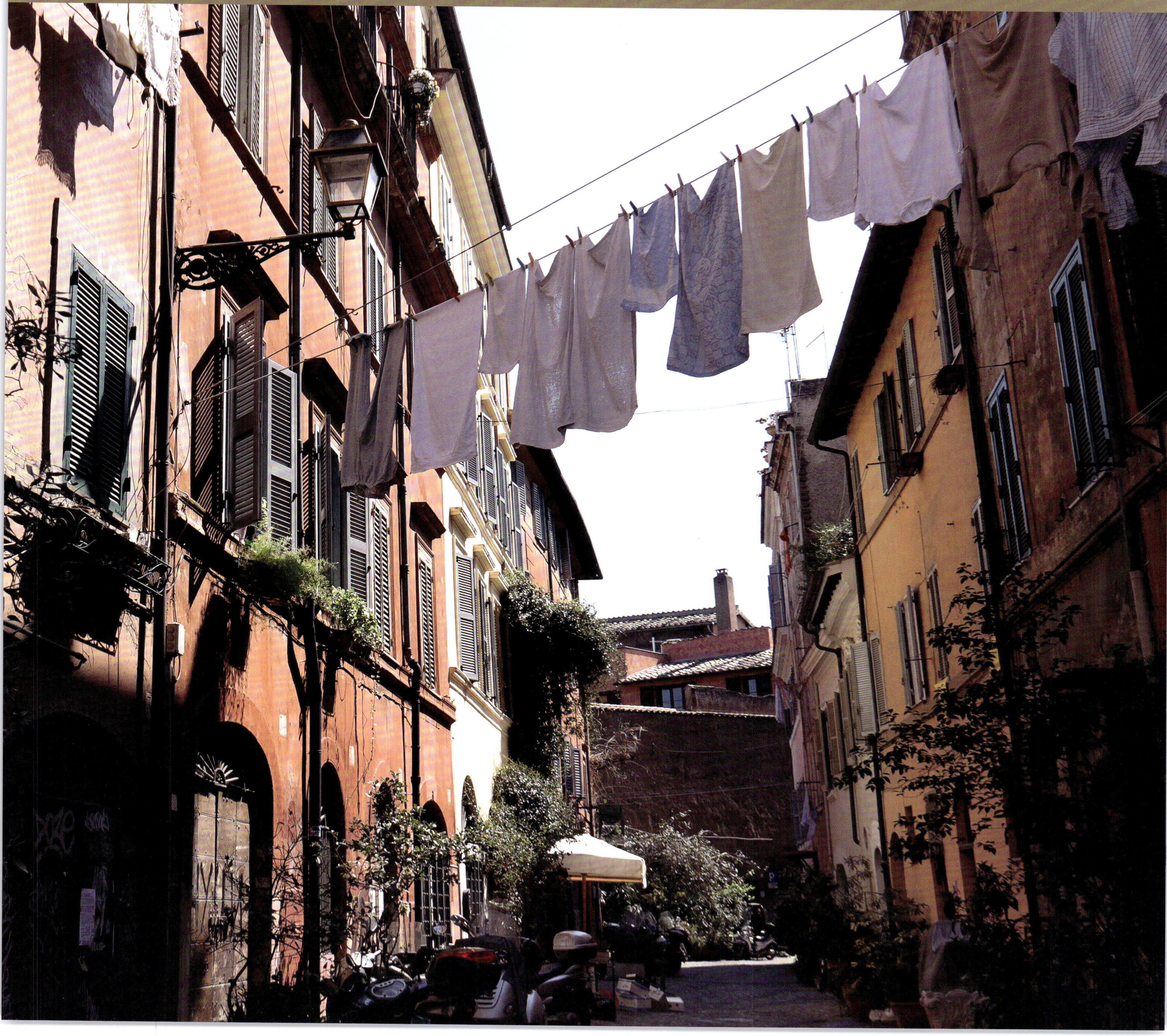

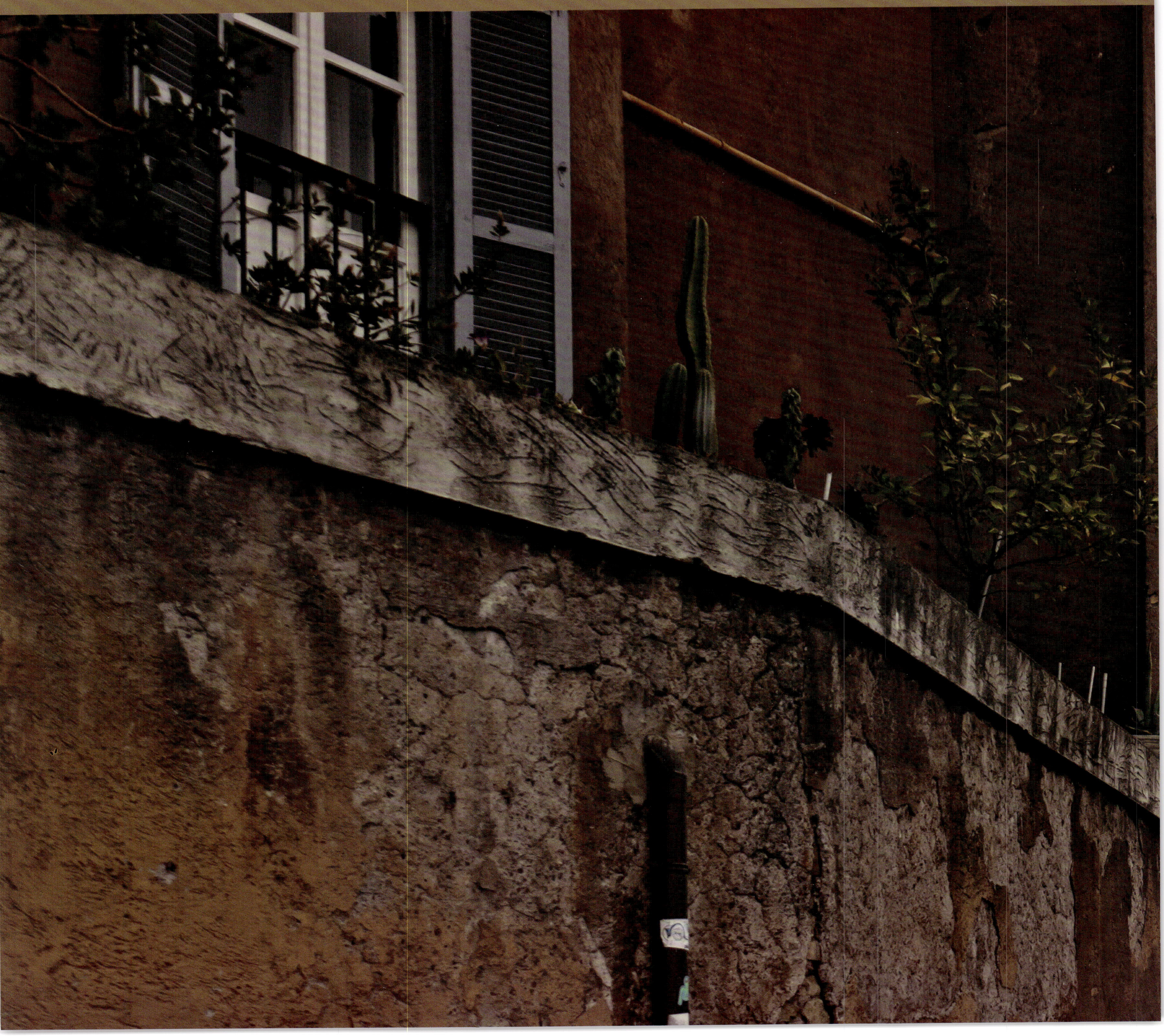

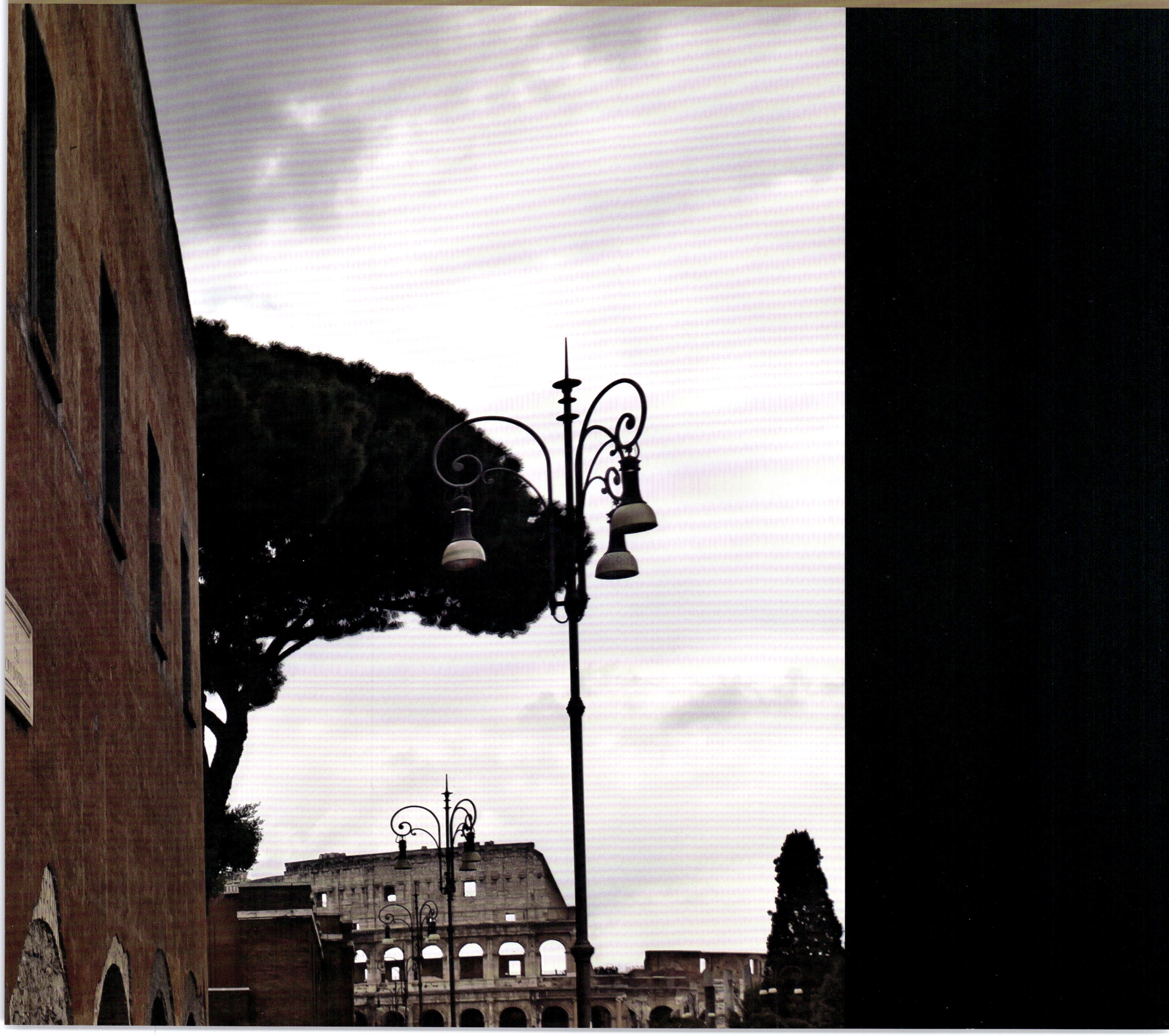

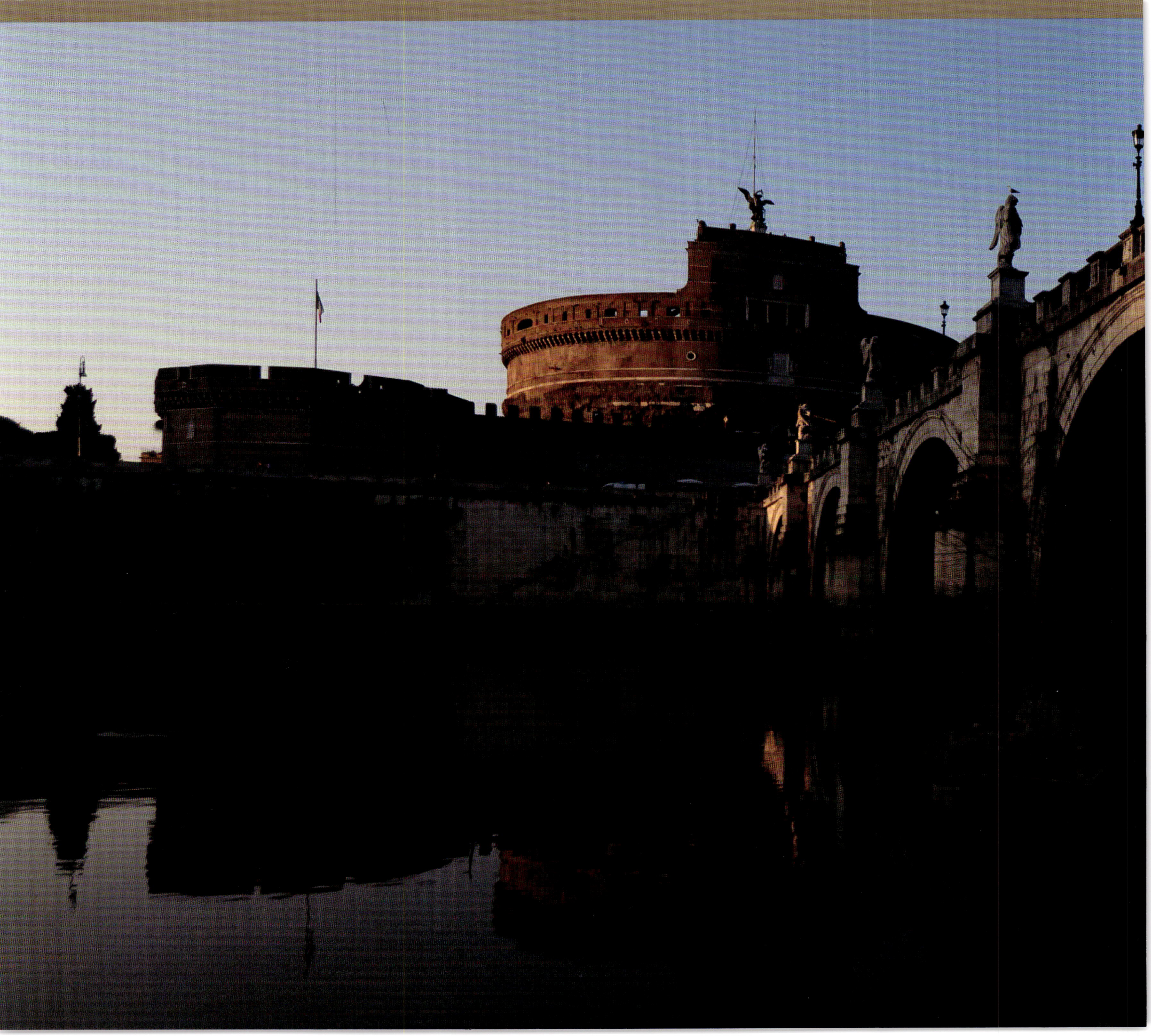

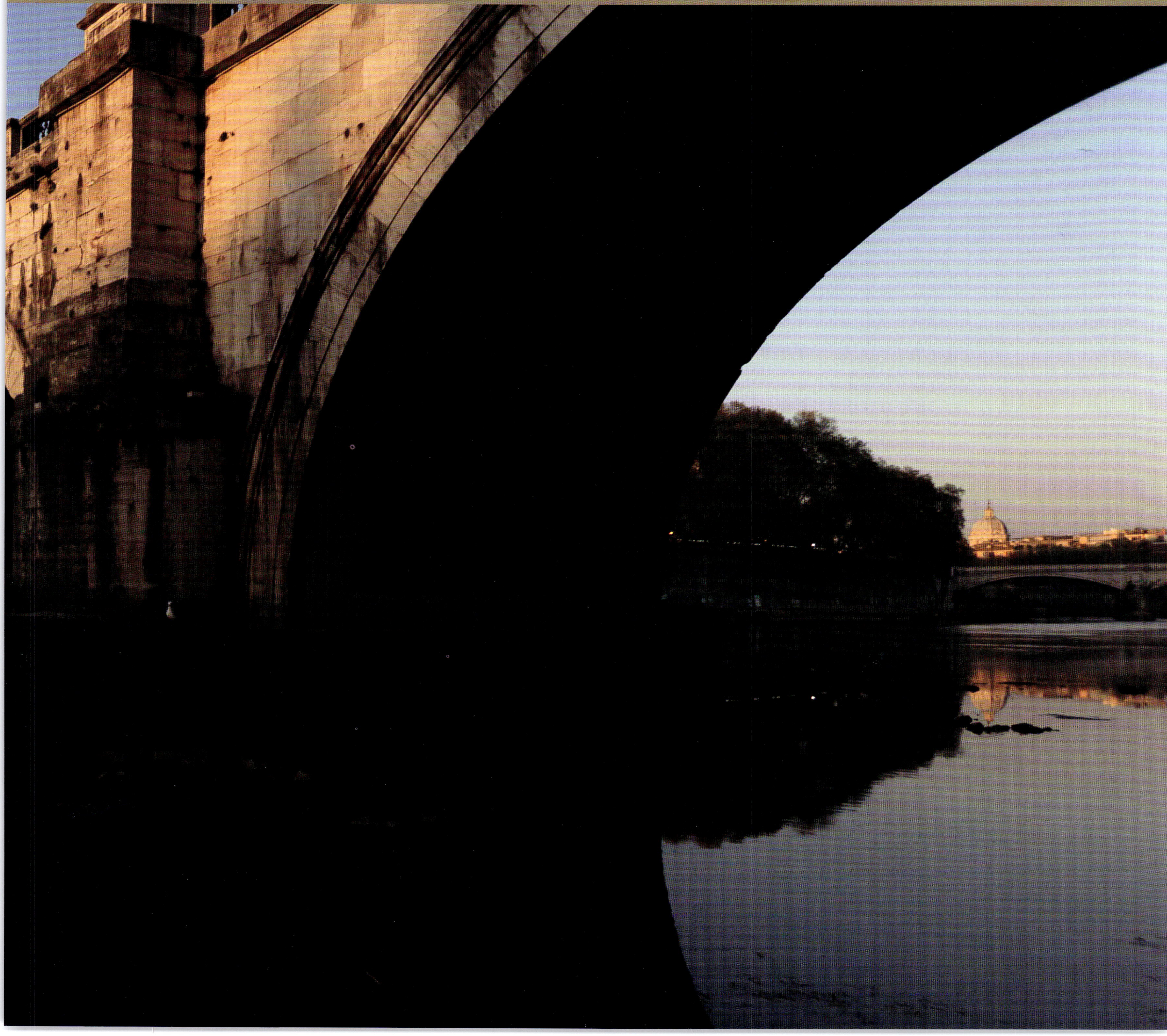

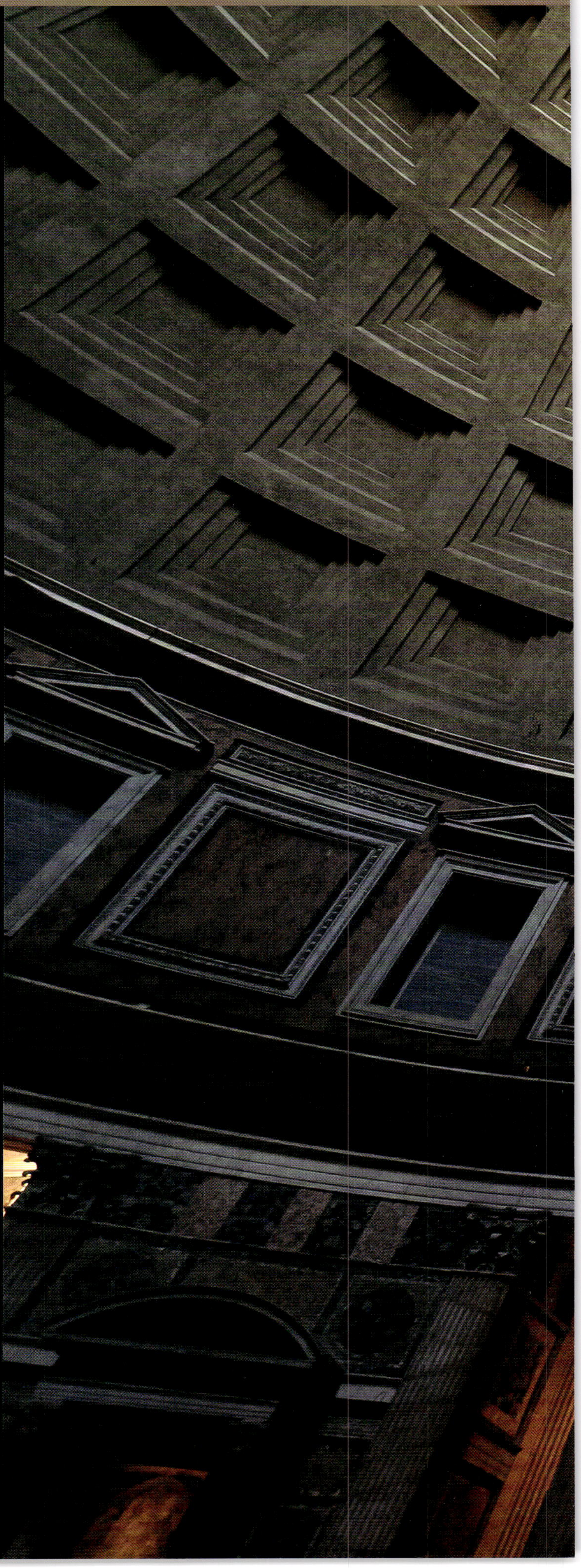

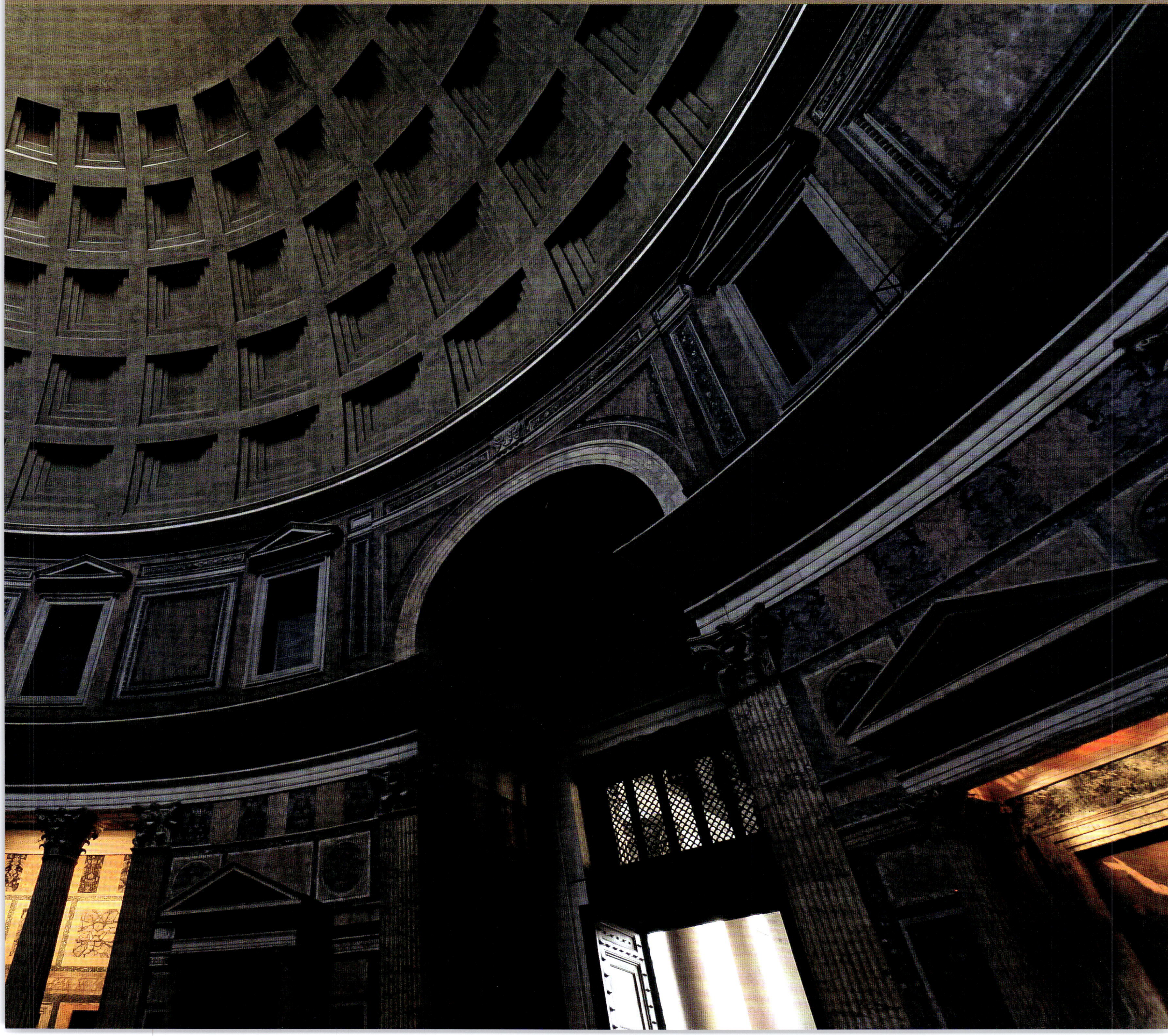

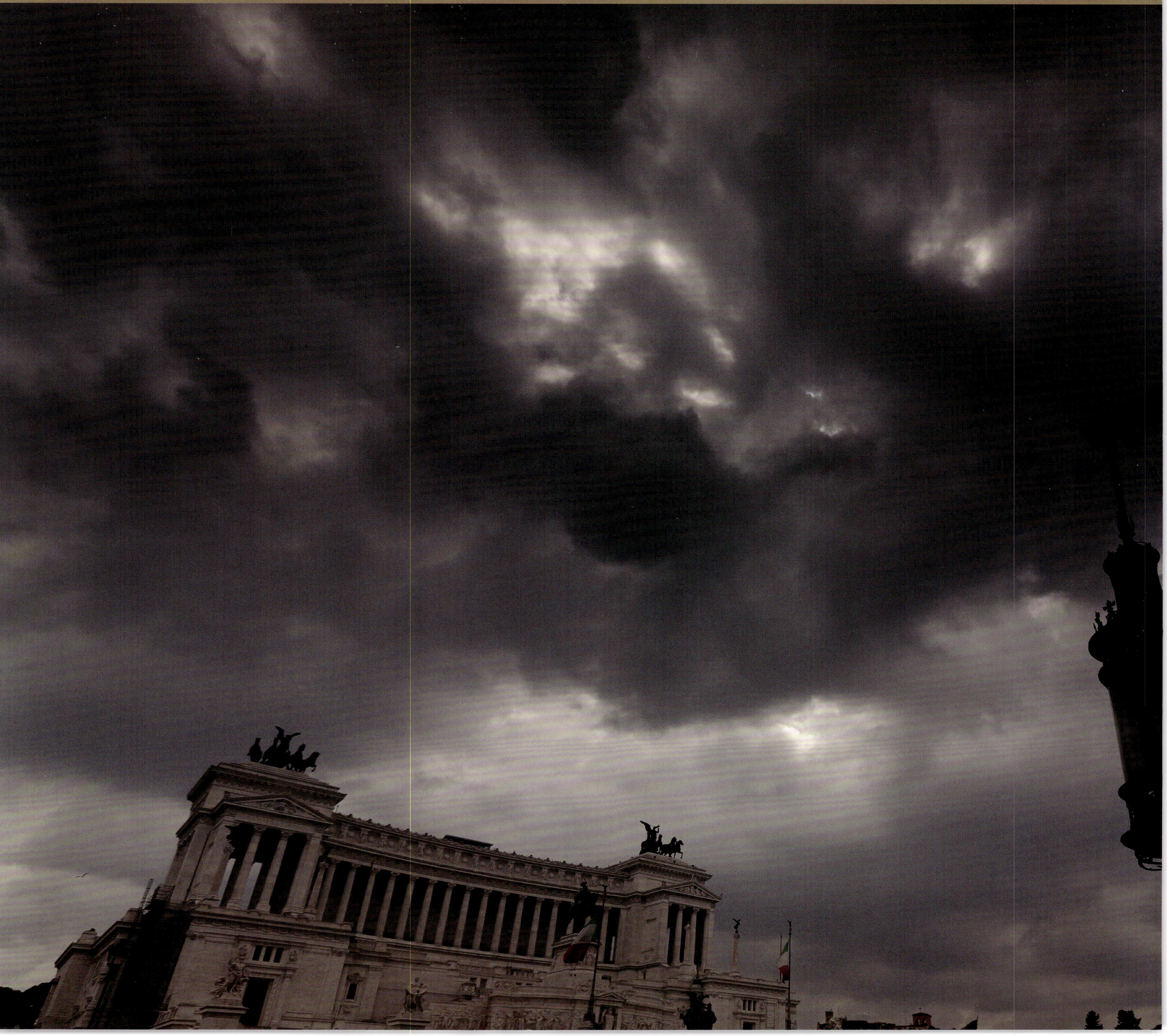

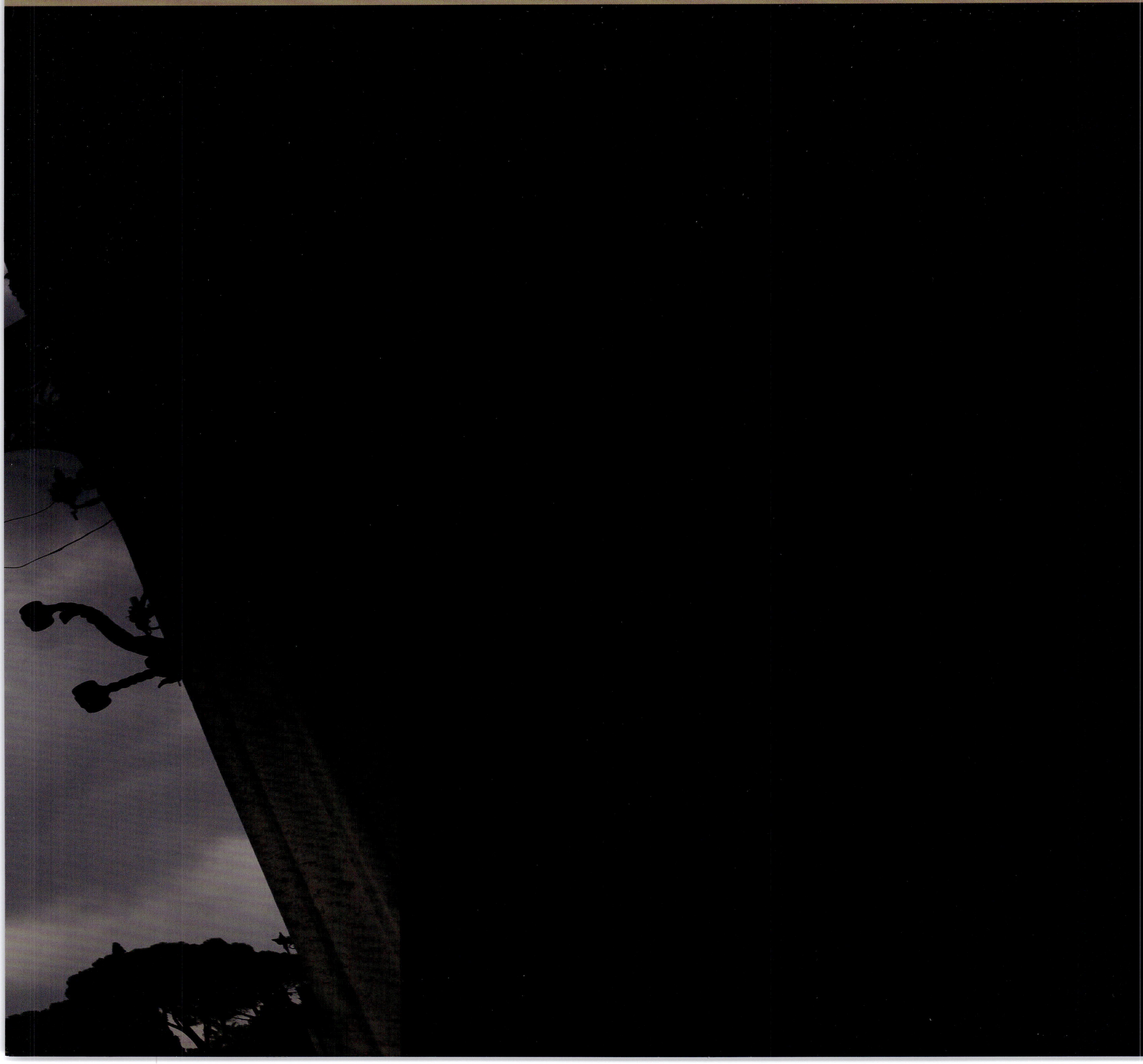

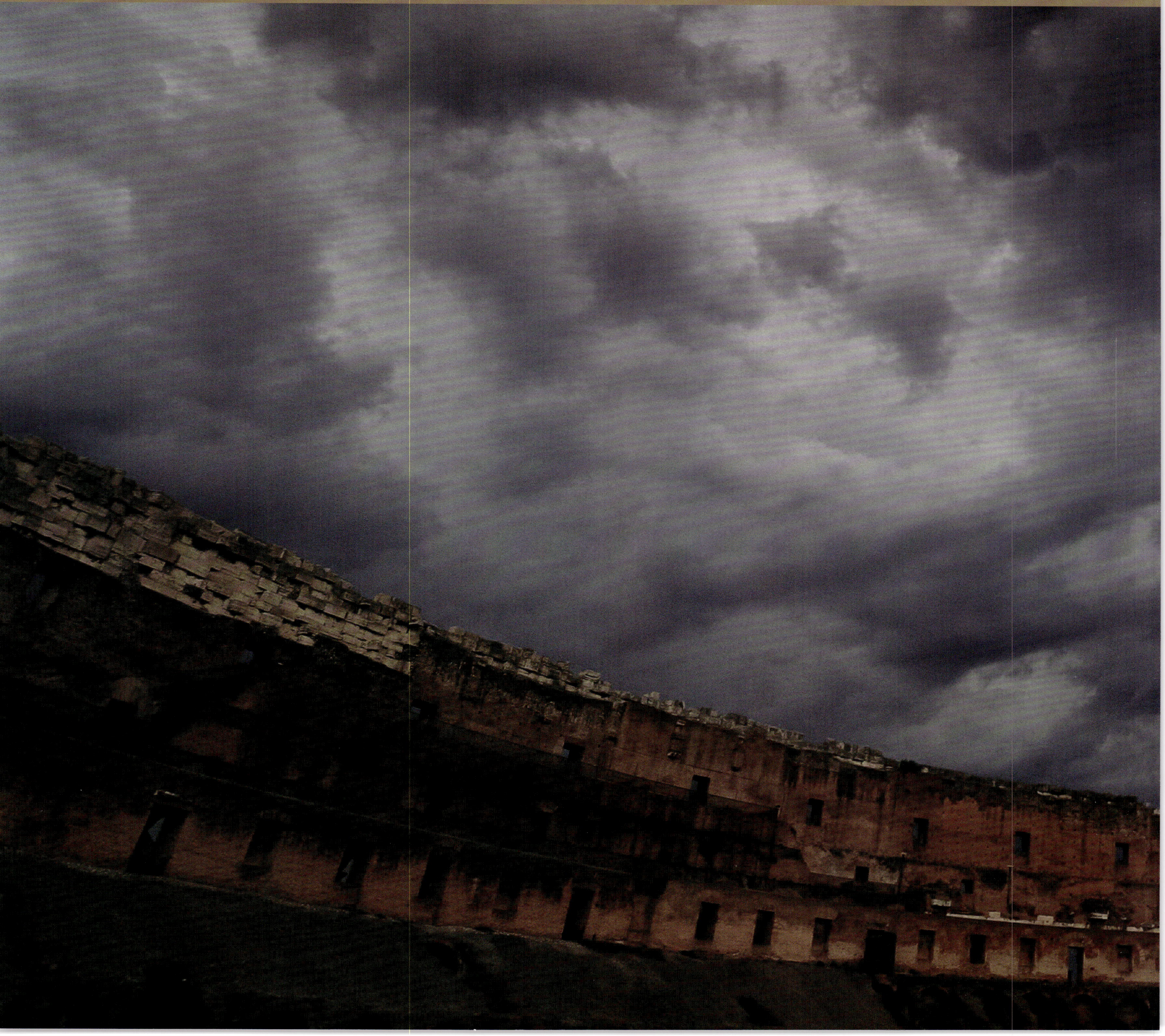

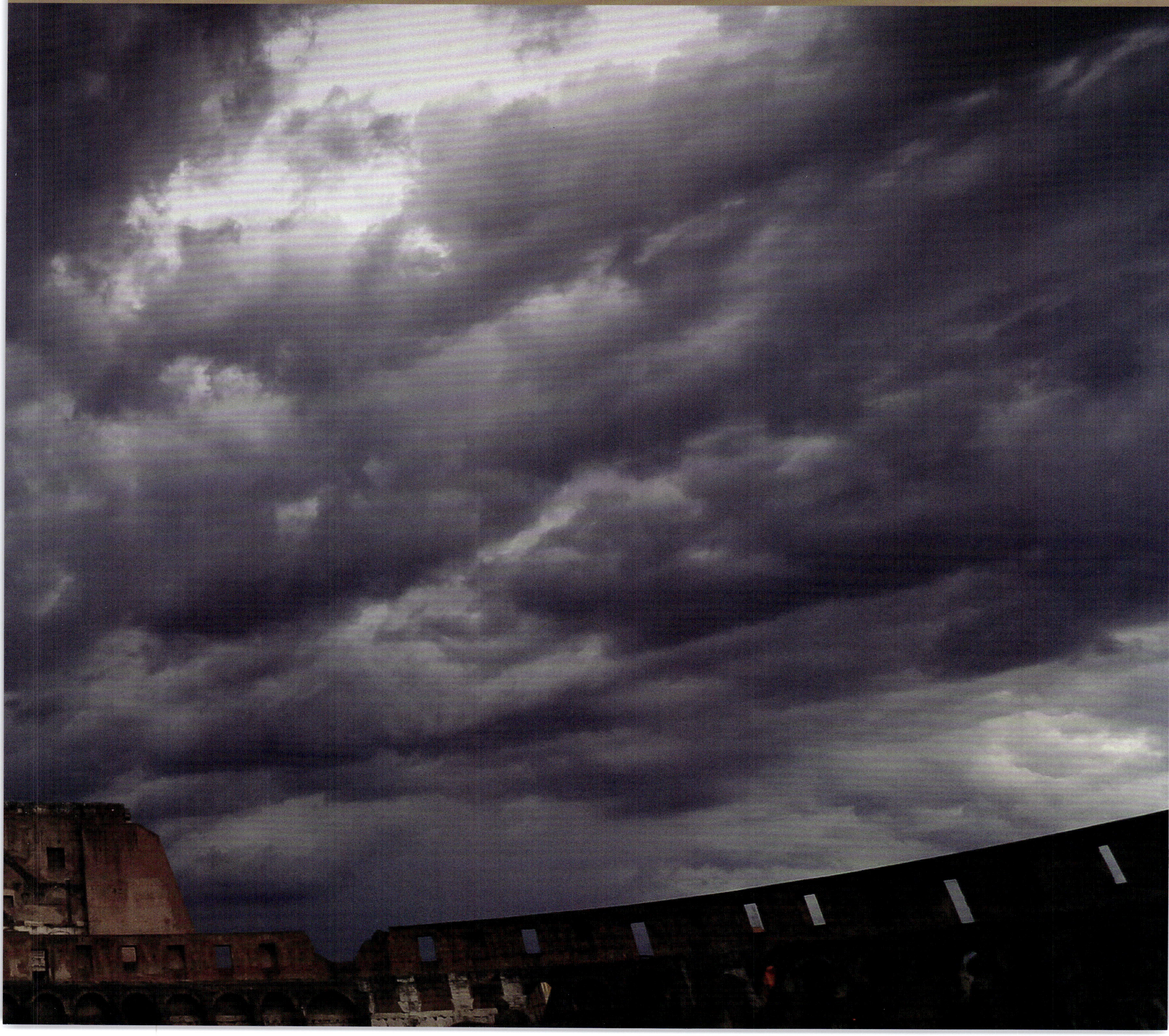

R O M – R O M E

INHALT

CONTENTS

VIA DEL BABUINO

BIS

RIONE PRATI

FROM VIA DEL BABUINO TO RIONE PRATI

EINLEITUNG – INTRODUCTION

Die anderen waren in ihren Wagen verschwunden. Nur das Knistern der Glut und das Zirpen der Grillen waren noch zu vernehmen. Die Nacht war sternenklar. In Gedanken versunken starrte Filippo die Feuerstelle an, über der noch immer der leere Kupfertopf an einem mächtigen Dreibein schwebte, in dem die Peperonata, ein pikanter Eintopf, zubereitet worden war. Das Gras rund herum war platt getreten. Filippo fühlte sich sehr müde. Die Tiere waren gefüttert und das Grundgerüst des Zirkuszeltes stand nun. Der Aufbau war sehr kraftraubend gewesen.

The others had long since disappeared into their individual caravans. The only sounds now were the crackling of embers and the chirping of crickets. It was a clear and starlit night. Lost in thought, Filippo gazed into the open fire. Hanging over it from a sturdy tripod was the empty copper pot which had been used to prepare the peperonata, a savoury stew. The grass around the fire was trampled flat. Filippo's limbs felt heavy with exhaustion. The animals were fed, and the frame of the circus tent was finally standing. It had taken a lot of effort to set it up.

Noch im letzten Jahr hätte er nicht vermutet, dass er bald von Stadt zu Stadt ziehen und seine Heimat im Savuto-Tal Kalabriens verlassen würde. Er hatte nie an morgen gedacht, sondern immer in den Tag hinein gelebt und jede Arbeitsgelegenheit genutzt: Als Vertretung des Tankwarts, wenn dieser wieder einmal seinen Rausch ausschlafen musste, als Bote für den Schuster im Dorf und als Aushilfe bei den Bergamotte- und Weinbauern auf den Feldern, wofür er meist Eier und Milch bekam. Verdiente er doch bares Geld, hatte er Brot gekauft und die restlichen Münzen seiner Mutter gegeben, die tagsüber als Näherin in einer Lederfabrik in Cosenza, der nächstgelegenen Kleinstadt, arbeitete. Doch ihr Lohn war zu gering gewesen. Wie sehr sie es hasste, nachts in der Dorfkneipe bedienen zu müssen und den immer gleichen Trunkenbolden Bier zu servieren. Oft hatte sie Filippo geschimpft, wenn er wieder einmal nicht in der Schule gewesen war, hatte jedoch ihre heimliche Freude über das verdiente Geld nicht verbergen können, ebenso wenig wie ihren Stolz über die Fürsorglichkeit ihres Sohnes. Die Gerbsäure des Leders sei für ihre immer stärker werdenden Kopfschmerzen verantwortlich, hatte sie damals vermutet. Zum ersten Mal hatte sie den Schmerz etwa zwei Jahre vor ihrem Tod erwähnt, erinnerte sich Filippo, der damals fünfzehn war.

Seine Mutter hatte ihn von klein auf mitgenommen, sobald ein Zirkus in Cosenza oder den umliegenden Dörfern gastierte. Durch sie hatte er die Welt der Artisten, Tiere und Künstler sowie die Magie der Vorstellungen lieben gelernt. Ihm war es sehr schwer gefallen, den kleinen Circo Relucci erstmals allein zu besuchen, als dieser vor einem halben Jahr in die nahegelegene Stadt gekommen war.

Nun war er hier. In Rom. Der Stadt, von der seine Mutter immer wieder erzählt und geträumt hatte. Filippo hätte nie gedacht, dass er einmal die Möglichkeit haben würde, hierher zu gelangen – und auf diese Weise schon gar nicht. Hätte er sich damals, nach dem Tode seiner Mutter, nicht zu diesem Zirkusbesuch über-

If someone had told him a year ago that he would soon be moving from town to town, leaving behind his home in the Savuto Valley of Calabria, he wouldn't have believed them. Filippo had never thought much about tomorrow, always living for the moment and taking advantage of every opportunity to work: as a delivery boy for the village cobbler, a fill-in for the petrol pump attendant whenever he had to sleep off one of his hangovers or a temporary farmhand in one of the local bergamot groves or vineyards, where he was usually paid in eggs and milk. With any cash he received, he had always bought bread and given the remaining coins to his mother, who worked by day as a seamstress in a leather factory in Cosenza, the nearest city. But the money that she earned there wasn't enough to pay the bills. How she'd hated her second job in the village pub, serving beer to the same drunkards night after night. She would often scold Filippo for missing another day of school but was unable to hide her joy at the money he had earned or the pride she felt for her son and his caring nature. She'd blamed the tannin from the leather for her worsening headaches. Filippo had been fifteen the first time she mentioned the pain, about two years before her death.

As long as he could remember, his mother had always taken him to the circus when it came to Cosenza or one of the surrounding villages. Through her he had learnt to love the world of circus performers, animals and acrobats, as well as the magic of the performances. Therefore, when the little Circo Relucci came to the neighbouring town about six months ago, it had been very painful for him to go to a performance alone for the first time.

And now here he was, in Rome. The city his mother had talked and dreamt about so many times. Filippo could not have imagined he would ever have the chance to actually come here – and certainly not like this. If he hadn't forced himself to go to that circus performance after his mother's death, he would have never got into that conversation with Ernesto, the animal keeper, who was tending to

wunden, wäre er nie mit dem Tierpfleger Ernesto ins Gespräch gekommen, der nach der Vorstellung die Tiere in den Käfigen beruhigt und gefüttert hatte. Ohne es eigentlich geplant zu haben, hatte Filippo den Mann angesprochen und gefragt, ob er nicht aushelfen könne. So hatte er es bisher immer getan, um Arbeit zu bekommen. Bezahlung hatte er von den Zirkusleuten nicht erhalten, jedoch durfte er mit ihnen essen. Seine Arbeitskraft wurde geschätzt, und schon bald hatte er sich geborgen gefühlt und manchmal sogar über Nacht hinter einem der Wagen geschlafen. Warum sollte er in seiner heimatlichen Einöde bleiben? Zumal er schon seit Längerem seinem Vermieter ausweichen musste, der immer wieder vor der Wohnungstür auf ihn lauerte, um die Mietschulden einzutreiben. So ergab es sich, dass er eines Tages den Zirkusdirektor, Signore Relucci, fragte, ob er mit dem Zirkus weiterziehen könne.

„Warum versteckst du dich hier? Ich habe dich beobachtet: Du machst das sehr gut!" Die anerkennenden Worte Giacomos klangen noch heute in Filippos Ohren. Der Jongleur hatte ihn einmal hinter einem Wagen entdeckt, als er mit trockenen Ästen das nachzuahmen versuchte, was er mit brennenden Fackeln in der Manege beobachtet hatte. Das war schon drei Monate her, und Giacomo hatte Filippo seitdem einige Tricks beigebracht, sodass dieser bei der nächsten Vorstellung bereits zum zehnten Mal vor Publikum auftreten sollte. Mit drei Fackeln gleichzeitig! Er durfte bei einer Löwendressur und auch beim Auftritt des Feuerspuckers mit Giacomo und Luigi im Hintergrund jonglieren. Der Applaus raubte ihm jedes Mal den Atem. Bis dato wurde er immer wie ein Tagedieb skeptisch beäugt. Nie zuvor hatte jemand ihn bewundert oder gar für ihn geklatscht. Es war ein unbeschreibliches Gefühl, das er nicht in Worte zu fassen vermochte. Wenn seine Mutter ihn sehen könnte, wäre sie bestimmt stolz auf ihn. Und morgen sollte er in die Stadt gehen, um für den Zirkus zu werben. In ihre Stadt!

the animals in their cages following the performance. On a whim, Filippo had approached the man and asked whether he could help out. This is how he'd always managed to find work. The circus troupe didn't pay him, but he was allowed to eat with them. His labour was appreciated, and it wasn't long before he'd started feeling comfortable with the group and spending the occasional night behind one of the caravans. And then one day he'd asked the circus director, Signore Relucci, whether he could come with them when they moved on. He hadn't been able to think of any reason to stay in his 'wasteland of a home'. Especially in light of the fact that he had run out of strategies for avoiding his landlord, who often waited for him at his front door, hoping to collect the overdue rent.

'Why are you hiding here? I've been watching you. You're very good!' Giacomo's words of praise still echoed in his mind. The juggler had discovered him behind a wagon one day, using dry branches to practice the juggling routine he had seen being performed with flaming torches in the circus ring. That was three months ago, and since then he had taught Filippo several tricks. The next show would be his tenth performance in front of an audience. Juggling three torches! They let him juggle in the background with Giacomo and Luigi during the performances of the lion-tamer and fire-eater. Every round of applause took his breath away. All his life, people had eyed him with suspicion, like some rogue. Never before had anyone admired him, let alone applauded him. It was a feeling too profound for words. If his mother could have seen him, she would have been so proud. And tomorrow he would be going into the city to promote the circus. Into her city!

In Zwang und Widerwillen

WITH RELUCTANCE AND REGRET

Samuele ging gerne zu Fuss durch die Stadt. Auf diese Weise konnte er sich am besten auf die anstehenden Termine konzentrieren und war dabei im Verkehrschaos meist schneller als mit dem Wagen, denn neun von zehn Stadtbewohnern besitzen ein Auto und nutzen es auch bei jeder Gelegenheit.

Samuele enjoyed walking through the city. On foot he found it easier to concentrate on his next meetings. And with all the chaos on the roads, he was usually even faster than he would have been by car. Ninety per cent of the Romans owned a car and used it every chance they got.

Samuele war es egal, ob seine Mitarbeiter in der Anwaltskanzlei seine Fußmärsche seltsam fanden: Er persönlich hielt sie für gesund und effizient. Man sagt den Römern Trägheit und den Hang zum Chaos nach. Sollte der Rest von Italien mit diesem Vorurteil recht haben, sah er sich doch selbst als Ausnahme.
Selten war Samuele unvorbereitet zu einem Termin gekommen. Das letzte Mal vor vier Jahren, als Gianna, seine älteste Tochter, an einer zunächst harmlos wirkenden Darmgrippe erkrankt war, die sich plötzlich zu einer lebensbedrohlichen Infektion entwickelt hatte. Selbst die hoch dotierten Mediziner aus dem Freundeskreis der Familie hatten damals um das Mädchen gebangt.
Heute Morgen um 4 Uhr 42 hatte Samuele einen beunruhigenden Anruf aus Brighton erhalten. Die Direktorin des renommierten britischen Privatinternats, welches seine jüngere Tochter Giuseppina besuchte, hatte ihn persönlich informiert, dass das Mädchen zum wiederholten Male auffällig geworden war: Sie hatte heimlich eine Schülerparty organisiert, bei der trotz strengem Verbot harte Alkoholika ausgeschenkt worden waren, sodass sie nun wegen einer Alkoholvergiftung im Krankenhaus lag. Wie Samuele erfuhr, war seine Tochter bewusstlos gewesen, als die Sanitäter eingetroffen waren. Gottlob war sie in der Klinik wieder zu sich gekommen. Was jedoch, wenn sie nun bleibende Schäden davon tragen würde? Etwa eine geistige Behinderung oder eine Sprachstörung, wie dies mit Eduardo, einem seiner damaligen Kommilitonen, der Fall gewesen war? *Porca miseria*!
Samueles Gedanken überschlugen sich, und er war nicht fähig, sie in gewohnte Strukturen zu ordnen. Lautes Hupen lenkte plötzlich seinen Blick von dem Mobiltelefon ab, auf das er im Minutentakt sah, obwohl er genau wusste, dass er keinen Anruf versäumt hatte. Reifenquietschen, lautes Schimpfen – gedankenversunken war er auf die Straße getreten und wäre beinahe von einem Doppeldecker der

It didn't bother Samuele that his employees in the law firm made fun of his strange behaviour: for him, walking was healthier and more efficient. Other Italians often accused the Romans of being lazy and having a propensity for chaos. If this stereotype was true, then he saw himself as an exception.
Samuele rarely showed up for a meeting unprepared. The last time had been four years ago, when Gianna, the older of his two daughters, had been taken ill with what had initially appeared to be a harmless intestinal virus and then suddenly developed into a life-threatening infection. Even the highly respected doctors in their social circle had been concerned about the girl.
This morning at 4:42, Samuele had received a disturbing call from Brighton in England. The head teacher of the well-known boarding school where his younger daughter, Giuseppina, was a pupil had called in person to inform him that the girl had been up to mischief again: she had secretly organised a party with alcohol, in spite of the strict rules against it, and was now being treated in hospital for alcohol poisoning. Samuele was told that his daughter had been unconscious when the paramedics arrived. In the clinic she had regained consciousness, thank God. But what if the incident had caused permanent damage? Such as mental health problems or a speech disorder, like what had happened to Eduardo, one of his fellow students? *Porca miseria*!
Samuele's thoughts were tumbling around in his mind, and it was impossible to organise them into any kind of normal structure. The sudden blast of a car horn tore his eyes away from the mobile phone that he'd been checking by the minute although he knew that he couldn't have missed a call. Squealing tyres, loud swearing – lost in thought, he had stepped into the street and almost been struck by a 110 double-decker bus, which drove past eighty sights in Rome every thirty minutes, packed with tourists. 'Scusi, Signore!' he called to the incensed

Buslinie 110 überfahren worden, der halbstündlich an achtzig Sehenswürdigkeiten Roms vorbeifuhr und mit Touristen beladen war. „Scusi, Signore!", rief er dem aufgeregten Fahrer des Busses zu und hob mit verbissenem Lächeln die schwarze Lederaktentasche zur Geste der Entschuldigung.

Carlotta, seine Frau, war mit der ersten Maschine nach England geflogen: Sie wollte sich um ihre Tochter kümmern und gleichzeitig – dessen war sich Samuele sicher – das Nötige gegenüber der Schulleitung veranlassen, um einen Schulverweis zu verhindern. Es war damals Carlottas Entscheidung gewesen, Giuseppina nach England zu schicken, in der Hoffnung, die strenge Führung des Internats könne ihr scheinbar unzähmbares Verhalten bändigen, das in Rom bereits für Gesprächsstoff im einflussreichen Kreis der Familie gesorgt hatte. Trotz der Probleme, welche die Haltung Giuseppinas mit sich brachten, empfand Samuele eine heimliche Bewunderung für die Widerspenstigkeit seiner Tochter gegenüber gesellschaftlichen Zwängen und Regeln. Mit der Anmeldung in einem ausländischen Internat war er nicht einverstanden gewesen, denn seine Arbeit ließ ihm ohnehin zu wenig Zeit, um eine intensive Beziehung zu seinen Kindern zu pflegen. Doch zwischen all den Geschäftsterminen hatte er auch in diesem Punkt einmal mehr seiner Frau nachgegeben. Vielleicht hätte er damals energischer sein sollen. Doch sich rückwirkend des Konjunktivs zu bedienen, änderte nichts an der aktuellen Situation.

Wieder zog er sein Mobiltelefon aus der Tasche und sah auf das Display: Noch immer kein Anruf aus England! Er suchte die Liste der meistgewählten Nummern

bus driver and, with a strained smile, raised his black leather briefcase in a gesture of apology.

Carlotta, his wife, had taken the next flight to England: she wanted to take care of her daughter and at the same time – Samuele was quite certain – do everything in her power to convince the school administration not to expel her. It had been Carlotta's decision to send Giuseppina to England in the hope that the school's strict discipline could curb her seemingly untameable behaviour, which had already become a popular topic of conversation among the family's circle of influential friends in Rome. In spite of the problems caused by Giuseppina's conduct, Samuele felt a secret admiration for his daughter's rebelliousness against social constraints and rules. He had not approved of her attending a foreign boarding school. With his demanding work schedule, it was hard enough finding time for maintaining strong relationships with his children. In spite of his reservations, he had eventually given in to his wife on yet another issue. Maybe he should have been more resolute. However, dwelling on what could have been did nothing to change the current situation.

He pulled his mobile phone out of his pocket and looked at the screen: still no call from England! He searched through his most frequently used numbers and found his wife's 25th down the list. Busy!

He was walking down the Monte Pincio. He used to make a point of enjoying his surroundings. However, his work had become increasingly demanding, and now he hardly had any time left to appreciate the beauty of this historic city. At times

durch und fand auf Platz fünfundzwanzig die Nummer seiner Frau. Besetzt!
Er war den Monte Pincio hinuntergelaufen. Früher hatte er seine Umgebung bewusst genossen, doch seit die Arbeit ihm immer mehr abverlangte, blieb für die Wahrnehmung der Schönheit dieser geschichtsträchtigen Stadt kaum noch Zeit. In manch kurzen Momenten bedauerte er diese persönliche Entwicklung.
Er ging die Via del Babuino entlang und passierte edle Geschäfte. Schriftzüge prangten in glänzenden Lettern an den Schaufenstern, andere waren aus Stahl geschnitten, verchromt oder rückseitig beleuchtet. Steinerne Büsten posierten in Nischen der Fassaden und sahen auf das geschäftige Treiben herab. Unter dem Torbogen einer schmalen Seitenstraße wucherte die bunte Pracht eines Blumenladens über das Trottoir. Samuele nahm eine kleine Querstraße zur Via del Corso – jene Einkaufsmeile und mittlere Achse des bekannten römischen Dreizacks, der auf die Piazza del Popolo zuführt – und ging von hier aus in Richtung Tiber. Oft hatte er sich schon gefragt, wer wohl die Hausboote bewohnen möge, die von der Ponte Regina Margherita aus zu sehen waren. Dann durchquerte er das Viertel mit den rechtwinklig angelegten Straßenzügen hinter dem Palazzo di Giustizia, in dem seine Kanzlei für Familienrecht lag. Steinerne Säulen und Gesimse umrahmten die Fenster der Fassaden, während Messingschilder auf renommierte Anwaltskanzleien und Beratungsbüros verwiesen. Samuele schob die schwere Holztüre der Kanzlei auf. Mit Durchschreiten der Eingangspforte verschob er die Gedanken an Giuseppina auf einen späteren Zeitpunkt.

he found himself regretting this development.
He walked down the Via del Babuino, passing some luxury shops. The display windows were decorated with the shop names in sophisticated lettering; some names were cut from steel, some chrome-plated or backlit. Stone busts posed proudly in the niches of façades, looking down at the hustle and bustle. Under the archway of a narrow side street, the colourful splendour of a flower shop was spilling out onto the pavement. Samuele followed a small cross street to the Via del Corso – a major shopping street that forms the middle prong of Rome's famous 'trident' of avenues extending from the Piazza del Popolo. From here he set off in the direction of the Tiber. He often wondered who lived in the houseboats that could be seen from the Ponte Regina Margherita. Then he crossed the district with the grid of perpendicular streets behind the Palazzo di Giustizia, where his law office was located. Stone columns and cornices framed the windows in the façades. Brass plates bore the names of prestigious law and consulting firms. Samuele pushed open the heavy wooden door of the law office. Stepping over the threshold, he put aside his thoughts of Giuseppina... at least for the time being.

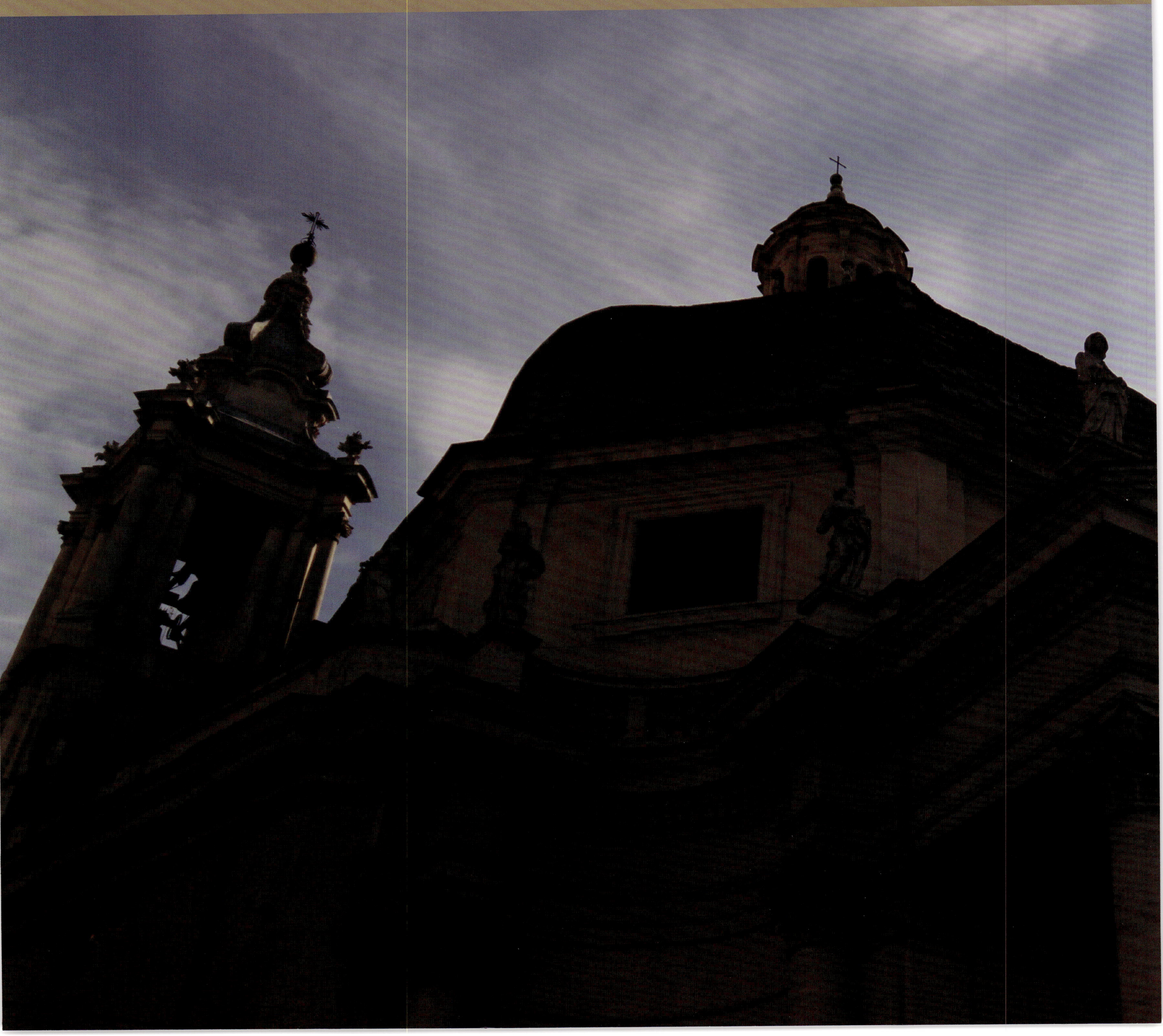

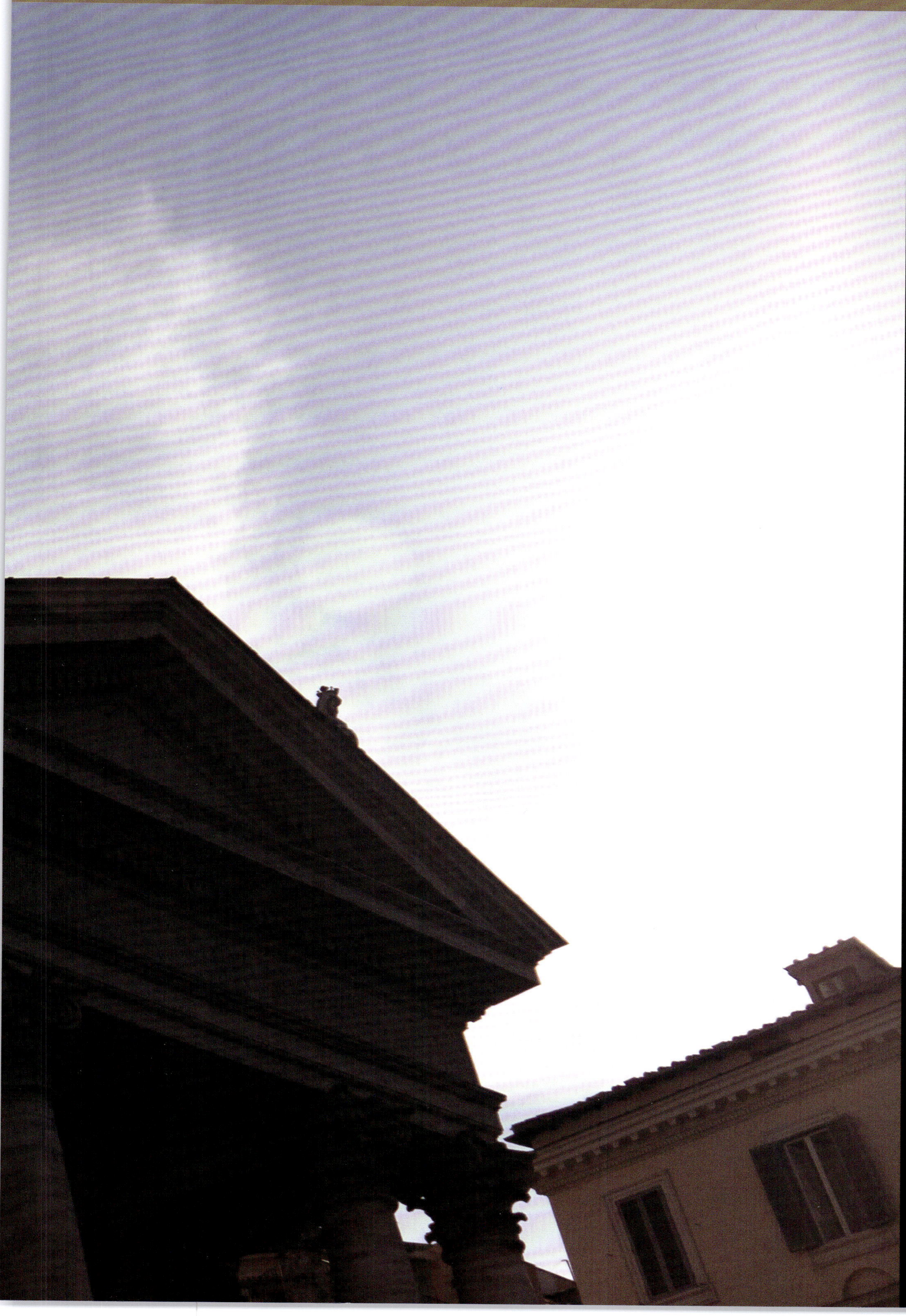

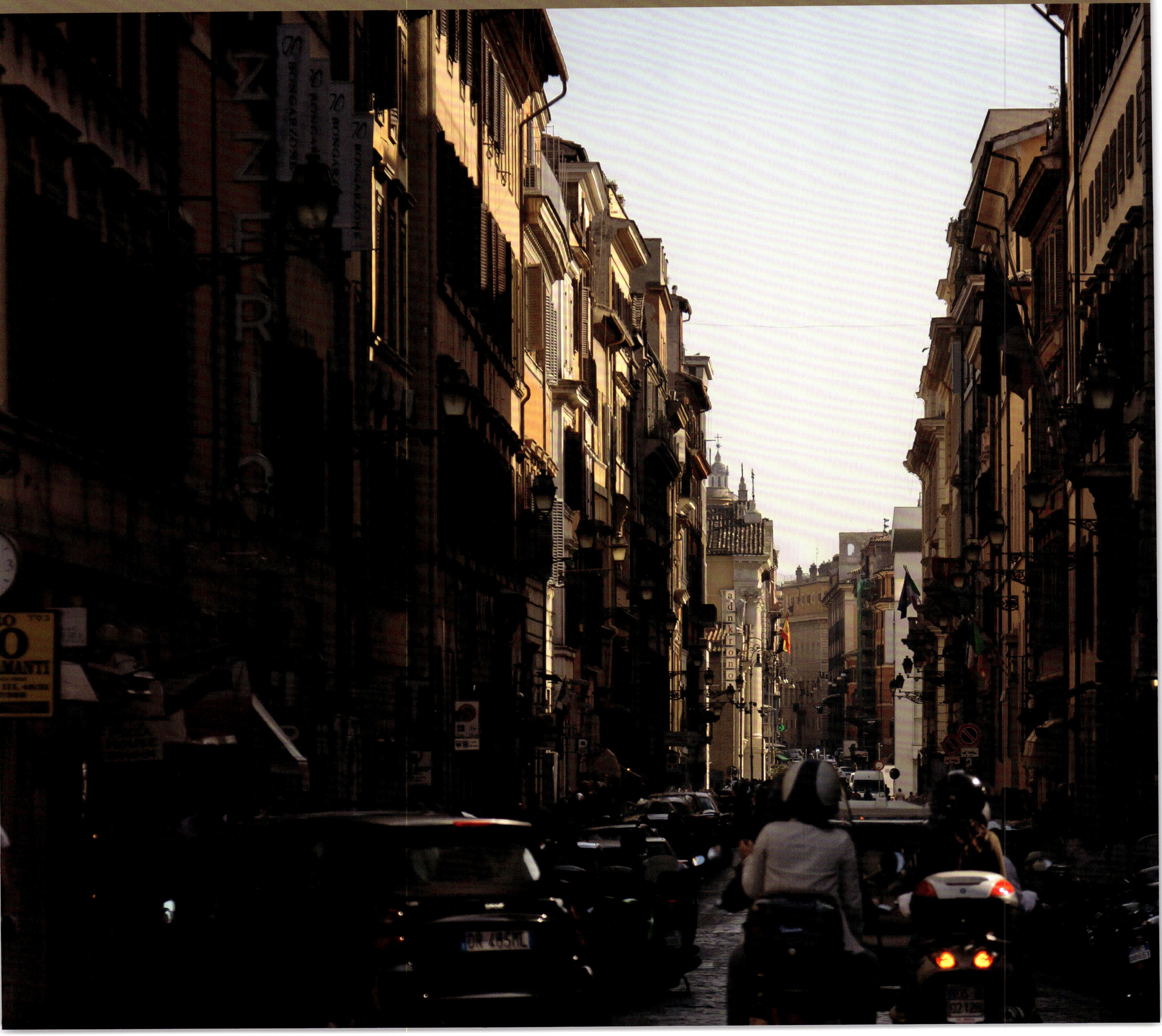
adnkronos

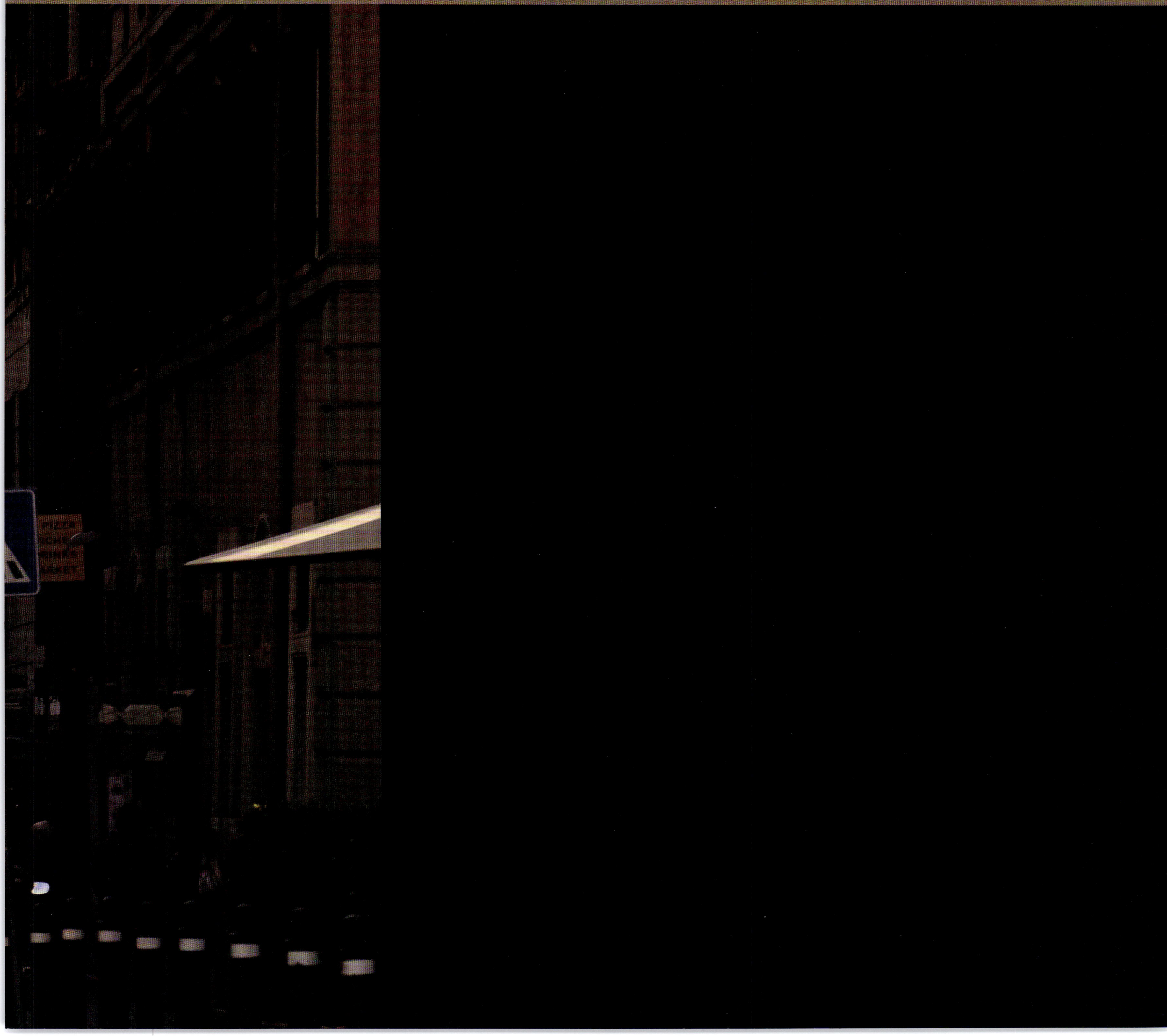
PIZZA

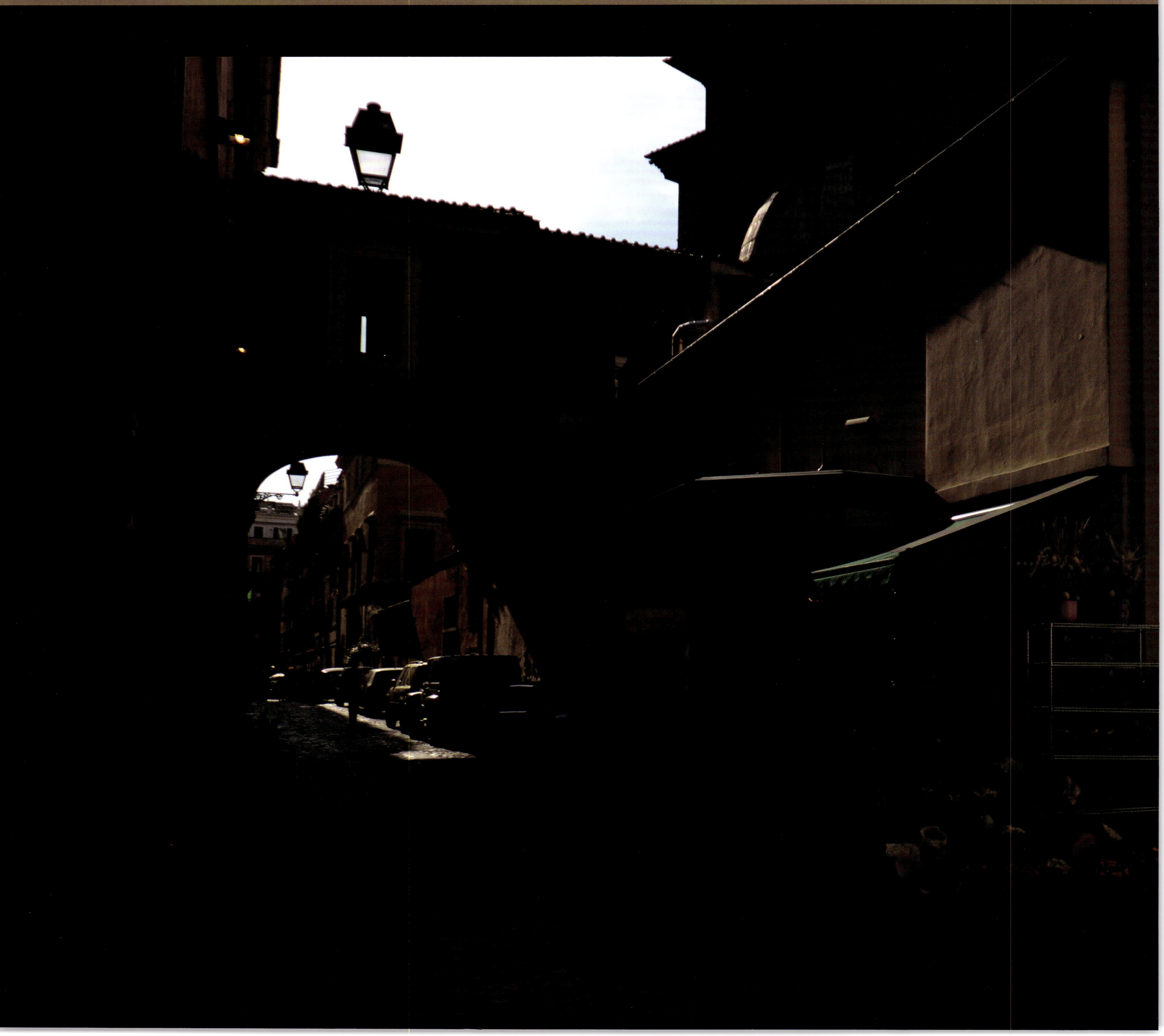

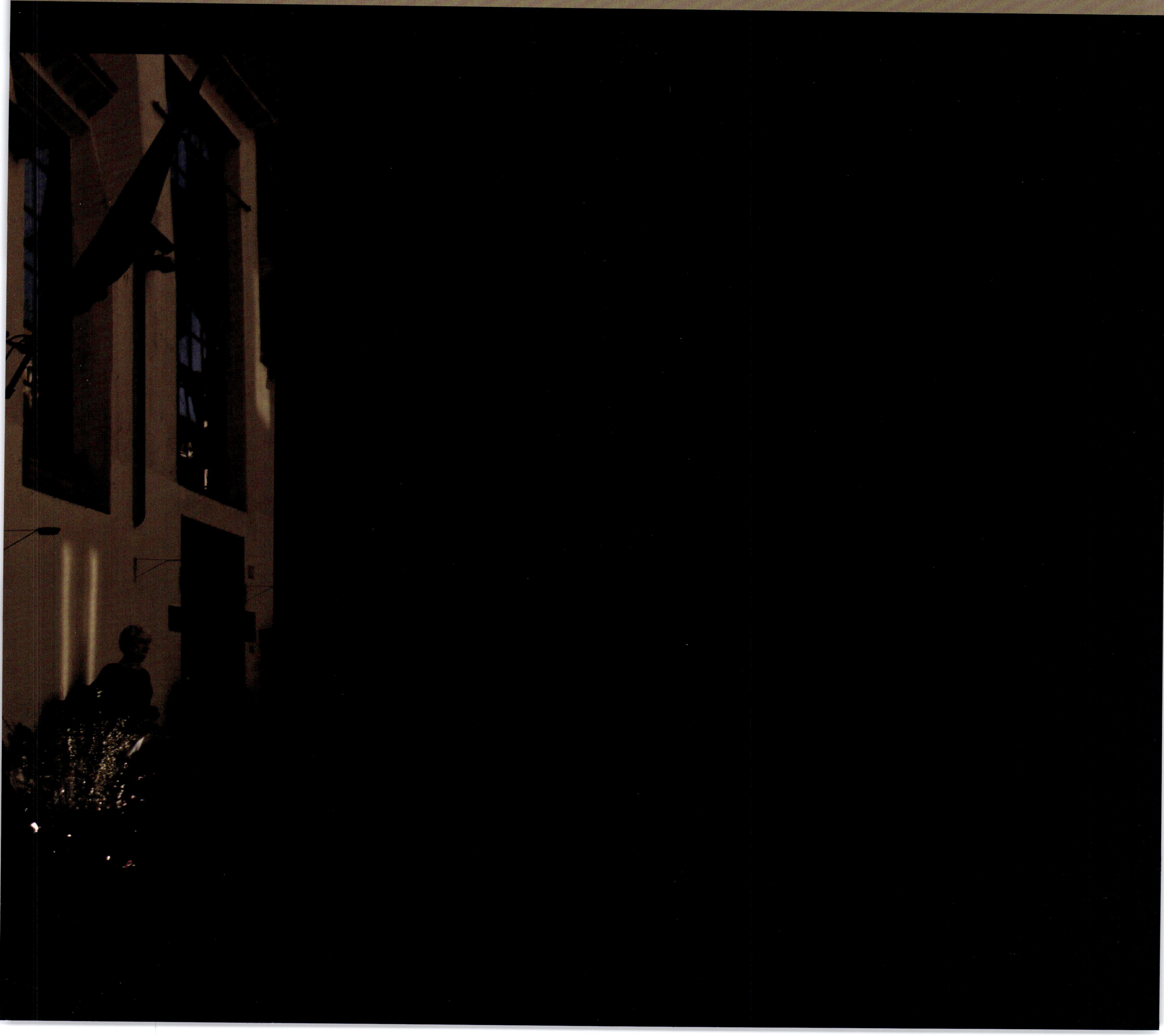

Schriftzüge prangten in glänzenden Lettern an den Schaufenstern,
andere waren aus Stahl geschnitten, verchromt oder rückseitig beleuchtet.

The display windows were decorated with the shop names in sophisticated lettering;
some names were cut from steel, some chrome-plated or backlit.

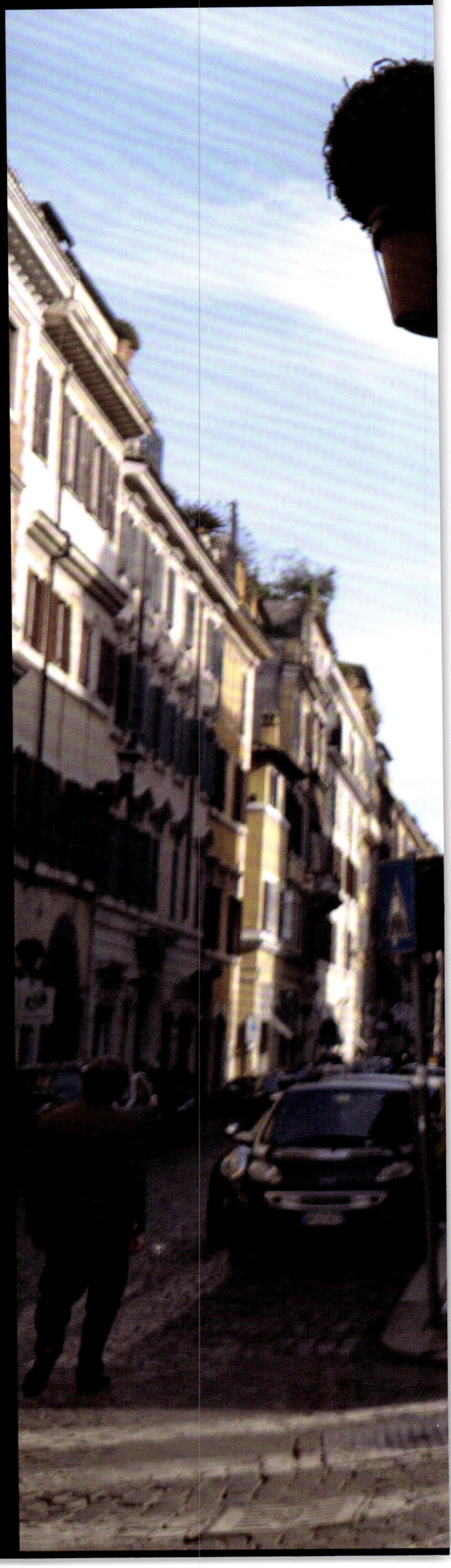

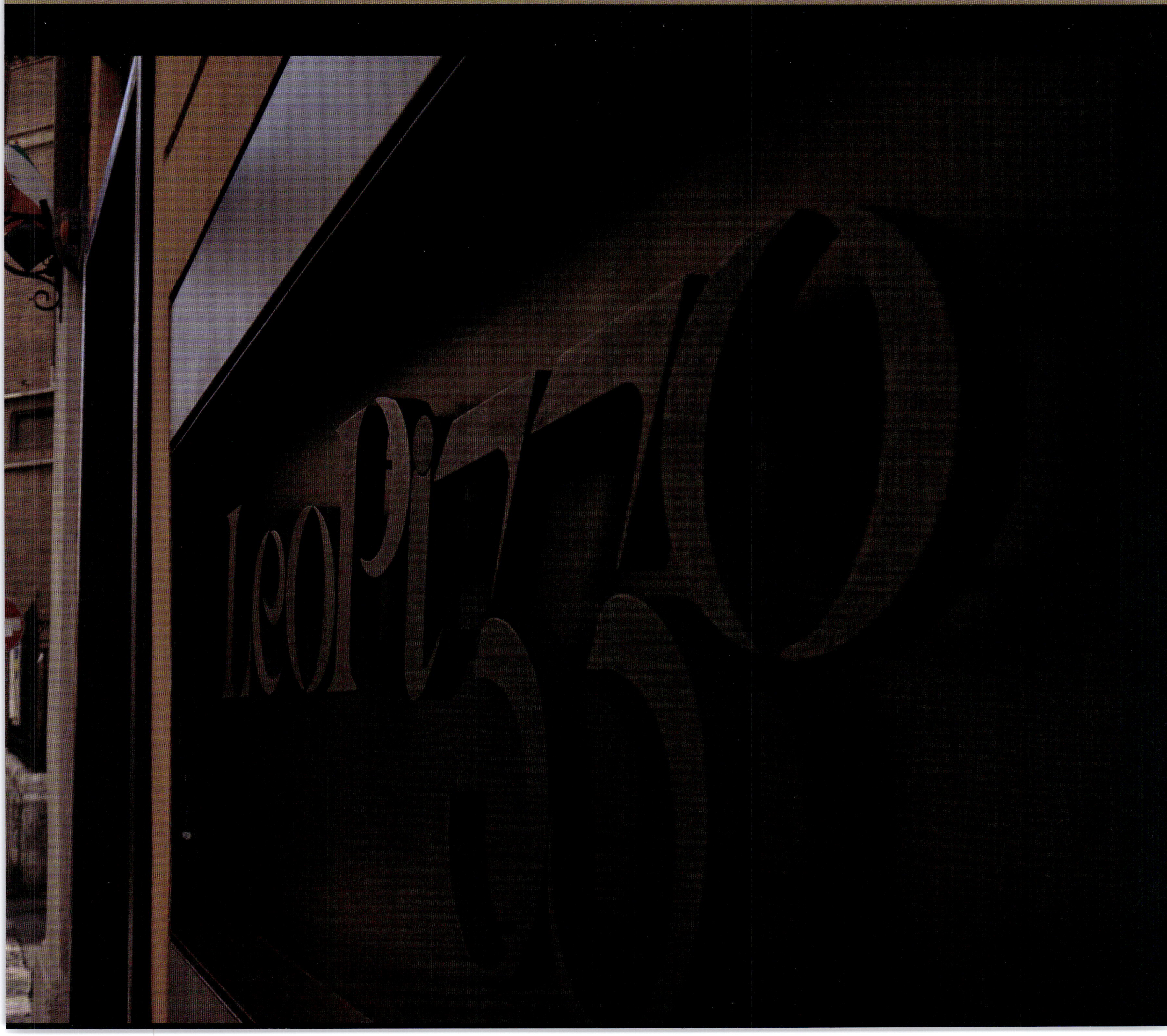

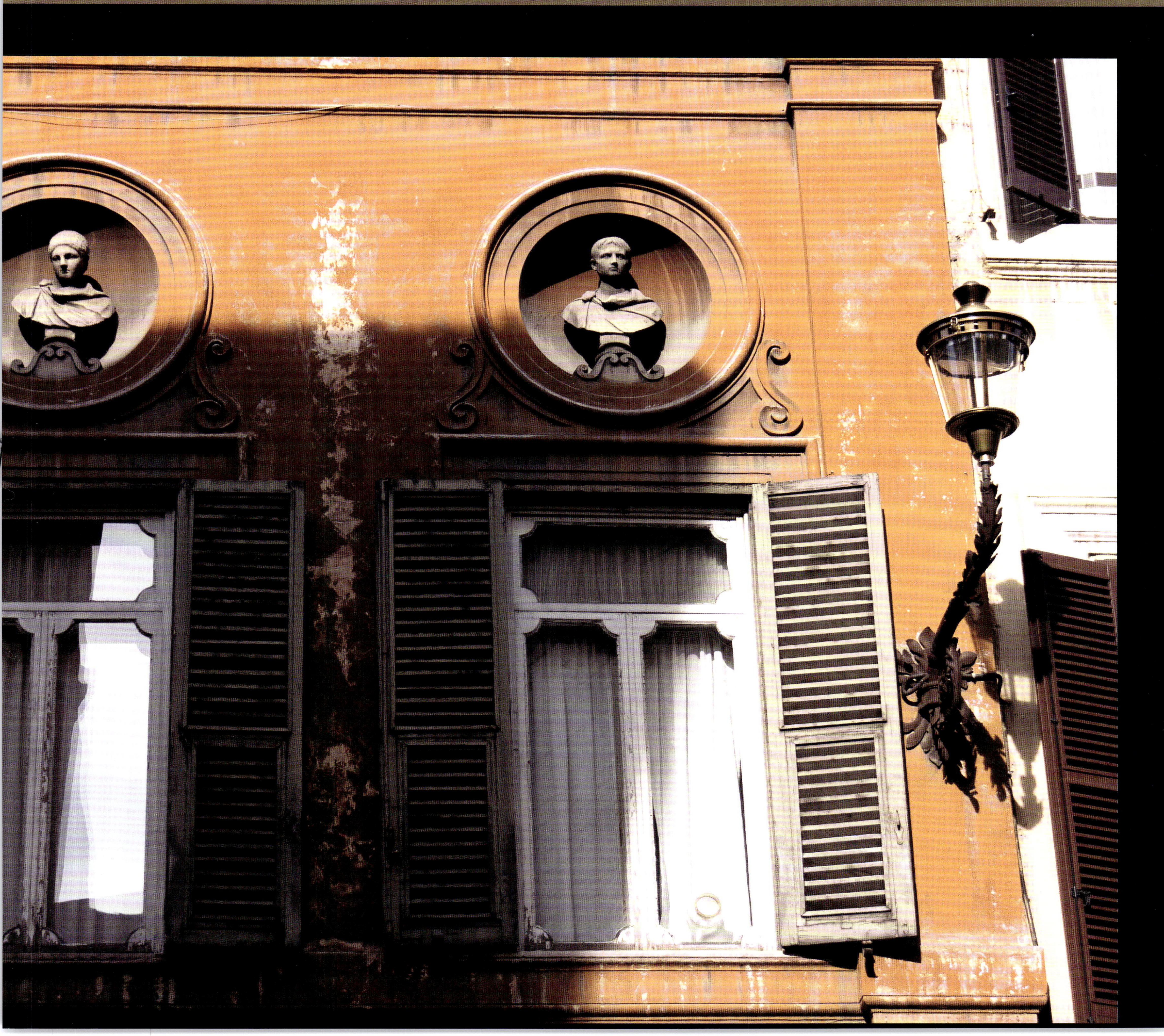

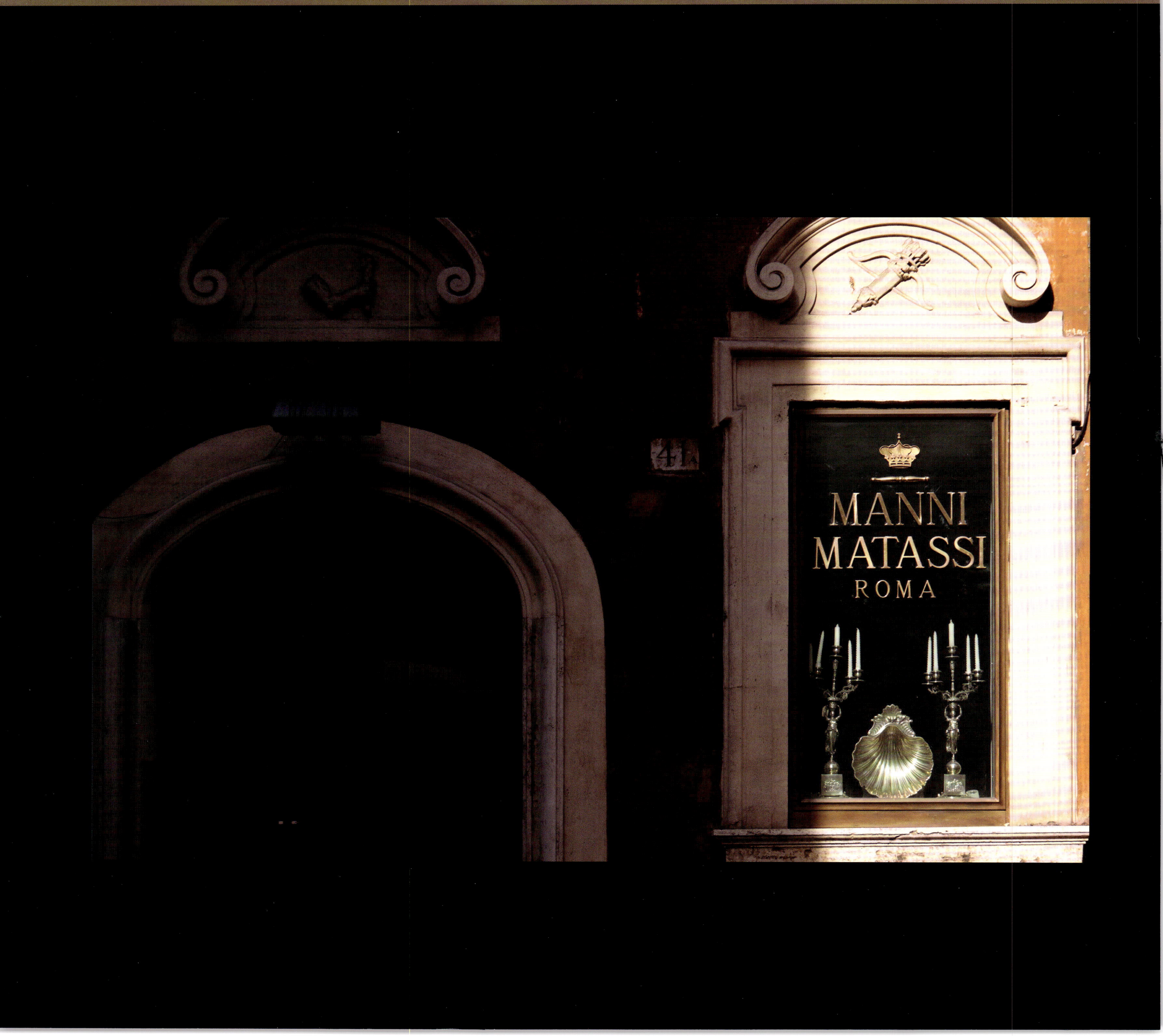
41
MANNI
MATASSI
ROMA

Samuele nahm eine kleine Querstraße zur Via del Corso –
jene Einkaufsmeile und mittlere Achse des bekannten römischen Dreizacks,
der auf die Piazza del Popolo zuführt.

Samuele followed a small cross street to the Via del Corso –
a major shopping street that forms the middle prong of Rome's famous 'trident'
of avenues extending from the Piazza del Popolo.

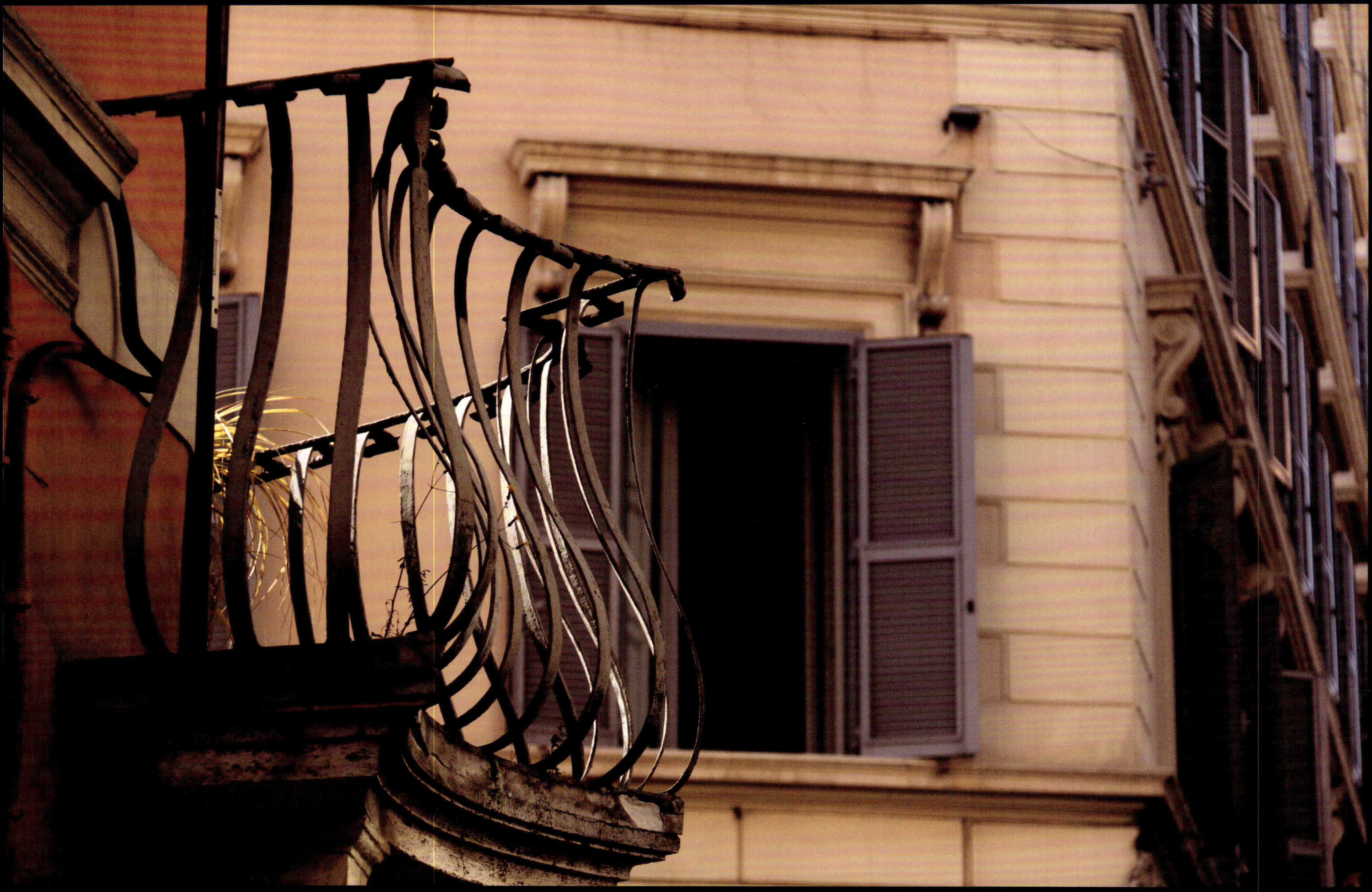

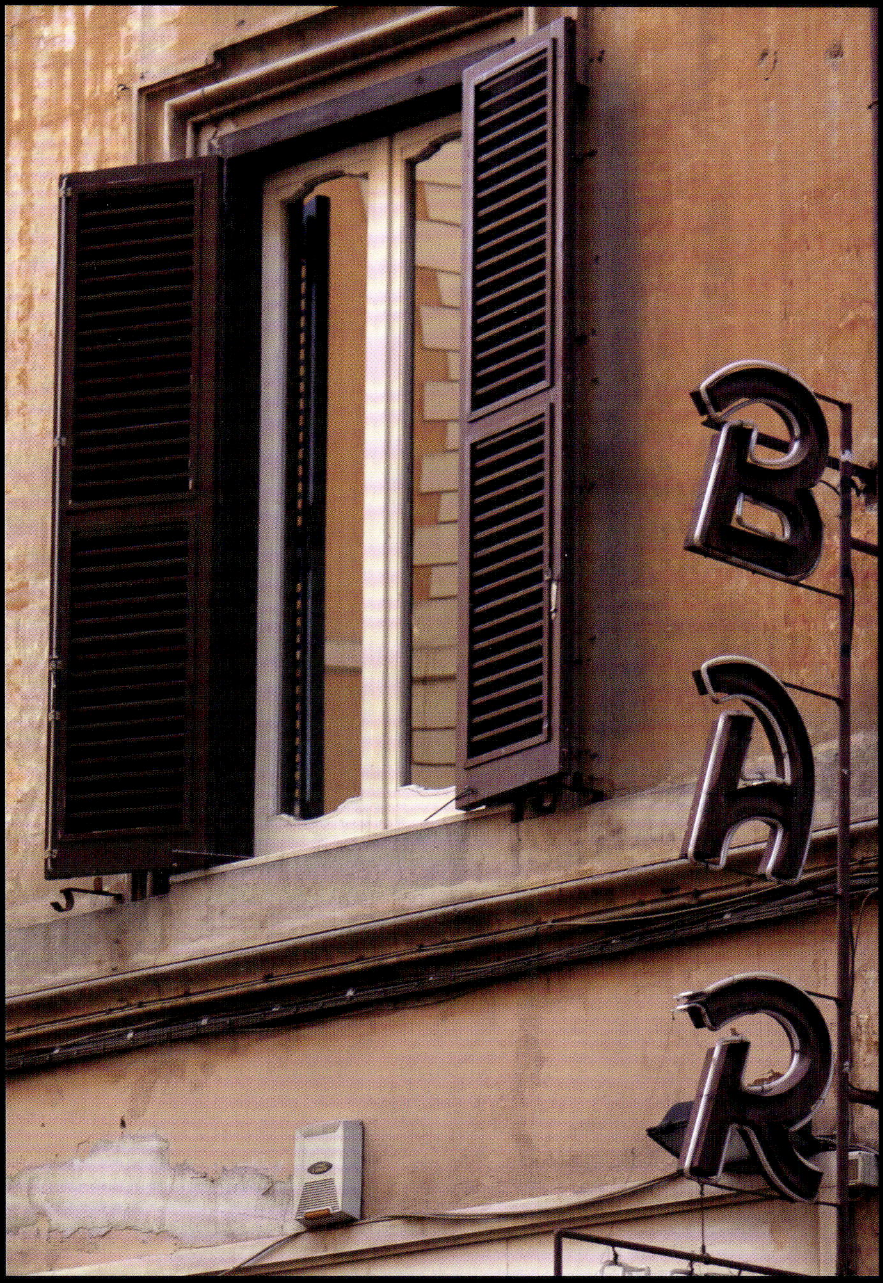
BAR

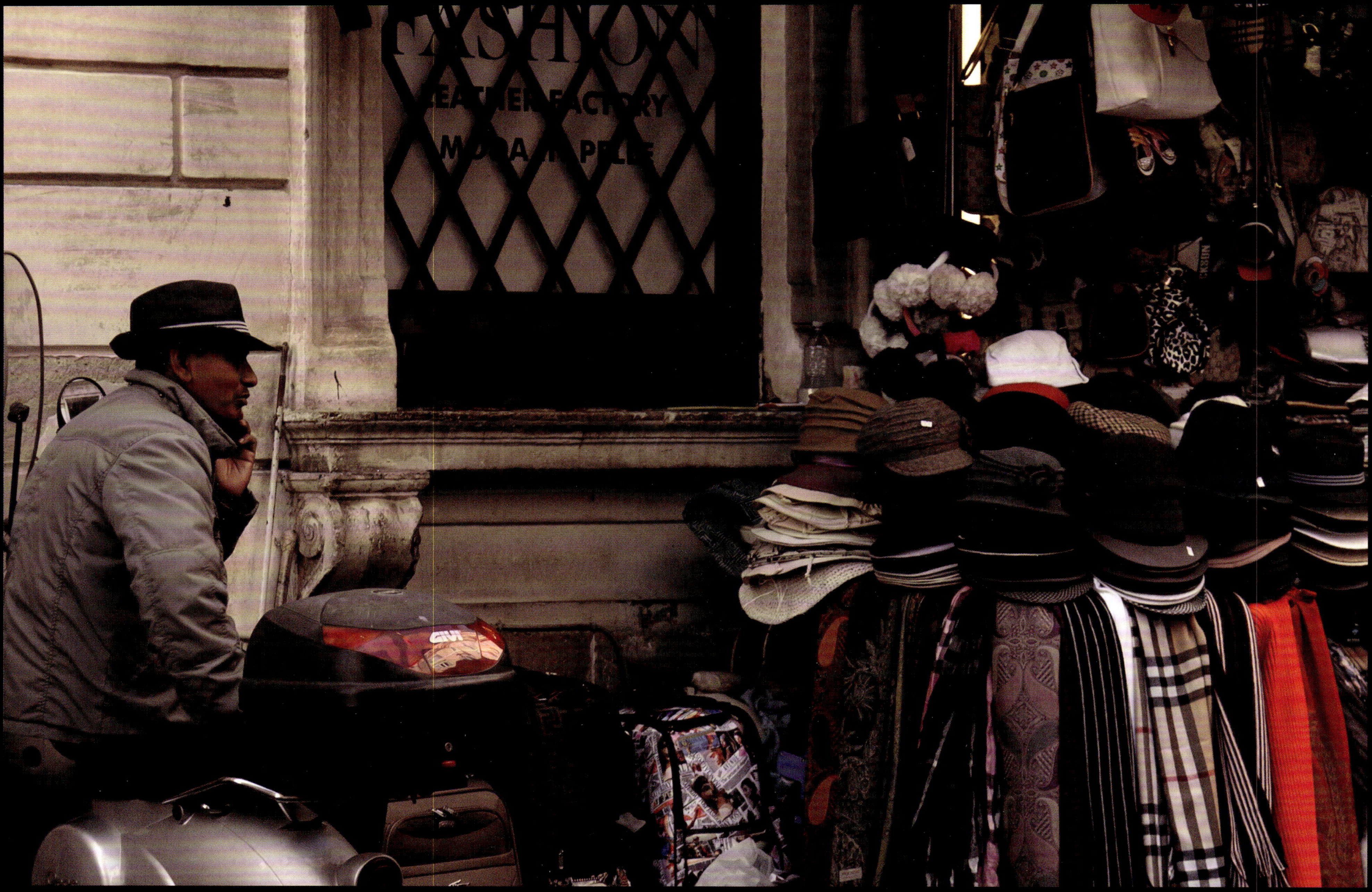

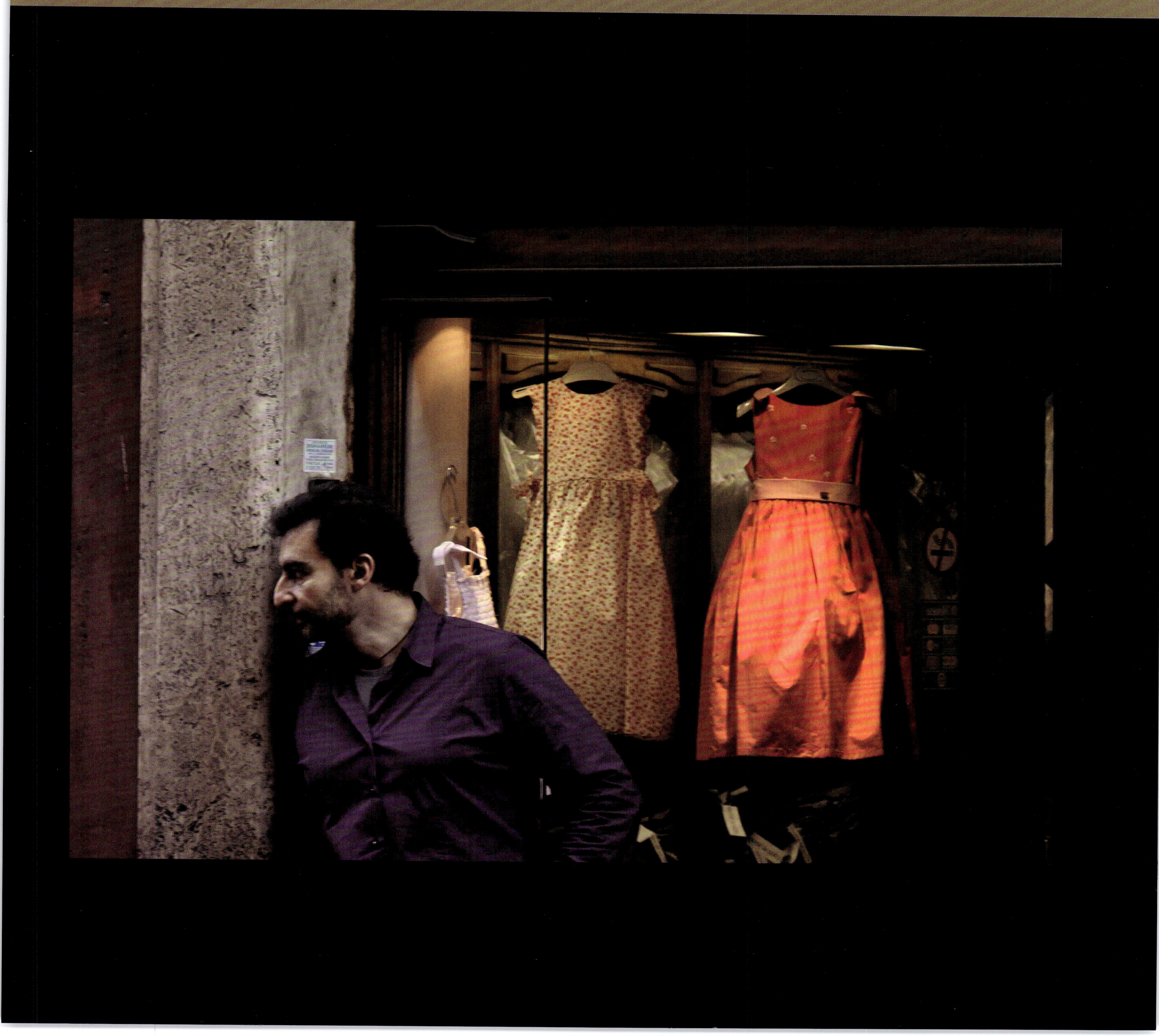

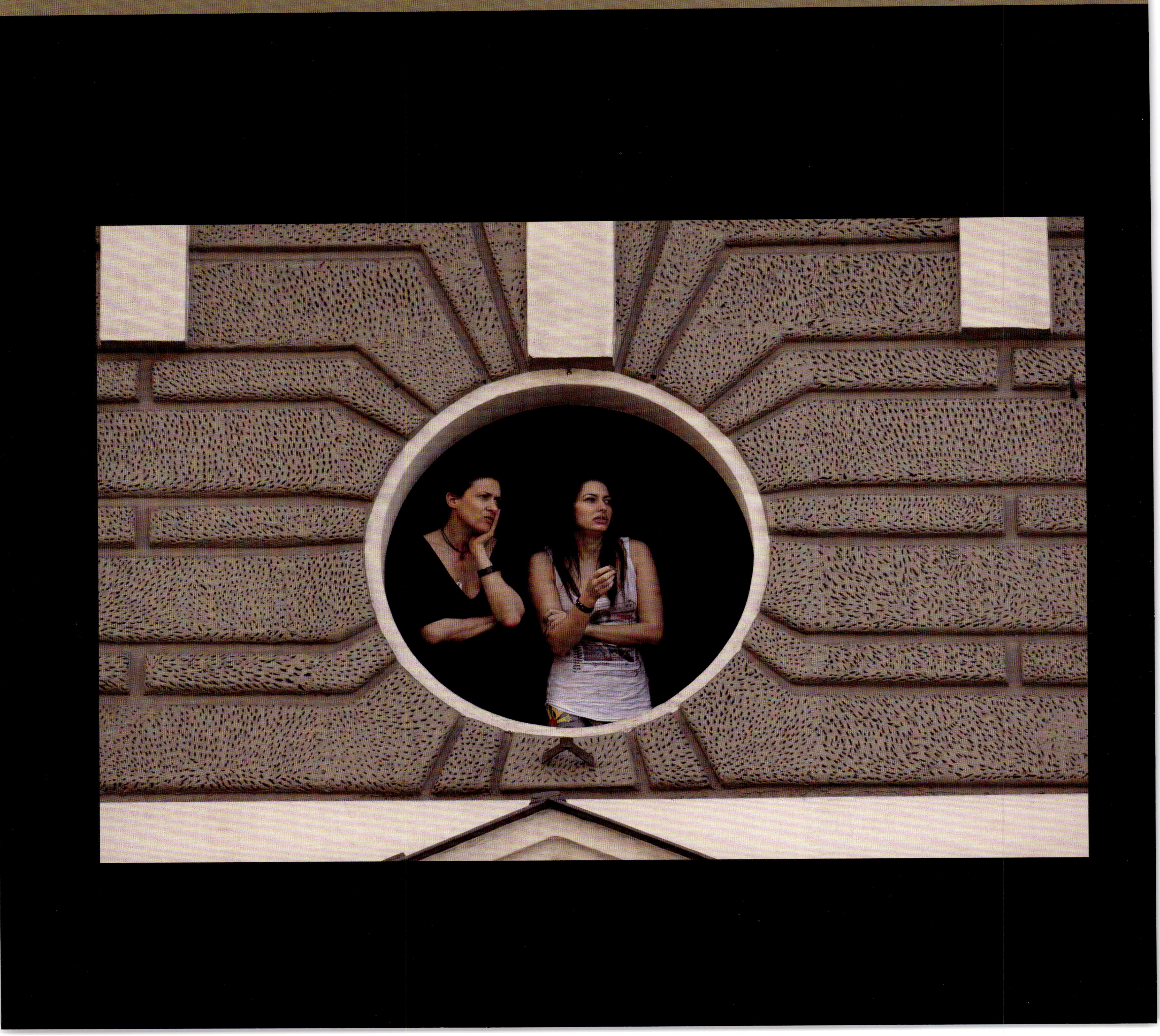

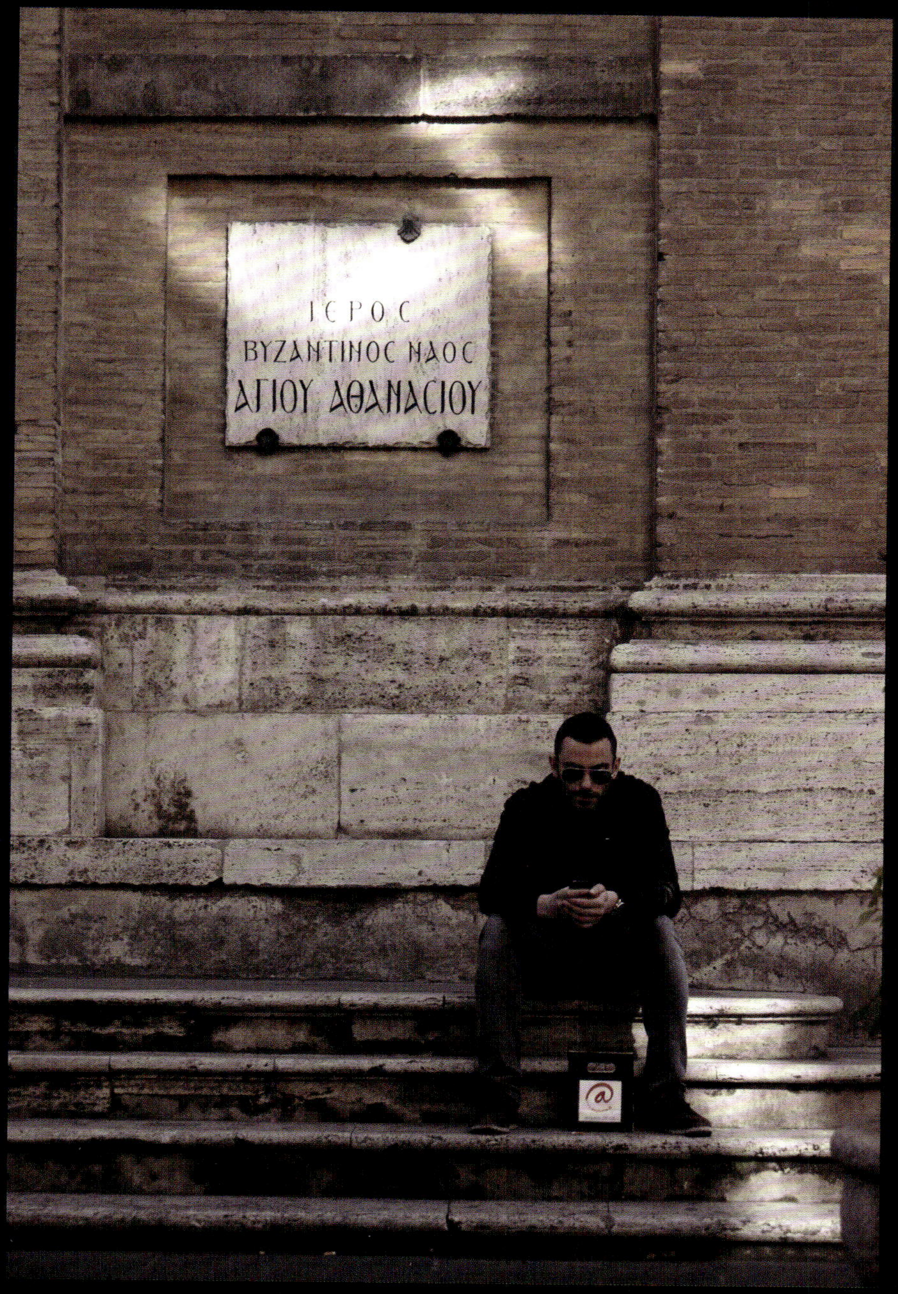
ΙΕΡΟΣ
ΒΥΖΑΝΤΙΝΟΣ ΝΑΟΣ
ΑΓΙΟΥ ΑΘΑΝΑΣΙΟΥ

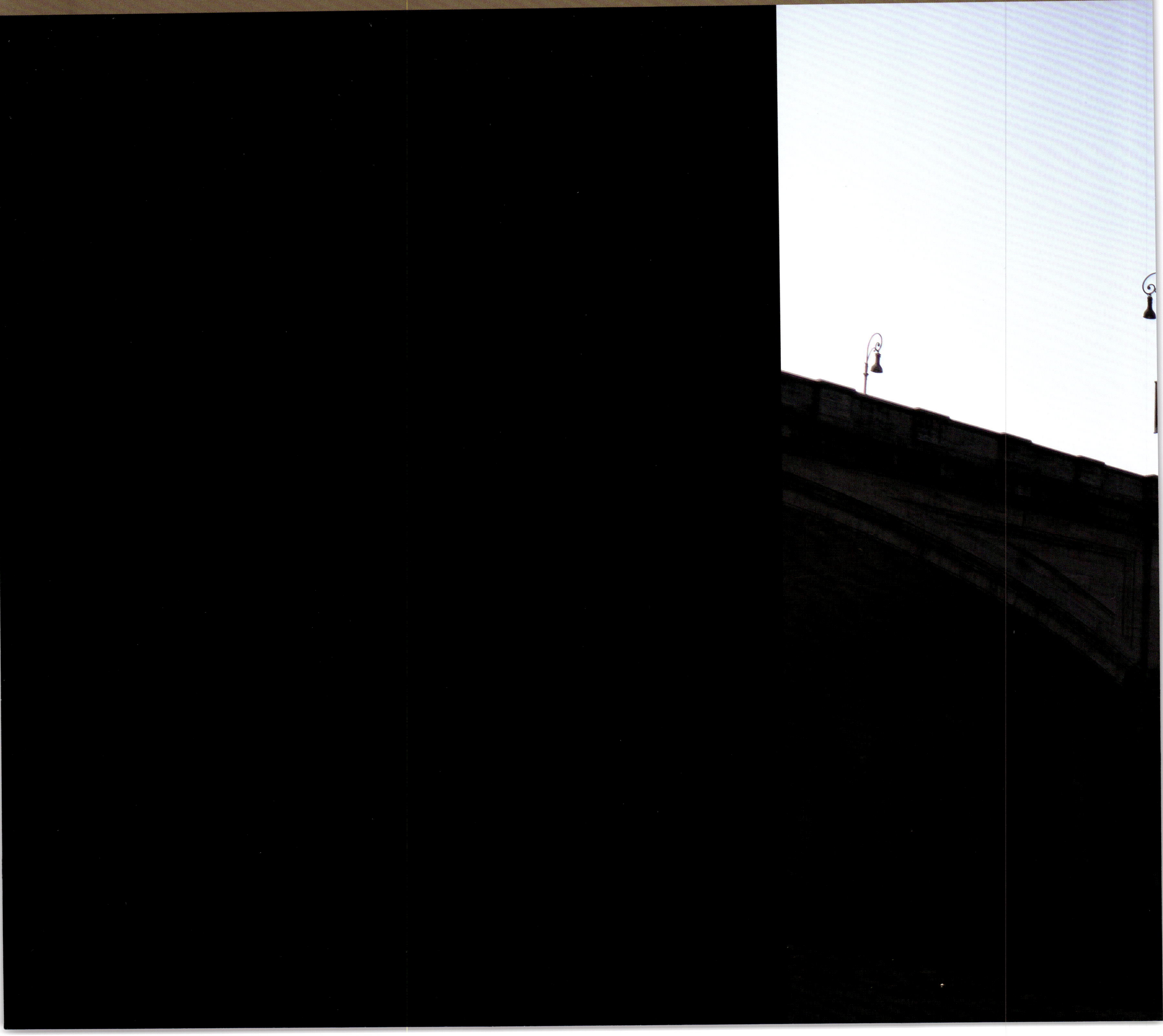

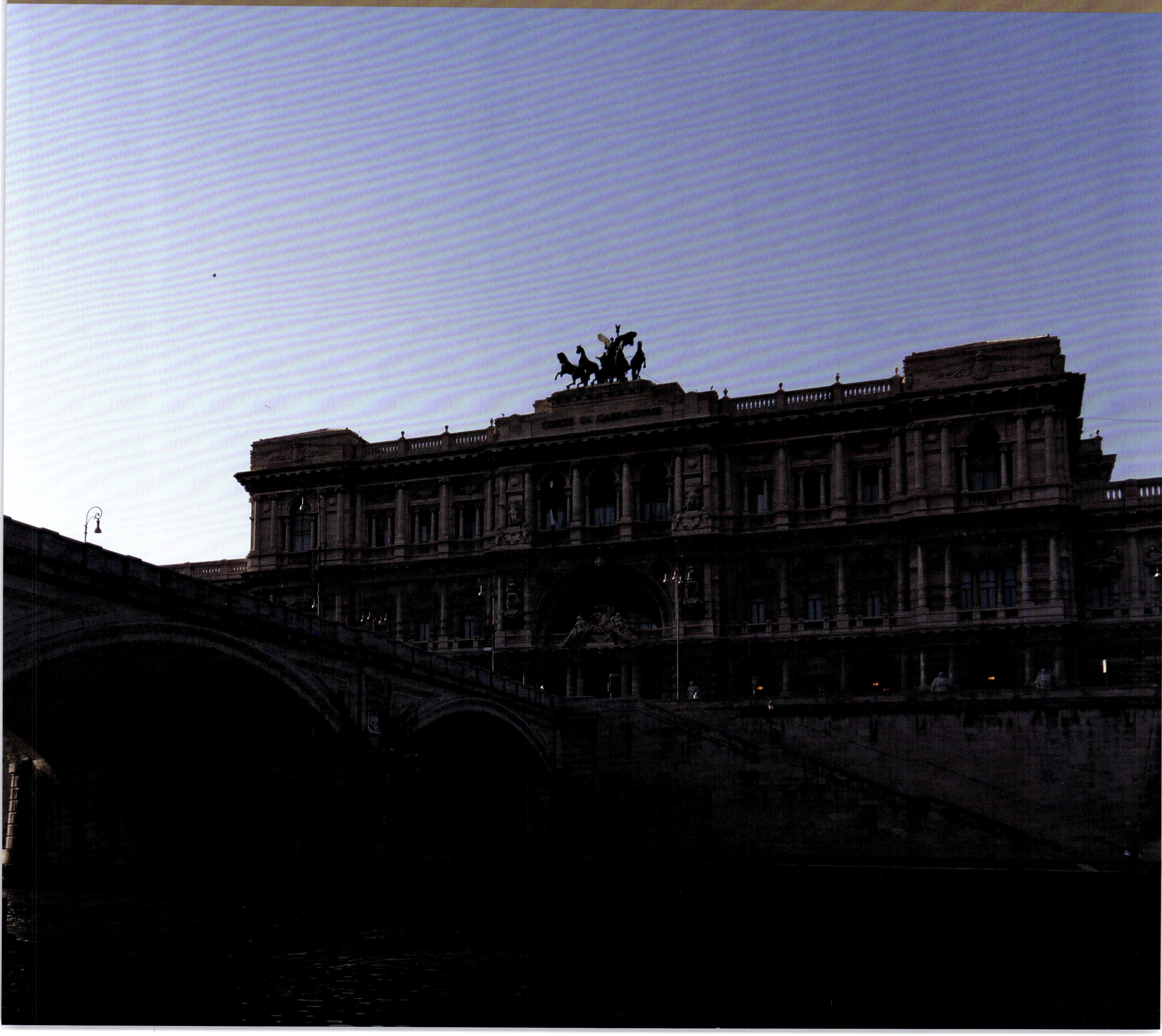

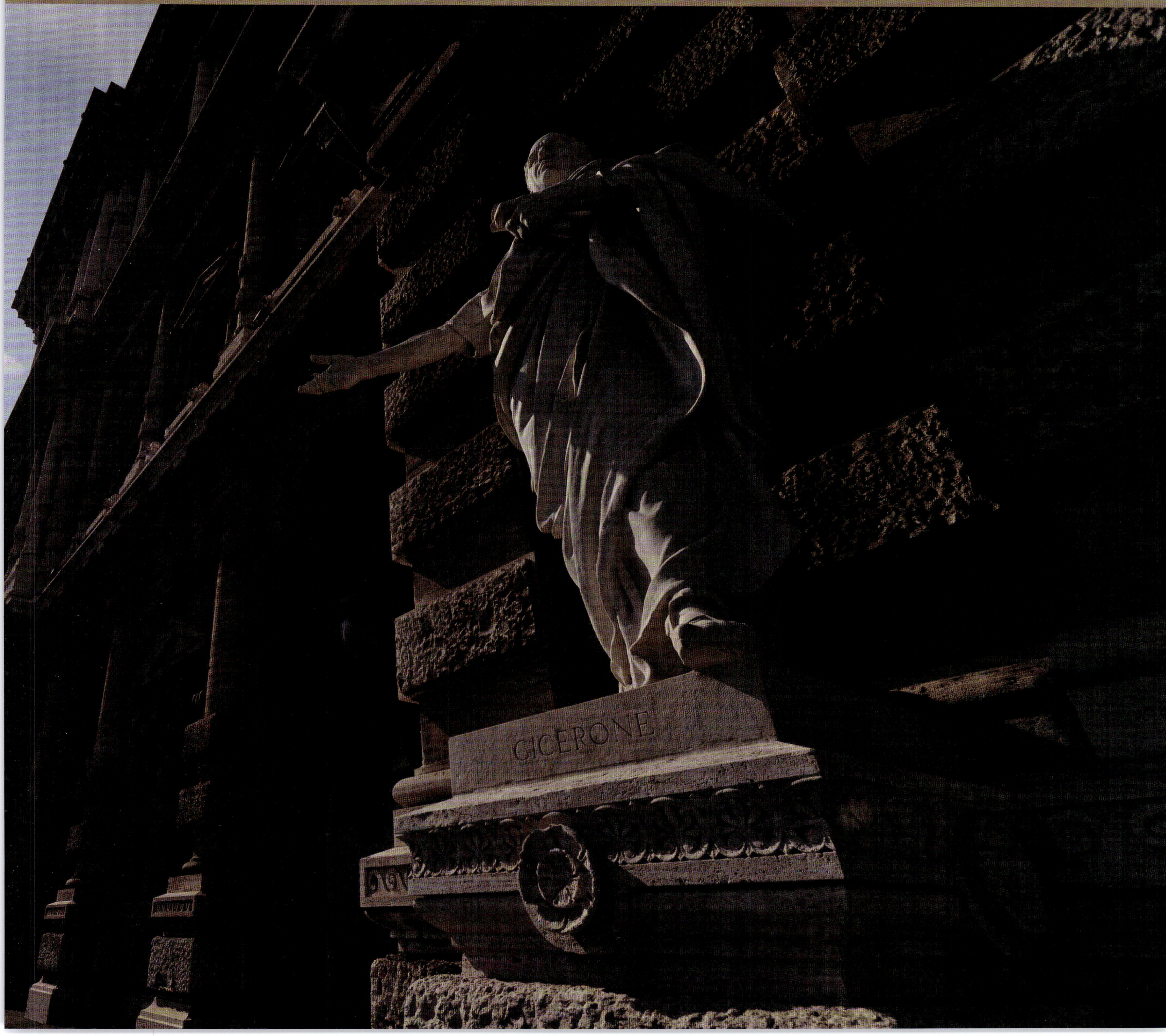
CICERONE

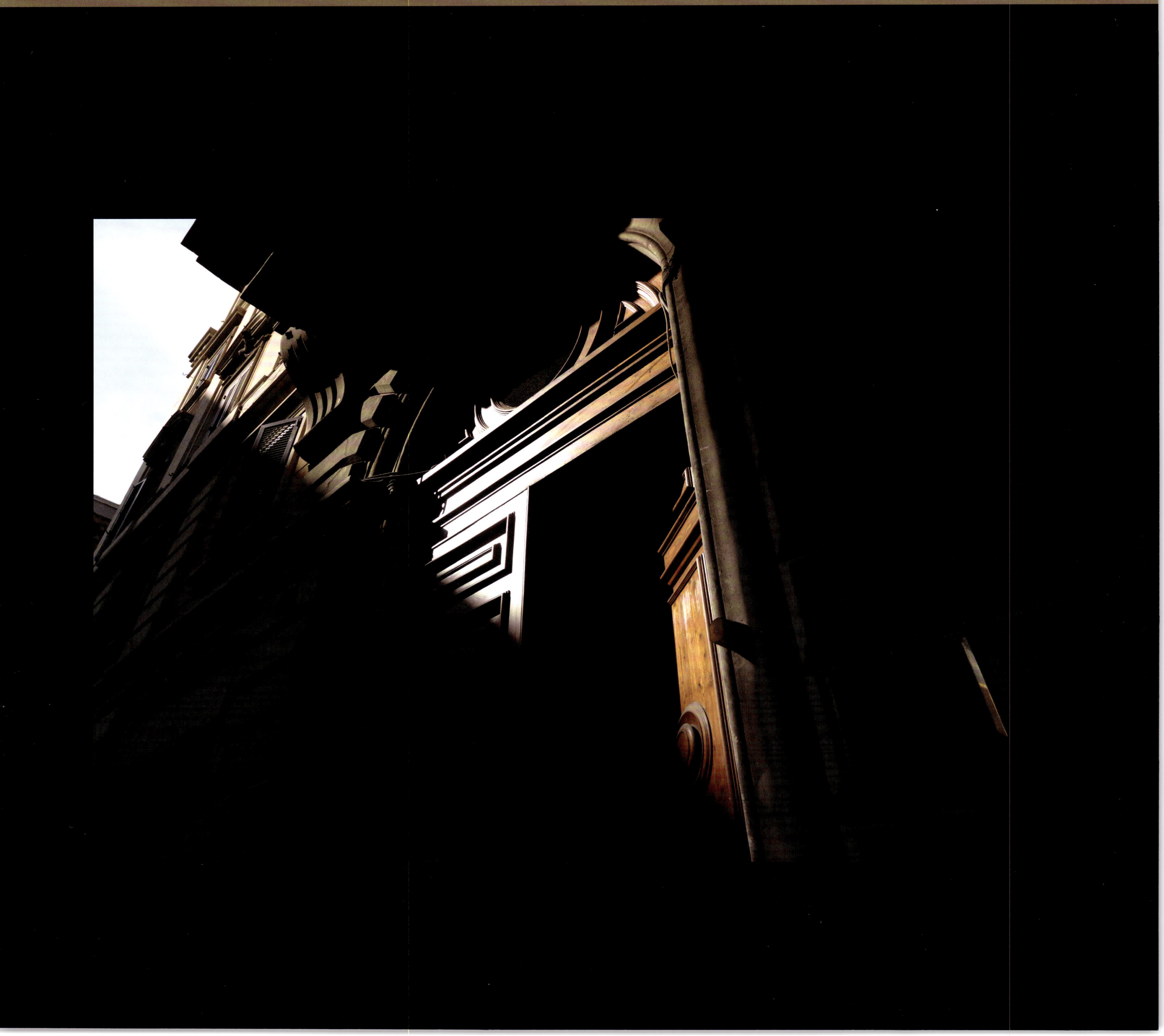

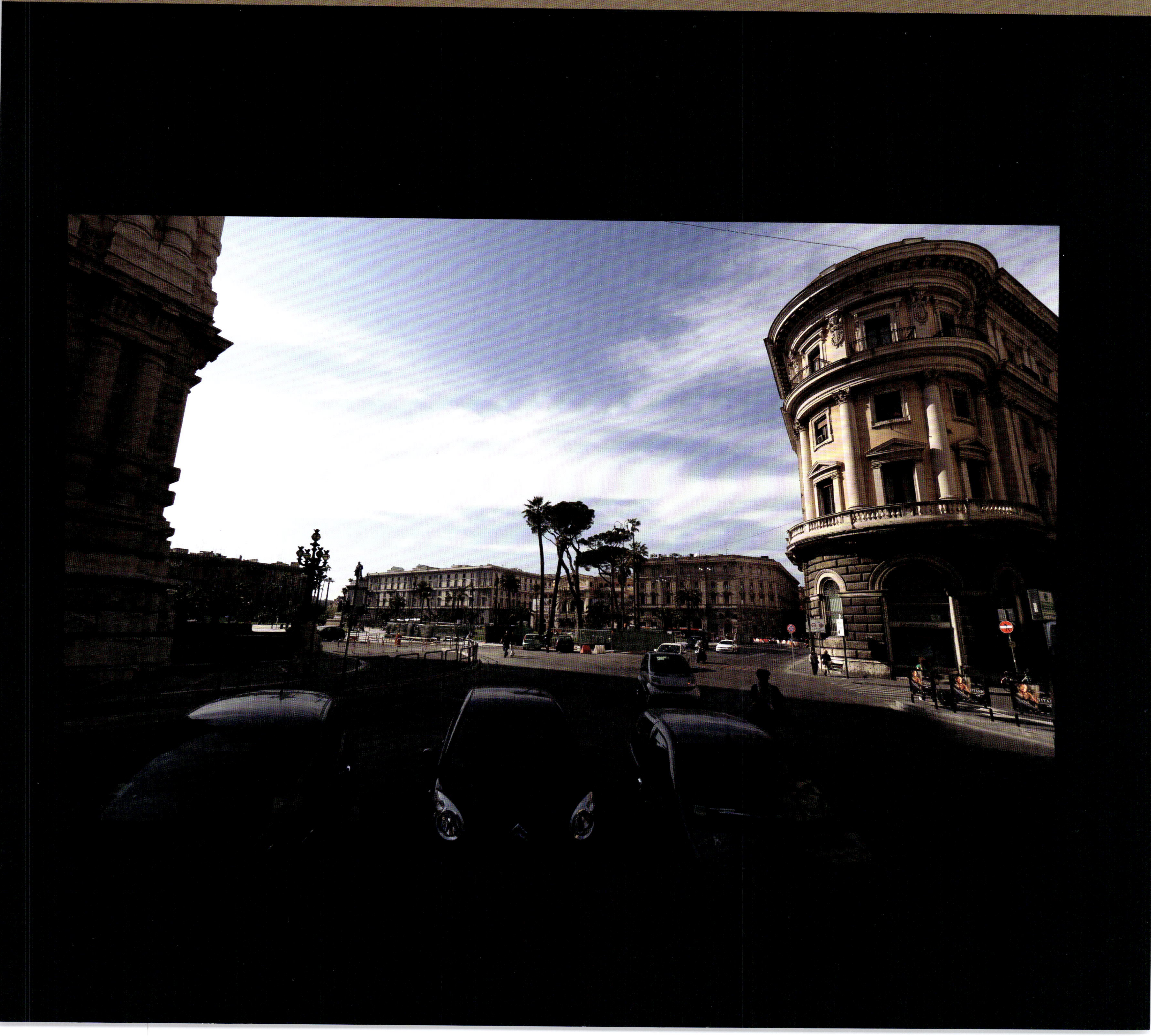

PIAZZA BARBERINI

BIS

TRASTEVERE

FROM PIAZZA BARBERINI TO TRASTEVERE

Im Entdeckerglück

WITH THE JOY OF DISCOVERY

„Komm! Wir müssen weg hier! Schnell!“, flüsterte Alessio, seinen Freund hektisch am Arm ziehend. Filippo folgte ihm durch das Gedränge in der U-Bahn, bis diese im nächsten Bahnhof zum Stehen kam, und er hinter Alessio aus der sich öffnenden Tür stürzte.

‘Come on! Let’s get out of here! Hurry up!’ whispered his friend Alessio, pulling him frantically by the arm. Filippo followed him to the door of the crowded Metro carriage, jumping through the opening doors behind Alessio when it came to a stop at the next station.

„Geschafft!", grinste der etwas korpulente Junge mit den kurzen kupferfarbenen Haaren, den leuchtend blauen Augen und den dauerhaft geröteten Wangen im rundlichen Gesicht. Eigentlich war Alessio fünf Jahre älter als Filippo, doch durch seine kindliche Art und seine Körpergröße von nur einem Meter fünfundsechzig hatte man den Eindruck, als wäre er der Jüngere.
„Was war denn los?", fragte Filippo.
„Fahrkartenprüflinge": Alessio gebrauchte manchmal solch seltsame Wortkombinationen. „Willst du etwa Strafe fürs Schwarzfahren zahlen?"
„Ach! Ich hätte die gar nicht erkannt. Und was machen wir jetzt?", fragte Filippo erneut und durch die vielen Menschen verunsichert, die sich durch den engen U-Bahnschacht drängten. „Wo sind wir überhaupt?" Er sah sich verwirrt um: Zahlreiche Schilder waren als Leitsystem in den Tunneln angebracht; Pfeile hinter Wörtern, die er nicht lesen konnte, wiesen in unterschiedliche Richtungen. "Wäre ich doch öfter zur Schule gegangen!", ärgerte er sich über sich selbst. Alessio war in diesem Punkt auch keine Hilfe, denn auch er war des Lesens nicht mächtig.
„Nachgucken!", sagte Alessio fröhlich und wandte sich scheinbar wahllos einem Ausgang zu.
Das grelle Sonnenlicht schmerzte in den Augen, als sie im Gedränge einer Touristenschar aus der U-Bahn hinaustraten. Breite Straßen gingen sternförmig von einer freien Fläche mit einem Brunnen im Zentrum ab. Hunderte von Autos und Reisebussen drängten sich über die Kreuzung und pressten sich in eine mehrspurige Straße mit leichtem Gefälle. Die umstehenden Gebäude waren hoch, ihre Fassaden mit Verzierungen versehen. Schilder von Geschäften, Restaurants und Bars folgten dicht aufeinander, sodass sie wie ein Vordach über dem Bürgersteig wirkten. So also sah eine Großstadt aus! Nein: DIE Großstadt! Die Stadt, von der seine Mutter immer geträumt hatte.
Filippo blieb dicht hinter Alessio. Die beiden drängten sich durch die Reisegruppe

'We did it!' grinned the slightly heavyset boy with his short, coppery hair, bright blue eyes, permanently rosy cheeks and round face. Alessio was actually five years older than Filippo, but most people would have assumed he was the younger of the two, based on his childlike behaviour and height of only five foot five.
'What was that all about?' panted Filippo.
'Ticket-checker guys!' Alessio could come up with such peculiar word combinations. 'You don't want to pay a fine, do you?'
'Oh! I wouldn't have recognised them. So what do we do now?' asked Filippo, feeling uneasy in the crowd of people pushing through the narrow Metro tunnel. 'Where are we, anyway?' He looked around, confused. The tunnels were filled with information signs. Arrows pointed in various directions with words that he couldn't read. 'Man, I should have gone to school more often!' he thought, angry with himself. Alessio wasn't much help in this area. He had also never mastered the art of reading.
'Let's have a look-see!' said Alessio happily, choosing one of the exits at random and ambling off in that direction.
The bright sun hurt their eyes as they emerged from the Metro into a bustling crowd of tourists. Wide streets radiated from an open area with a fountain in the centre. Hundreds of cars and tour coaches thronged the junction, pressing into a gently sloping avenue. The surrounding buildings were high, their façades adorned with ornamentation. The shop, restaurant and pub signs along the street were so close together that they almost looked like a kind of porch over the pavement. So this was what a big city looked like! No: *the* big city! The city his mother had always dreamt of.
Filippo stuck close behind Alessio as they pushed their way through the tour group. Eventually they came to a woman with a colourful umbrella. 'Strange,' thought Filippo. 'It's not even raining!' Then, all at once, the woman stopped walking, held up her umbrella, turned around and let her eyes drift over the group of

bis zu einer Frau mit buntem Regenschirm. „Seltsam“, dachte Filippo. „Es regnet doch gar nicht!“ Die Frau blieb plötzlich stehen, hob ihren Schirm in die Höhe, drehte sich um und ließ ihren Blick über die vor ihr versammelte Gruppe schweifen. „Wir befinden uns hier auf der Piazza Barberini. Bis zum 18. Jahrhundert wurden hier unbekannte Tote zur Identifikation aufbewahrt“, begann die Frau zu berichten. „Der Platz wurde nach dem Palazzo Barberini benannt, in dem sich heute die Galleria Nazionale d'Arte Antica befindet. Dieses Museum liegt etwa fünfzig Meter südöstlich von hier entfernt.“

Alessio und Filippo traten aus der Gruppe und stellten sich ein wenig abseits. „Wir befinden uns auf der Piazza Bambini“, wiederholte Alessio stolz mit einer Handbewegung, als würde er einen Regenschirm halten.

„Barberini!“, korrigierte ihn Filippo.

„Folgen Sie mir nun bitte zur Fontana di Trevi“: Mit diesen Worten beendete die Reiseführerin ihren kurzen Vortrag. „Komm! Wir gehen mit“, sagte Filippo. „Es bringt Glück, wenn man eine Münze in den Brunnen wirft. Es bedeutet, dass man einmal nach Rom zurückkehren wird.“

„Ich hab' aber kein Geld!“, erwiderte Alessio, die Augenbrauen hoch ziehend. Filippo griff in seine Hosentasche, holte eine Handvoll Kupfer- und Messingmünzen heraus und gab ihm ein Zwei-Cent-Stück: „Hier. Nimm die! Und jetzt komm!“ Alessio strahlte über das ganze Gesicht.

Sie trotteten den Touristen hinterher, die zumeist auf die Displays ihrer Kameras starrten, um möglichst viele Erinnerungsfotos zu machen. Aufgrund der Erzählungen seiner Mutter hatte sich Filippo den Brunnen so vorgestellt: Im Zentrum eines romantischen Platzes, auf der Mauer ein verliebtes Pärchen eng umschlungen sitzend, dem friedlichen Plätschern des Wassers lauschend. Stattdessen wurden die beiden ein paar Straßen weiter von mindestens einhundert Schaulustigen empfangen, die sich um den Brunnen scharten. Das Stimmengewirr schallte von den Häuserwänden, welche den kleinen Platz begrenzten, und übertönte fast das Rauschen des Wassers.

„Wow! Sieh dir das an!“, staunte Filippo: Roms größter Brunnen erstreckte sich über die gesamte Breite des dahinter befindlichen Palastes und bildete eine Einheit mit dessen Fassade. Mächtig erhob sich der aus Stein gemeißelte Neptun aus dem tosenden Wasser, welches die Figurenformation der Pferde und Meeresgestalten auf künstlichen Felsen umspielte. Noch nie in seinem Leben hatte Filippo ein so beeindruckendes Bauwerk gesehen. Er drängte sich durch die Menge bis an den Beckenrand.

„Meine Mutter sagte, dass man die Münze mit der rechten Hand über die lin-

people gathering around her. 'We are now in the Piazza Barberini. Until the 18th century, unknown human corpses were displayed here for identification,' she began. 'The square was named after the Palazzo Barberini, which now houses the Galleria Nazionale d'Arte Antica. This museum is about 50 metres south-east of here.'

Alessio and Filippo went to stand a few paces away from the group. 'We are now in the Piazza Bambini,' repeated Alessio proudly with a sweeping hand gesture as if he were holding an umbrella.

'Barberini!' corrected Filippo.

'Now, if you would please follow me to the Fontana di Trevi.' With these words the tour guide ended her brief lecture. 'Come on! Let's tag along,' said Filippo. 'It's good luck to throw a coin into the fountain. It means that you'll make it back to Rome one day.'

'But I don't have any money!' answered Alessio, raising his eyebrows. Filippo dug in his pocket and pulled out a handful of copper and brass coins, handing him a two-cent piece. 'Here. Take this one! Now, come on!' Alessio's whole face lit up.

The two young men trotted behind the pack of tourists, most of whom were staring into the displays of cameras, trying to get as many souvenir photos as possible. From his mother's stories, Filippo had always pictured the magnificent fountain in the centre of a romantic square with a pair of young lovers sitting entwined on the wall, listening to the gentle babbling of water. The sight that greeted them a few blocks further on was much different. More than a hundred sightseers filled the small square, crowding around the fountain. The din of voices echoing off the surrounding buildings was so loud you could hardly hear the rushing of the water.

'Wow! Check it out!' marvelled Filippo: Rome's largest fountain spanned the entire width of the palace behind it; together, the two structures formed a visually harmonious whole. The stone sculpture of Neptune rose majestically from the turbulent waters swirling around the group of hippocamps and other sea creatures atop artificial rocks. Never in his life had Filippo seen such an impressive structure. He pushed his way through the crowd to the edge of the basin.

'My mother said you've got to throw the coin with your right hand over your left shoulder,' shouted Filippo over the roar of the fountain as he tossed his into the basin. 'Now it's your turn! Do it just like I showed you. Otherwise the lucky stuff won't work!' Alessio stood with his back to the fountain and threw his coin so far behind him that it struck Neptune's head, ricocheting off into the water basin. 'You hit Neptune on the head!' laughed Filippo. 'I bet that means twice as much

ke Schulter werfen muss", rief Filippo laut, um das Rauschen des Wassers zu übertönen, und schleuderte dabei ein Geldstück in das Wasserbecken. „Und jetzt bis du dran! Du musst es genau so machen wie ich, sonst bringt es kein Glück!" Alessio stellte sich mit dem Rücken zum Becken und warf seine Münze soweit nach hinten, dass sie Neptun am Kopf traf, abprallte und in das Wasserbecken fiel. „Du hast Neptun am Kopf getroffen!", lachte Filippo. „Also, wenn das nicht doppelt Glück bringt ... Und jetzt musst du dir wünschen, einmal wieder nach Rom zurückzukehren."

„O.K. Bin fertig", sagte Alessio, und seine roten Wangen leuchteten vor Freude.

Angeblich waren sie nicht weit entfernt vom Stadtteil Trastevere, wie eine freundliche Dame zu erklären wusste. Ihrer Beschreibung folgend gingen Alessio und Filippo die Via delle Muratte entlang, in deren Mitte Marktstände aufgebaut waren, an denen T-Shirts, bunte Mützen und kleine Souvenirs aus Plastik anboten wurden. Zwei maskierte Gestalten in silbernen Kostümen saßen regungslos an eine Hauswand gelehnt und hatten einen Hut vor sich gelegt, vermutlich um Geld für ihre Darbietung zu sammeln. Filippo war über diese Art von Kunst noch immer verwundert, als er und Alessio plötzlich vor einem Tempel mit elf mächtigen Säulen standen. Wie er es von seinem Freund gelernt hatte, lauschte Filippo im Vorbeigehen der Reiseführerin, die einer Gruppe über das Gebäude berichtete. „Unglaublich!", staunte Filippo. „Die Säulen sind zweitausend Jahre alt und stehen immer noch! ‚Hadrianeum' heißt dieser Tempel ..."

„Komm jetzt! Die warten auf uns", unterbrach ihn Alessio und meinte damit die Zirkusleute, mit denen sie sich in Trastevere verabredet hatten, um für den Zirkus zu werben.

Sie tauchten aus einer kurzen Gasse und standen plötzlich vor einer Kuppel, die sich über dem Hauptgebäude eines weiteren Tempels wölbte, dessen Vorbau von zahllosen Granitsäulen gestützt war. „Das Pantheon!": Filippo hatte das Gebäude sofort erkannt, denn in ihrer Küche hatte eine Ansichtskarte des Großonkels gehangen, die seine Mutter vor vielen Jahren von ihm bekommen hatte.

„Ich muss da rein!", sagte er zu Alessio. „Mach dir keine Sorgen. Es ist bestimmt nicht mehr weit bis nach Trastevere und wir haben noch ein bisschen Zeit."

Filippo erstarrte und ließ seinen Blick nach oben wandern, nachdem er mit Alessio durch den Schatten der Vorhalle in den kreisrunden Saal getreten war. Orangefarbenes Licht beleuchtete die Nischen in der prachtvollen Marmorvertäfelung, die sich bis unter den Ansatz der Kuppel hinaufzog. In der Halbkugel wölbten sich die Kassetten bis ins Zentrum der Decke, das von einem kreisrunden Loch bestimmt war. Sonnenstrahlen fielen durch die Öffnung und malten einen

luck. And now you've got to make a wish that you'll come back to Rome.'

'OK. Done,' said Alessio, his cheeks flushed red with excitement.

A friendly lady had explained that they weren't far from the district of Trastevere. Following her directions, Alessio and Filippo walked down the Via delle Muratte. Market stalls were set up in the middle of the street, selling T-shirts, colourful hats and small plastic souvenirs. Two masked figures in silver costumes sat motionless on the pavement, leaning against the front of a building with a hat lying upturned in front of them, apparently to collect money for their performance. Filippo was still pondering this curious art form, when he and Alessio stumbled upon an impressive temple with eleven massive columns. Adopting his friend's strategy, Filippo eavesdropped on a tour guide they were passing, as she told her group about the building. 'Unbelievable!' uttered Filippo in amazement. 'Those columns are two thousand years old and still standing! The temple is called the "Hadrianeum"....'

'Come on! The others are waiting for us,' interrupted Alessio, referring to the circus group they were supposed to be meeting in Trastevere to promote the circus.

They emerged from a short alleyway and suddenly found themselves standing in front of an immense dome, arching over the main building of another temple, whose portico was supported by numerous granite columns. 'The Pantheon!' Filippo recognised the building immediately from a postcard that his mother had received from a great uncle several years before. It had been hanging on their kitchen wall for as long as he could remember.

'I've got to see the inside!' he told Alessio. 'Don't worry. Trastevere can't be much further, and we've still got a little time.'

Filippo and Alessio walked through the shade of the porch into the rotunda, where Filippo froze and let his eyes wander upwards. Orange-coloured light illuminated the niches in the magnificent marble panelling that covered the walls from the floor to the springline of the dome. Above them, rows of sunken panels formed a perfect hemisphere, arching up to the apex, which was marked by an oculus. The sun's rays streamed through this opening, painting a bright patch of light on the interior of the dome. 'Have you ever seen anything like this before?' asked Filippo, awestruck.

'Yeah. It's just like our circus tent, only made of stone and with a hole. A circus-tent-hole-temple thingy,' answered Alessio.

'I see what you mean,' grinned Filippo. 'But this place is two thousand years old, and real kings were buried just over there,' he told his friend, pointing to the

gleißend hellen Punkt in das Innere der Kuppel. „Hast du so etwas schon einmal gesehen?", fragte Filippo fassungslos.
„Ja. Es ist wie unser Zirkuszelt, nur aus Stein und mit einem Loch. Zirkuszeltlochtempel", antwortete Alessio.
„Irgendwie ist da was dran", schmunzelte Filippo. „Aber das hier ist zweitausend Jahre alt, und dort liegen Könige begraben", belehrte er seinen Freund, wobei er auf die Nischen in der Wand deutete. „Das ist doch unglaublich! Mama würde es lieben ..."
Filippo stand einige Zeit in der Mitte des Saales und drehte sich um sich selbst, die Augen von oben nach unten wandern lassend, bis Alessio ihn aus seinem Tagtraum weckte: „Ich warte draußen auf dich, O.K.?"
„Nein, nein. Gehen wir!", antwortete Filippo und folgte Alessio auf den Vorplatz, wo die gemächlich sinkende Sonne bereits weiße Schneisen in die dunklen Straßenschluchten brannte.
„Meinst du, wir finden dieses Trastevere?", fragte Filippo eingeschüchtert ob der vielen Eindrücke.
Obwohl sie nur einen Teil des Centro Storico gesehen hatten, erschien ihm die Stadt unermesslich groß. Ihr Weg führte nun durch Gassen auf mehrspurige Straßen und wieder in schmale Straßenschluchten, vorbei an zahllosen Brunnen, gewaltigen Gebäuden, kleinen Läden, großen Plätzen und kleinen Kreuzungen im Schatten des Gassengewirrs. Sie folgten den Straßen, bis sie einen großen Platz mit einem Brunnen im Zentrum erreichten.
Wie gerne wäre Filippo noch hier geblieben, um die schönen, steinernen Brunnenfiguren zu bewundern! Eine viereckige Steinsäule ragte hoch in den Himmel. Sie wurde nur an ihren vier Ecken von den Sockeln der Statuen getragen, sodass man unter ihr hindurch sehen konnte, und sie über dem Wasser zu schweben schien. Filippo sah neidisch auf die Köstlichkeiten, welche die Leute genüsslich im Schatten der Markisen umliegender Straßencafés verspeisten. Müde Stadtbesucher ruhten sich auf Steinbänken aus. Eine weiße Kirche mit Säulen, Türmen, Steinbalkonen und Figuren überragte den Platz, auf dem Maler und Musiker ihr Geld an den unzähligen Touristen verdienten.
„Immer geradeaus bis zum Fluss", hatte die Dame gesagt. Die Via Arenula führte Alessio und Filippo schließlich über eine Brücke zum anderen Flussufer. Trastevere war ganz anders als die anderen „Rioni" der Stadt: Dörflich präsentierten sich im Zentrum des ehemaligen Arbeiterviertels kleine Häuser, zwischen denen Wäscheleinen gespannt waren; Fußgängergassen führten durch Hinterhöfe; Pflanzen rankten über Fassaden, von denen meist der apricot- oder terracottafarbene Putz abblätterte; auf dem Kopfsteinpflaster hatten Bars und Restaurants

niches in the wall. 'It's just amazing! Mama would've loved it.'
Filippo stood in the middle of the rotunda for several minutes, spinning slowly and letting his eyes take in the whole structure, from top to bottom, until Alessio woke him from his daydream: 'I'll wait for you outside, OK?'
'No, no. Let's go!' answered Filippo and followed Alessio to the piazza in front of the Pantheon, where a lazily sinking sun was already burning white swathes of light through the dark, urban canyons.
'Do you really think we can find this Trastevere place?' asked Filippo, feeling somewhat intimidated by the city.
Even though they had only seen a small part of the Centro Storico, Rome seemed unfathomably vast to him. The next part of their route took them through alleyways, across wide avenues and back into narrow side streets, past numerous fountains, massive buildings, small shops, large piazzas and small junctions in the shade of intertwining alleyways. They followed the streets until they came to a large piazza with a fountain in the middle.
How Filippo longed to stay here and marvel at its beautiful stone figures! A square pillar towered high above them. The four corners of its base rested on the statues, leaving an open space beneath it. As a result, it appeared to be floating over the water. Filippo gazed enviously at the delicious-looking foods that people were enjoying under the awnings of the surrounding street cafés. Exhausted tourists rested on stone benches. This piazza, where painters and musicians earned their living from the hordes of tourists, was dominated by a white church with columns, towers, stone balconies and statues.
'Keep walking straight until you reach the river,' the woman had instructed. The Via Arenula led Alessio and Filippo over a bridge to the other side of the river. The district of Trastevere was completely different from the city's other 'rioni'. The centre of this former working-class district was village-like, its small buildings interlaced with washing lines. Pedestrian alleyways led through courtyards. Climbing plants grew over apricot or terracotta-coloured facades, usually with chipping plaster. Pubs and restaurants used every available inch of cobbled pavement for their tables. People were sitting on small wooden benches in front of their houses, enjoying the peacefulness of the evening. 'All we did was cross a river, and suddenly everything looks totally different,' noted Filippo, taking a deep breath. 'It reminds me of home,' he added.
Dusk was already settling over the city by the time they reached the designated meeting place: a small café-lined piazza. The rest of the circus group was already there. Giacomo had Ingrid, the lama, on a lead. A poster with the circus's name in colourful, hand-painted letters hung from the animal's flanks. Michele did a series

ihre Tische aufgestellt, sobald sich genügend Platz dafür bot; Menschen saßen auf kleinen Holzbänken vor ihren Häusern und genossen die Abendruhe. „Wir sind nur über den Fluss gegangen und plötzlich sieht alles ganz anders aus", bemerkte Filippo mit einem tiefen Atemzug. „Es erinnert mich an zu Hause", fügte er hinzu.

Es dämmerte bereits, als sie den verabredeten kleinen Platz mit Cafés erreichten. Die anderen Zirkusleute waren schon alle da: Giacomo hatte Ingrid, das Lama, an der Leine; an den Flanken des Tieres hing ein Plakat, das den Namen des Zirkus in bunten, handgemalten Lettern trug; Michele schlug auf dem Platz ein Rad nach dem anderen und endete sicher mit einem Salto, während Rossio dazu auf seiner Ziehharmonika spielte.

„Ciao Filippo! Ciao Alessio! Wir haben uns schon Sorgen gemacht!" Andrea, der Messerwerfer, kam ihnen mit der Blechdose entgegen, in der er Spenden sammelte. „Wo wart ihr denn?", fragte er.

„Fahrkartenprüflinge!", kam Alessio Filippo zuvor, der sichtlich froh war, die anderen Zirkusmietglieder wiedergefunden zu haben.

„OK. Es wird ja gerade erst dunkel, ihr kommt genau richtig. Ingrid hat die Fackeln mitgebracht, Giacomo hat sie in dem Beutel dort bei der Bank hingestellt."

Ohne Zögern zurrte Filippo mit einem Gummiband sein Haar zu einem festen Dutt am Hinterkopf zusammen, zog sein ärmelloses Hemd aus und kramte seine Utensilien aus dem Sack hervor. Dann tränkte er die mit einem Tuch umwickelten Holzkeulen mit Spiritus, streckte den Arm und zündete die Keulen mit einem Streichholz an. Explosionsartig pufften die Flammen auf und erhellten den Platz. Filippo begann, die Fackeln in Kreisen zu schwingen. Die Flammen erwehrten sich fauchend des Windes, der sie zu löschen drohte, und zeichneten widerwillig die leuchtenden Figuren ins Dunkel, die Filippo ihnen aufzwang. Je schneller er die Fackeln bewegte, desto lauter wurde das Fauchen des Feuers. Er schleuderte eine der brennenden Keulen hoch in die Luft und fing sie wieder auf, während er mit den beiden anderen jonglierte. Immer mehr Passanten gesellten sich zu der Gruppe, die schon die artistischen Kunststücke Filippos bewunderte. Das Klatschen der Menge nach jedem gelungenen Kunststück wiegte ihn in Trance. Die Figuren wurden immer geschmeidiger, und die Fackeln schienen immer bereitwilliger seinen Bewegungen folgen zu wollen, sodass er bald das Gefühl hatte, mit ihnen eine Einheit zu bilden. Tränen der Ergriffenheit liefen über seine Wangen. Er fühlte sich wie in Schwerelosigkeit, während sein Puls stark und in unerbittlicher Regelmäßigkeit den Takt vorgab. Die Fackeln flogen, Filippo drehte sich, fing sie – seine Kunststücke liefen wie von selbst. Er war wieder zu Hause ...

of cartwheels across the square, ending with a perfect somersault, while Rossio played his accordion.

'Ciao Filippo! Ciao Alessio! We were starting to worry!' Andrea, the knife-thrower, came over to greet them, holding a tin he had been using to collect donations. 'Where've you been?' he asked.

'Ticket-checker guys!' answered Alessio, beating Filippo to the punch. Filippo's face bore an expression of great relief at having found the other circus members.

'OK. It's starting to get dark. You're just in time. Ingrid brought the torches. Giacomo put them in that bag over there by the bench.'

Without a moment's hesitation, Filippo tied his hair into a tight bun behind his head with an elastic band, took off his sleeveless shirt and began digging through the bag for his materials. Then he doused the cloth-wrapped ends of the wooden clubs with alcohol, extended his arm and lit the clubs with a match. The torches exploded into flame, illuminating the square. Filippo started swinging them in a circular motion. Spitting menacingly, the flames resisted the wind that threatened to extinguish them and grudgingly followed Filippo's movements, drawing luminous figures in the darkness. The faster he moved the torches, the louder the fire hissed. He tossed one high in the air and caught it again, while juggling the other two. More and more people began to join the group of spectators admiring Filippo's artistry. The crowd's appreciative applause after every successful trick put him into a kind of trance. As the juggling patterns became increasingly fluid and the torches seemed ever more willing to follow his movements, he began to enjoy a feeling of oneness with them. Tears of emotion ran down his cheeks. He felt weightless, following the strong rhythm set by his pulse with unrelenting regularity. The torches flew in the air, Filippo spun around and caught them – it was almost as if his tricks were performing themselves. He was back home....

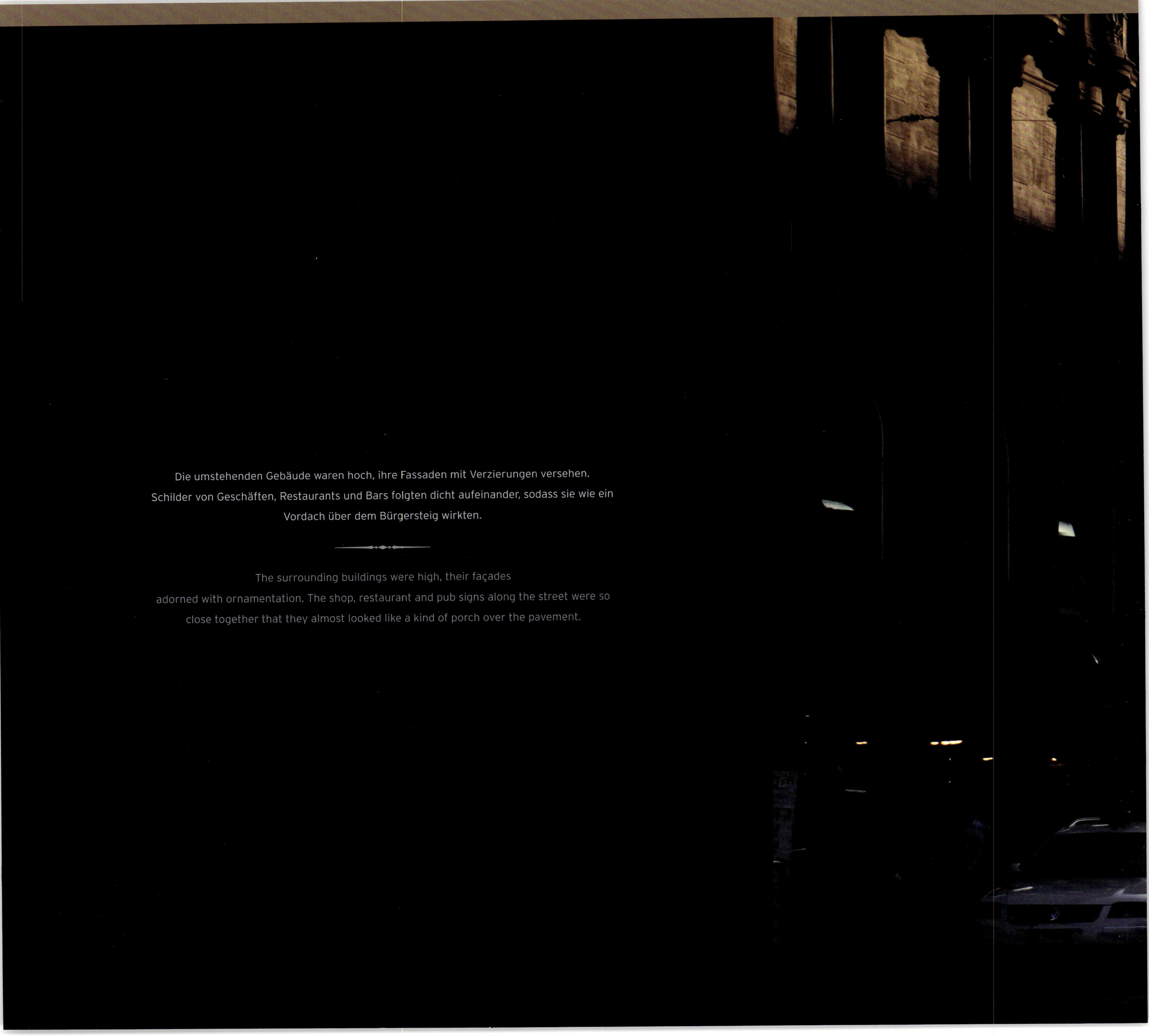

Die umstehenden Gebäude waren hoch, ihre Fassaden mit Verzierungen versehen. Schilder von Geschäften, Restaurants und Bars folgten dicht aufeinander, sodass sie wie ein Vordach über dem Bürgersteig wirkten.

The surrounding buildings were high, their façades adorned with ornamentation. The shop, restaurant and pub signs along the street were so close together that they almost looked like a kind of porch over the pavement.

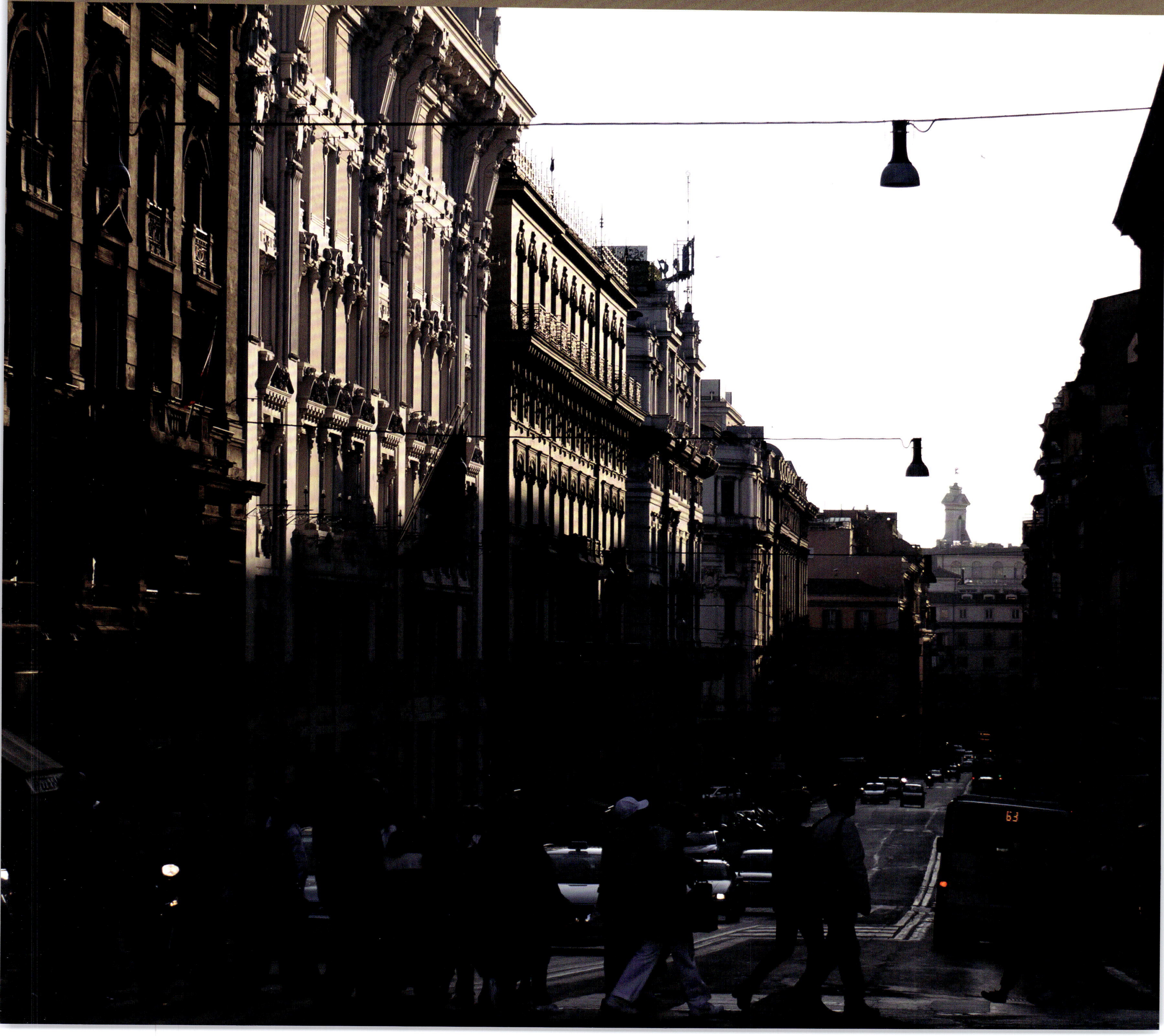

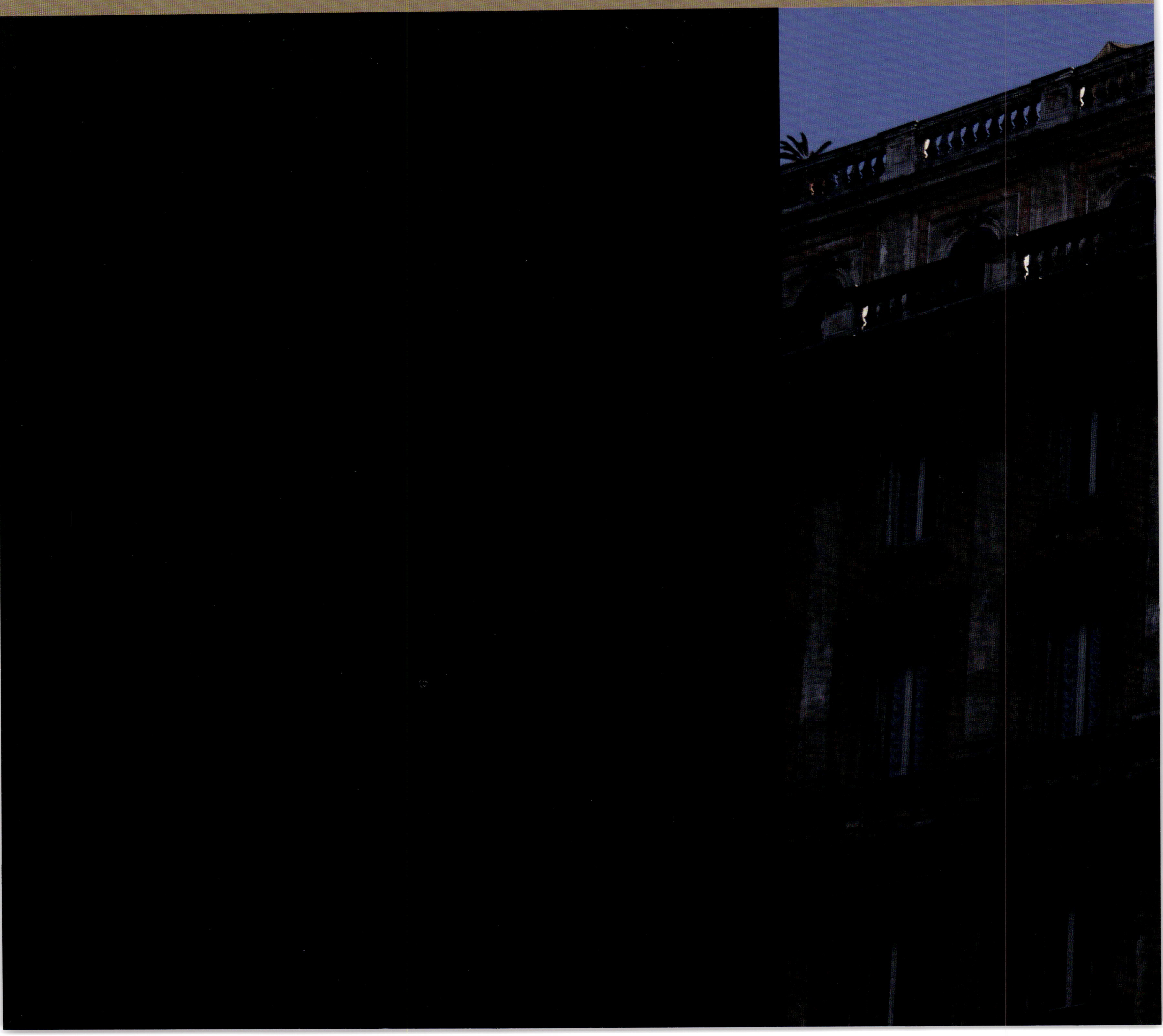

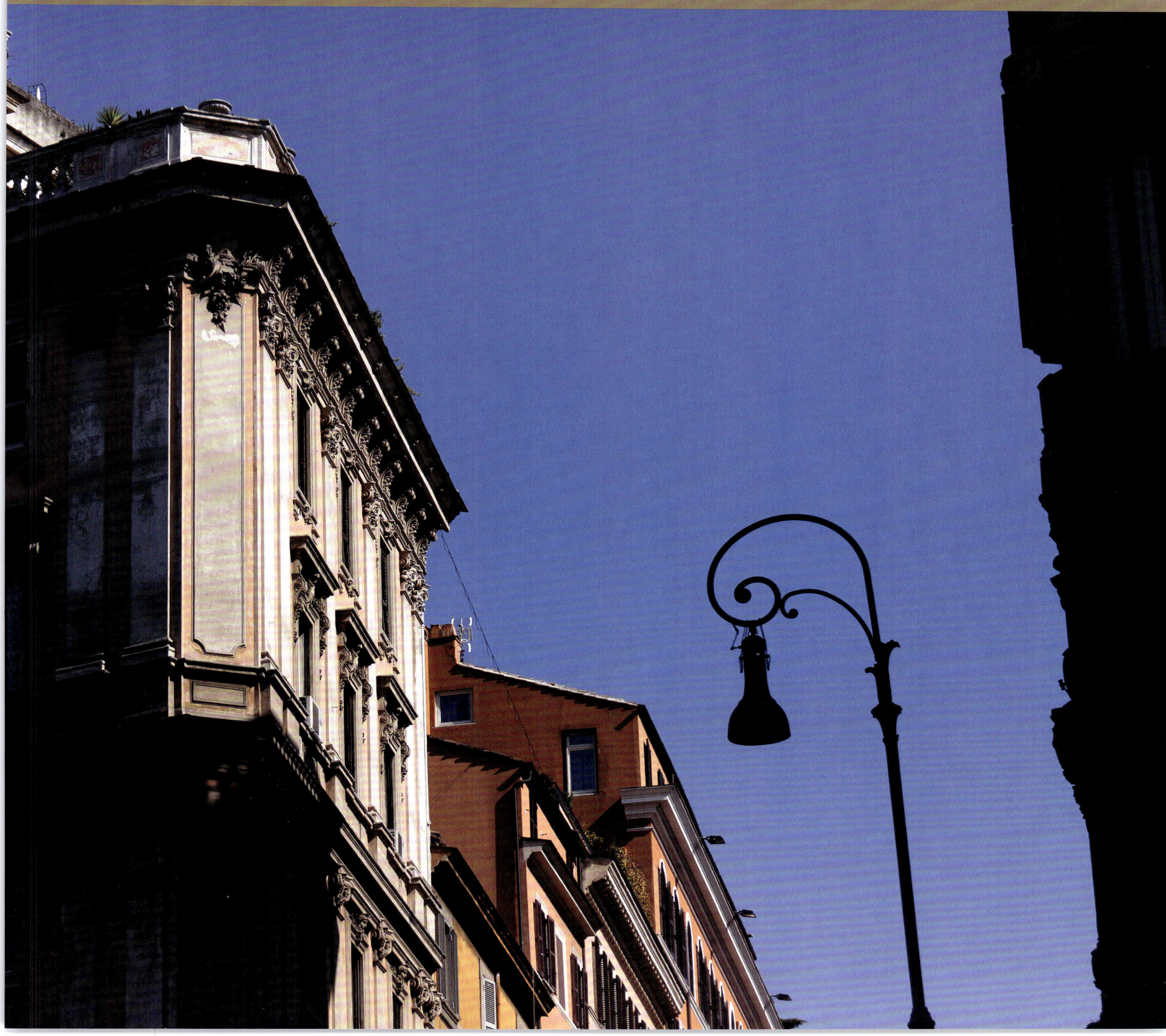

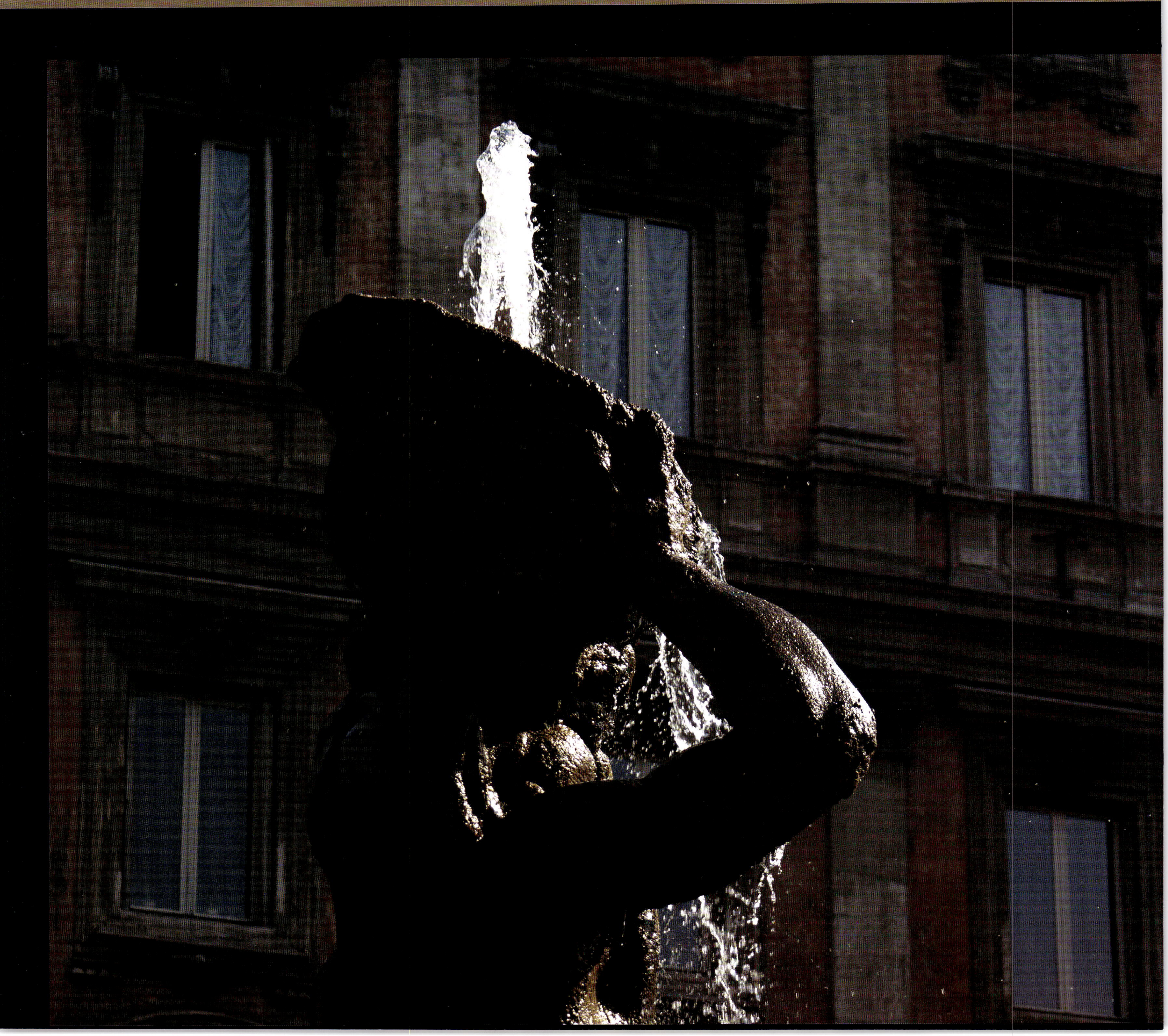

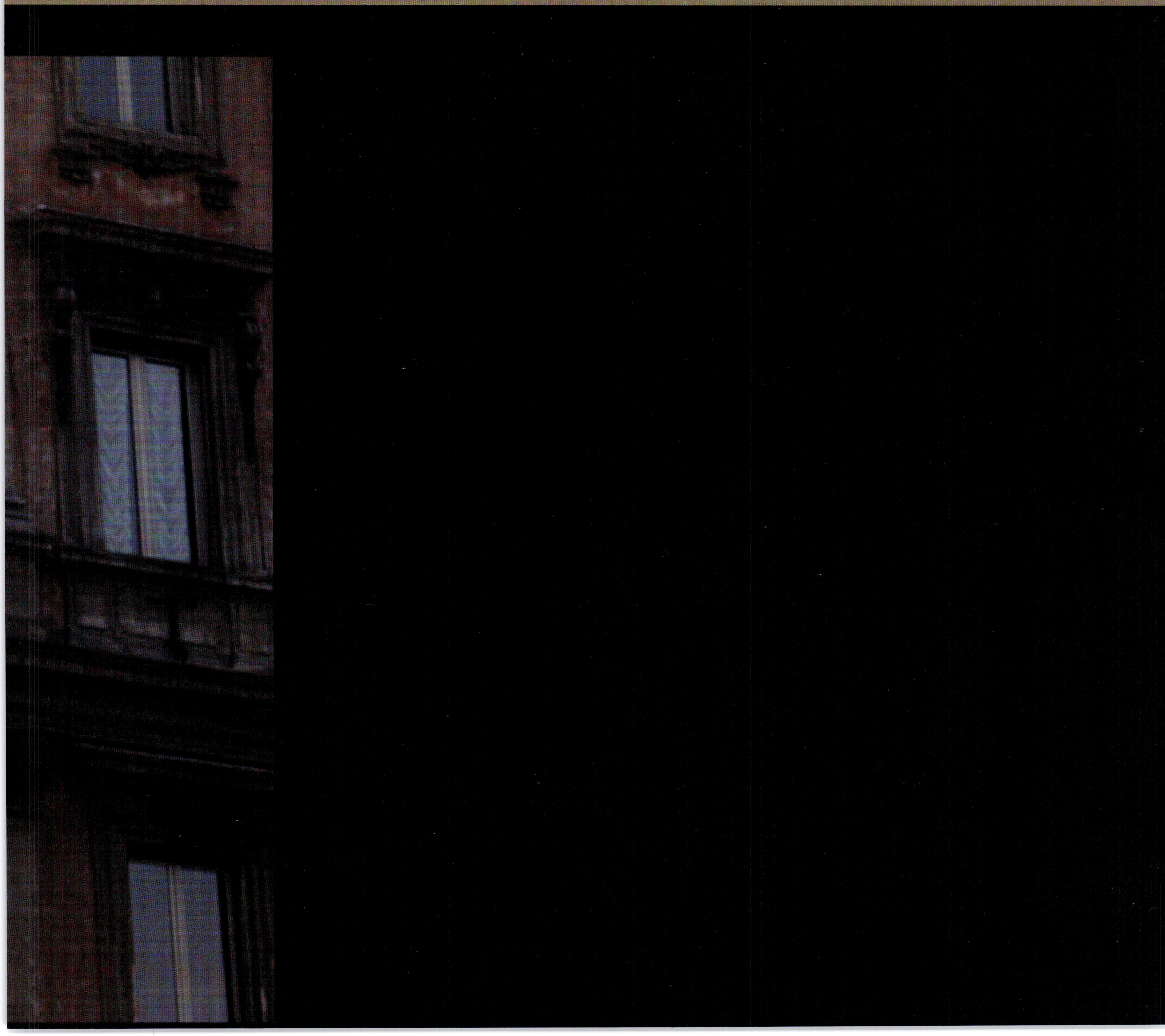

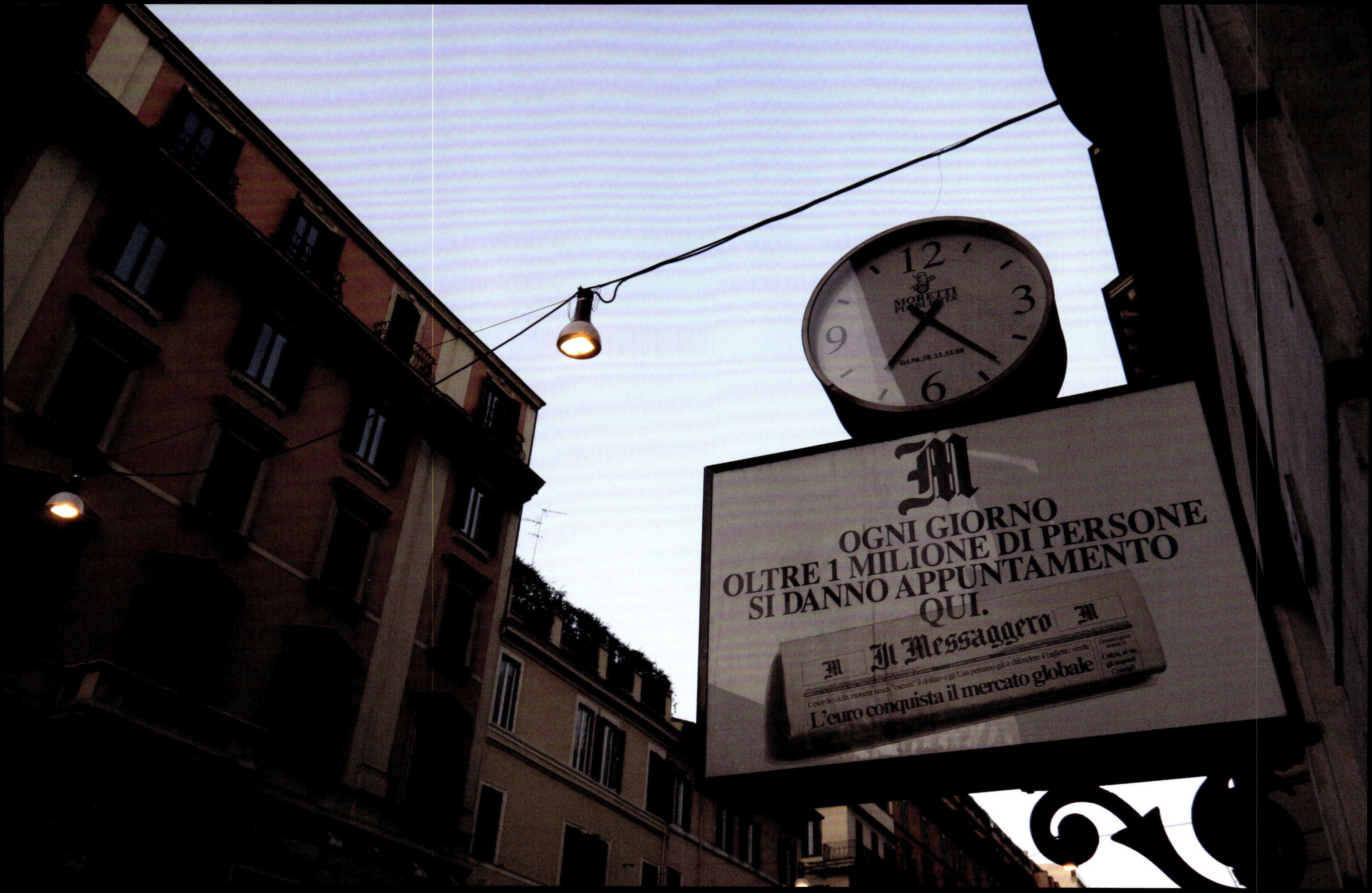
MORETTI
OGNI GIORNO
OLTRE 1 MILIONE DI PERSONE
SI DANNO APPUNTAMENTO
QUI.
Il Messaggero
L'euro conquista il mercato globale

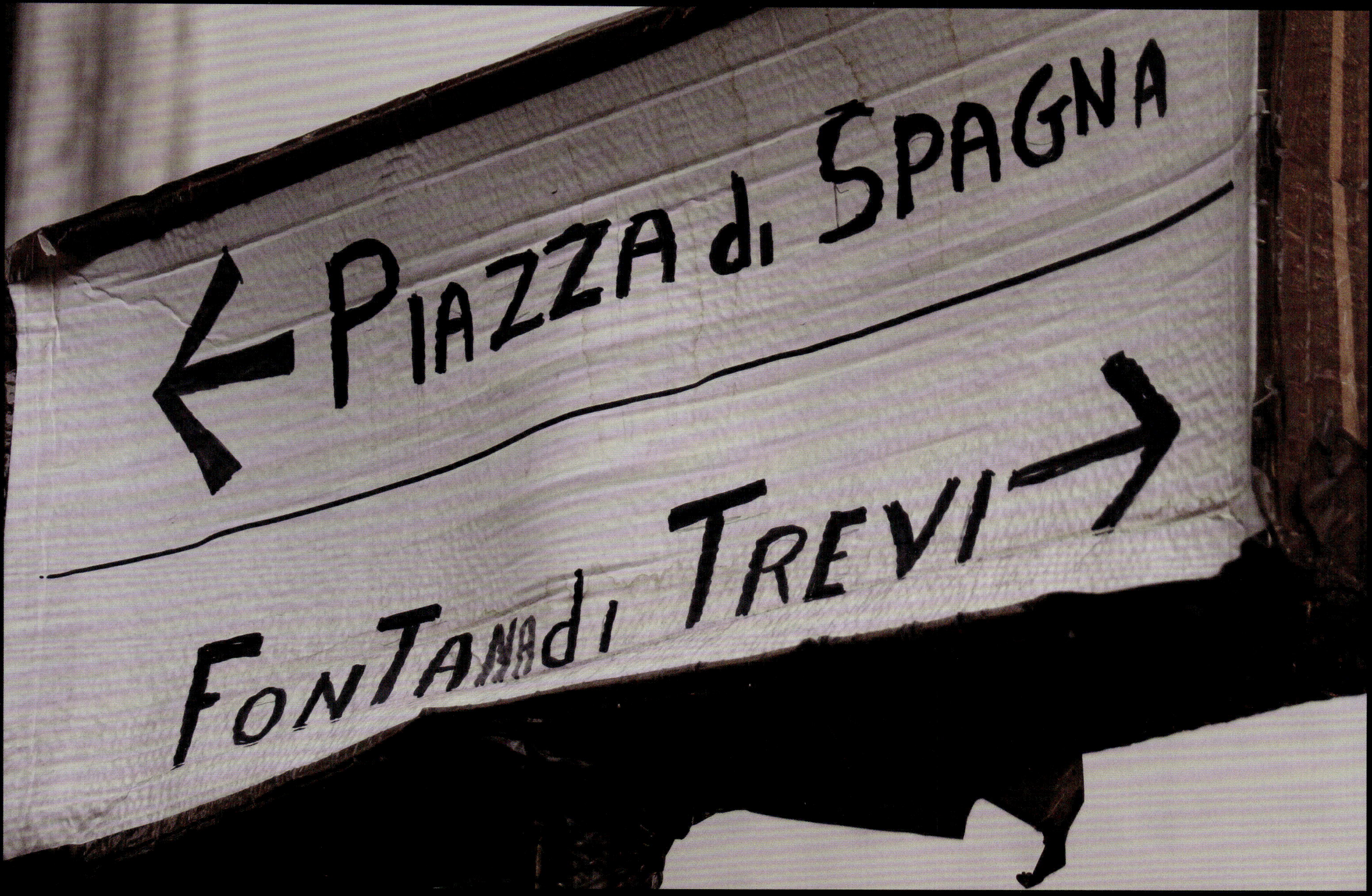
PIAZZA di SPAGNA
FONTANA di TREVI

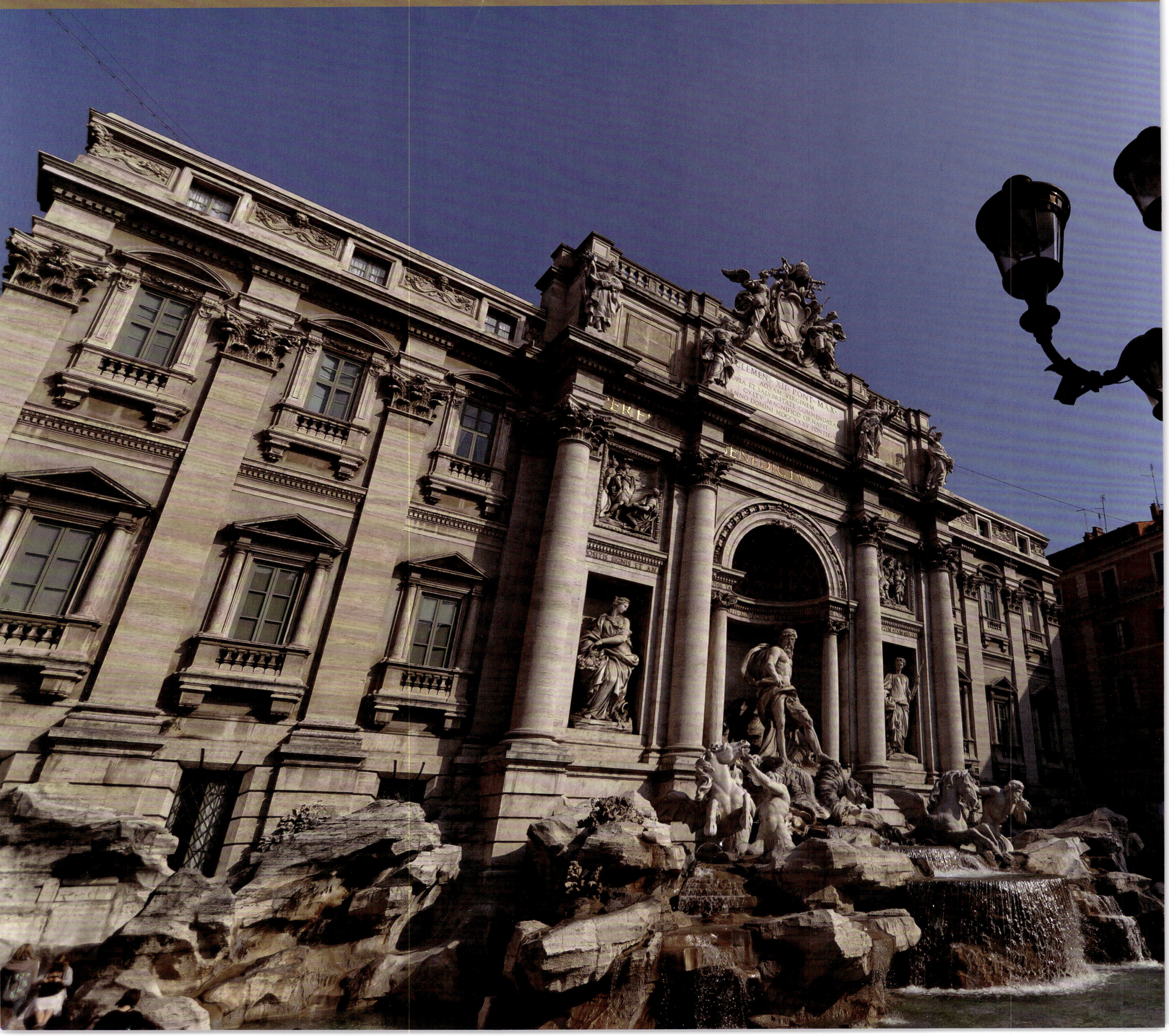
CLEMENS XII PONT MAX
AQVAM VIRGINEM
OPIA ET SALVBRITATE COMMENDATA
CVLTV MAGNIFICO ORNAVIT
ANNO DOMINI MDCCXXXV PONTIF
ENEDICTVS

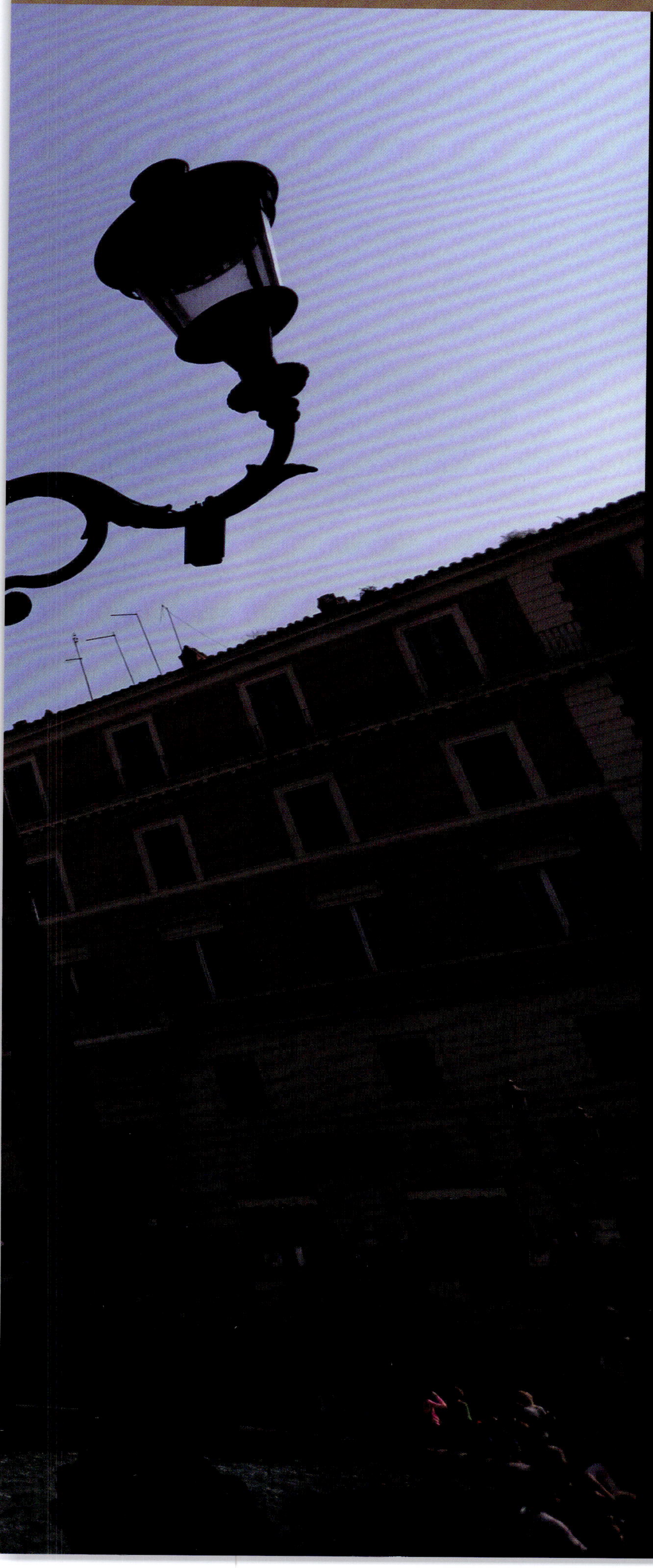

Roms größter Brunnen erstreckte sich über die gesamte
Breite des dahinter befindlichen Palastes und bildete eine Einheit mit dessen Fassade.

Rome's largest fountain spanned the entire width of the palace behind it; together, the two structures formed a visually harmonious whole.

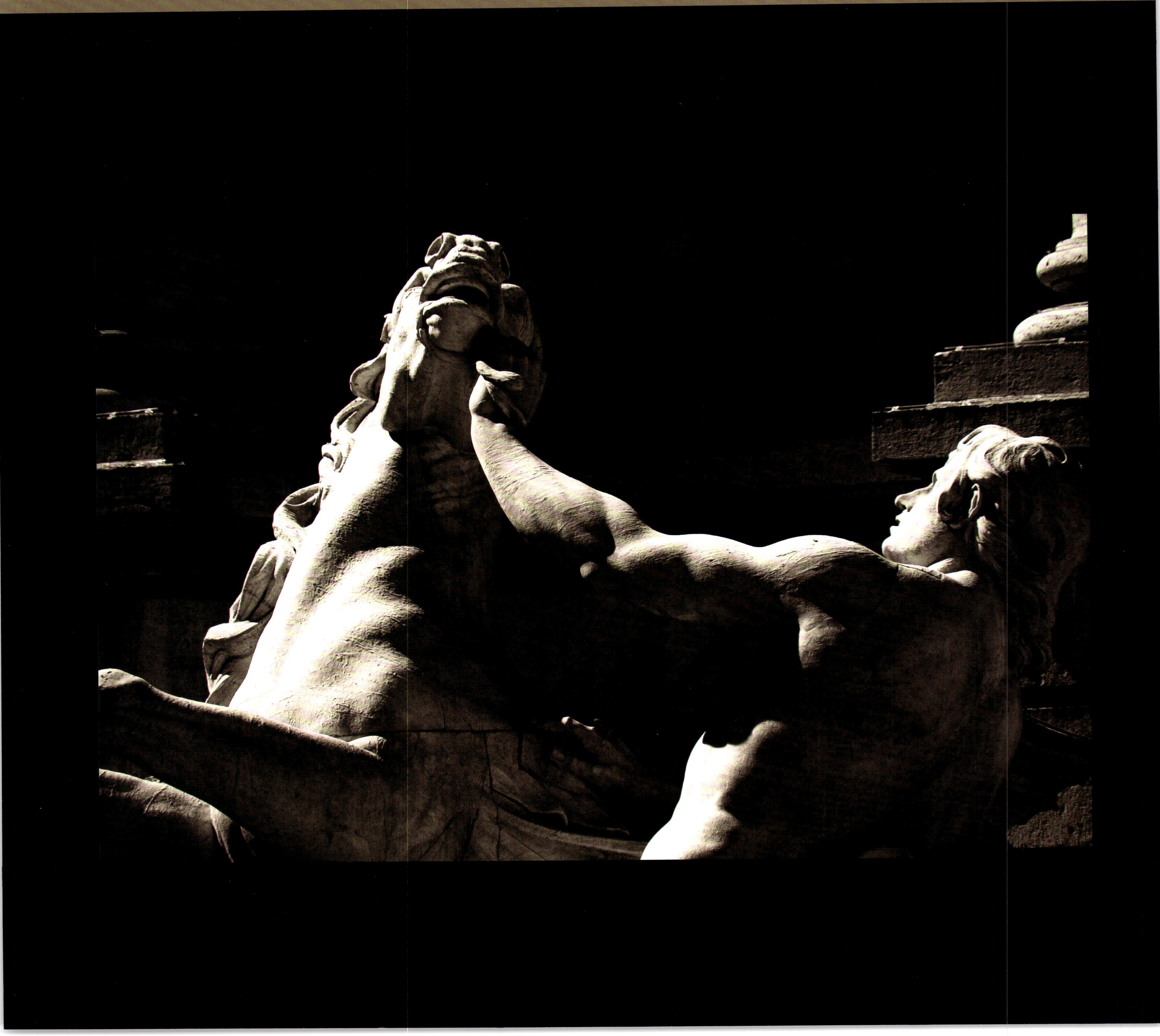

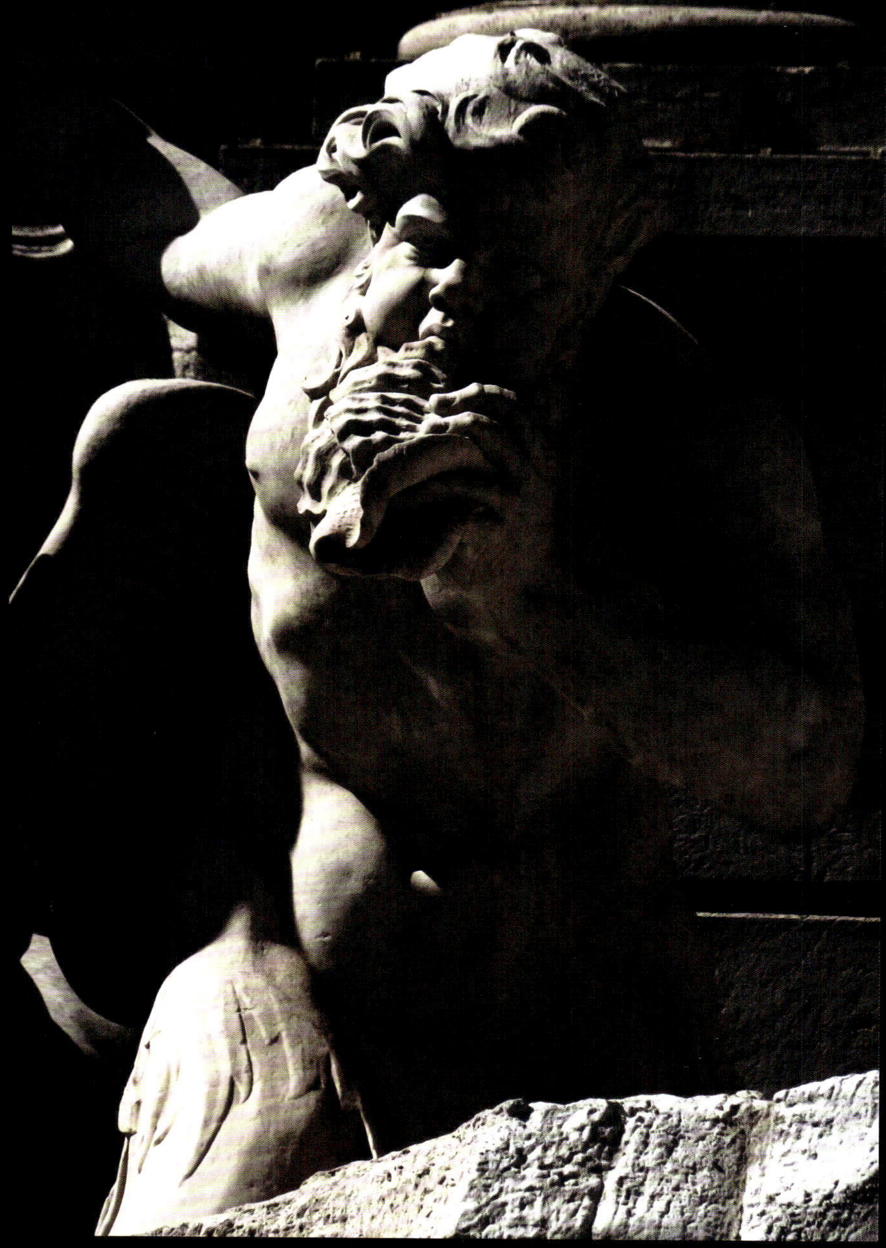

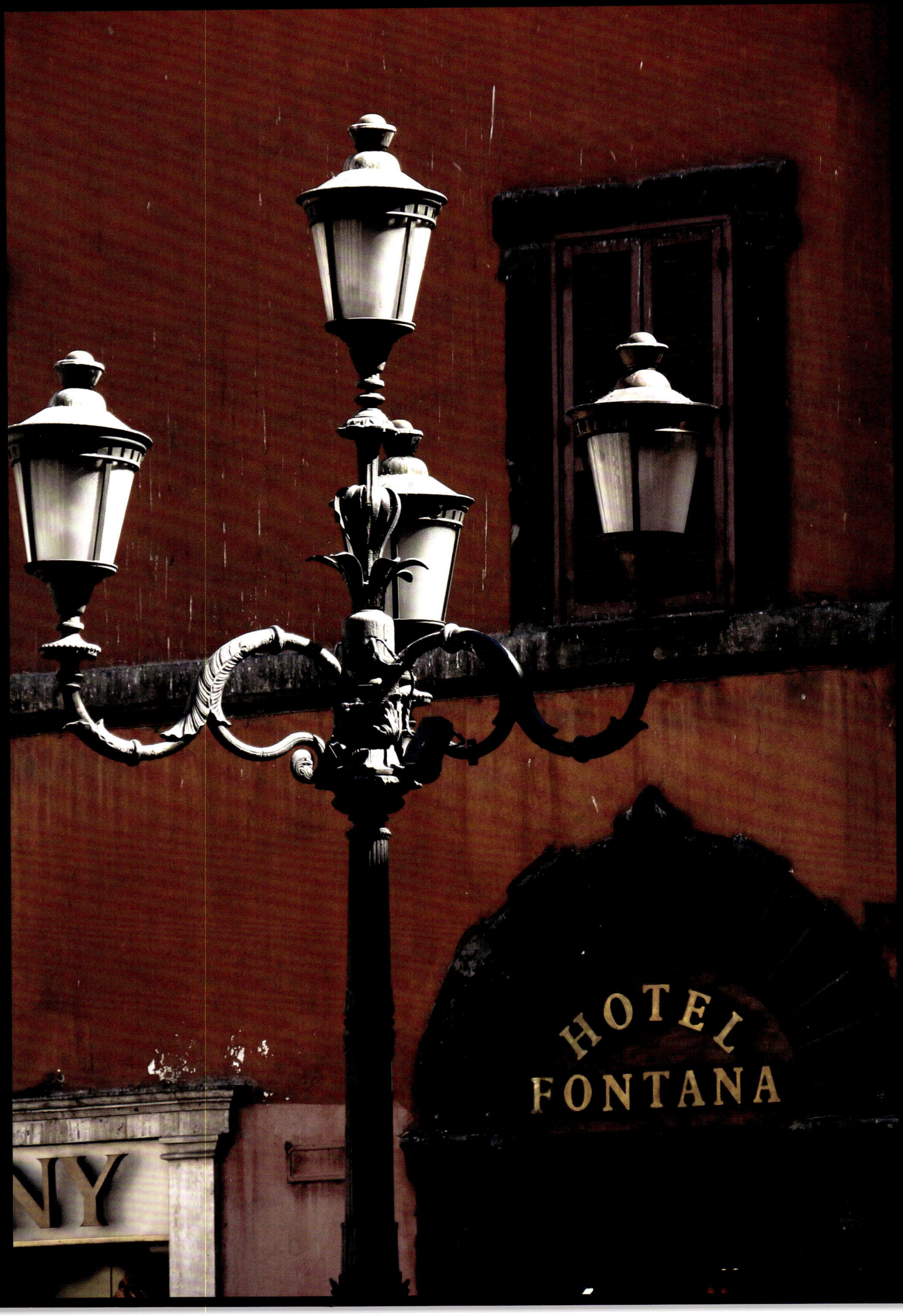
HOTEL
FONTANA

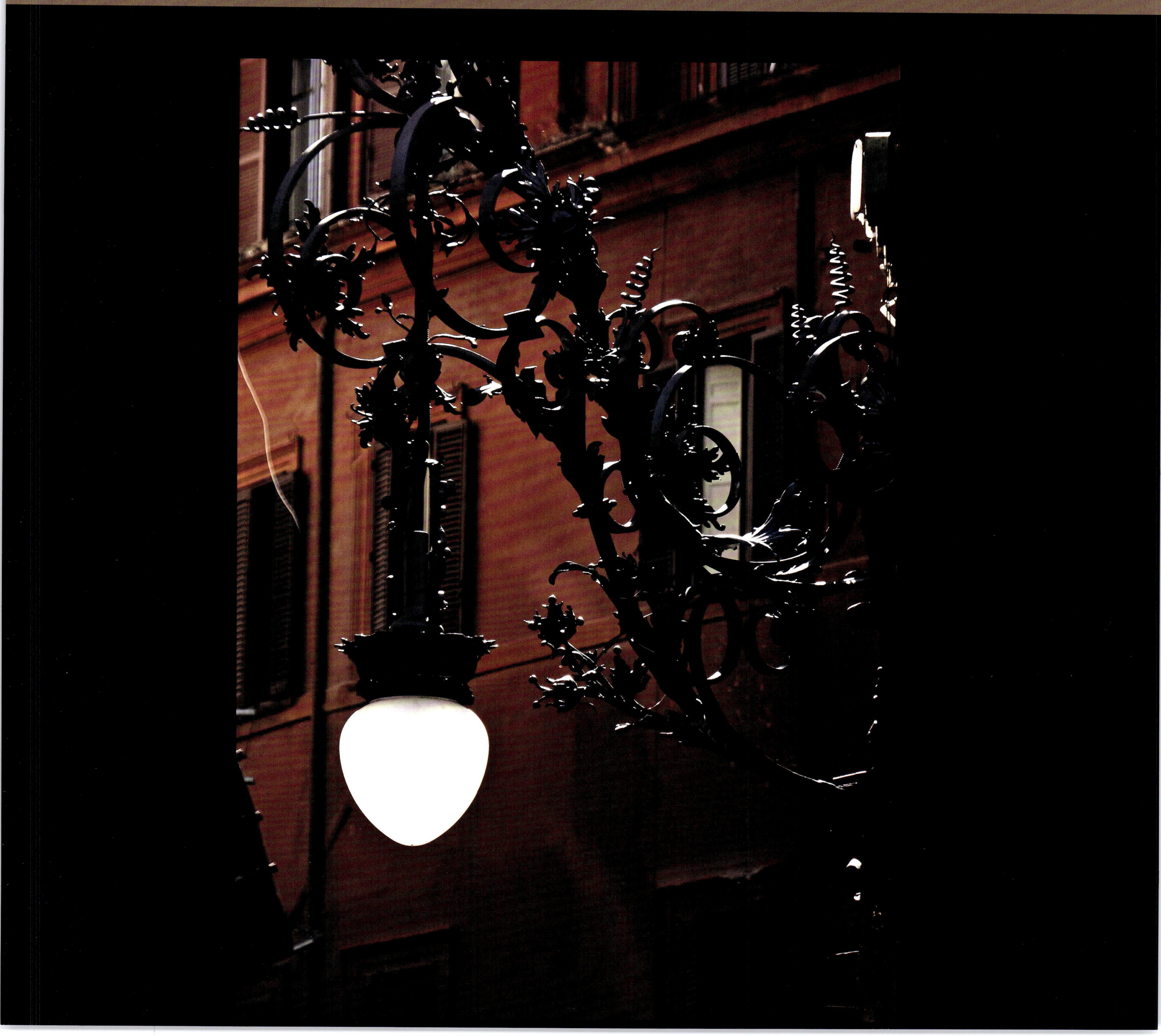

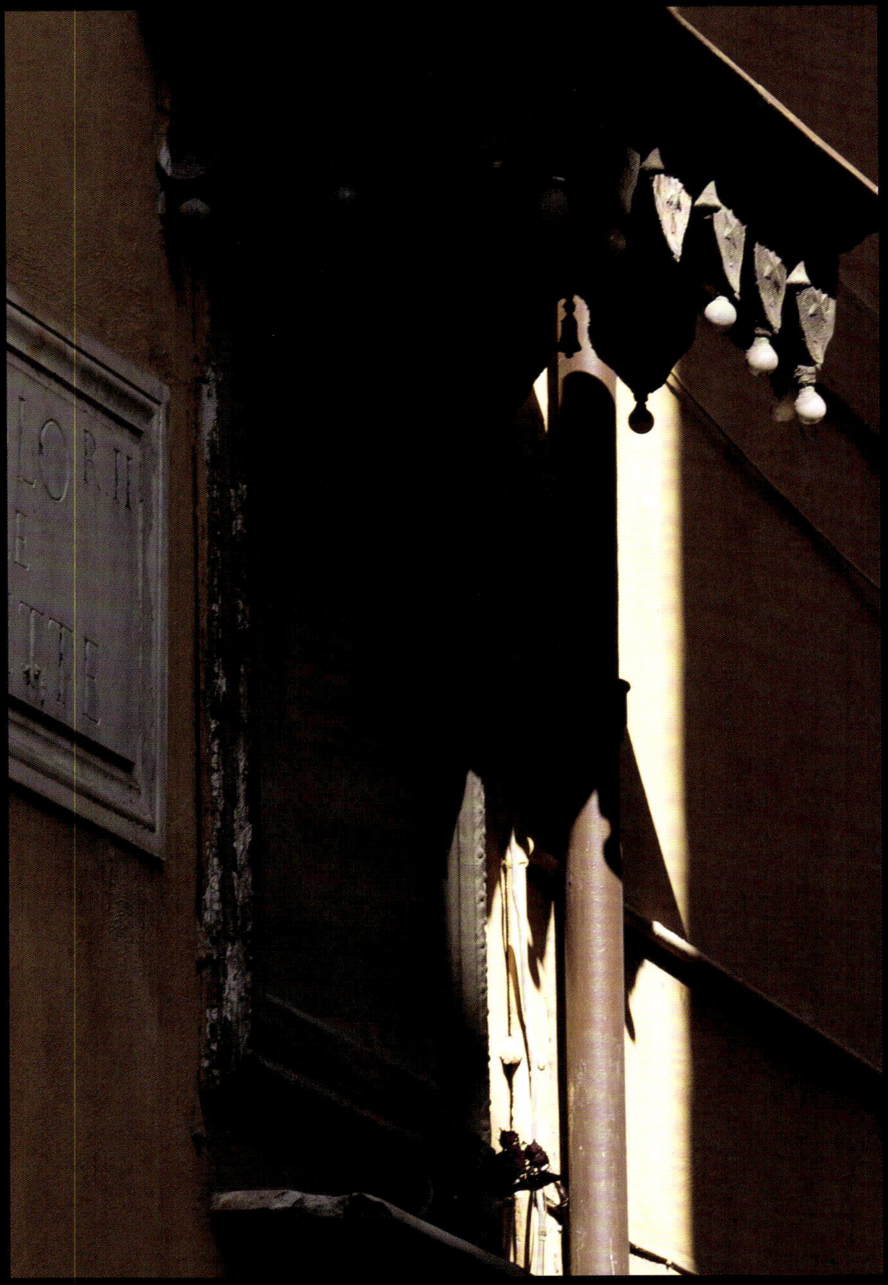

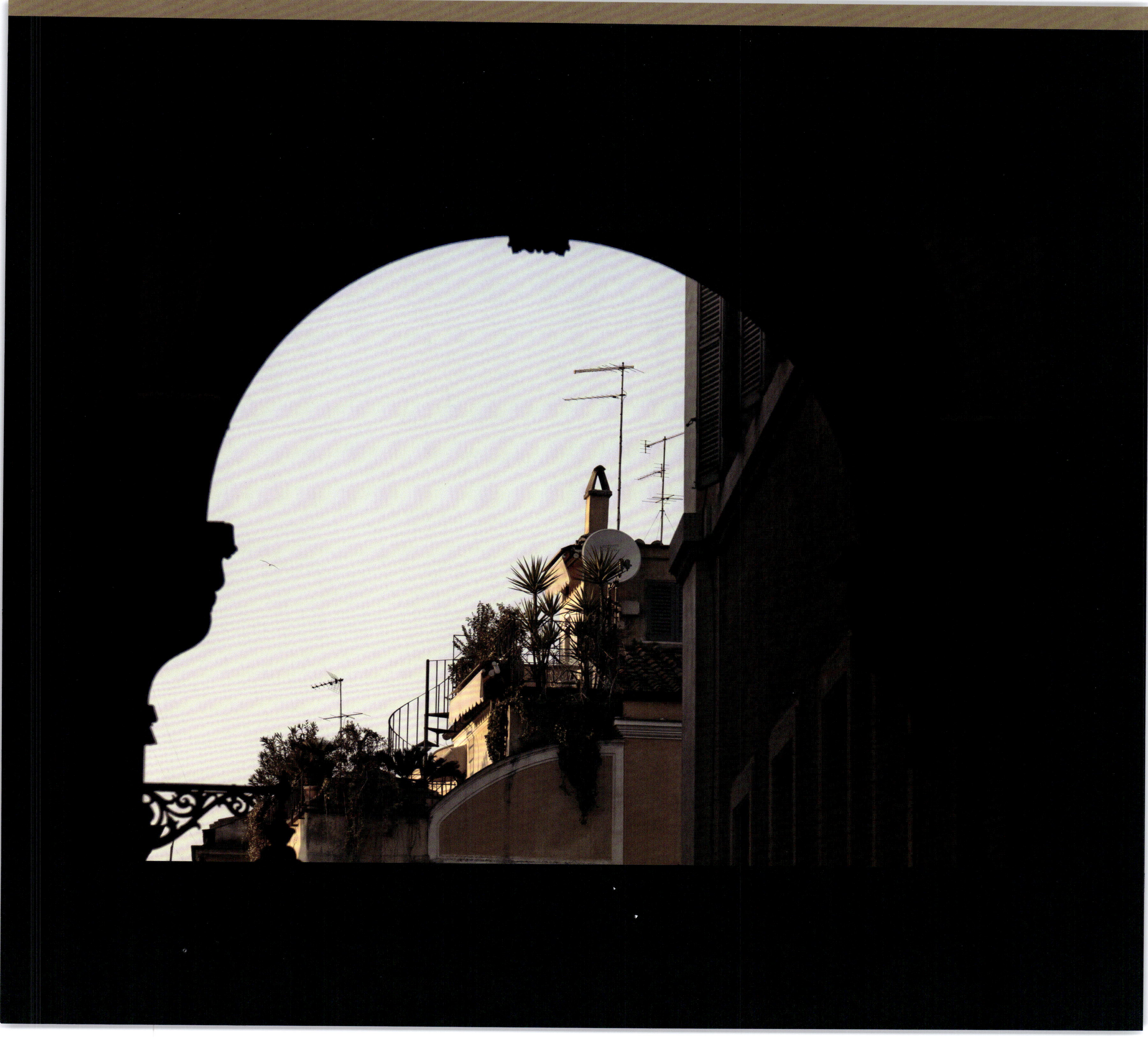

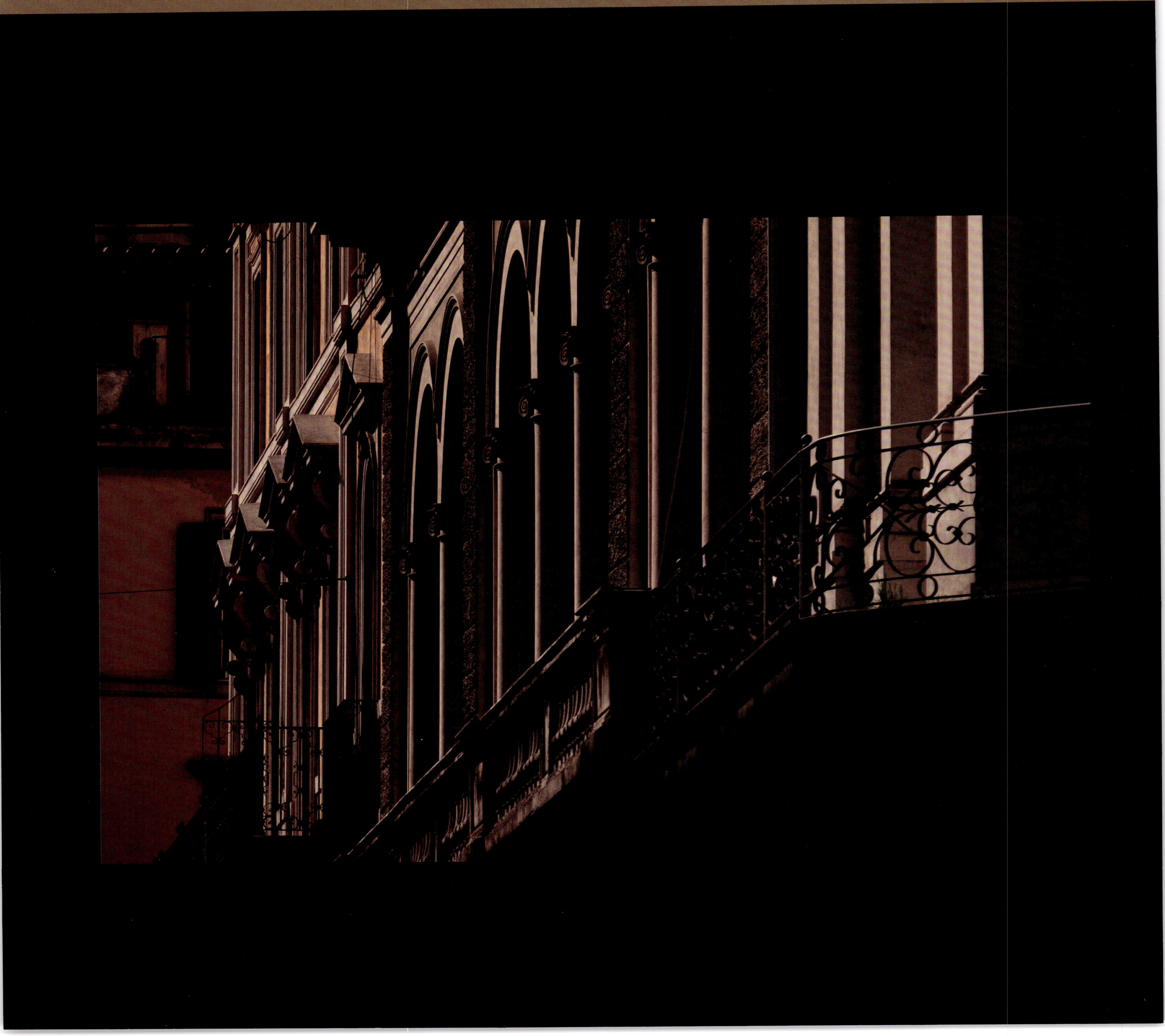

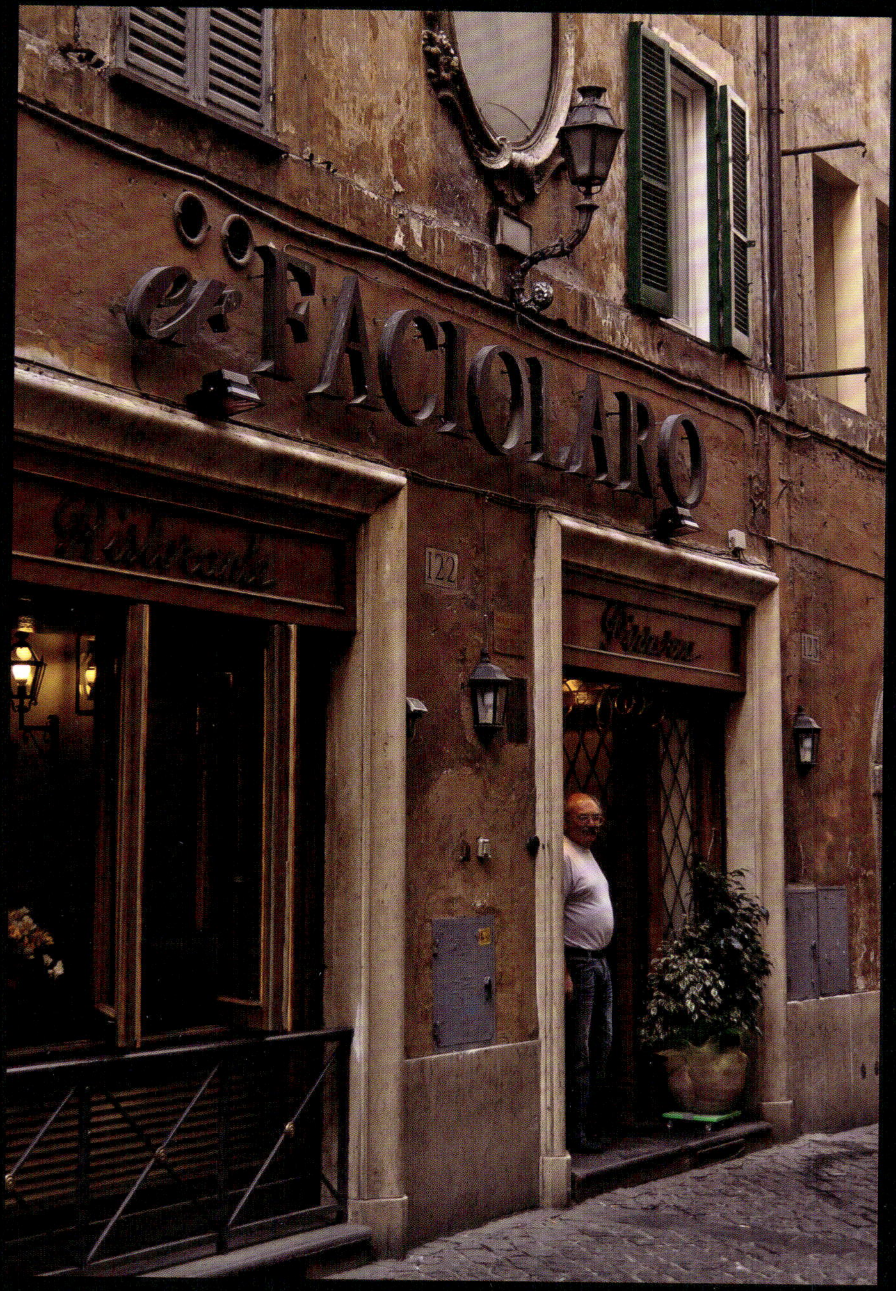
FACIOLARO
122

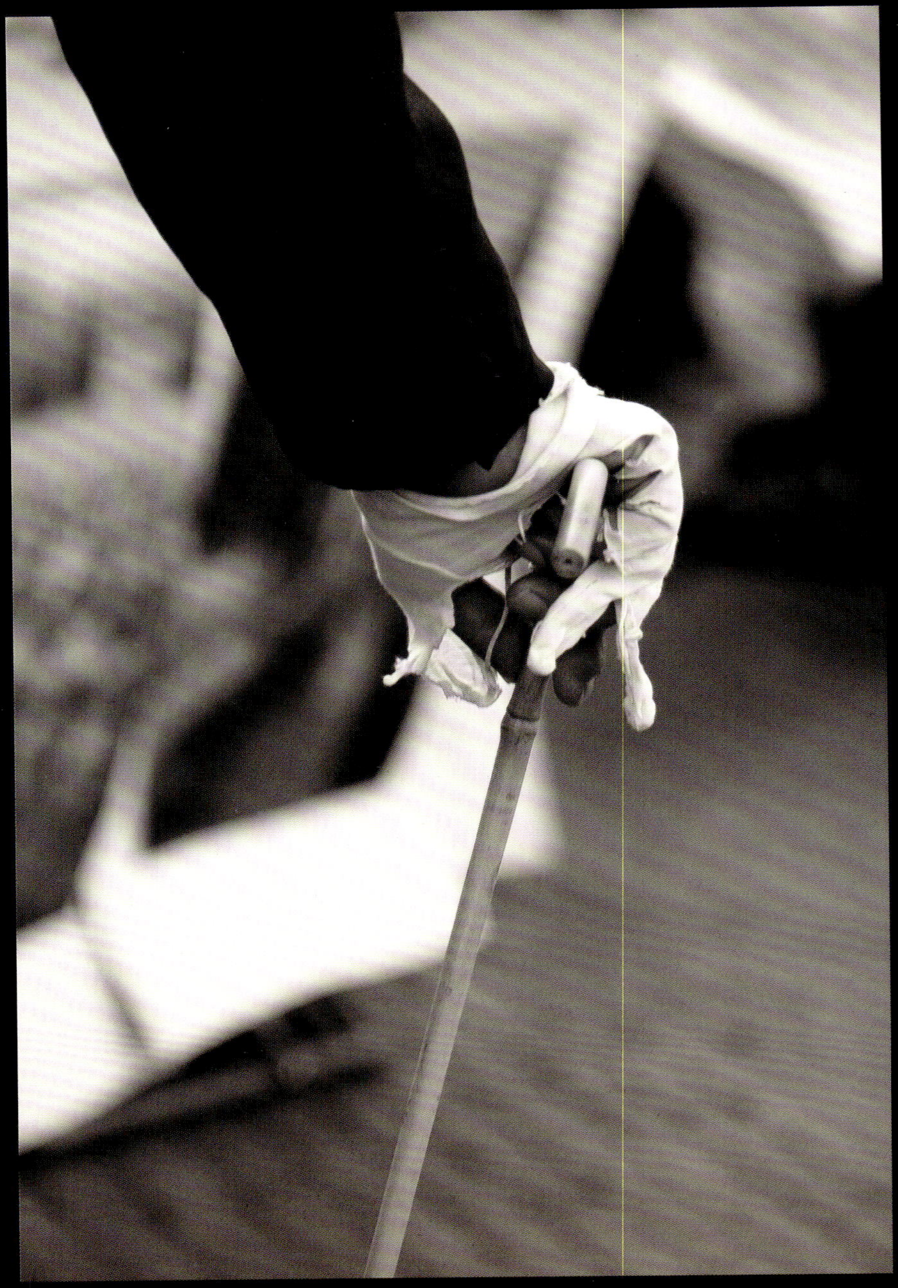

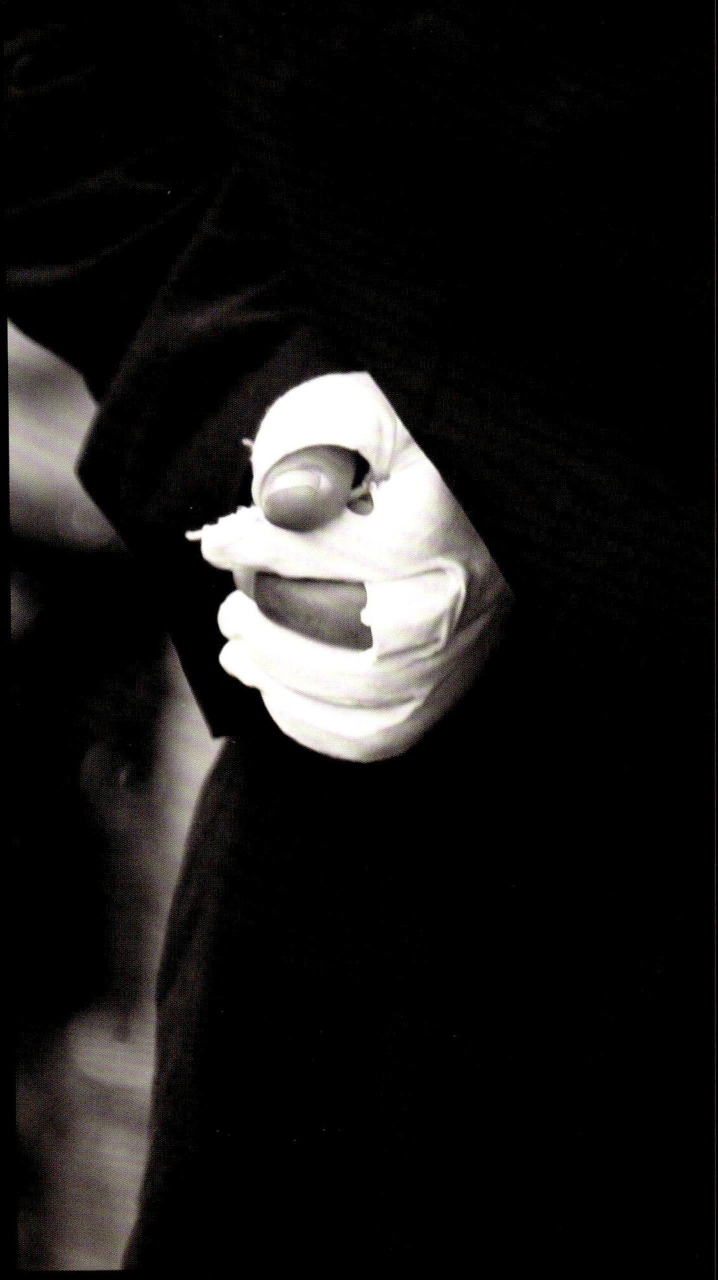

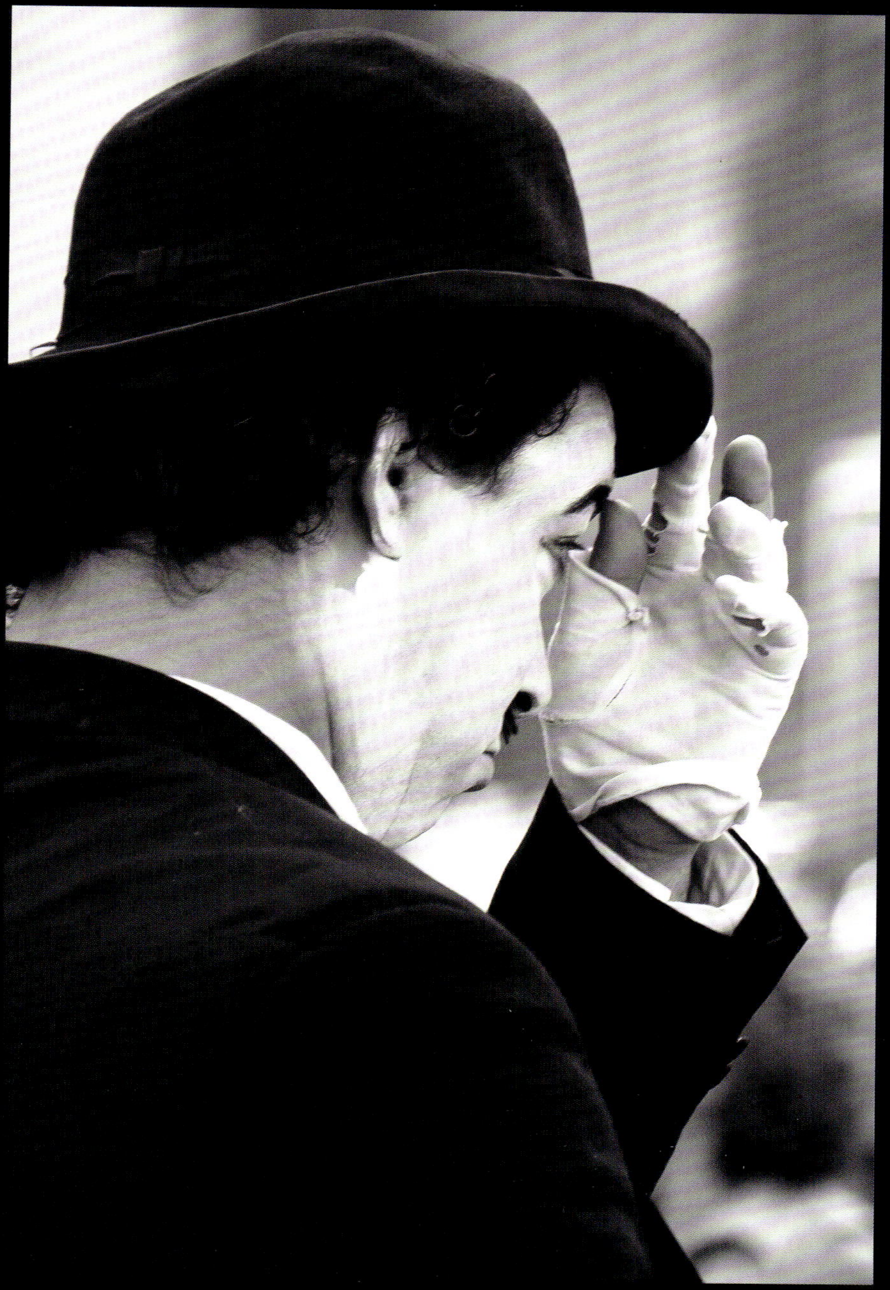
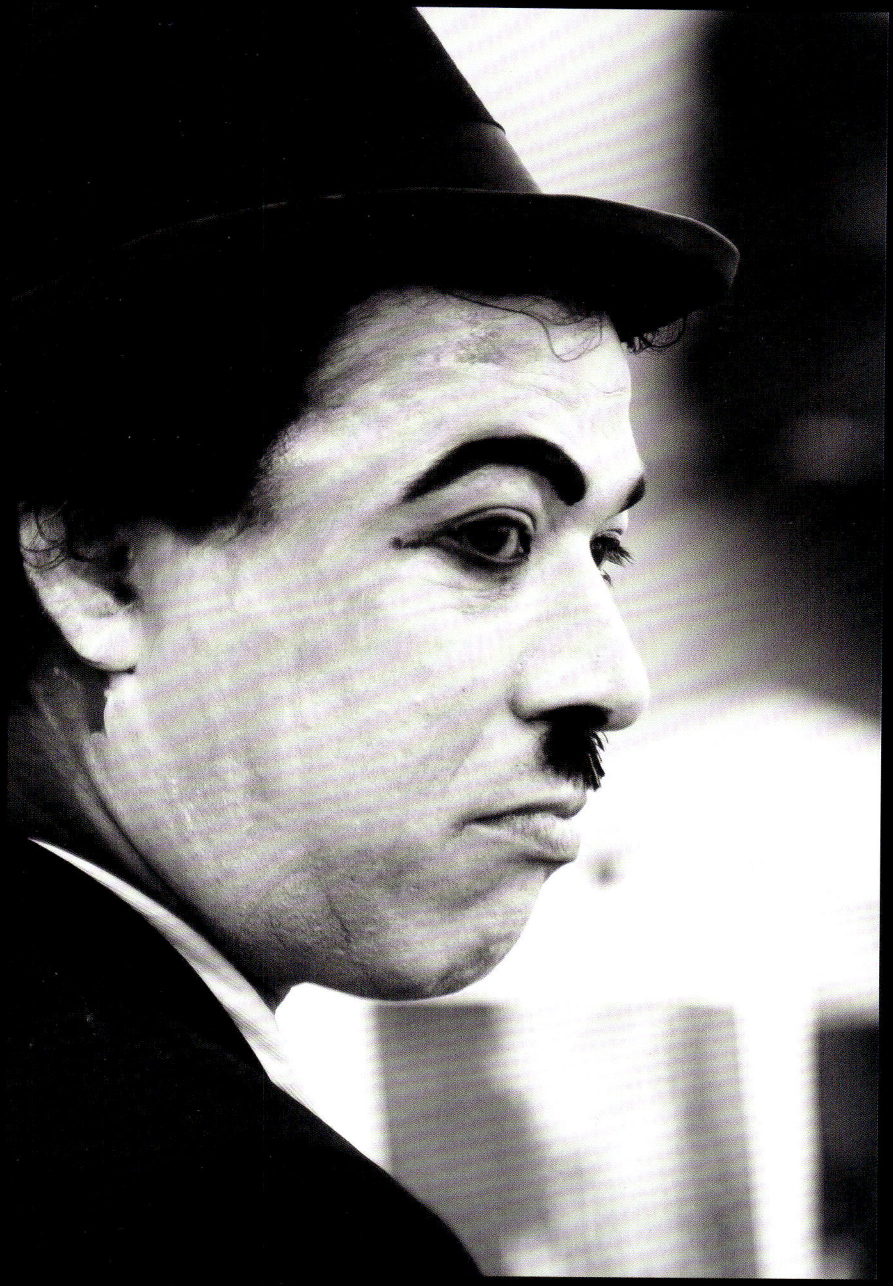

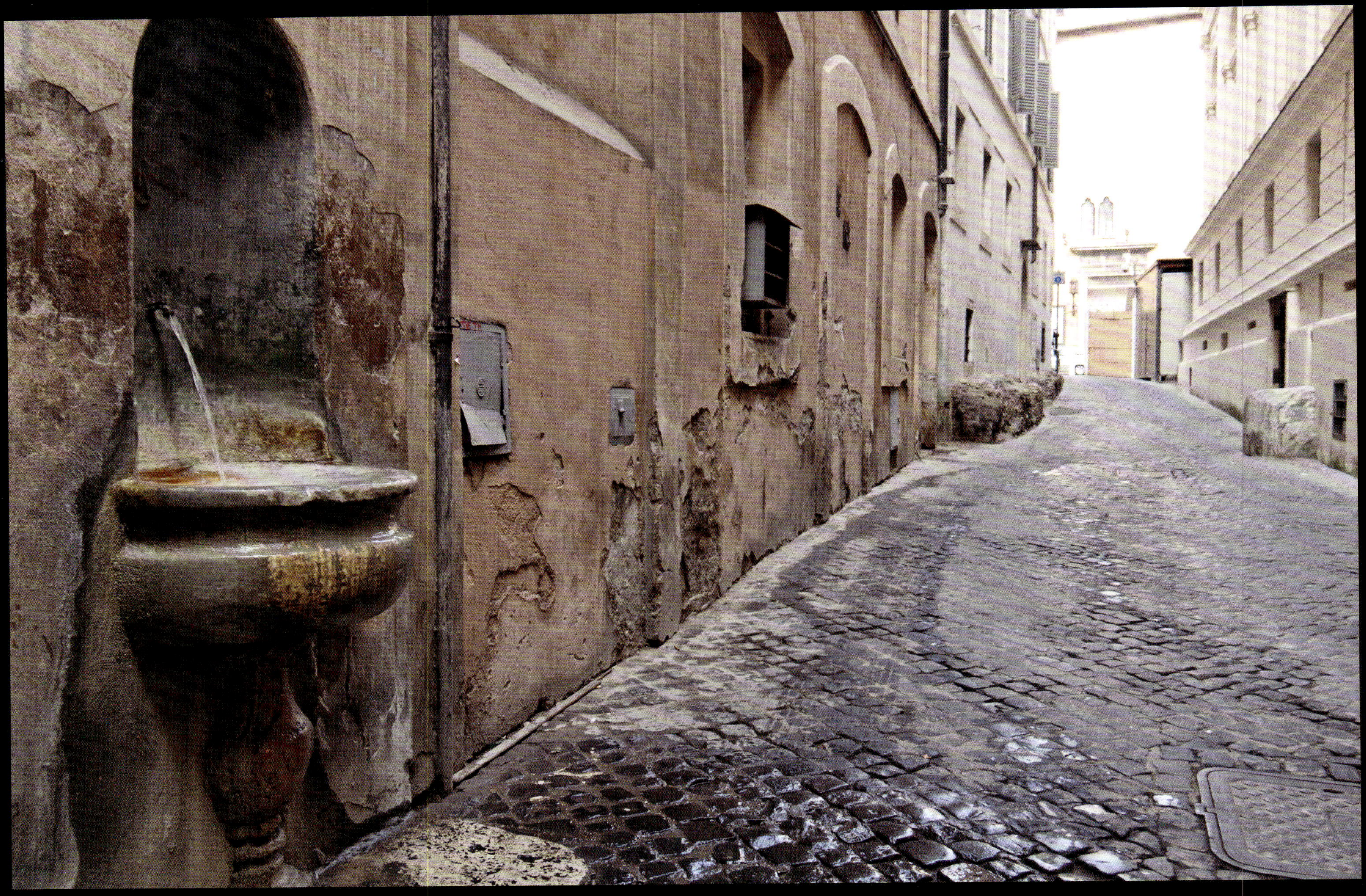

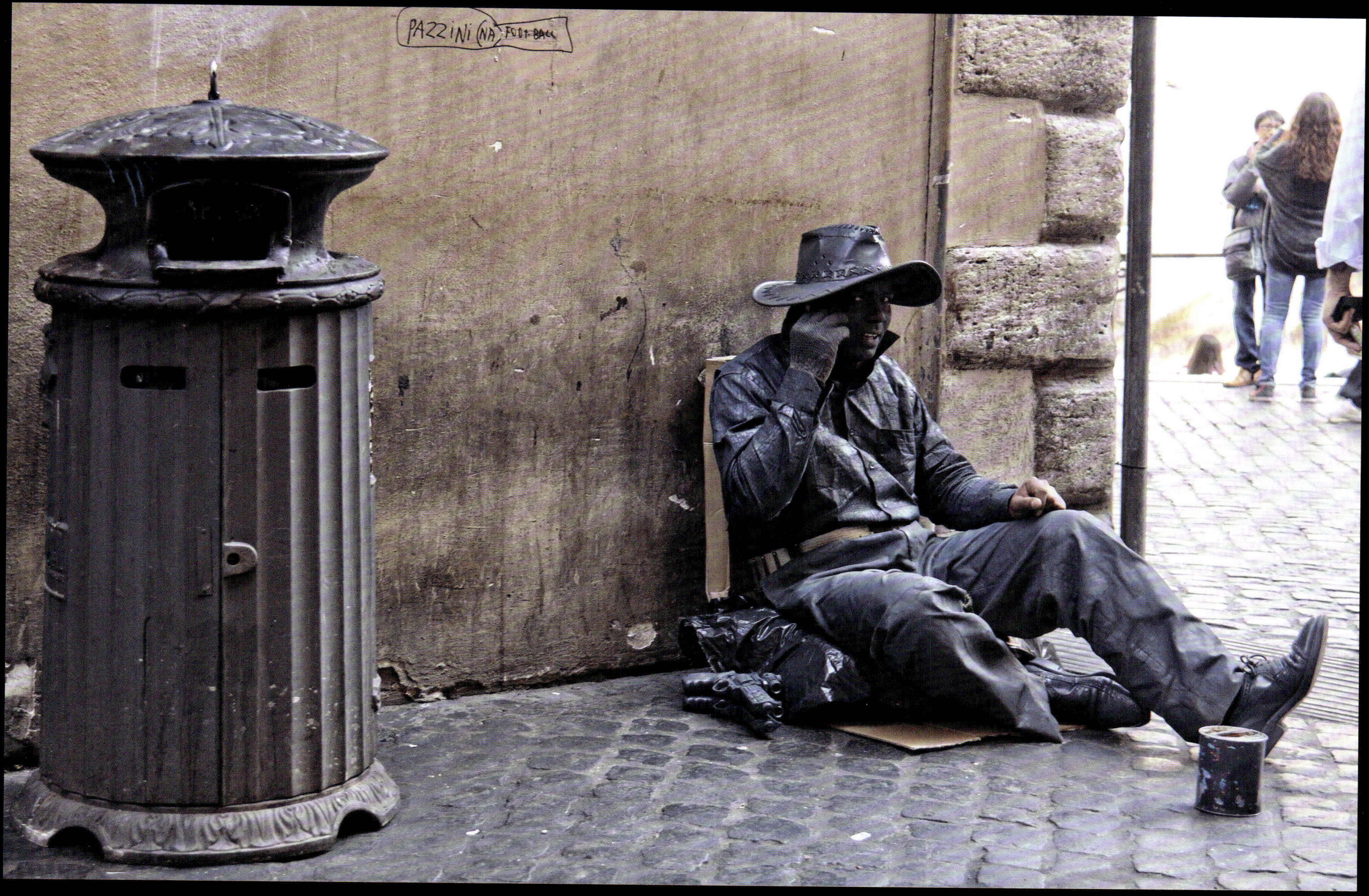
PAZZINI (NA)

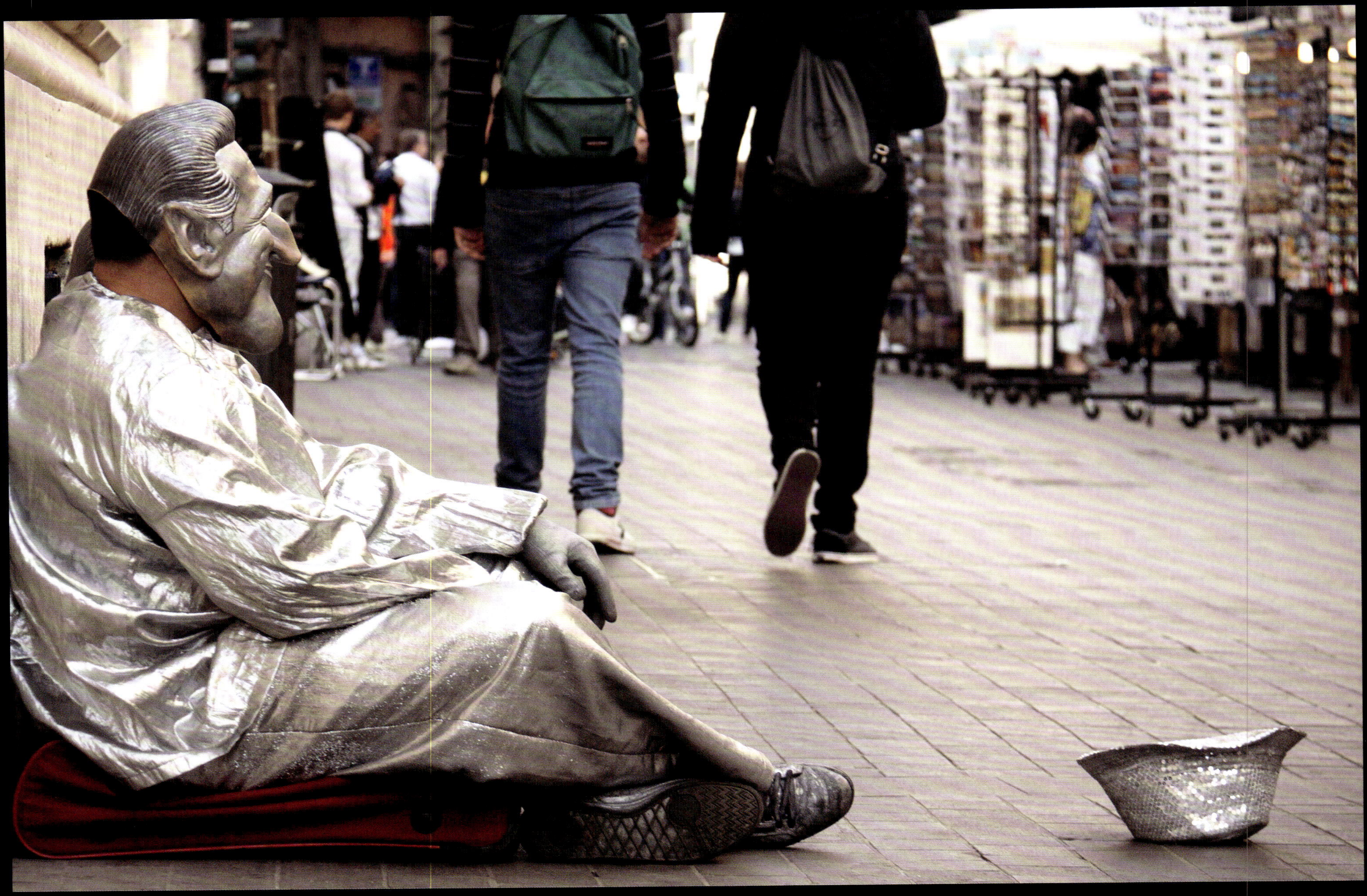

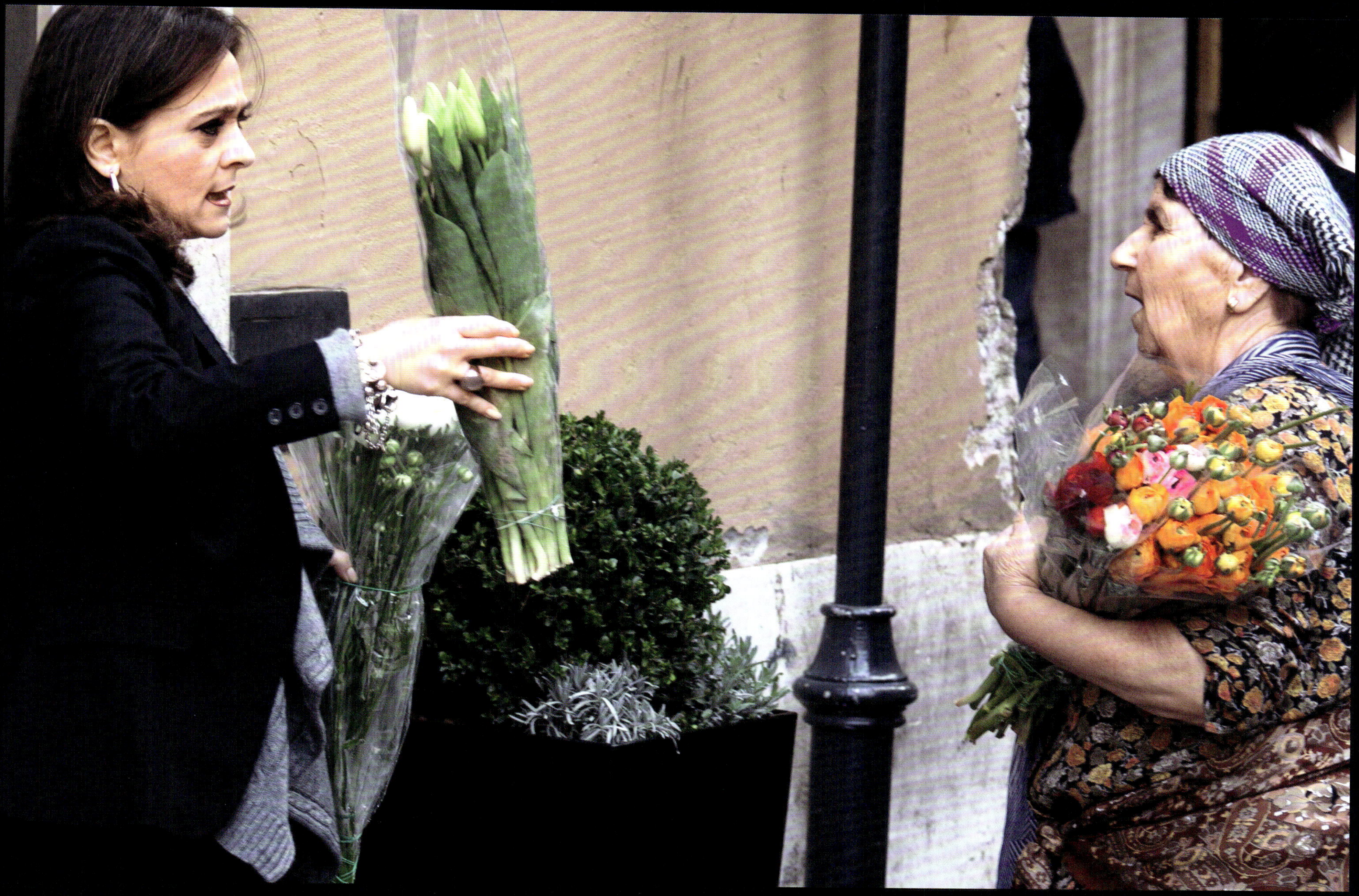

Sie tauchten aus einer kurzen Gasse
und standen plötzlich vor einer Kuppel, die sich über dem Hauptgebäude eines weiteren Tempels
wölbte, dessen Vorbau von zahllosen Granitsäulen gestützt war.

They emerged from a short alleyway and suddenly found themselves
standing in front of an immense dome, arching over the main building of another temple, whose
portico was supported by numerous granite columns.

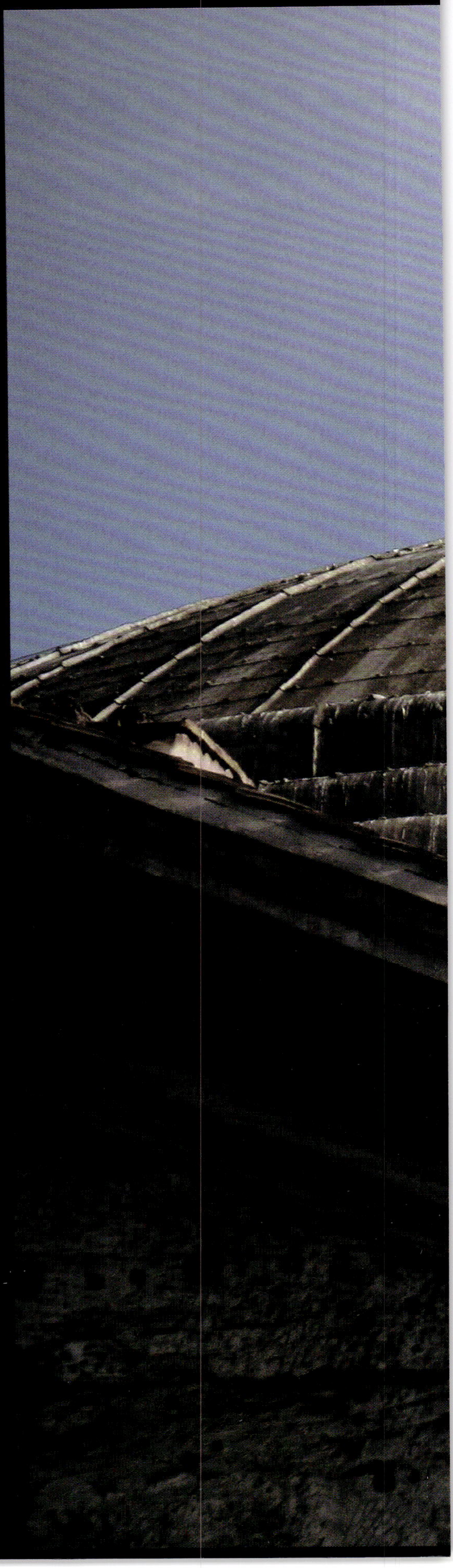

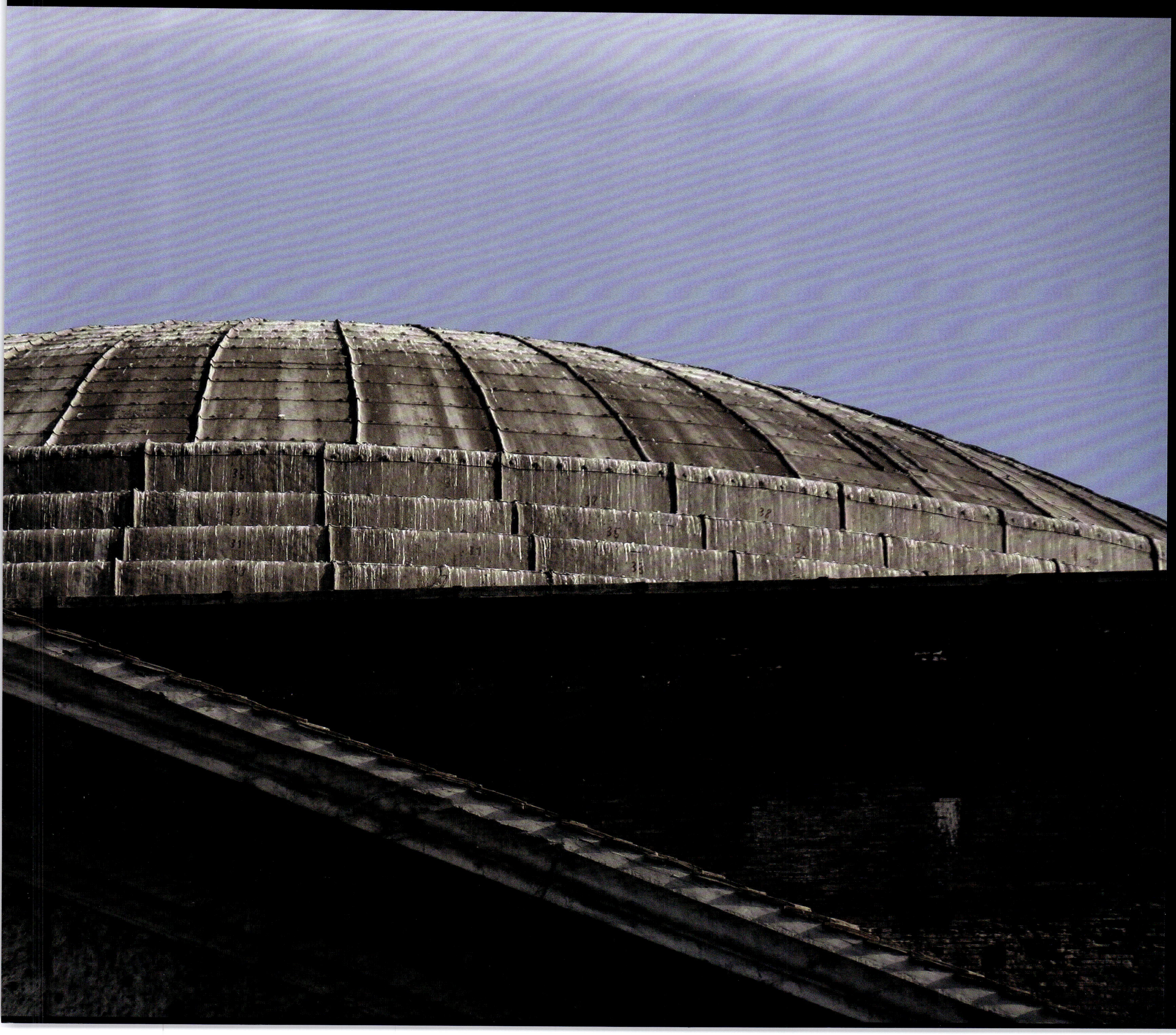

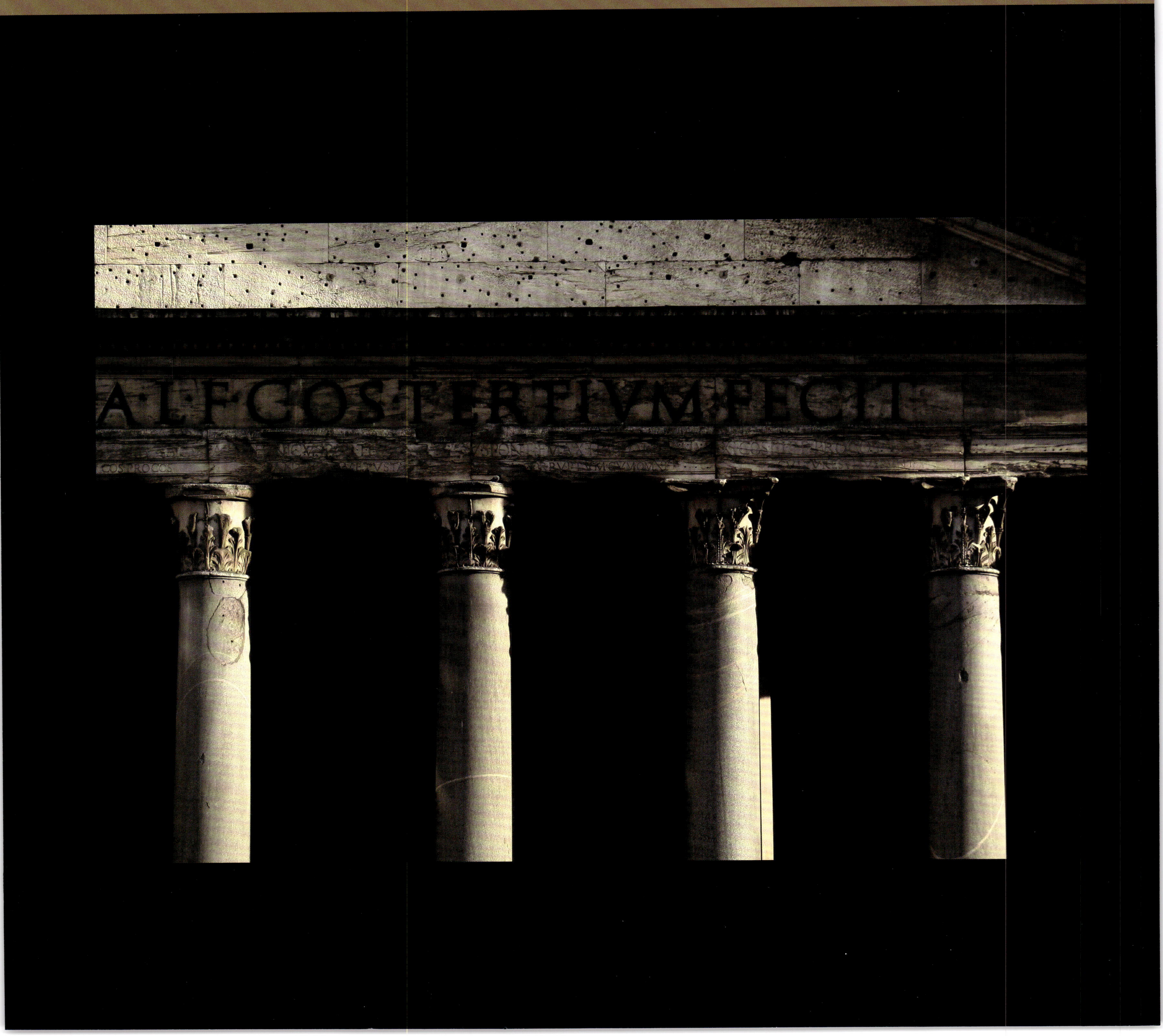
A·L·F·COS·TERTIVM·FECIT

Orangefarbenes Licht beleuchtete die Nischen in der prachtvollen Marmorvertäfelung, die sich bis unter den Ansatz der Kuppel hinaufzog.

Orange-coloured light illuminated the niches in the magnificent marble panelling that covered the walls from the floor to the springline of the dome.

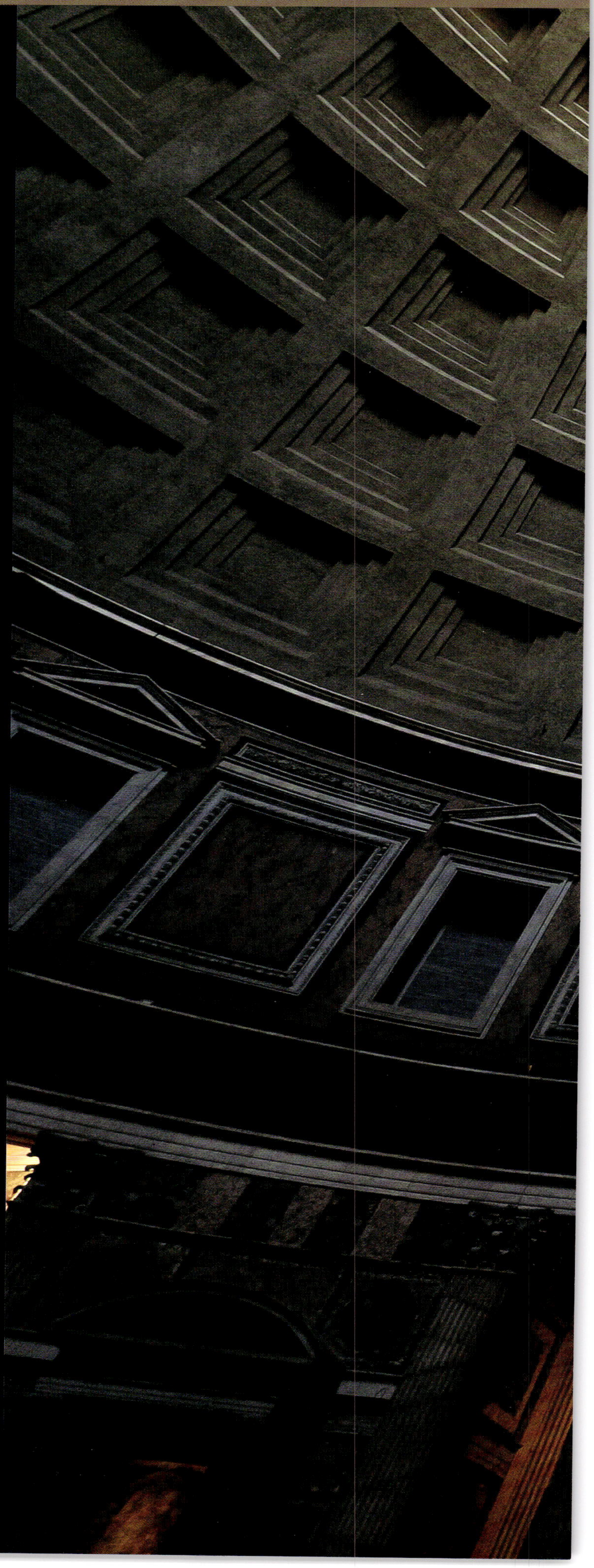

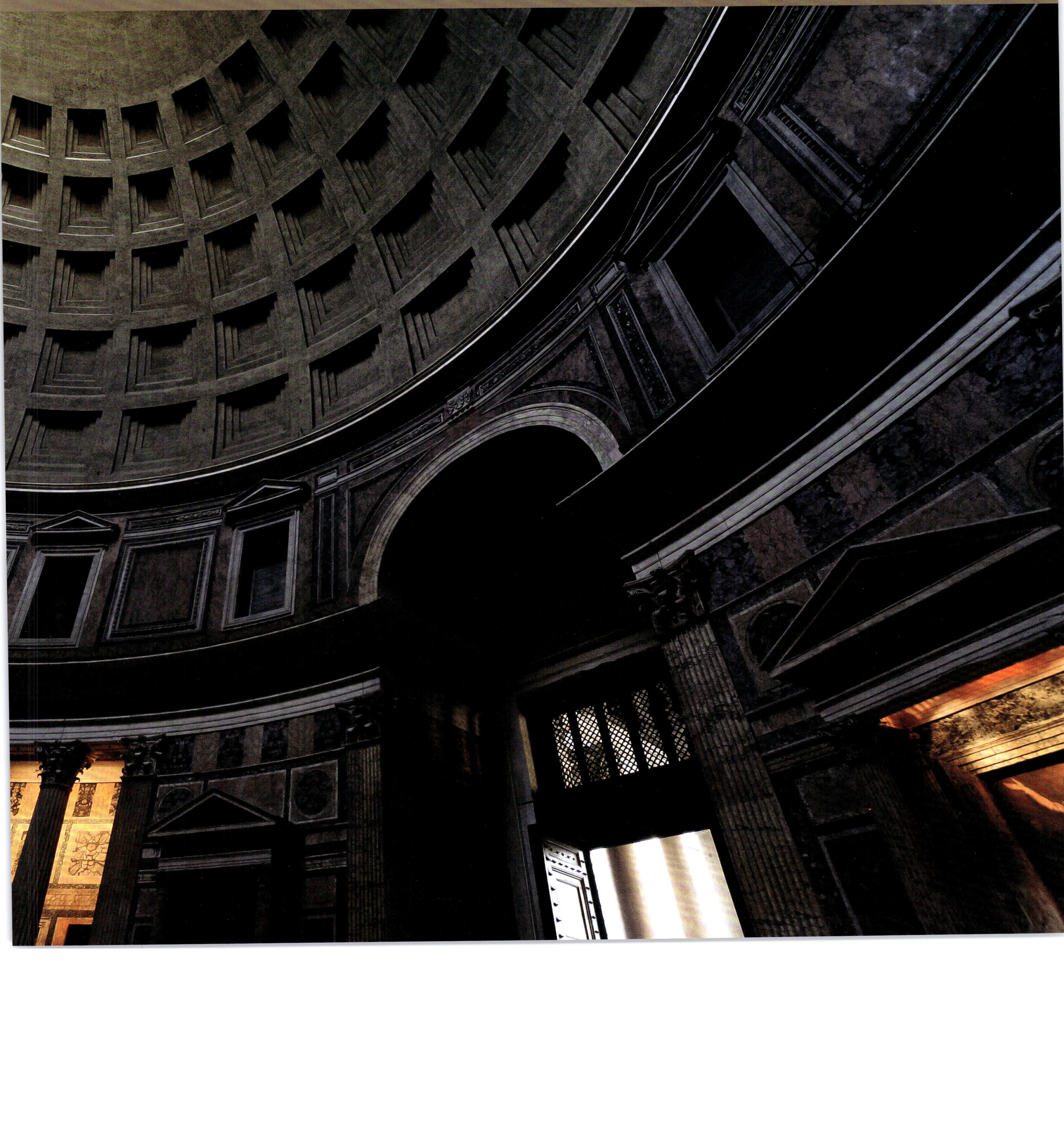

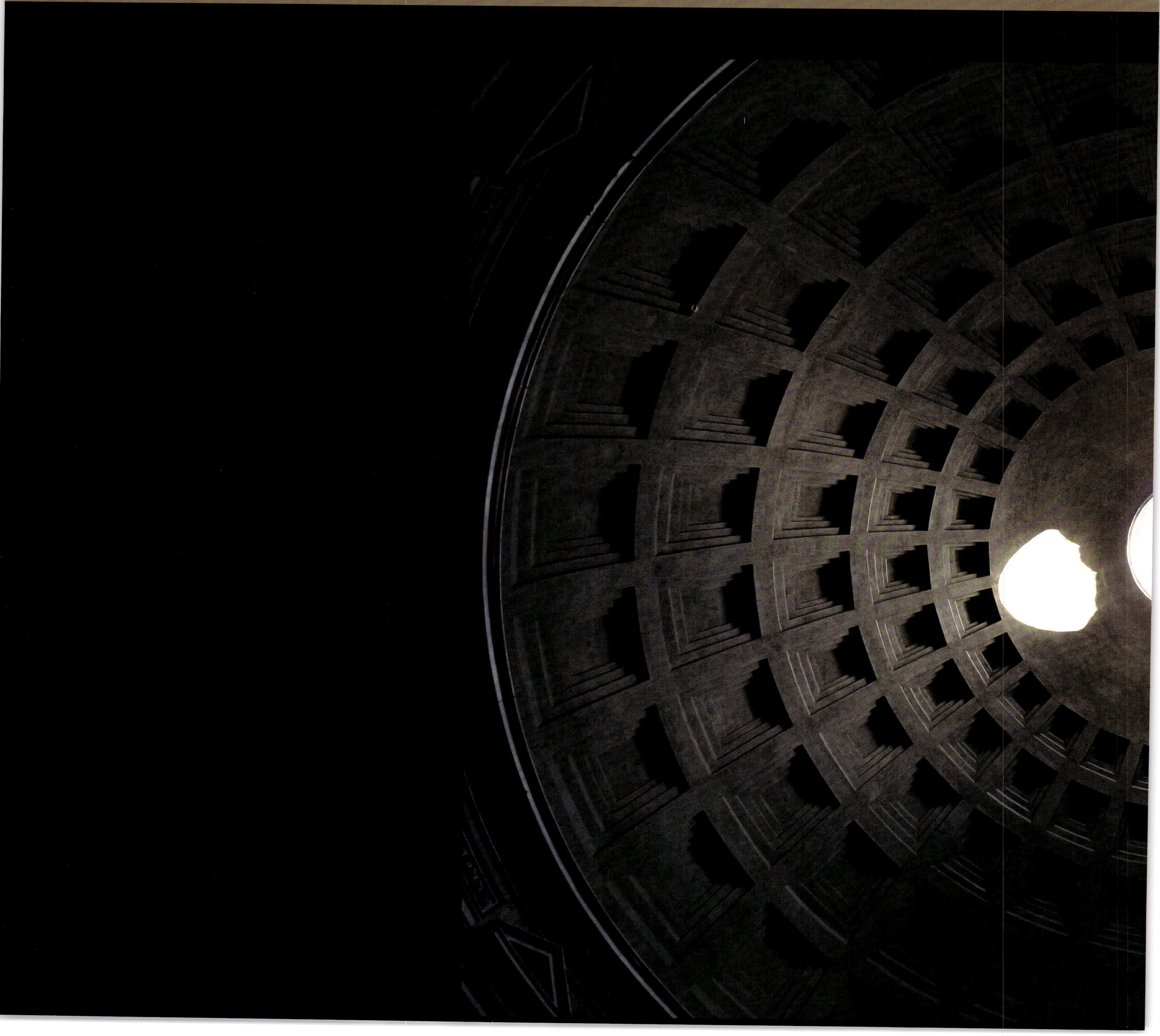

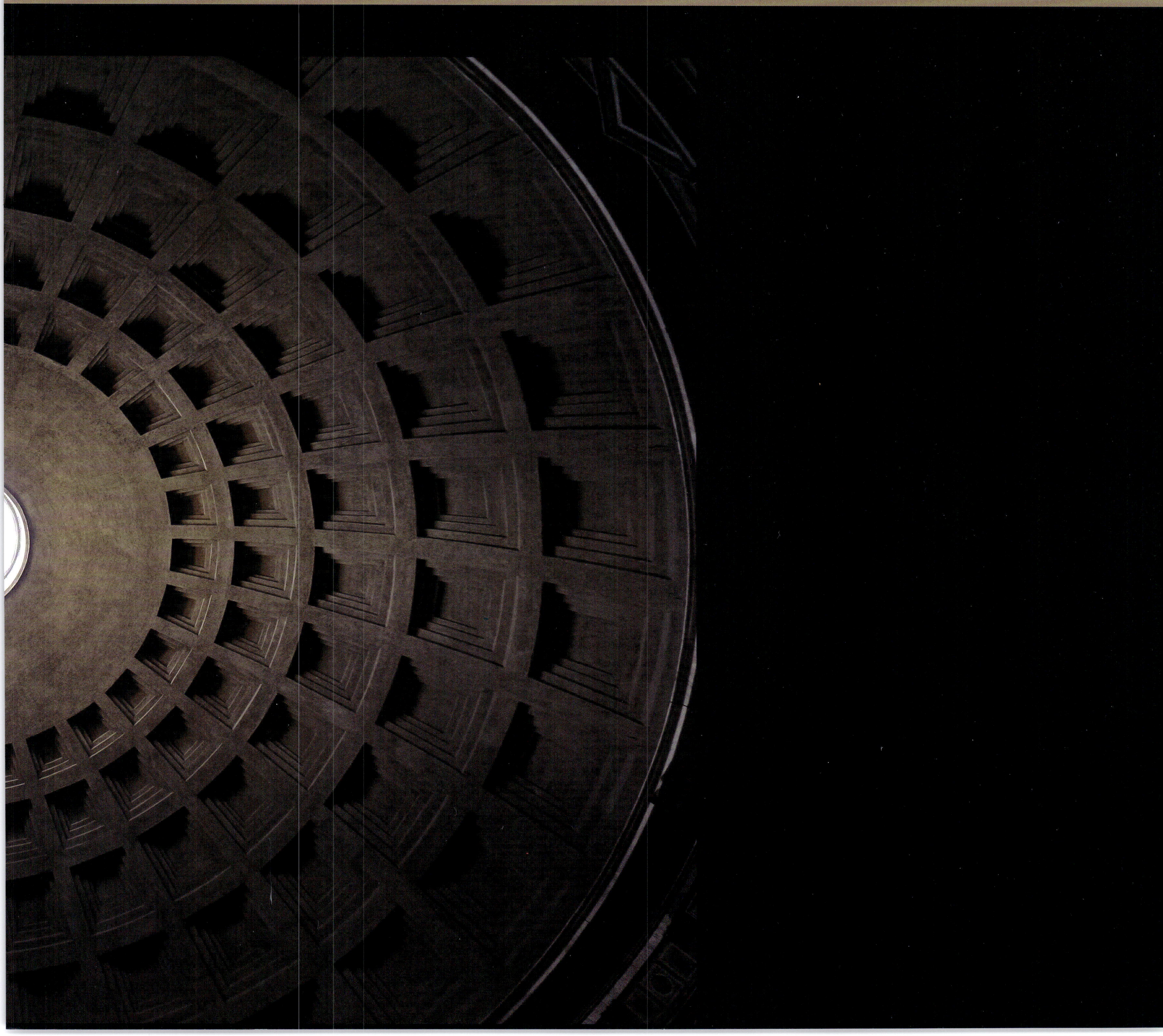

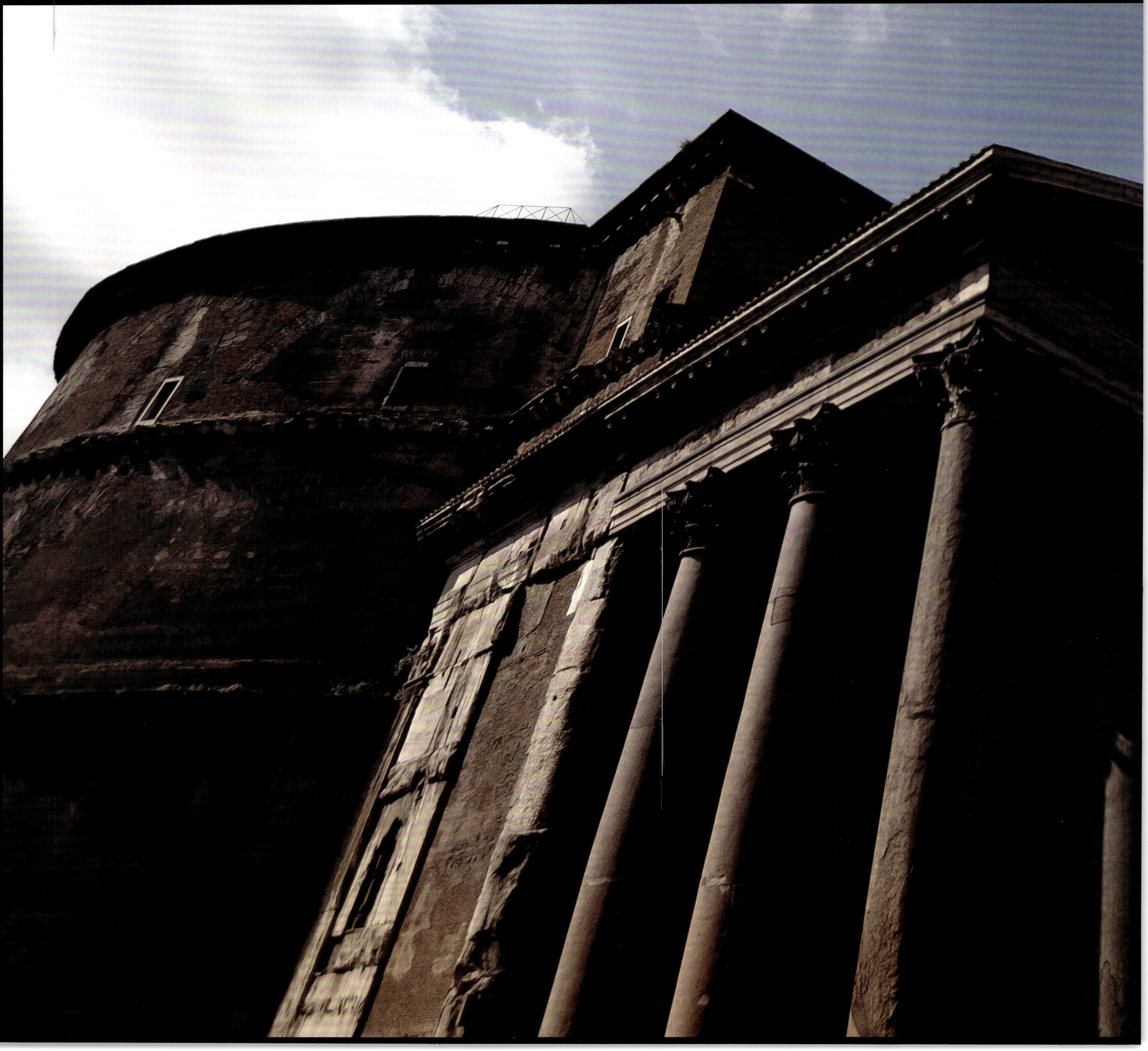

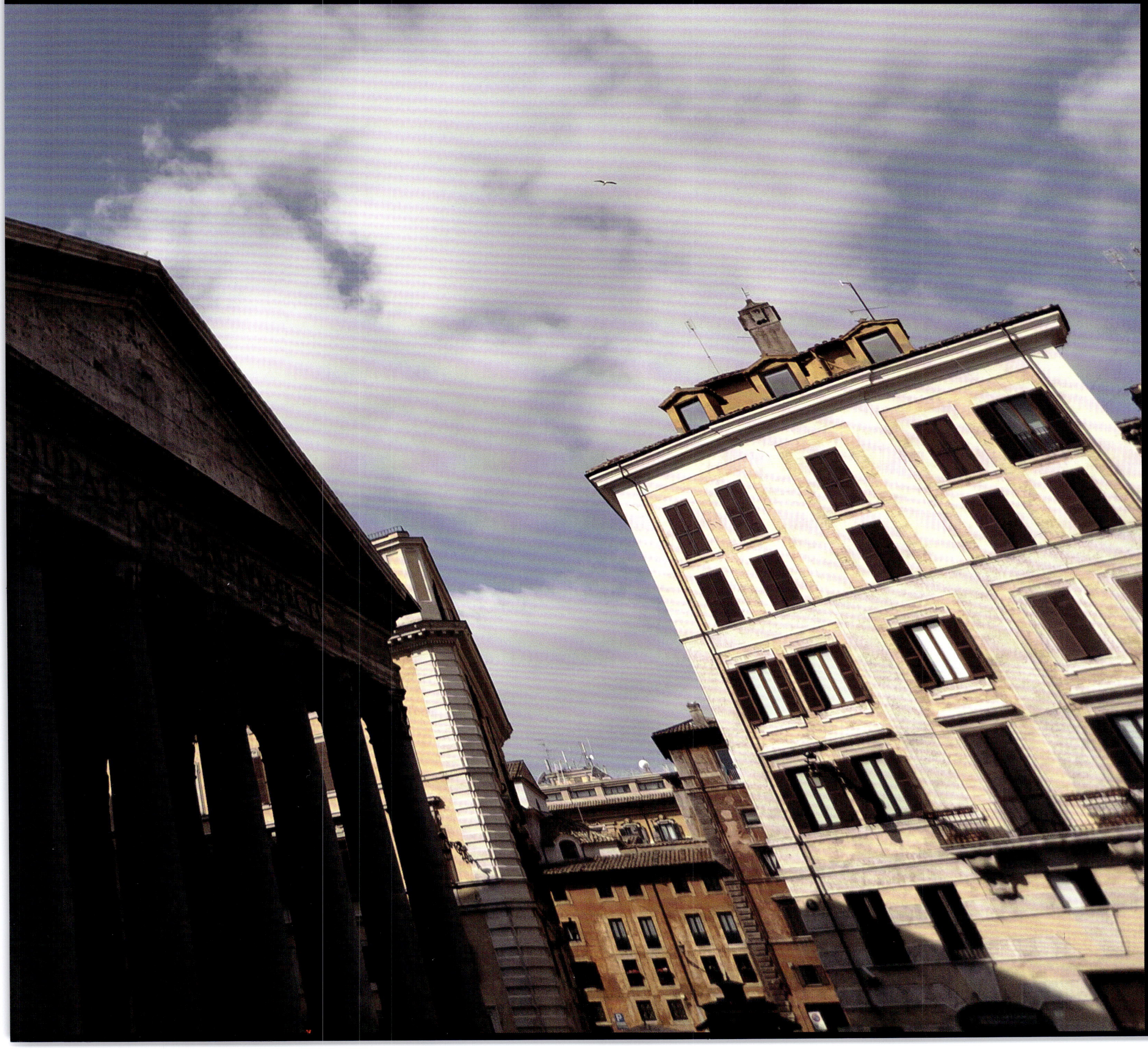

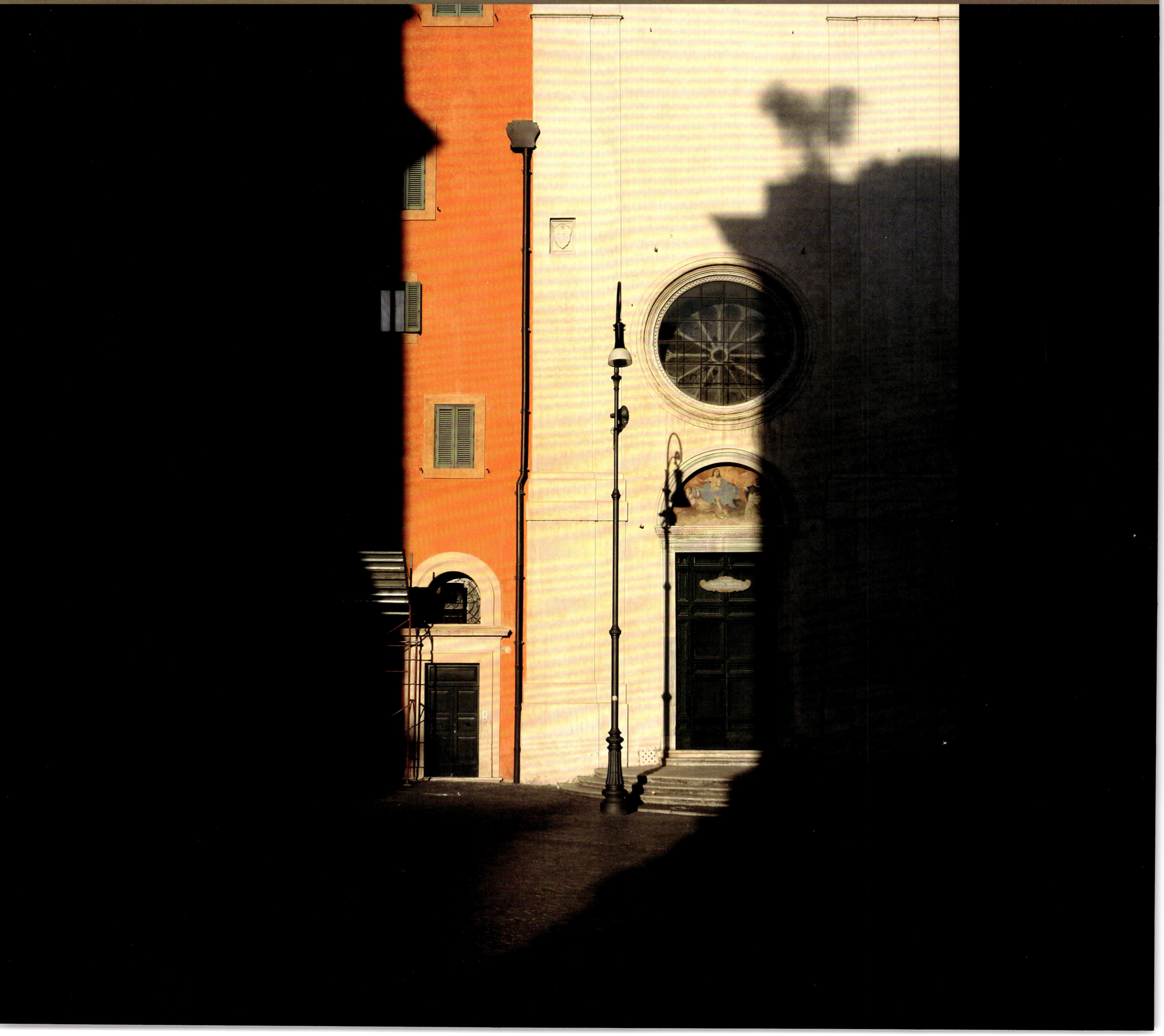

„Nein, nein. Gehen wir!", antwortete Filippo
und folgte Alessio auf den Vorplatz, wo die gemächlich sinkende Sonne bereits weiße Schneisen
in die dunklen Straßenschluchten brannte.

'No, no. Let's go!' answered Filippo and followed
Alessio to the piazza in front of the Pantheon, where a lazily sinking sun was already burning
white swathes of light through the dark, urban canyons.

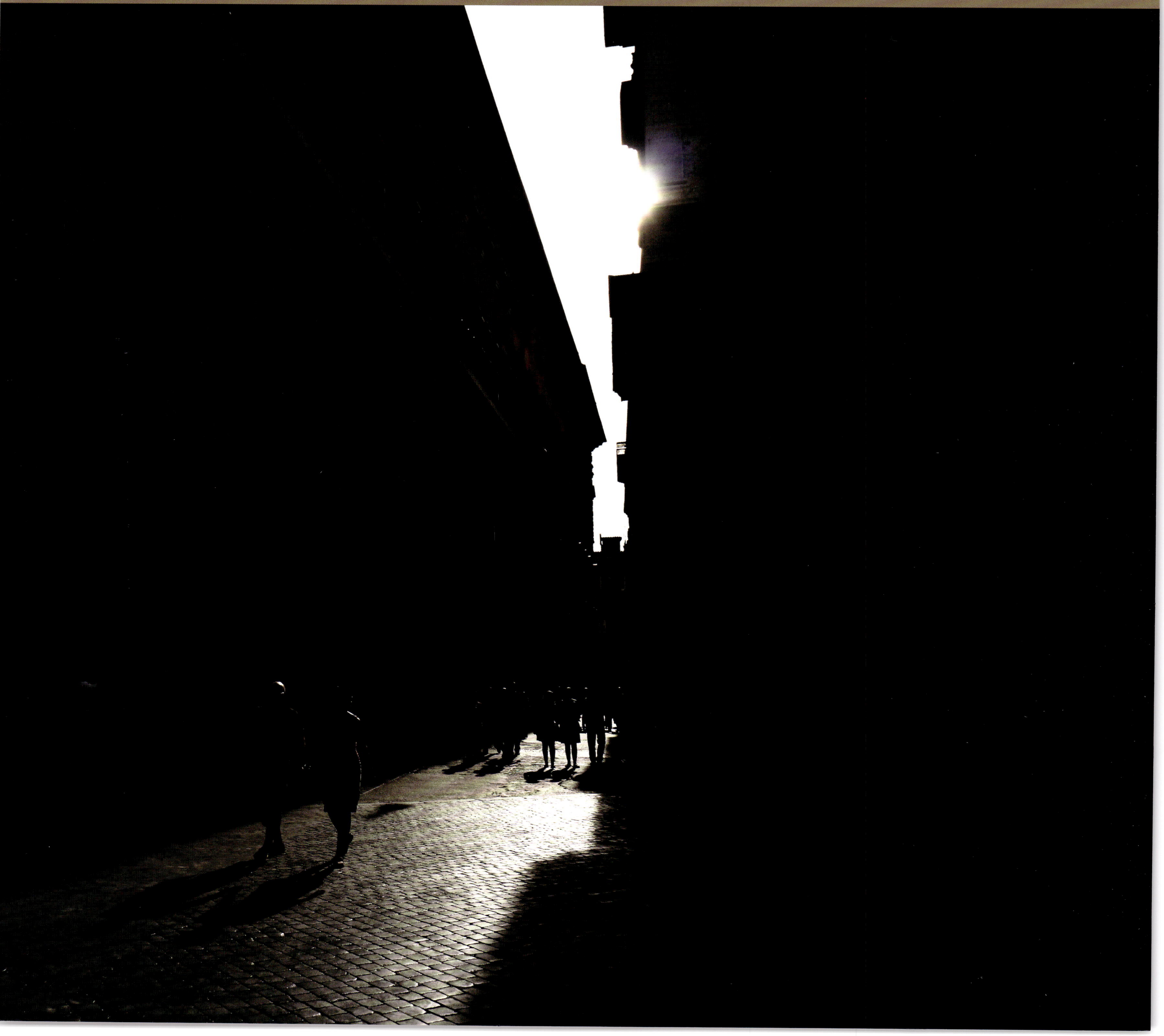

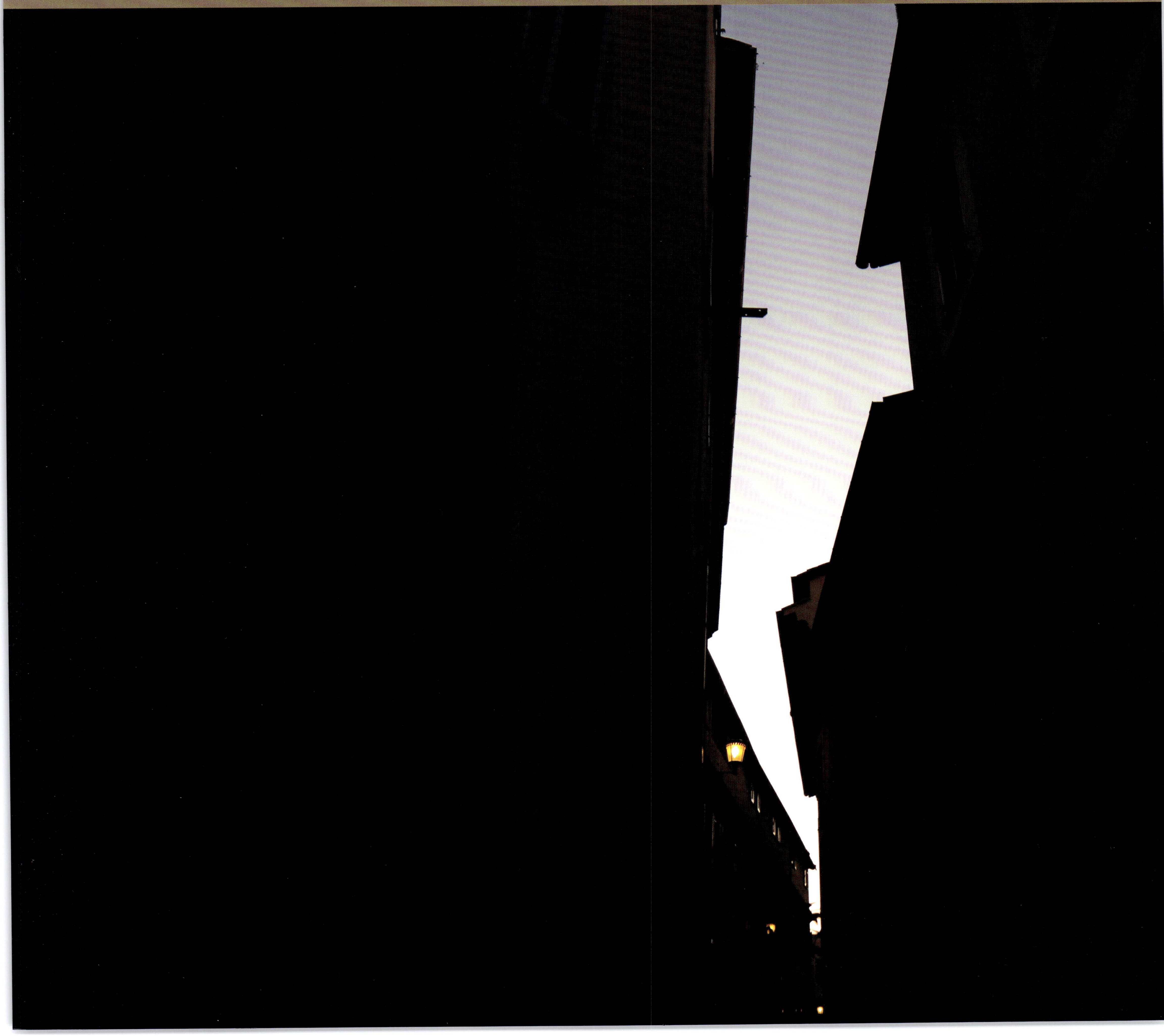

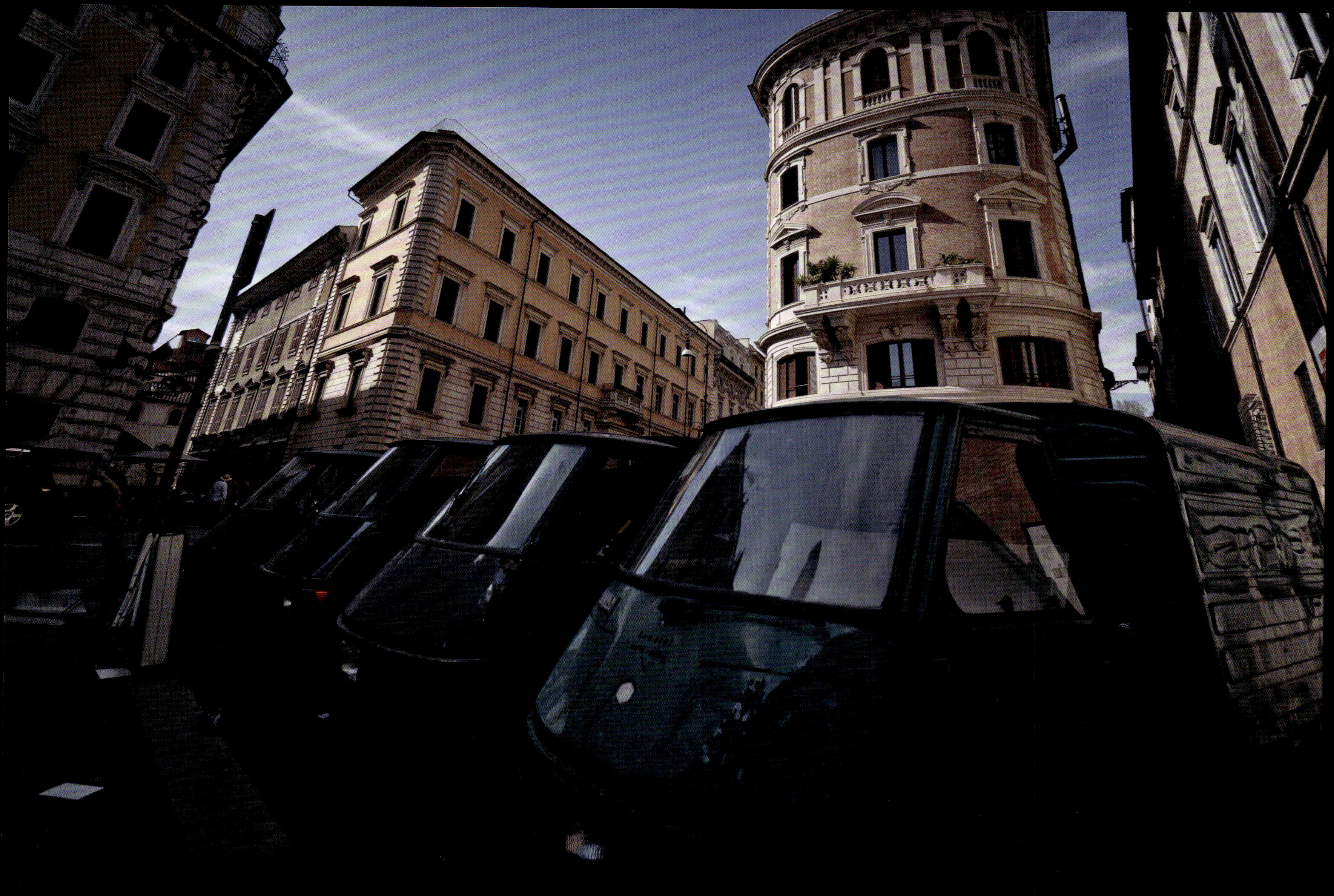

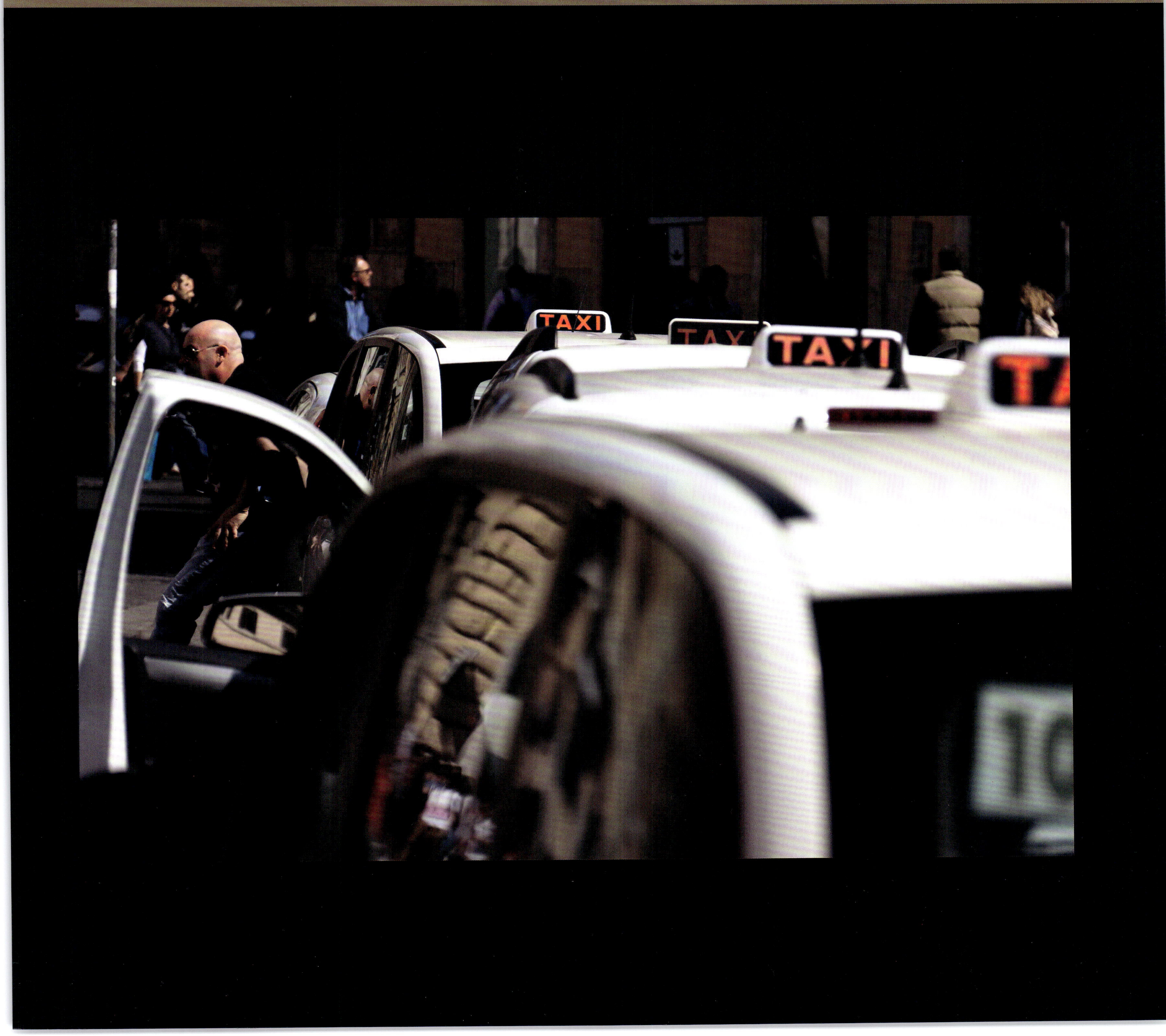
TAXI
TAXI

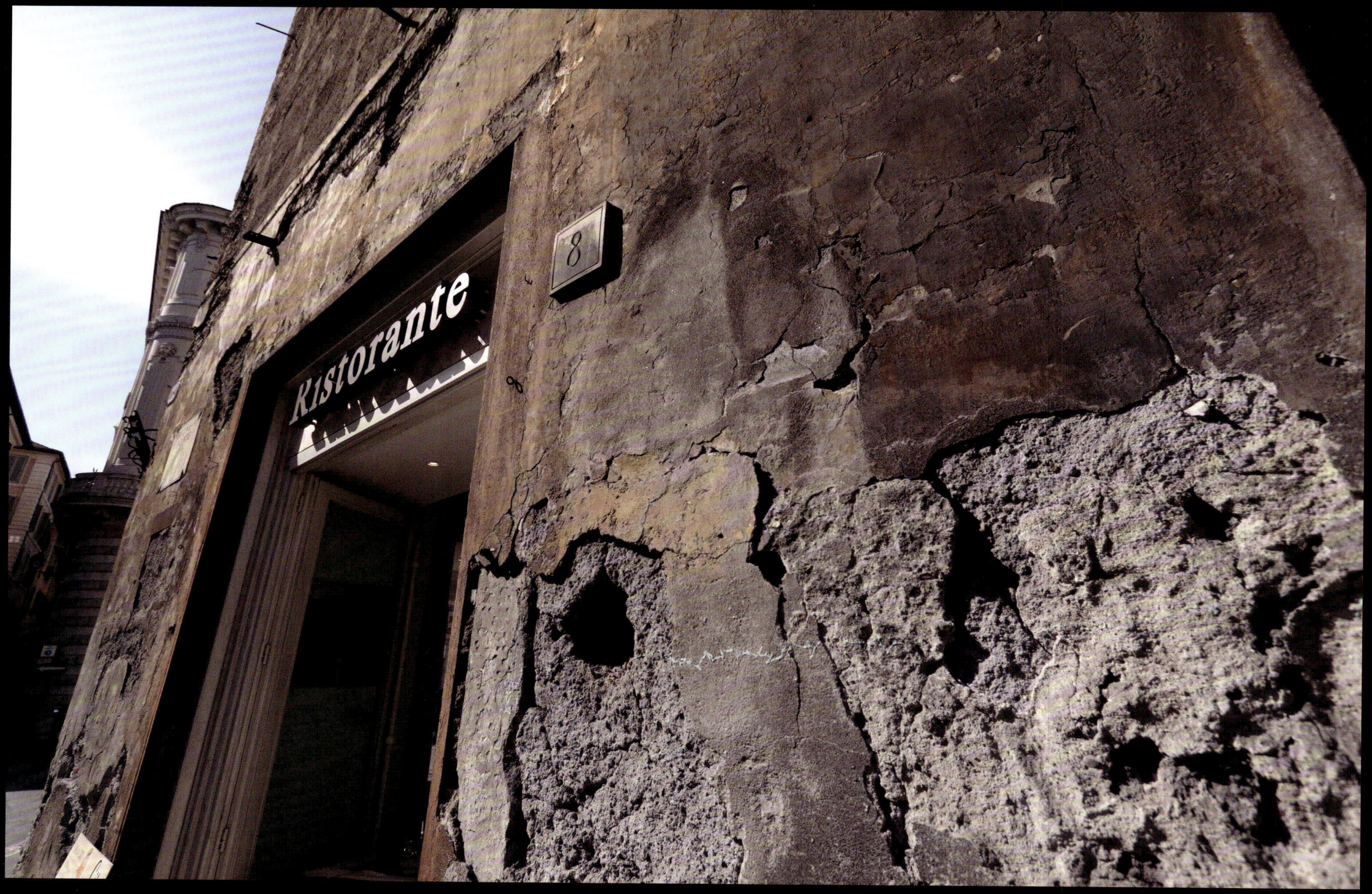
Ristorante
8

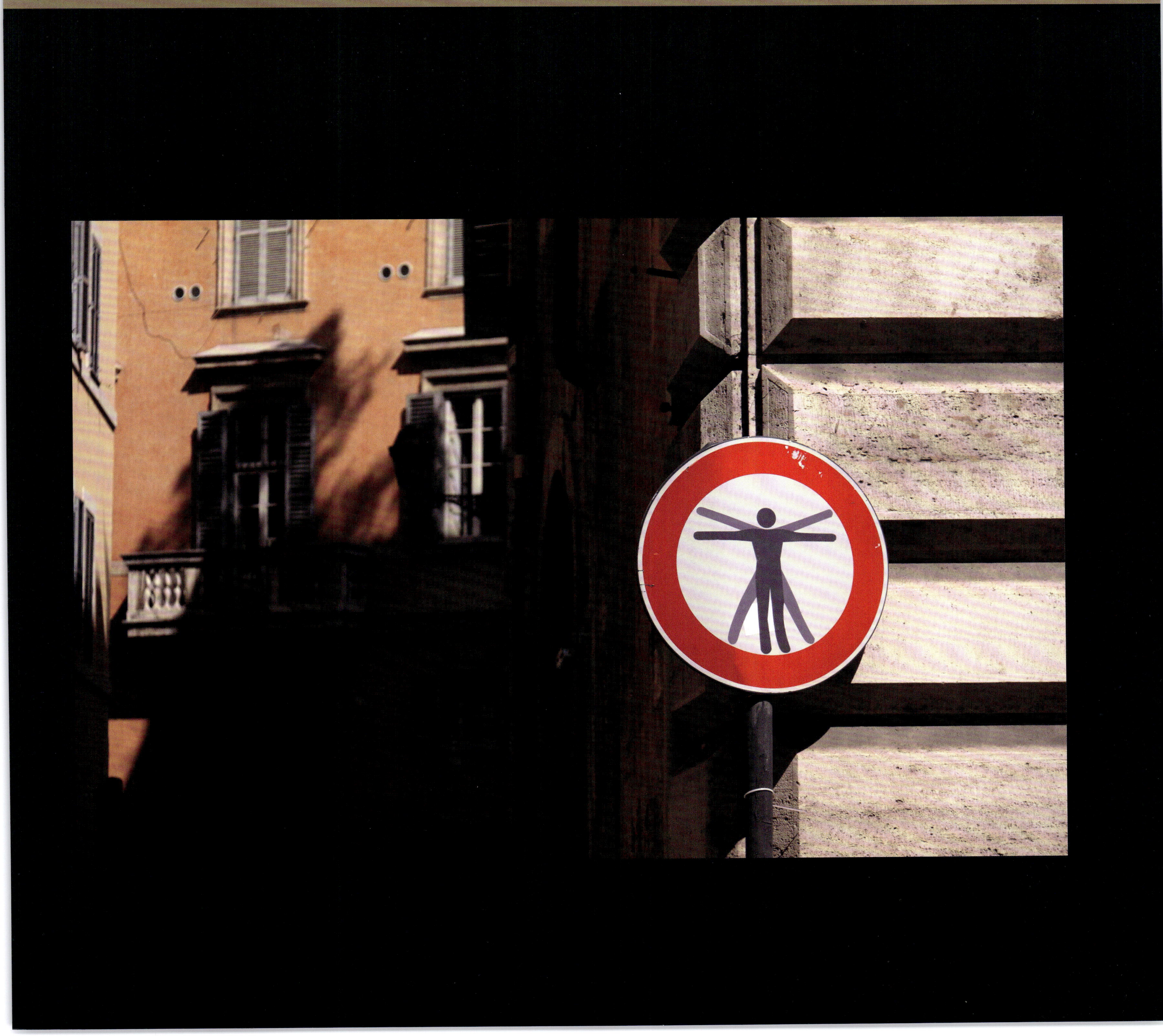

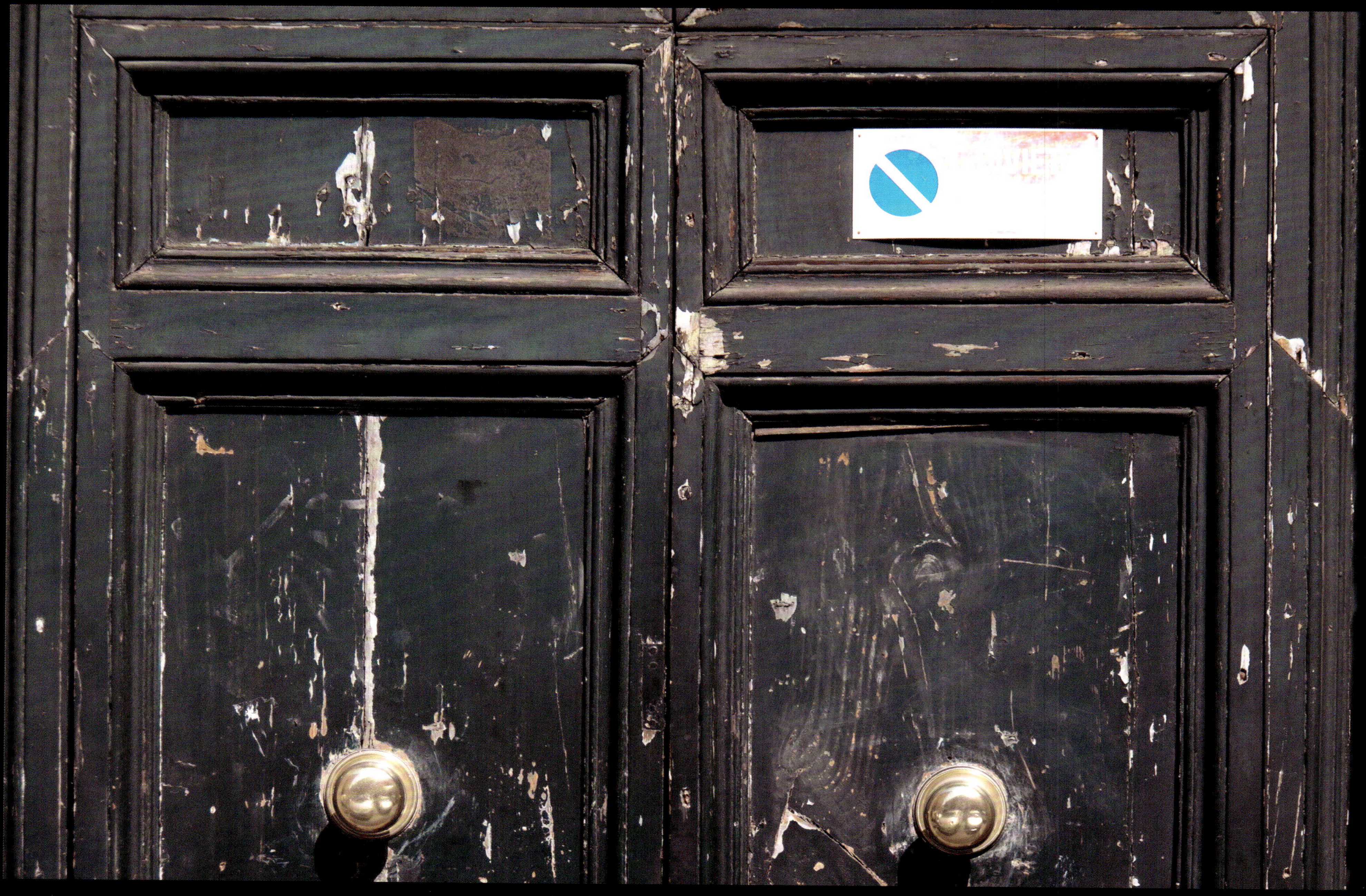

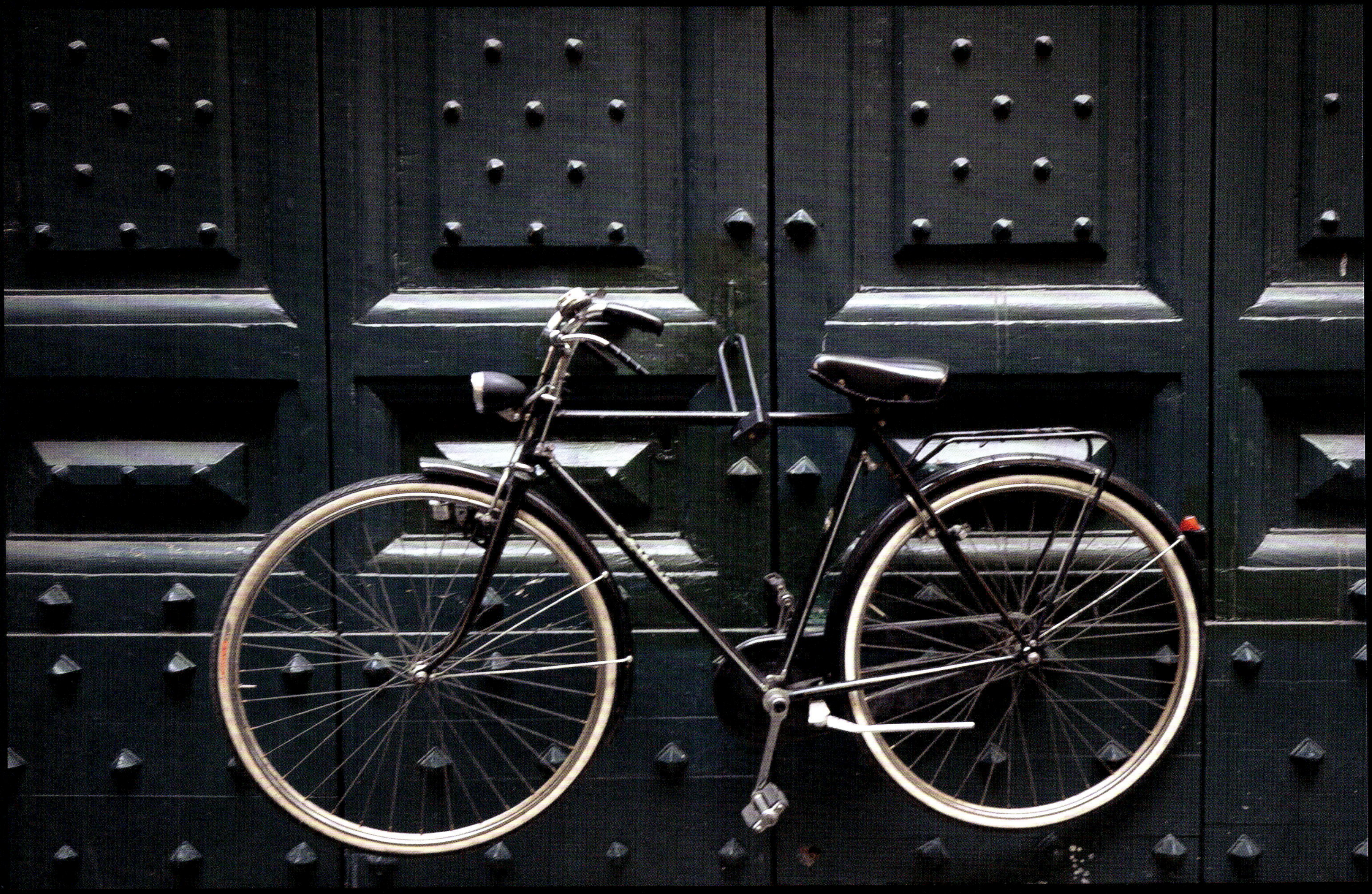

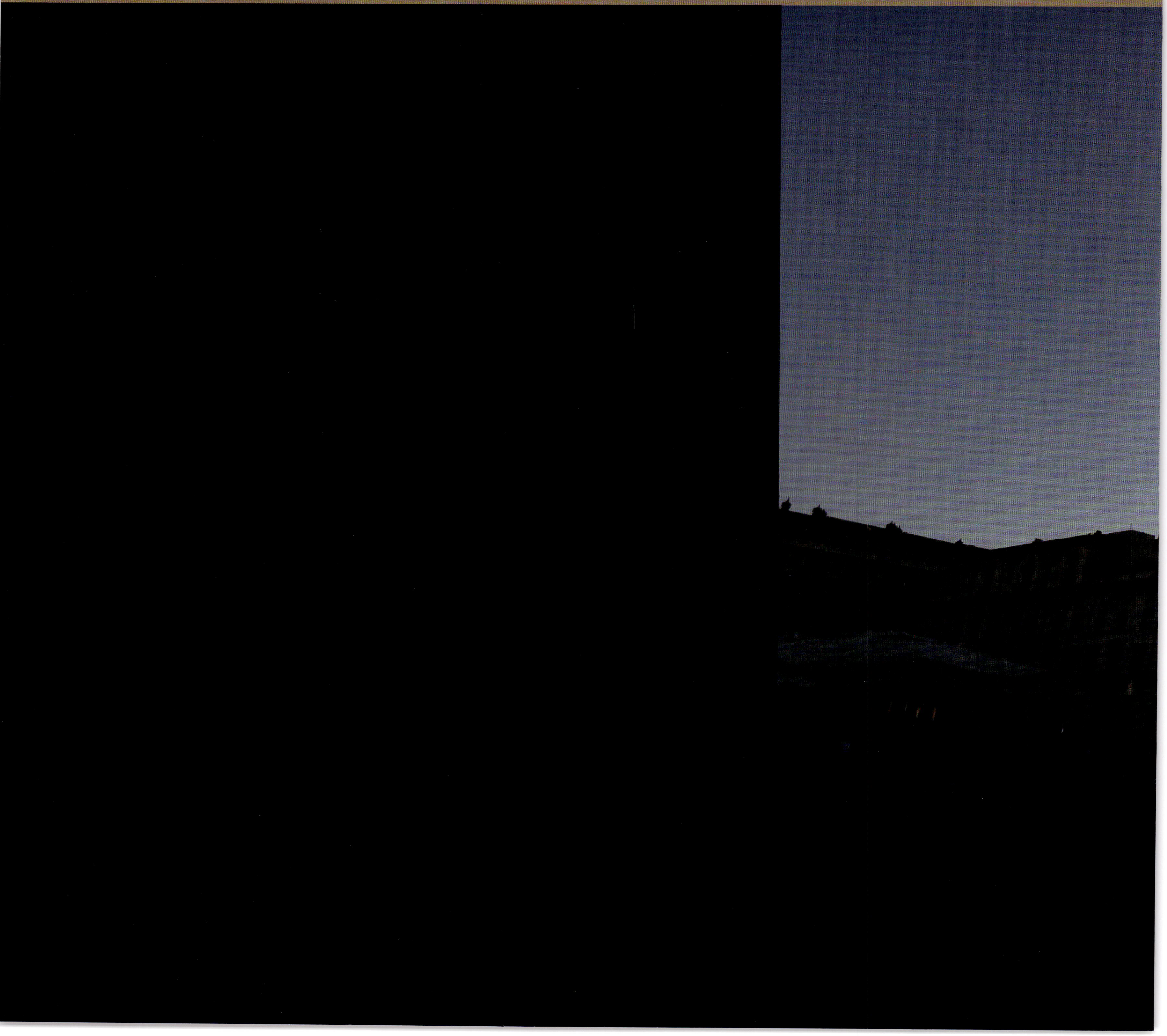

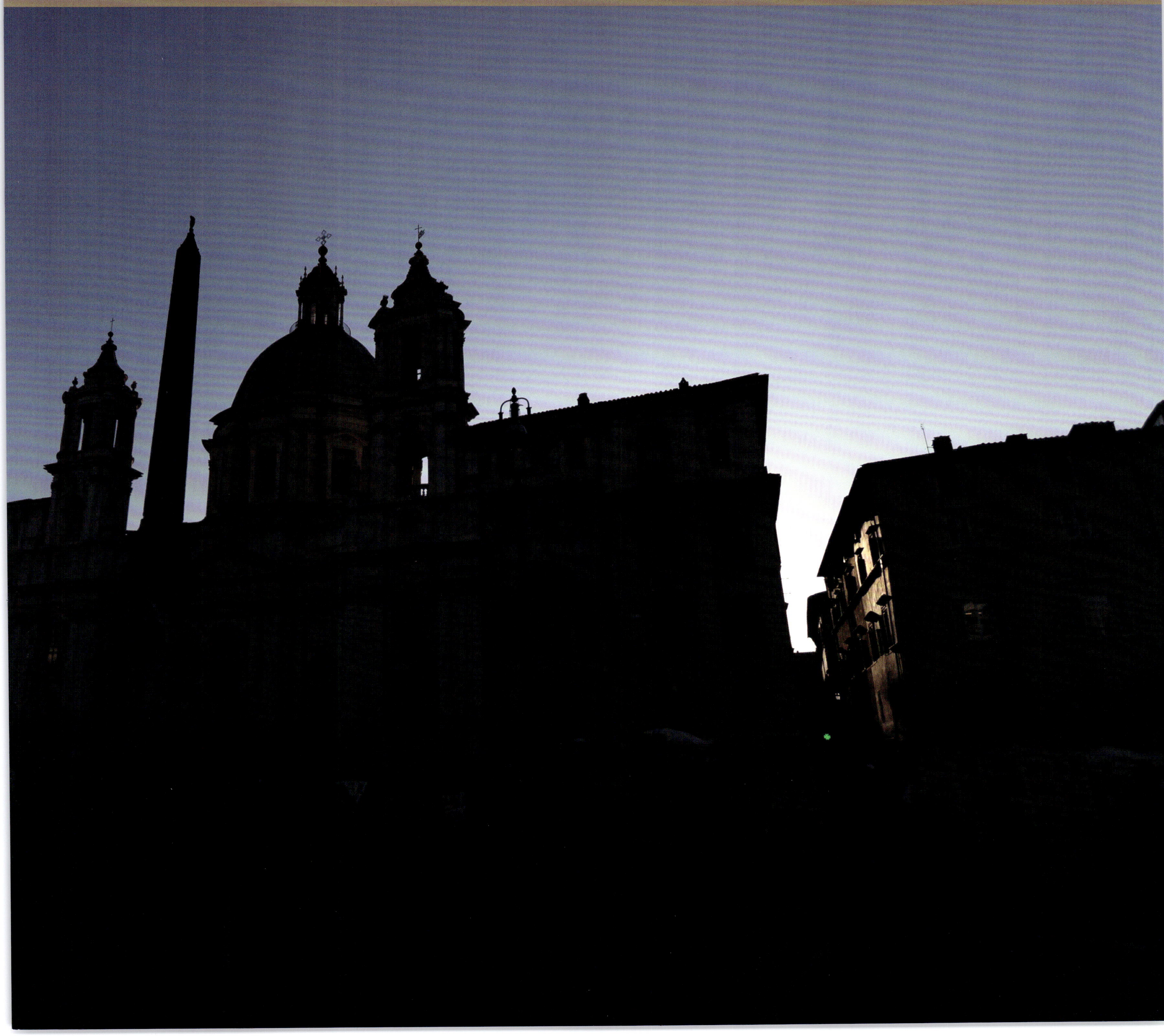

Wie gerne wäre Filippo noch hier geblieben, um die schönen steinernen Brunnenfiguren zu bewundern! Eine viereckige Steinsäule ragte hoch in den Himmel.

How Filippo longed to stay here and marvel at its beautiful stone figures! A square pillar towered high above them.

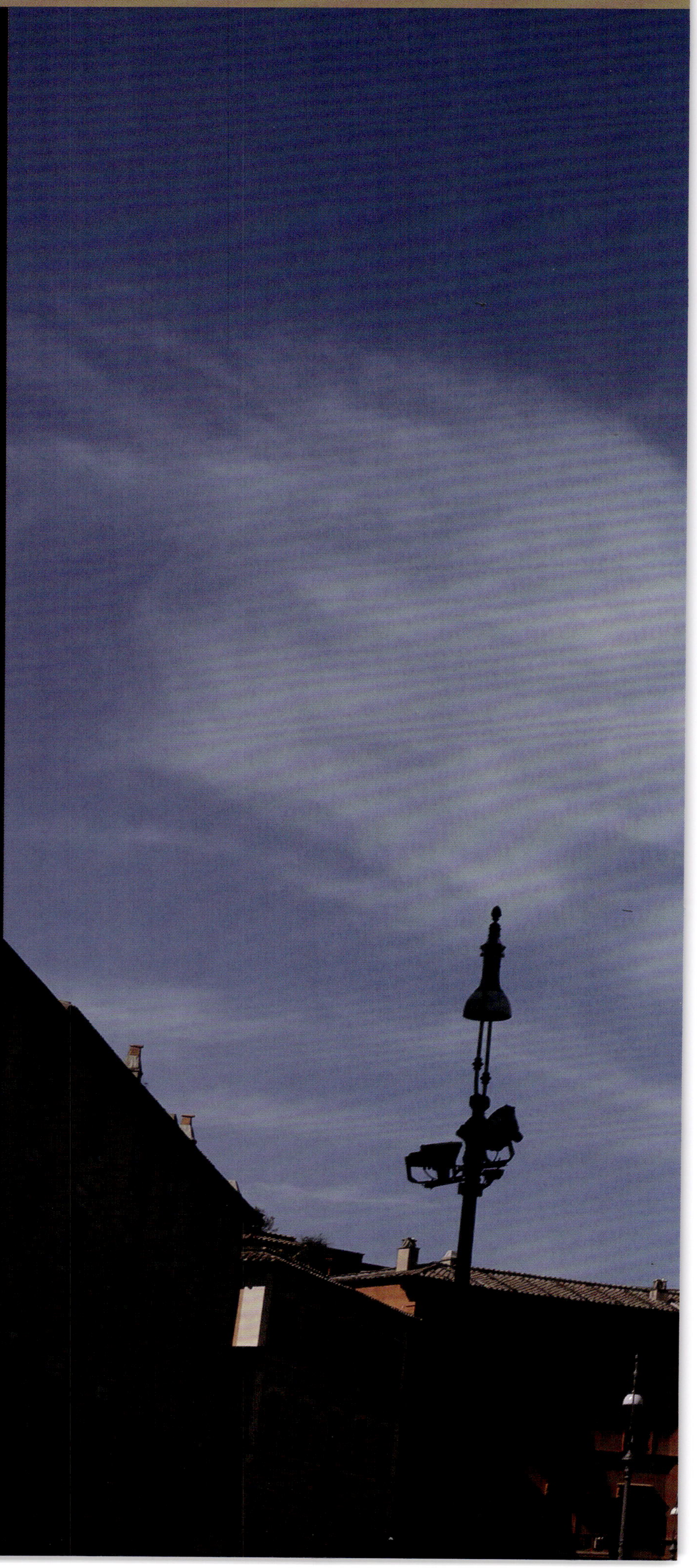

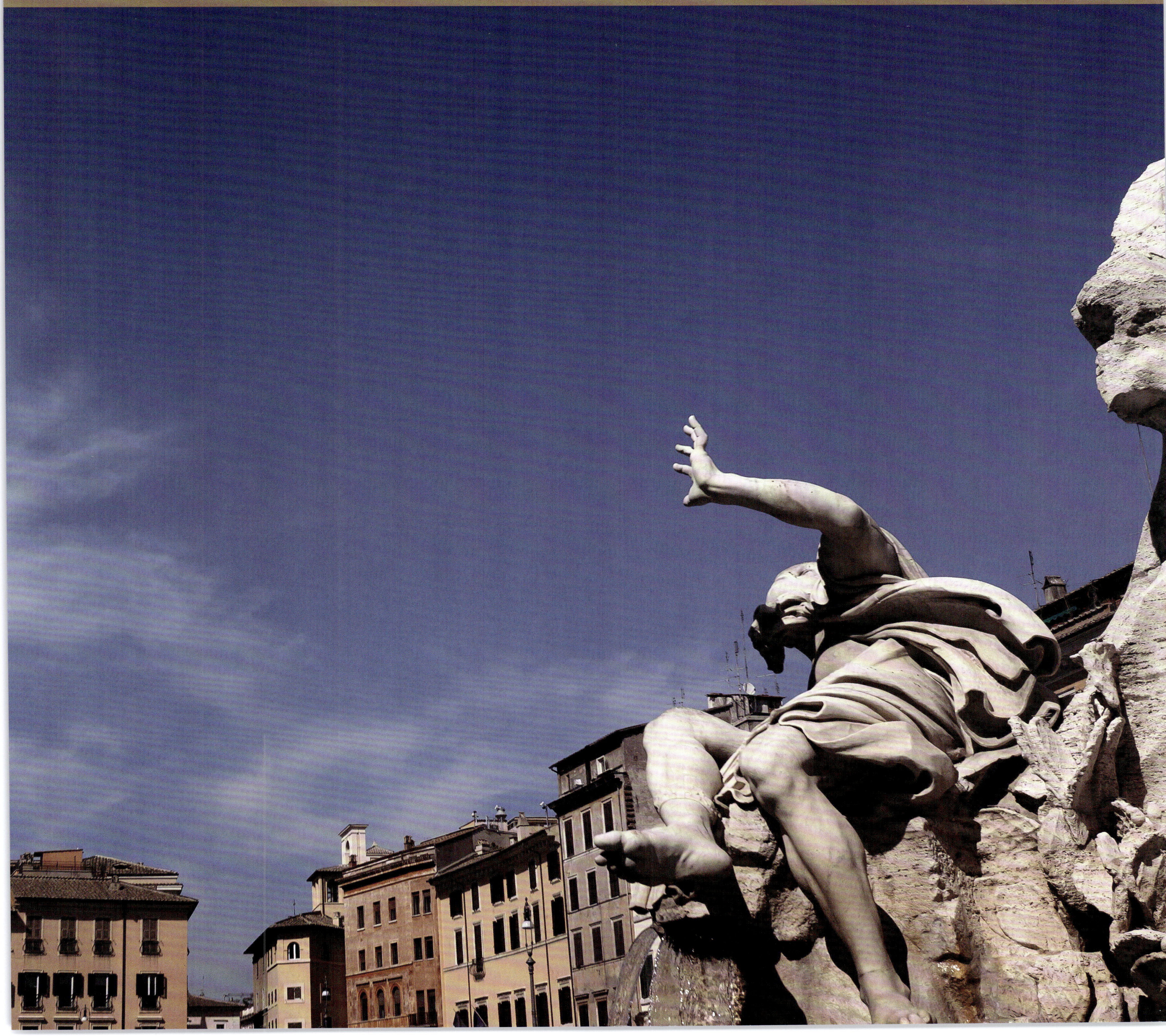

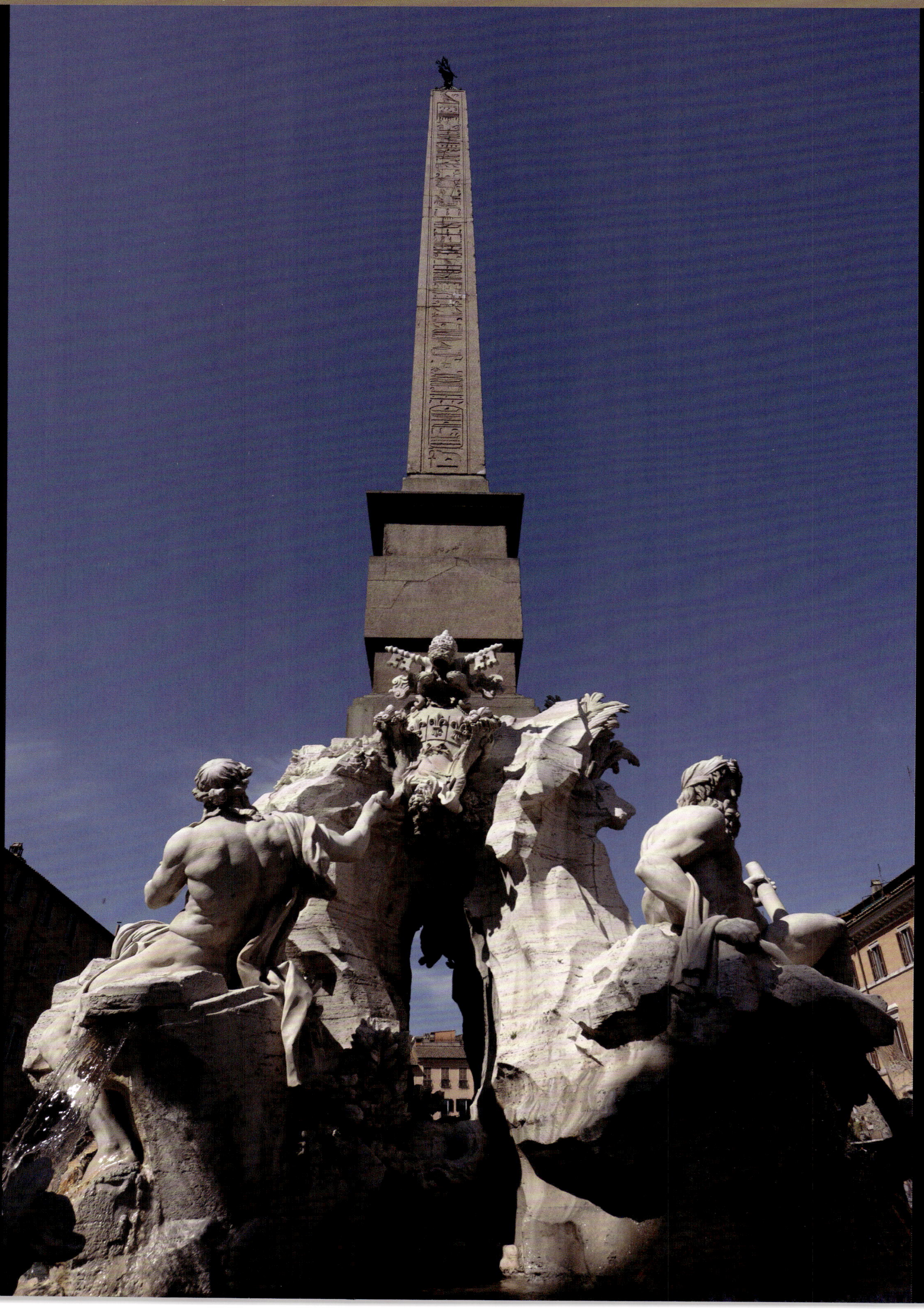

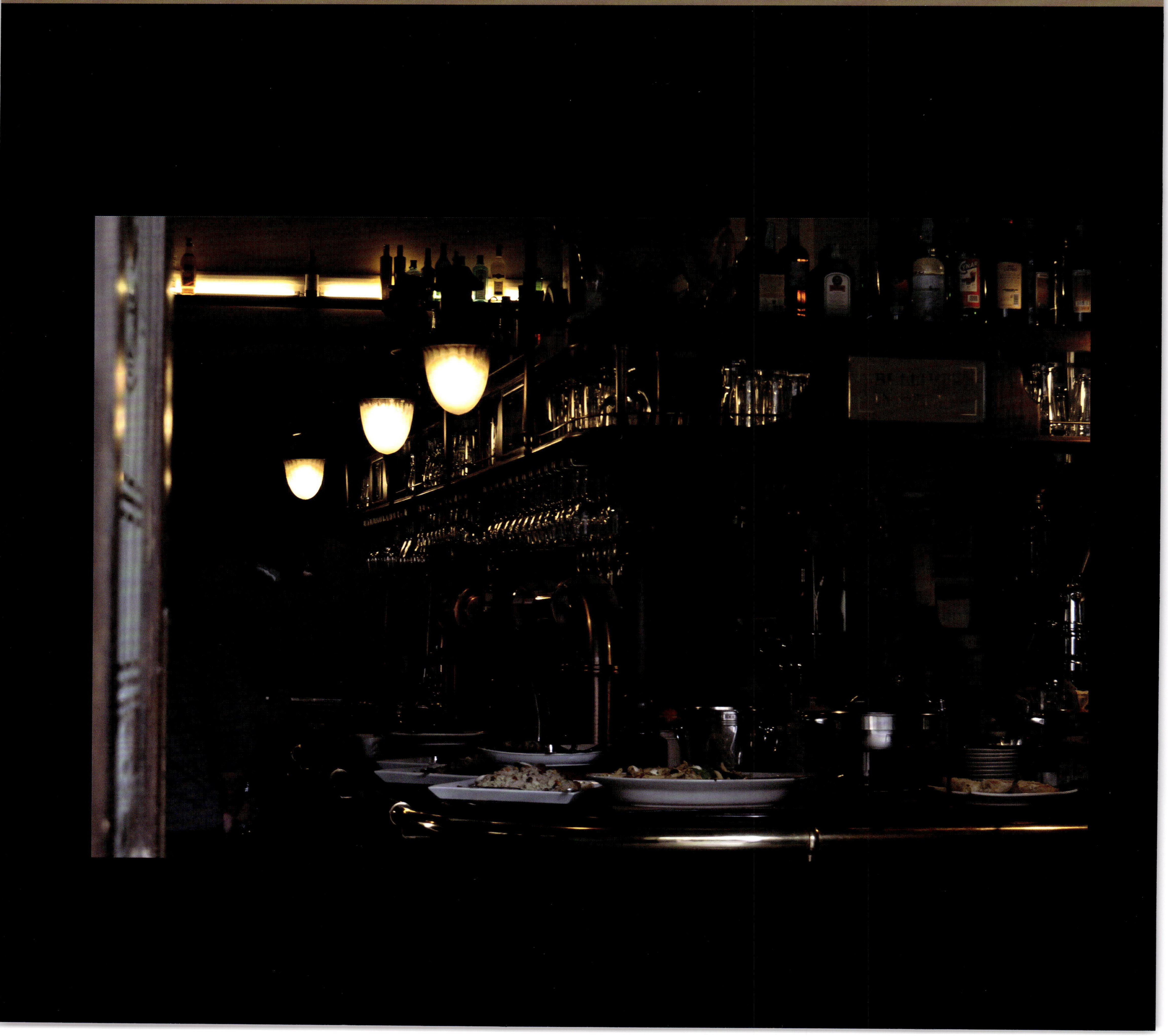

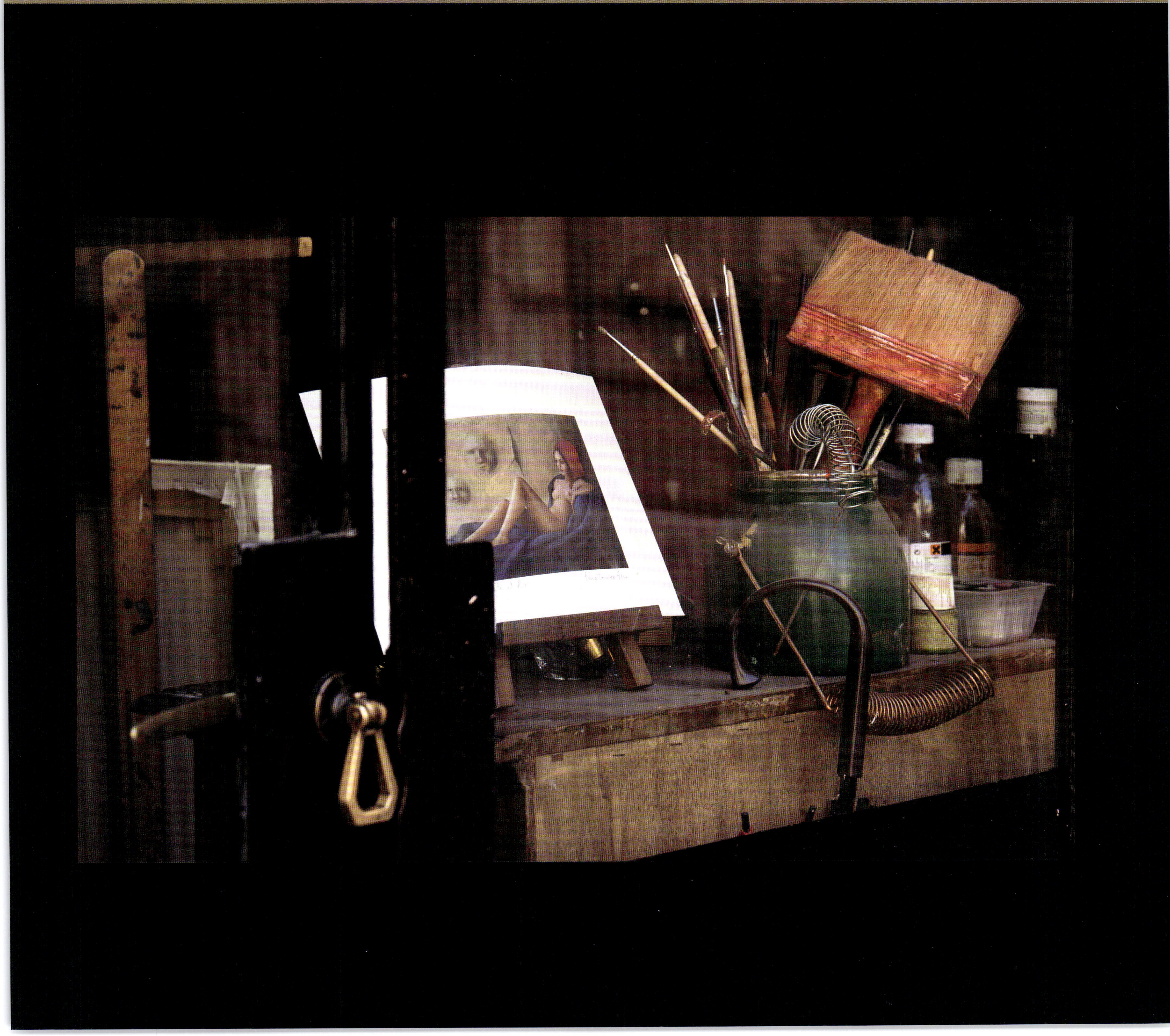

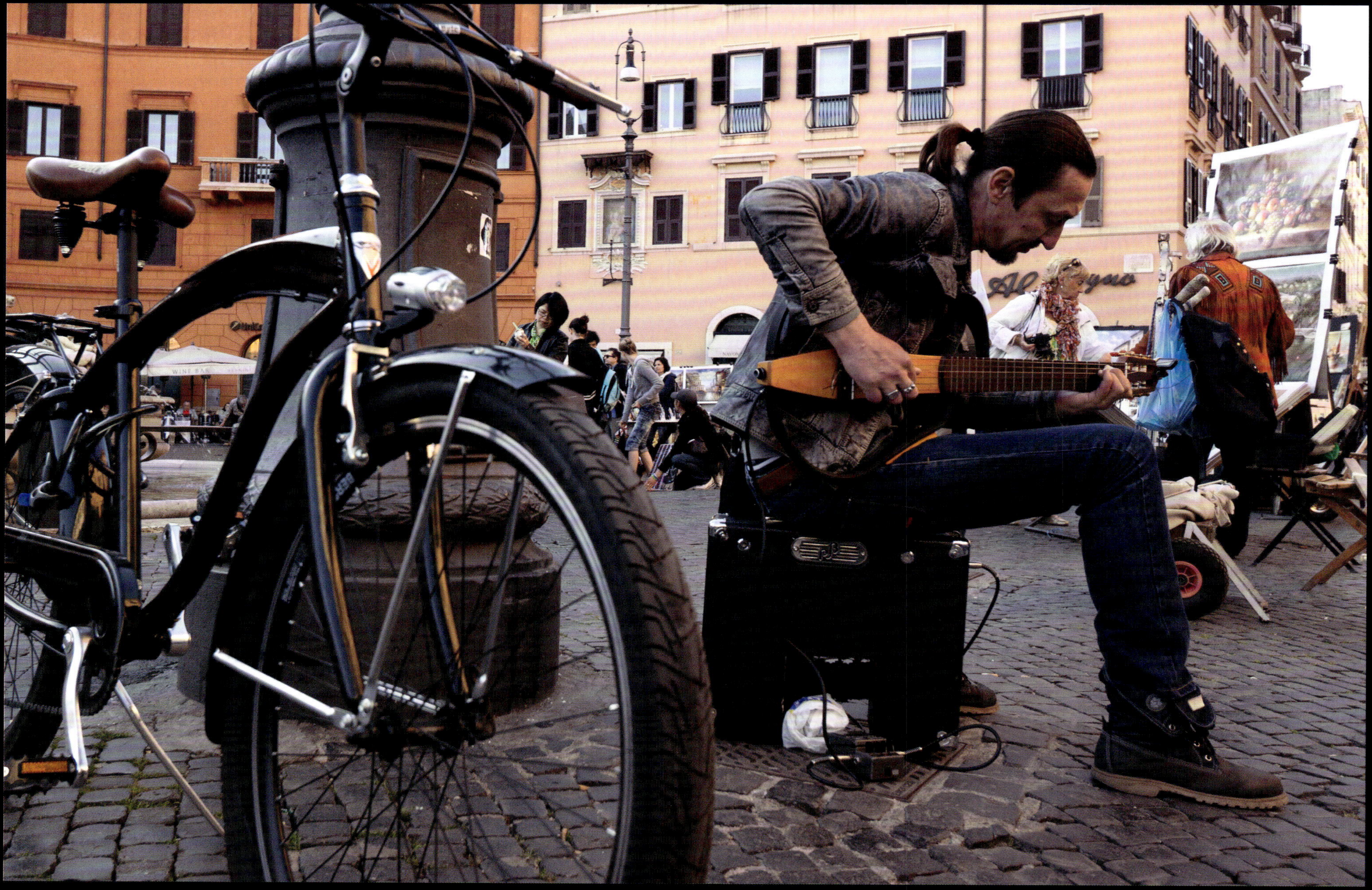

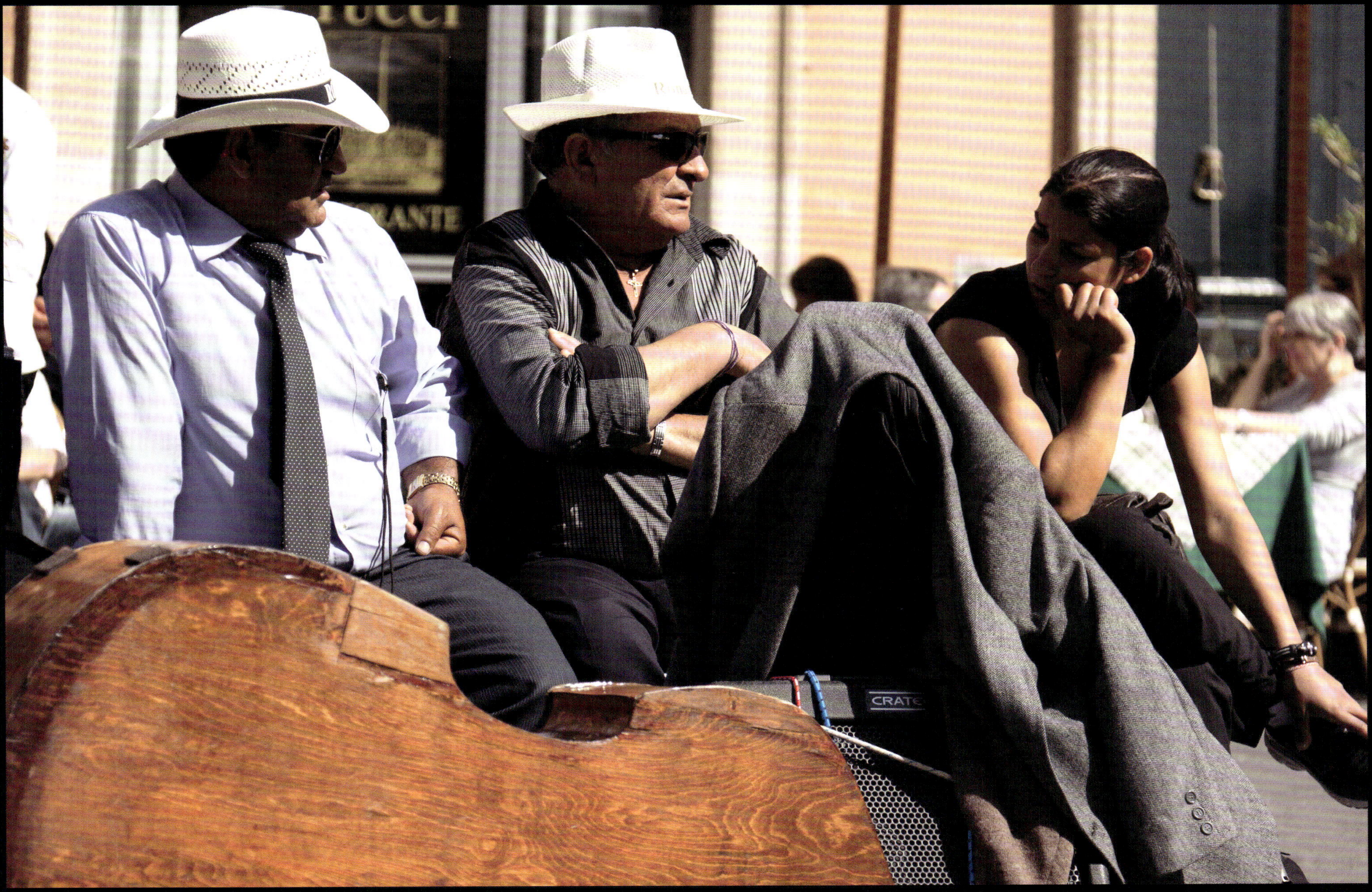
CRATE

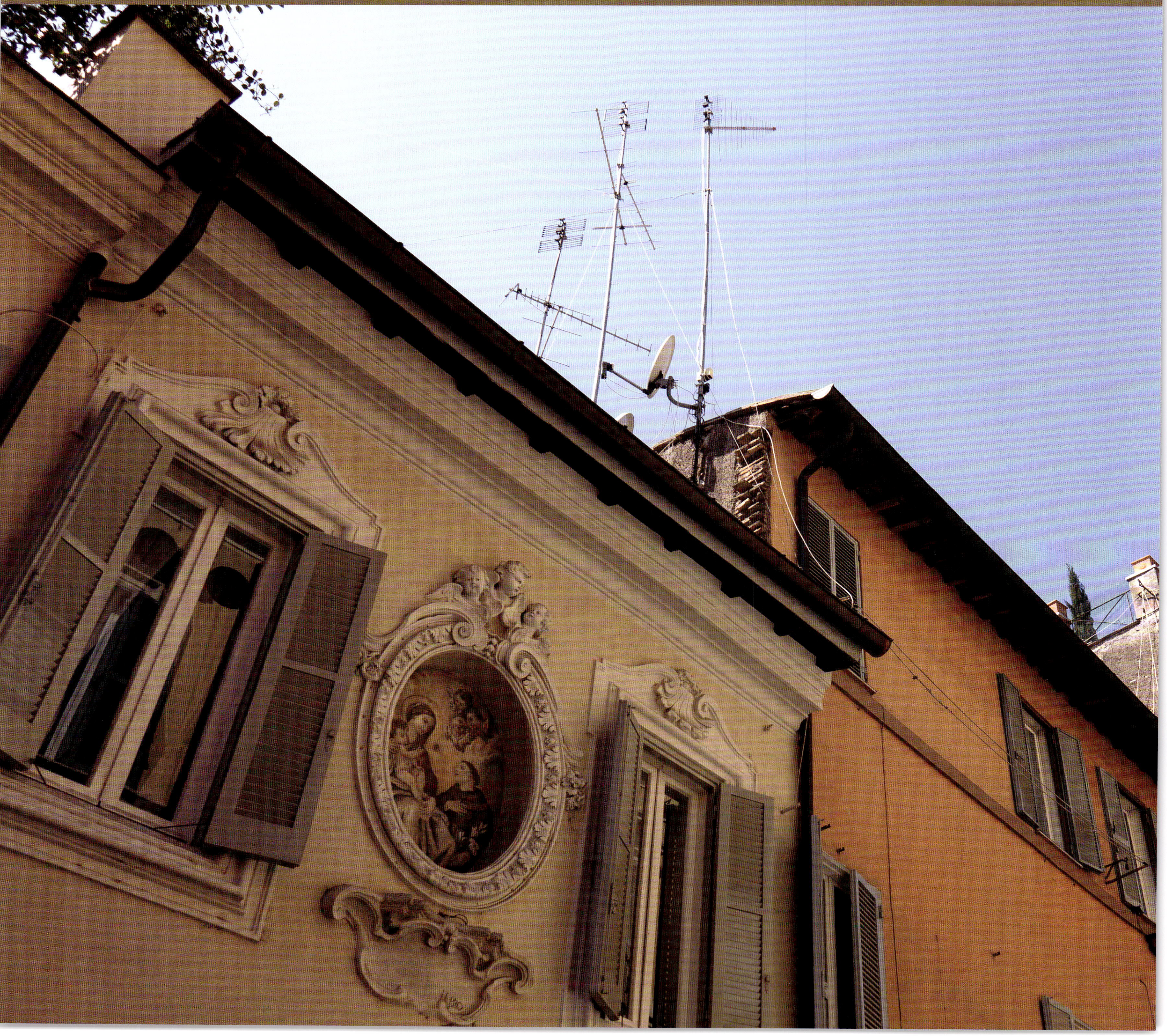

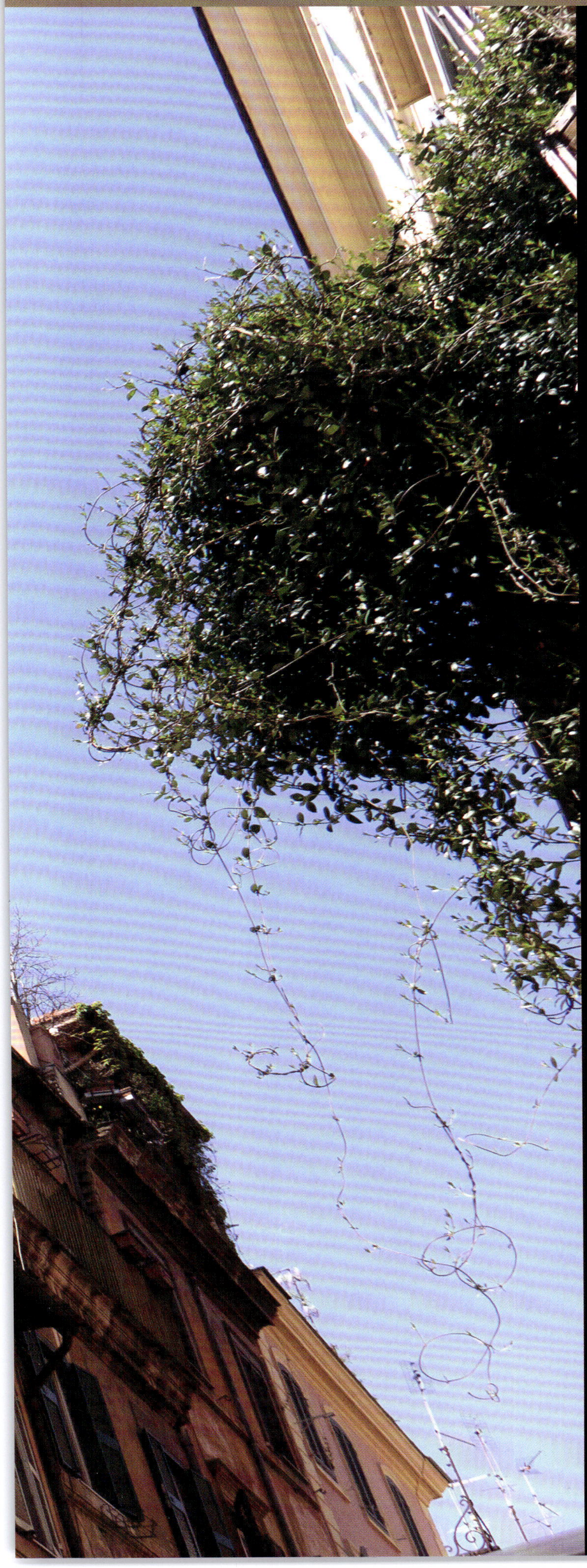

Trastevere war ganz anders als die anderen „Rioni“ der Stadt:
Dörflich präsentierten sich im Zentrum des ehemaligen Arbeiterviertels kleine Häuser, zwischen denen Wäscheleinen gespannt waren.

The district of Trastevere was
completely different from the city's other 'rioni'. The centre of this former working-class district was village-like, its small buildings interlaced with washing lines.

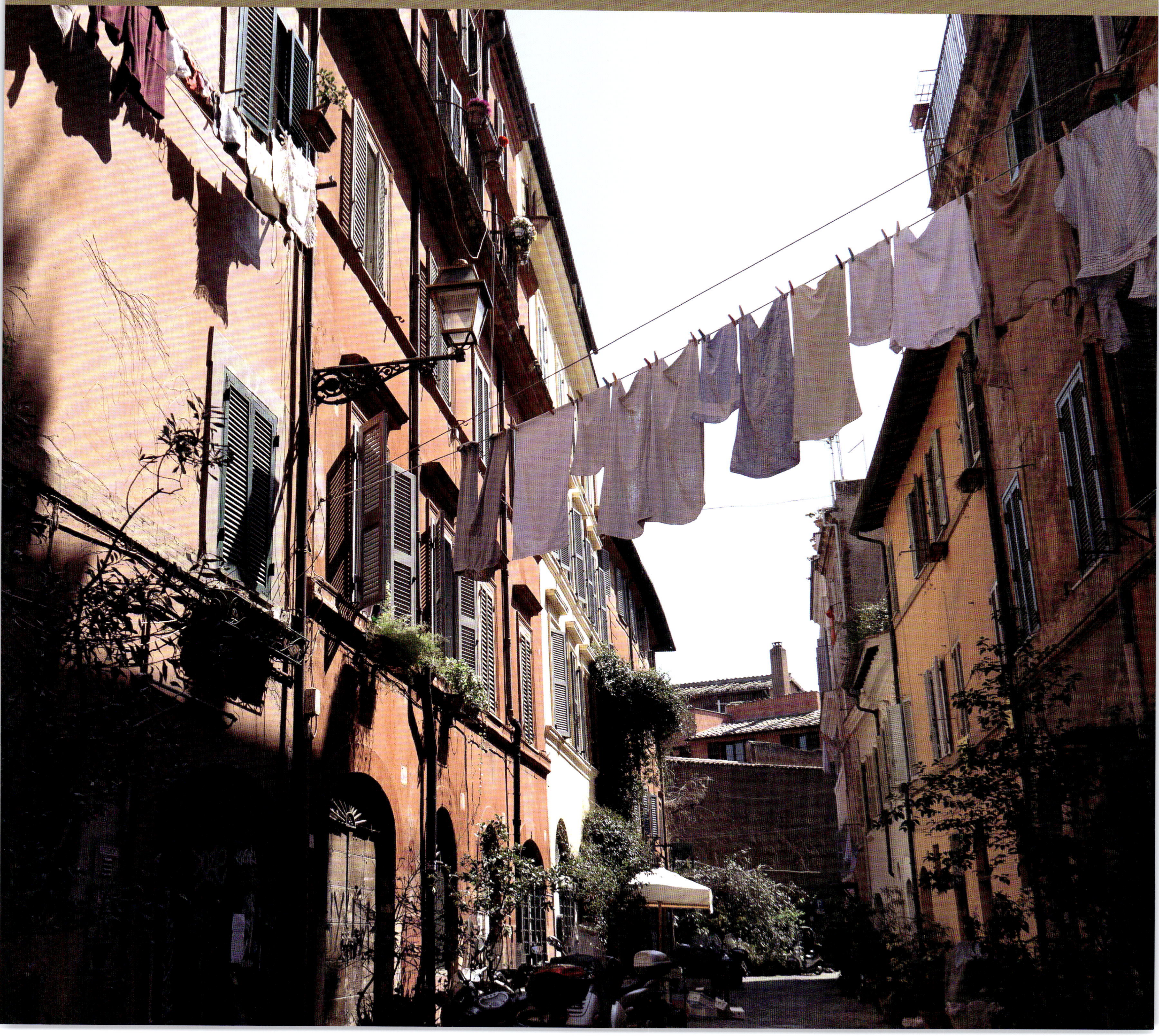

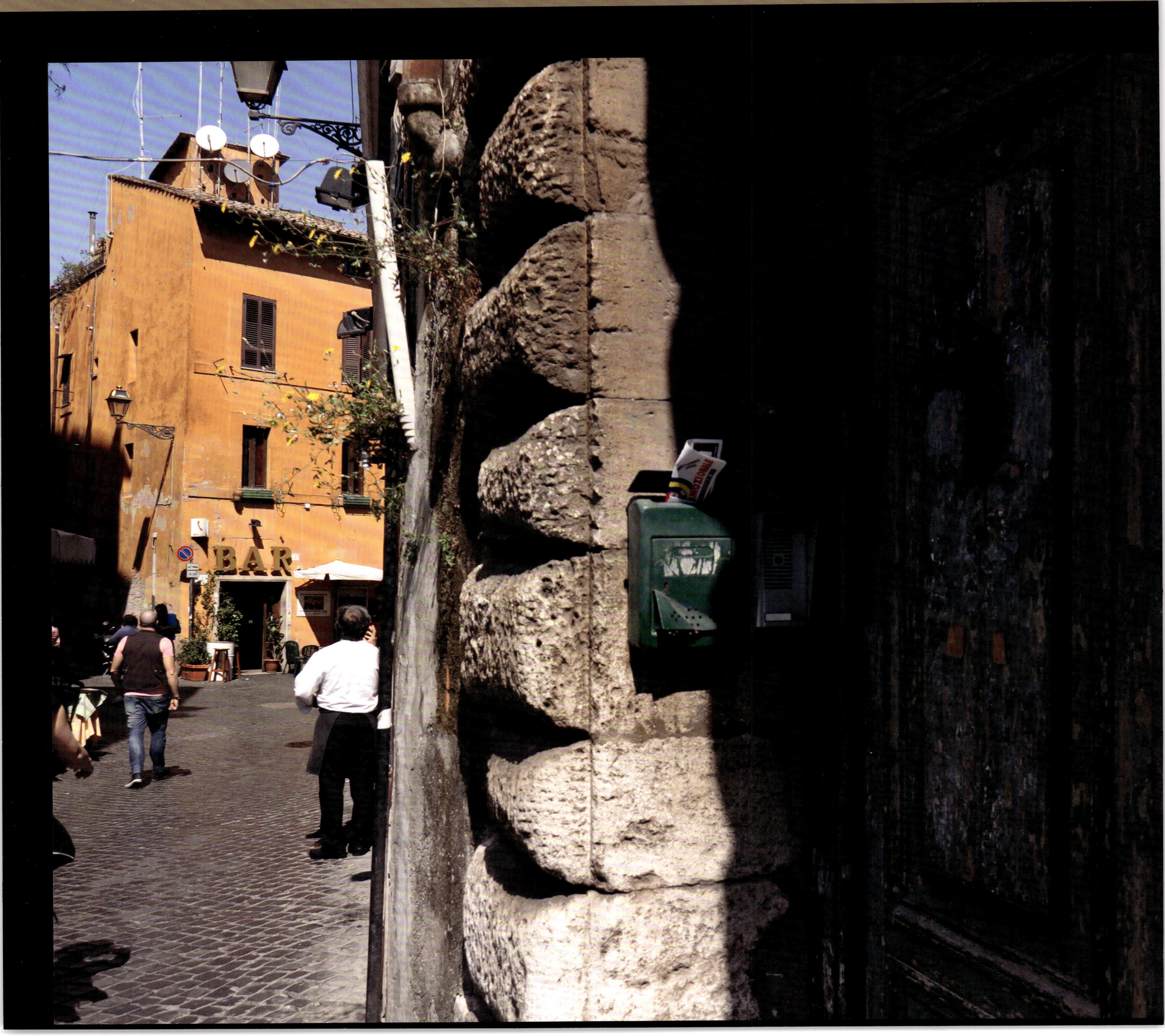
BAR

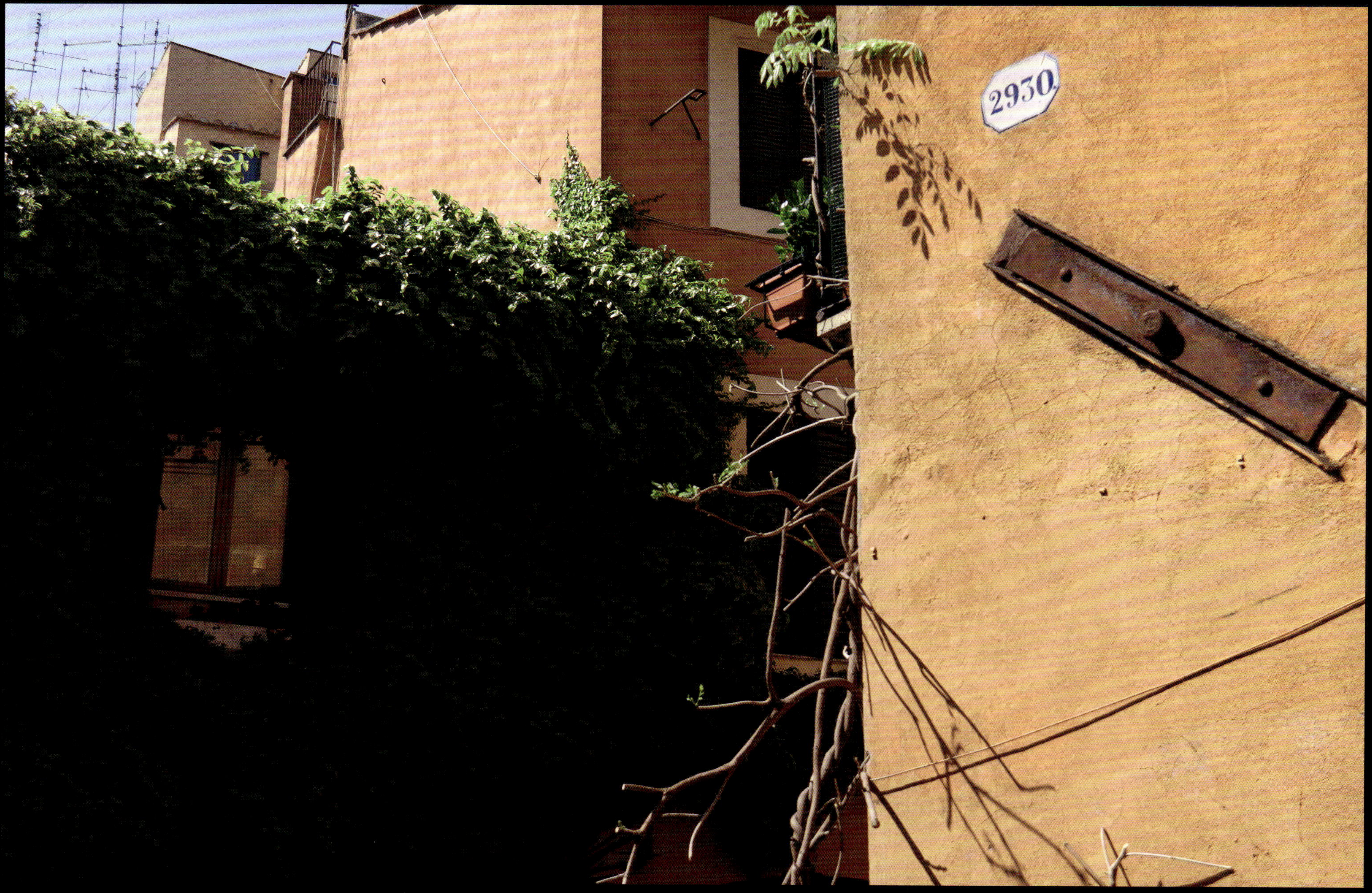

Fußgängergassen führten durch Hinterhöfe; Pflanzen rankten über Fassaden, von denen meist der apricot- oder terracottafarbene Putz abblätterte.

Pedestrian alleyways led through courtyards. Climbing plants grew over apricot or terracotta-coloured facades, usually with chipping plaster.

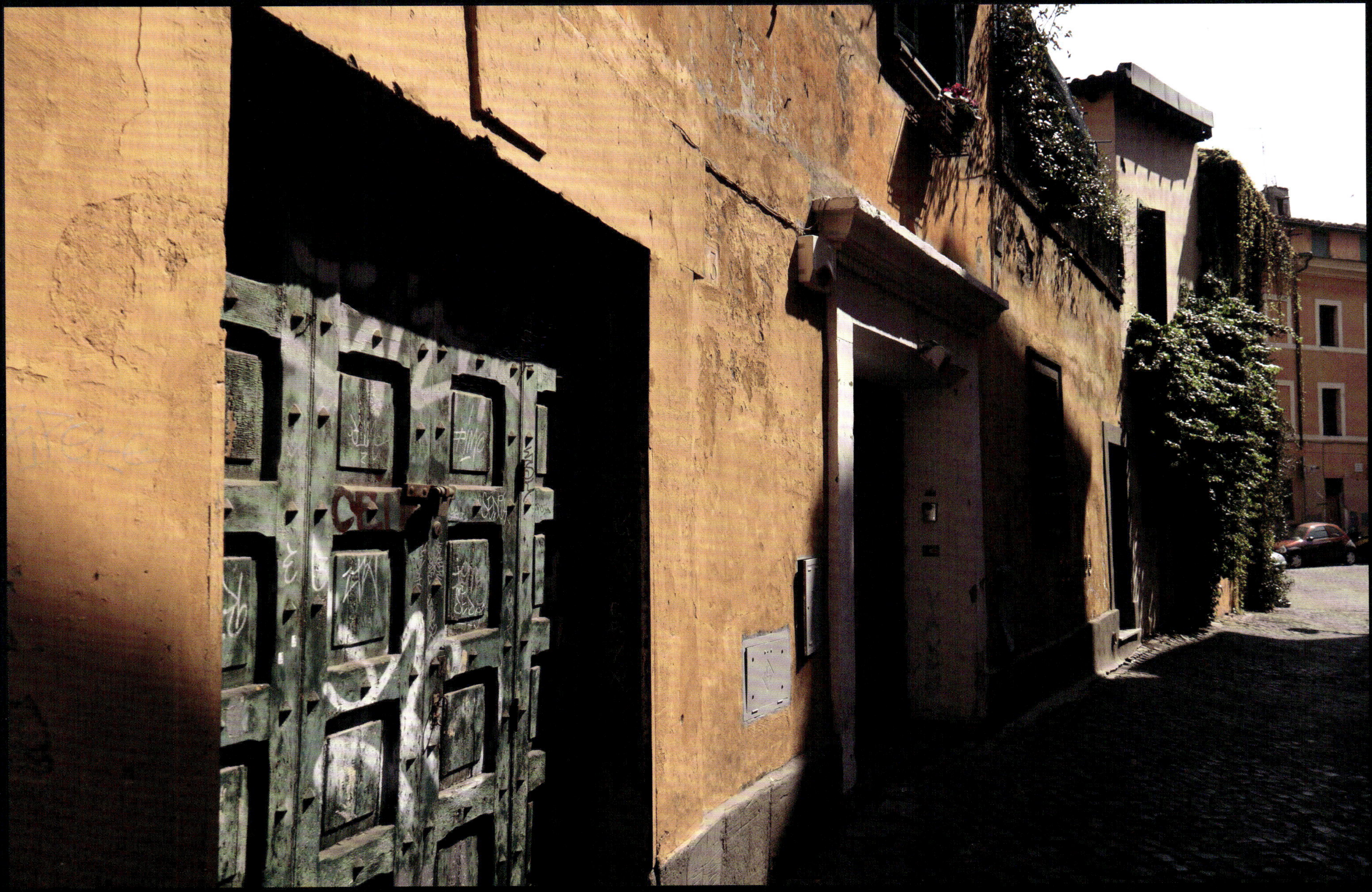

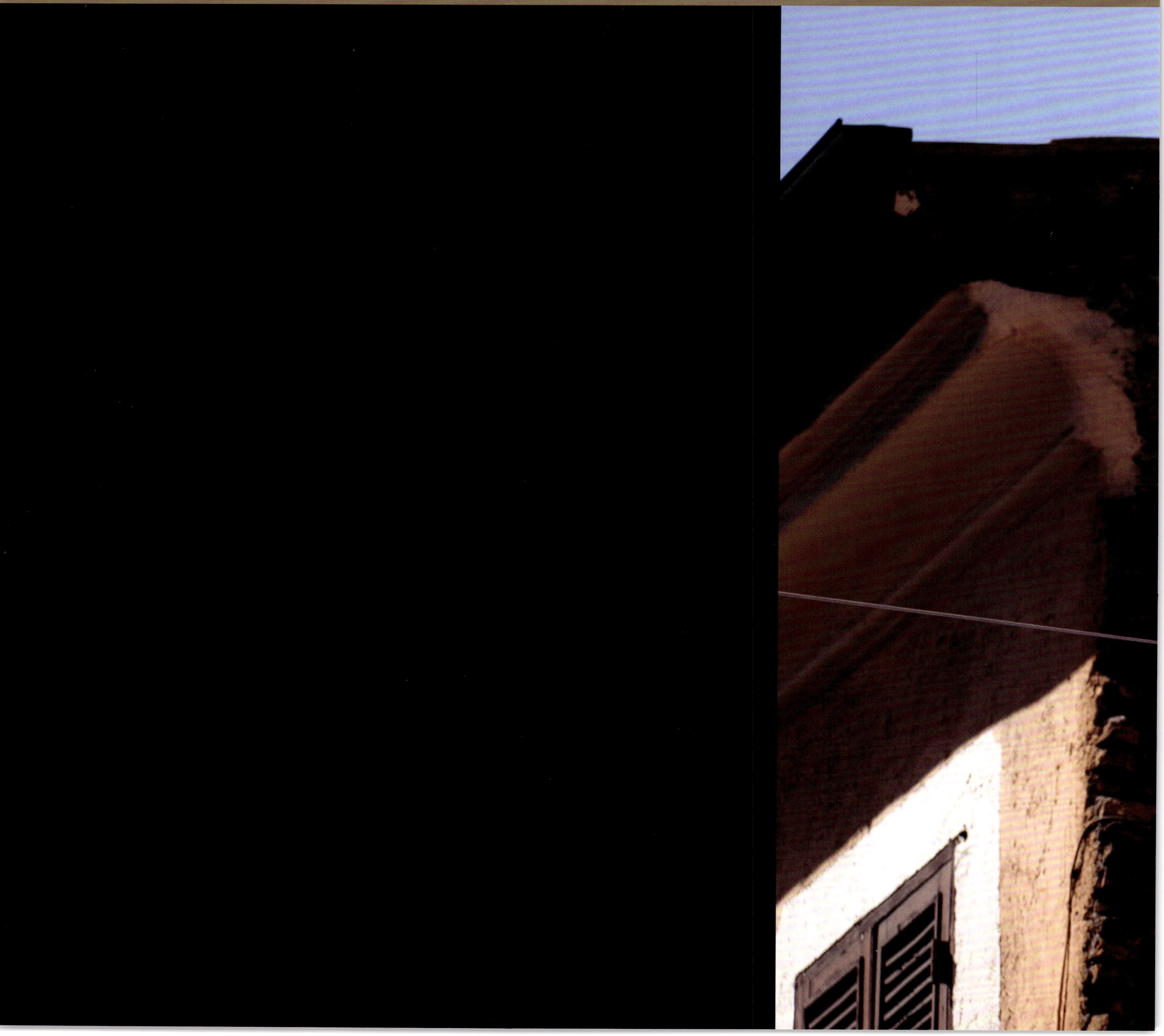

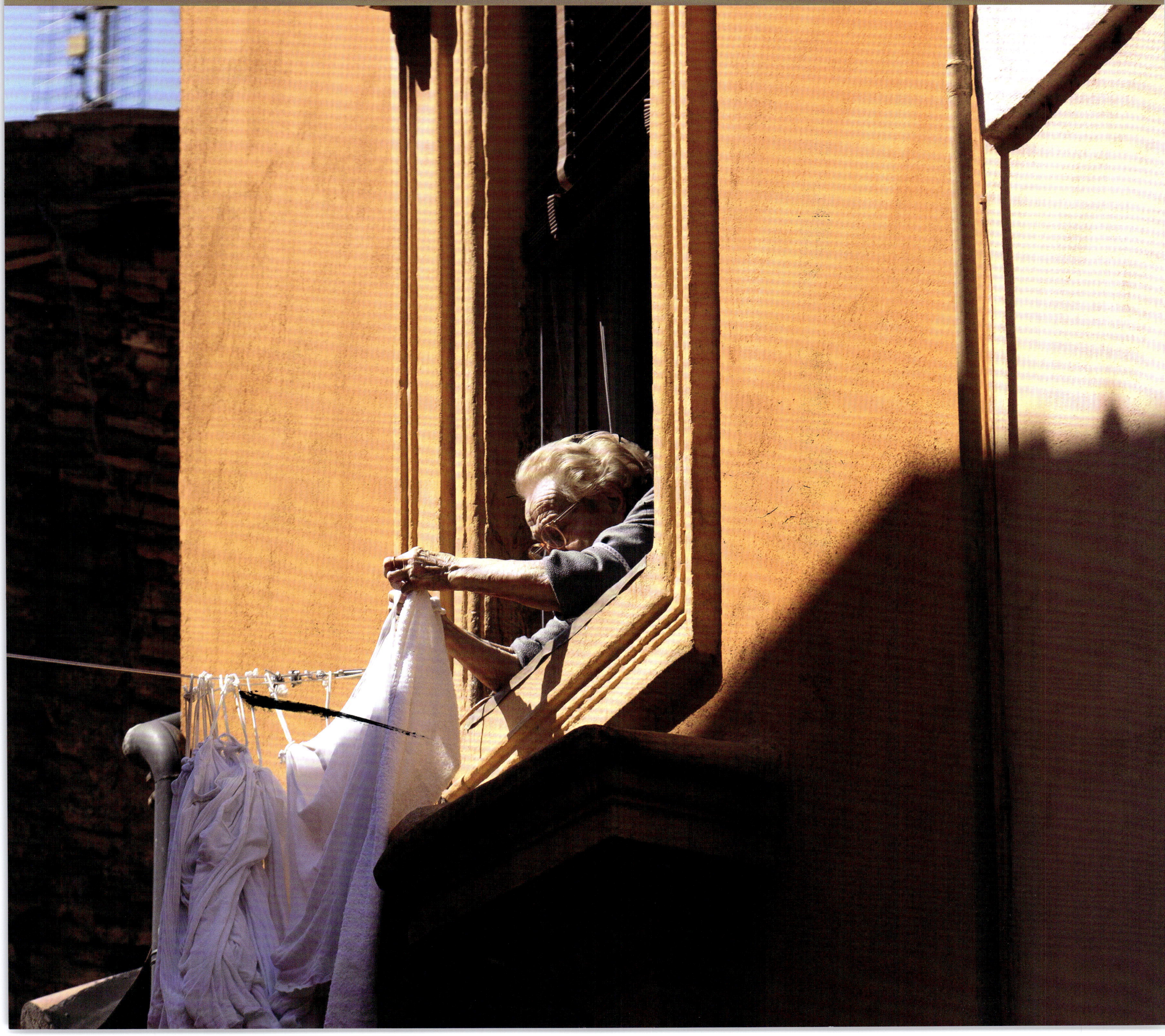

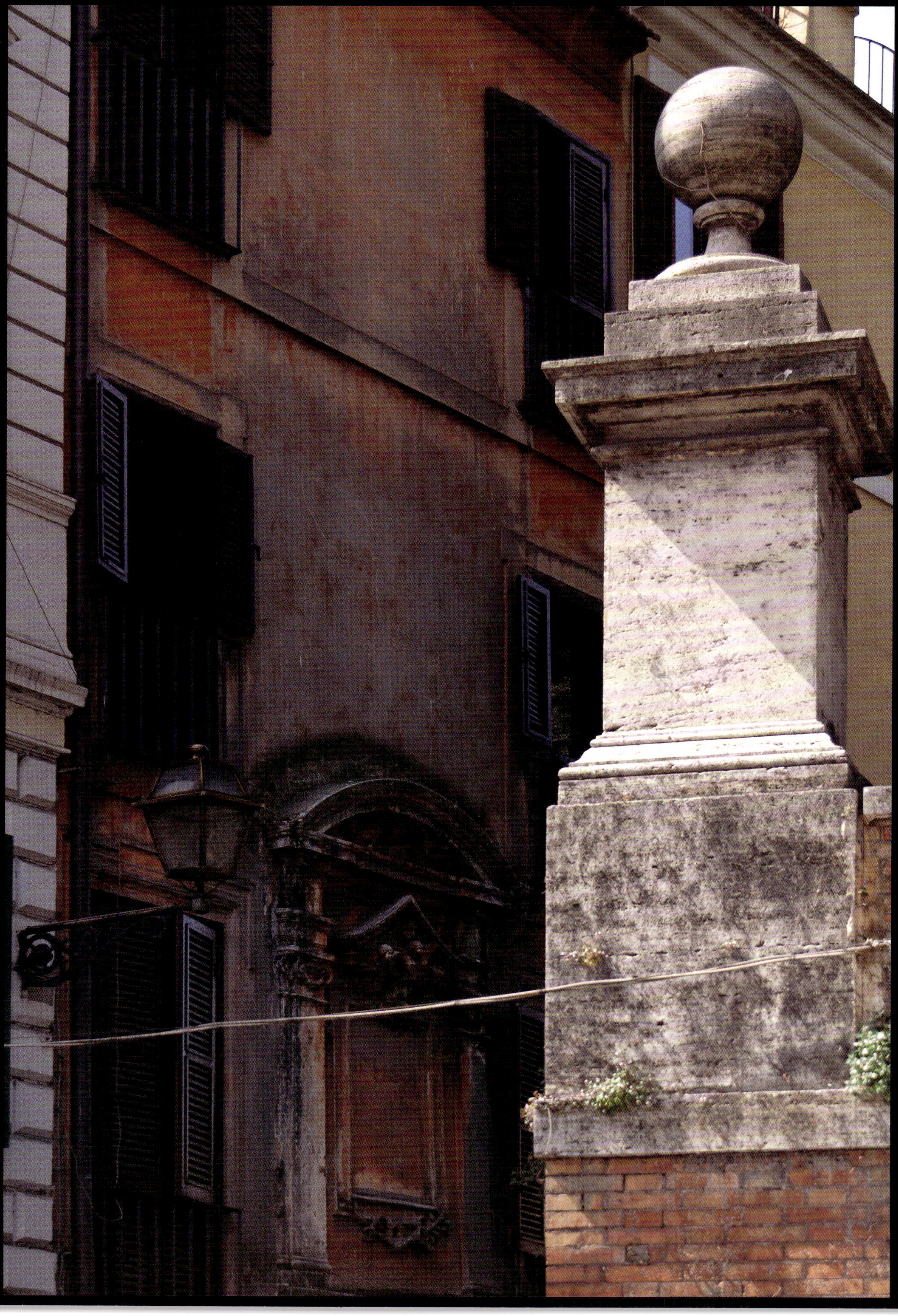

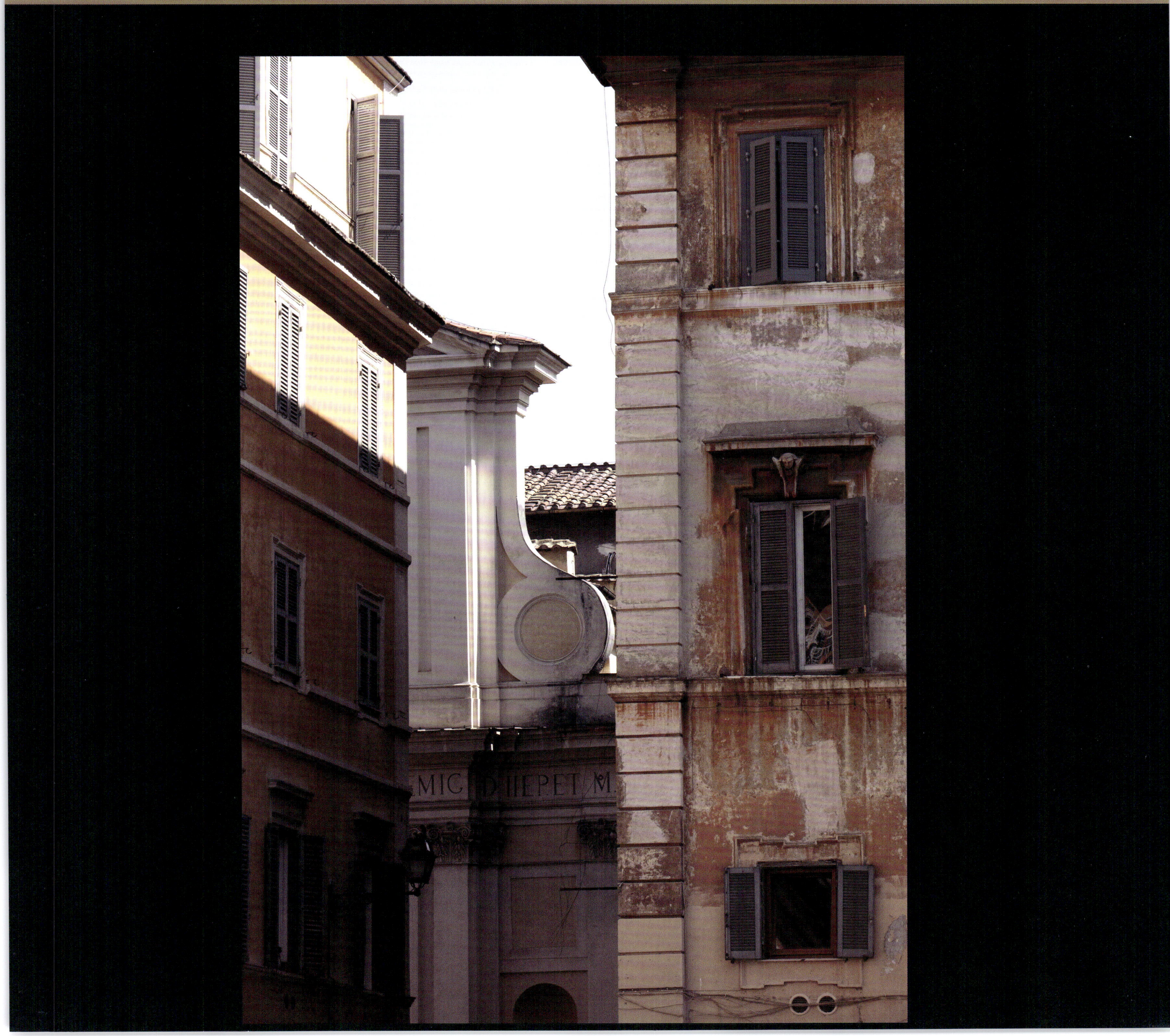

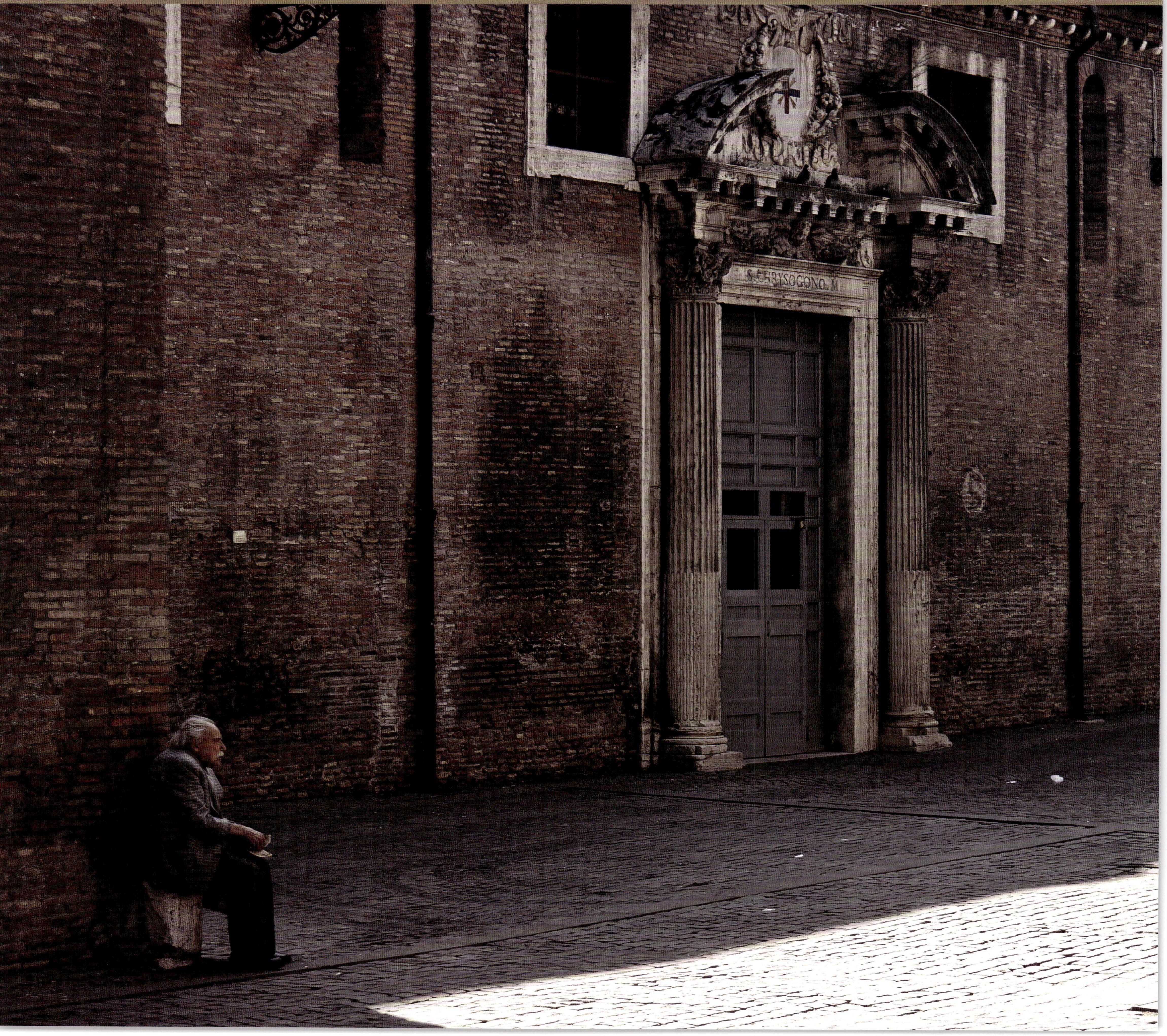
S. CHRYSOGONO. M

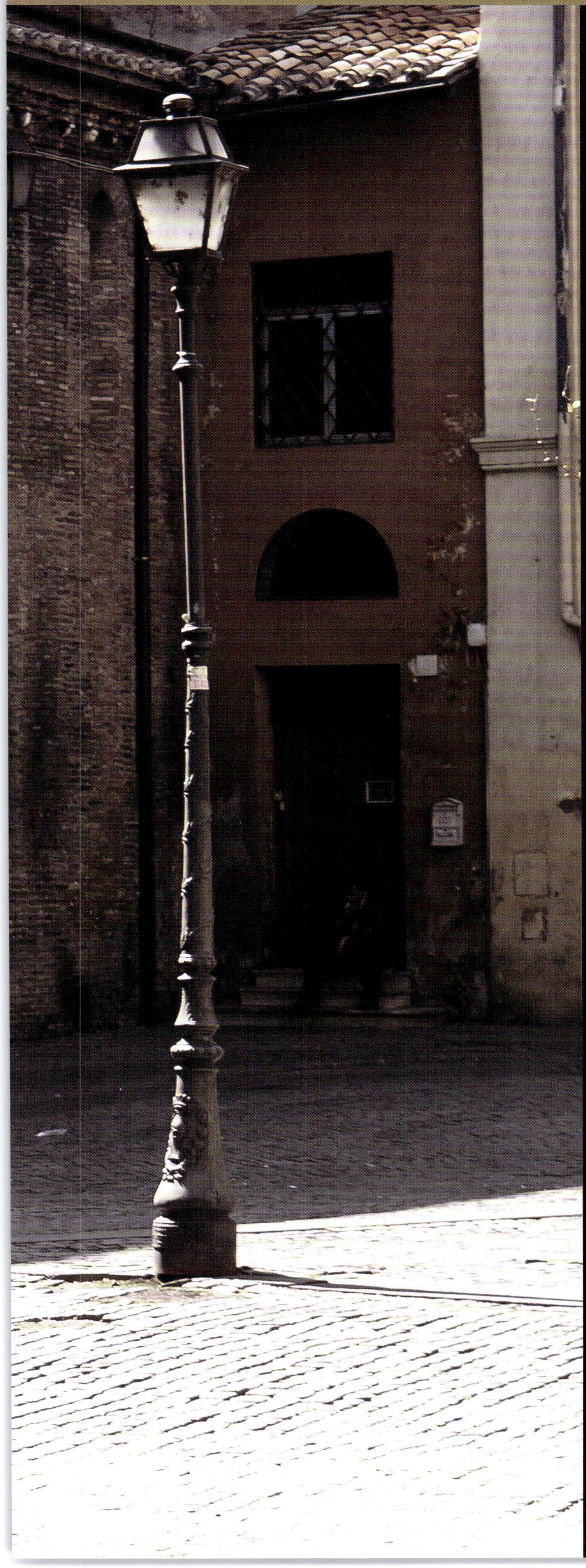

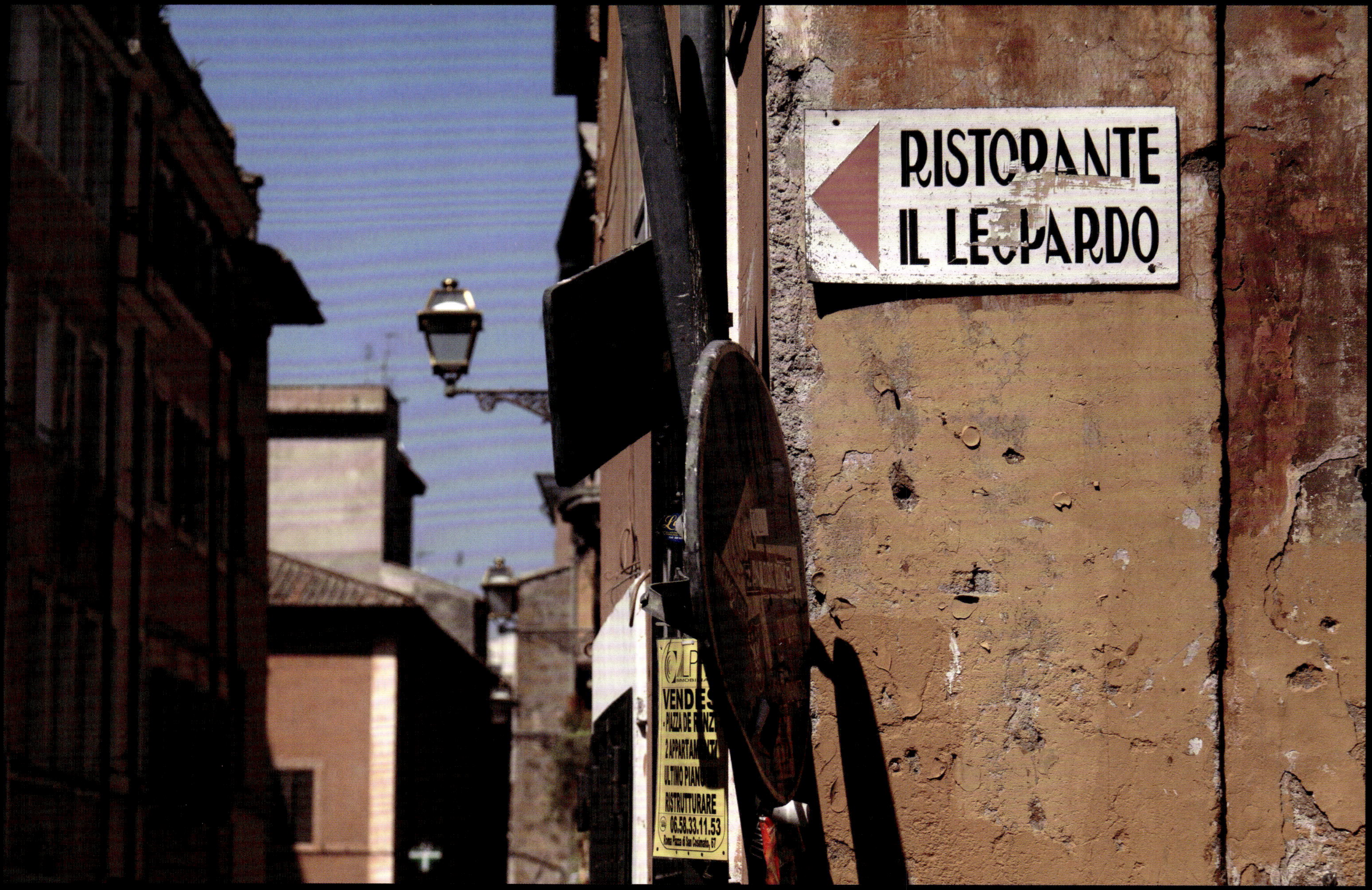
RISTORANTE
IL LEOPARDO
RISTRUTTURARE
06.58.33.11.53

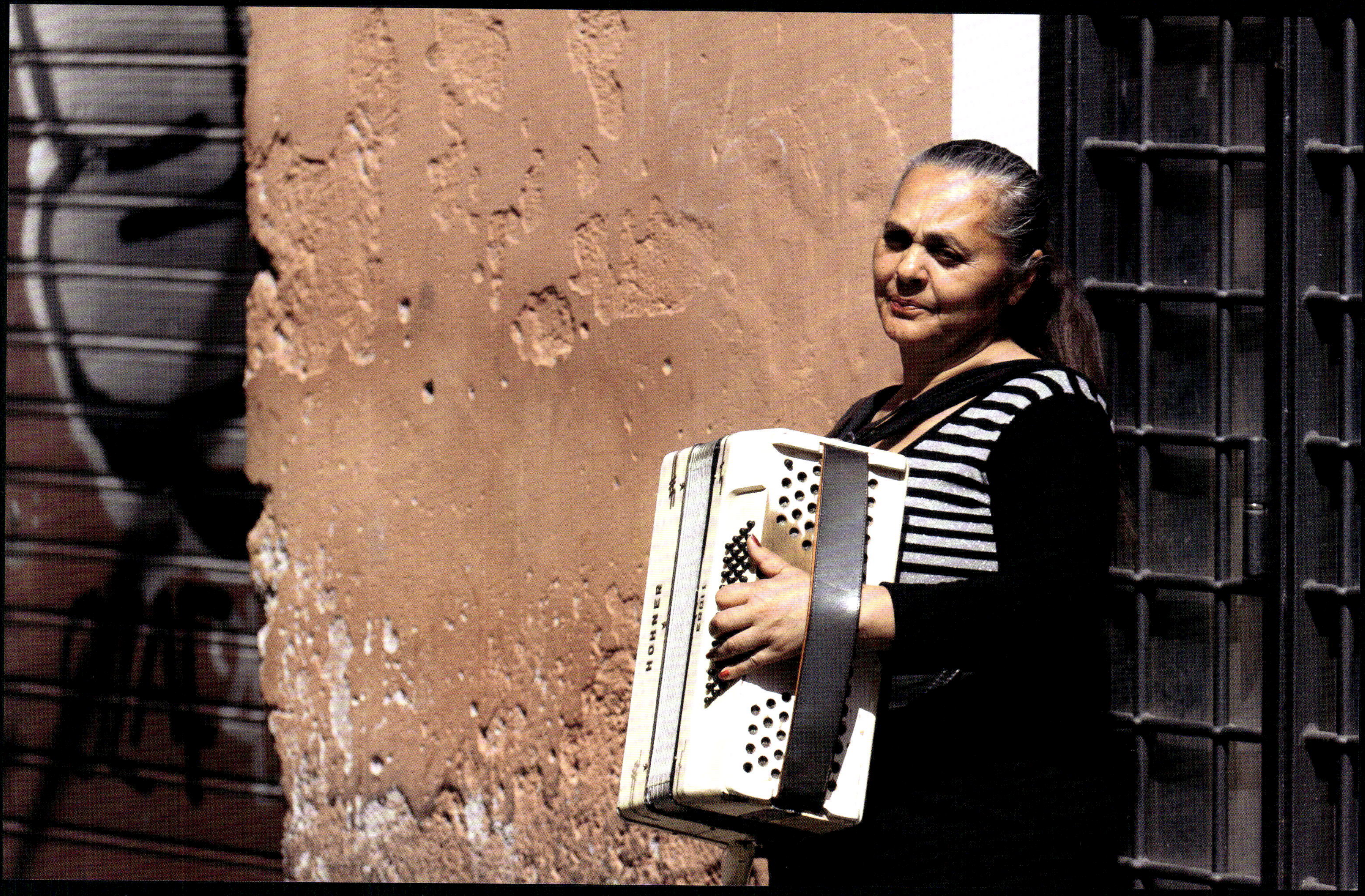
HOHNER

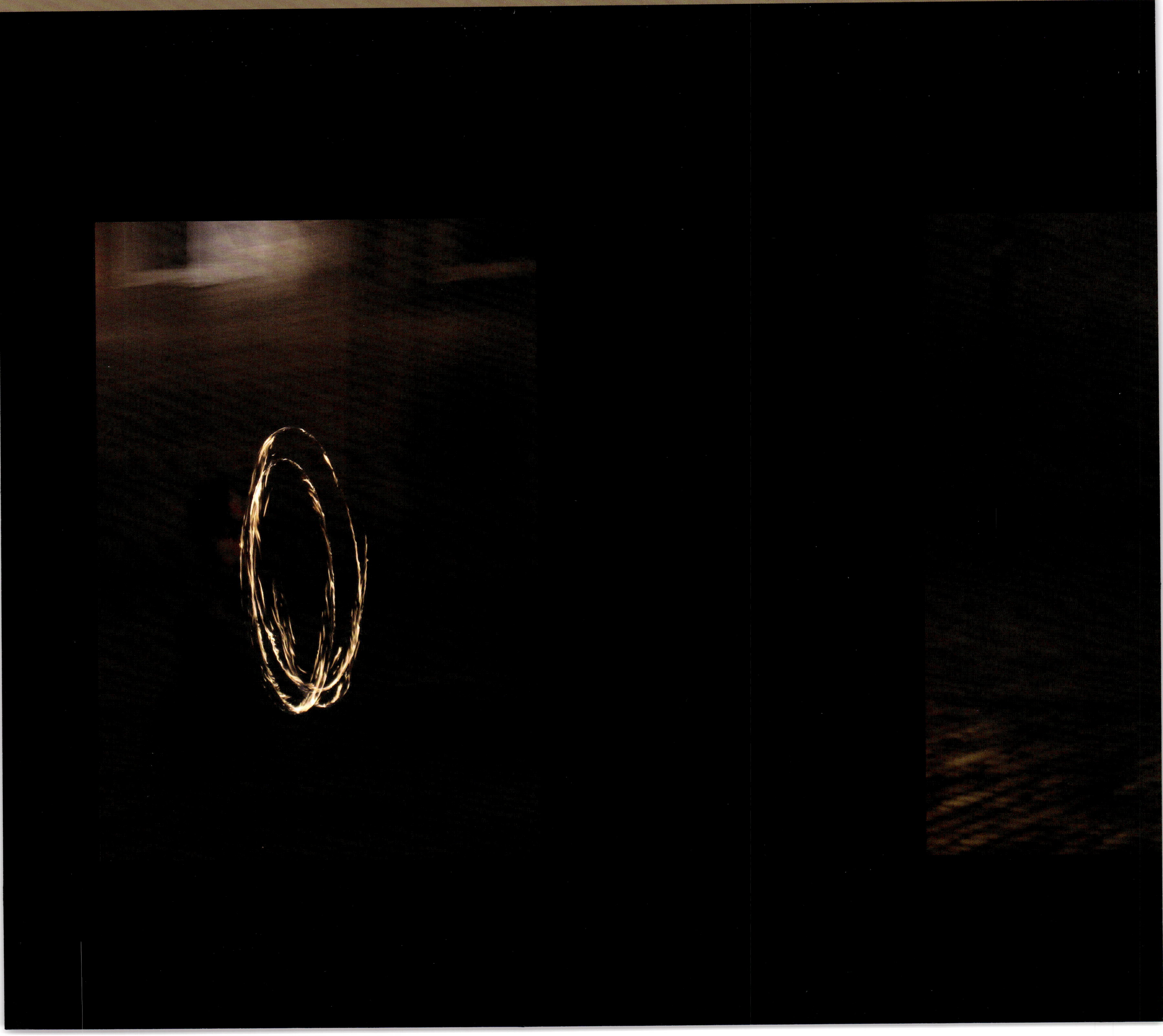

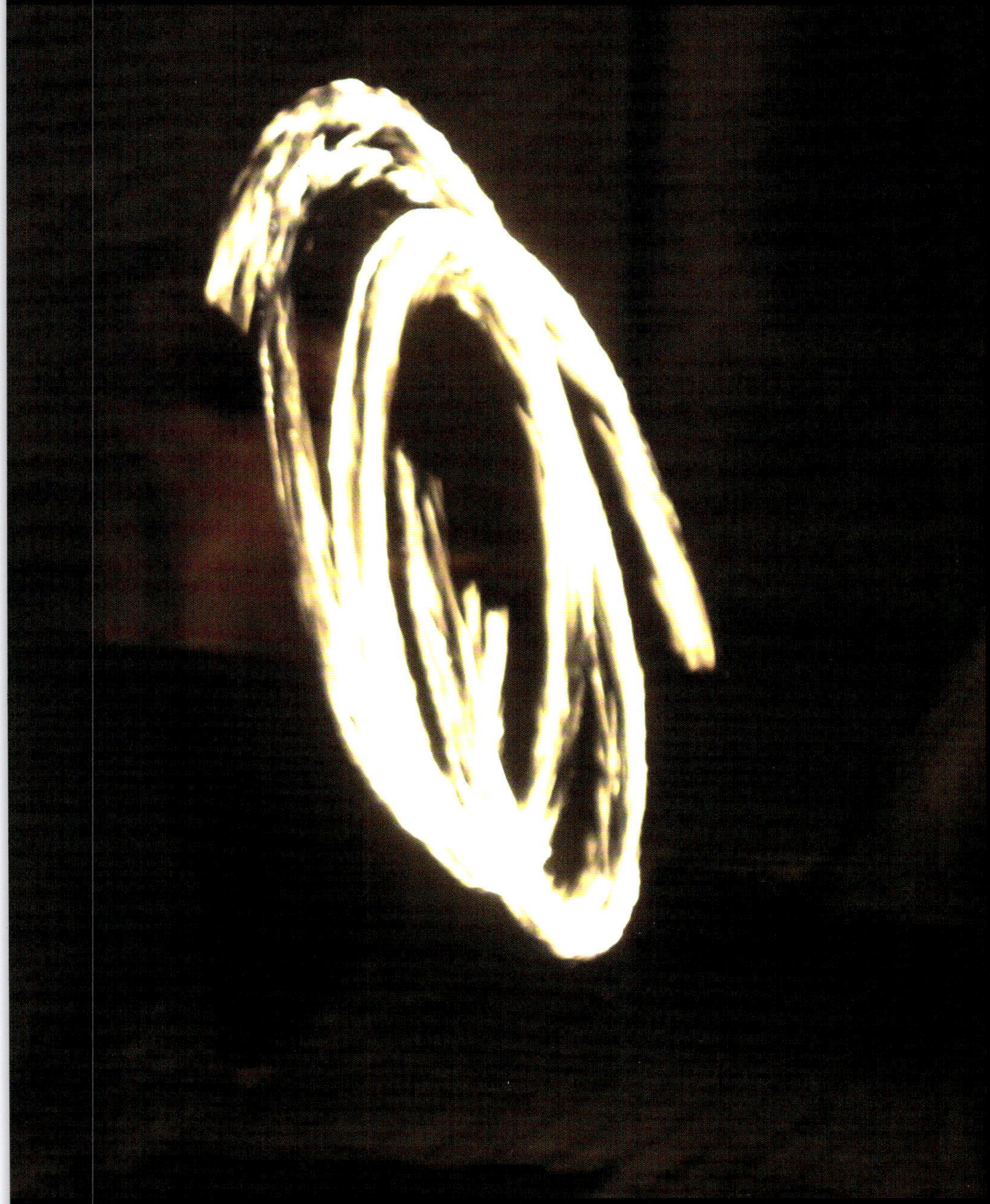

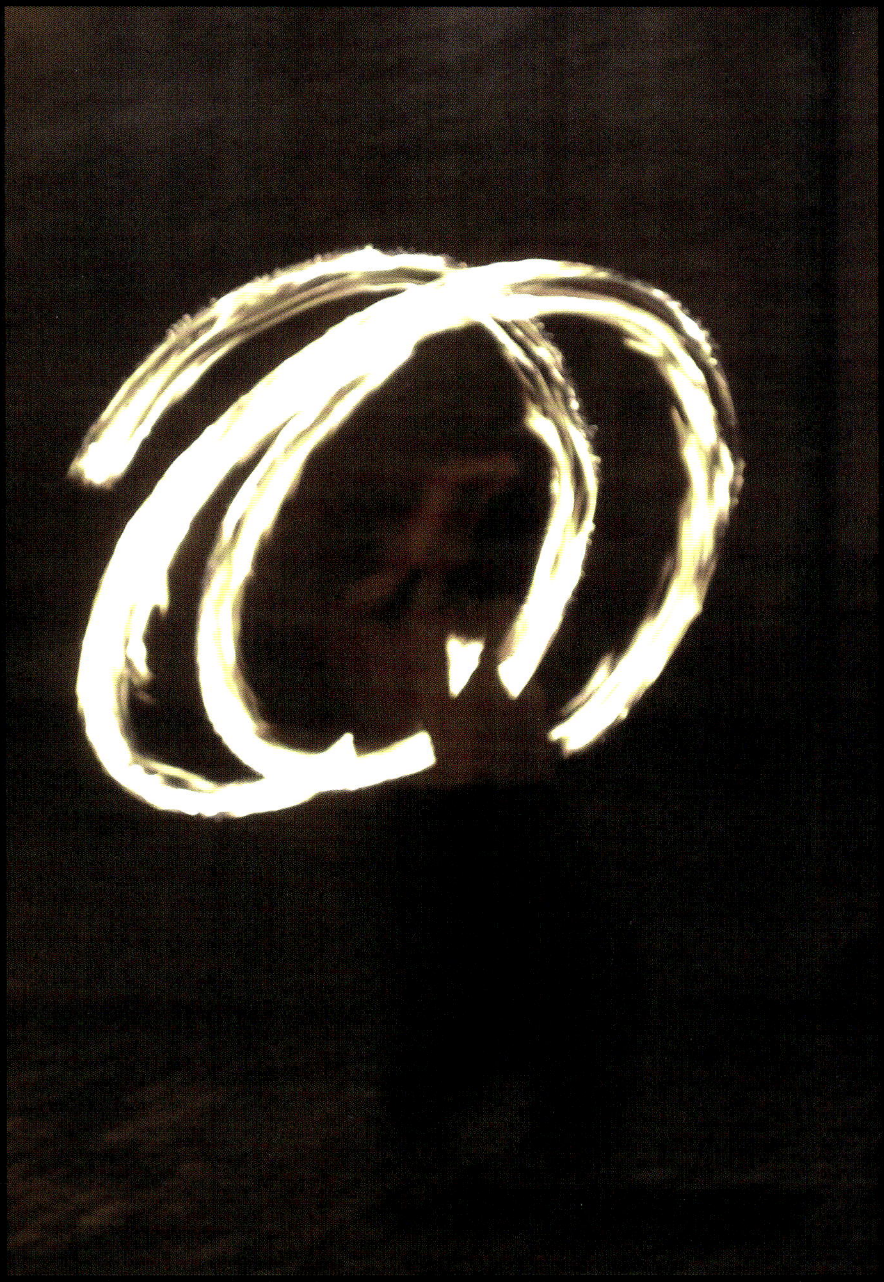

CAMPO DE' FIORI

BIS

PIAZZA SAN PIETRO

FROM CAMPO DE' FIORI TO PIAZZA SAN PIETRO

In banger Erwartung

WITH FEARFUL ANXIETY

„Ciao, Samuele! Wie geht es deiner Tochter?“, fragte Antonio, den der Rechtsanwalt gelegentlich auf dem Marktplatz traf. Samuele hatte nicht vorgehabt, hierher zu kommen, zumal er heute von zu Hause aus arbeiten wollte. Doch das unerträgliche Warten auf den Anruf aus England hatte ihn hinausgetrieben.

'Ciao Samuele! How's your daughter?' asked Antonio, whom he saw now and then at the marketplace. Samuele hadn't planned on coming here. He'd wanted to work from home today. However, the unbearable suspense of waiting for a call from England had eventually driven him out of the house.

Wohl seiner Gewohnheit folgend, auf dem Weg in die Kanzlei einmal wöchentlich frisches Obst zu kaufen, fand er sich nun zwischen all dem bunten Treiben des Campo de' Fiori wieder. Generell erledigte die Haushälterin alle Einkäufe für die Familie, doch den persönlichen Besuch auf dem Markt wollte Samuele nicht missen. Außer frischem Obst und Gemüse, Fisch und Meeresfrüchten, Hühnern und Truthähnen, Gewürzen und Pasta, bot der Markt die beste Plattform für Neuigkeiten aus der Stadt.
„*Grazie, Antonio*!", antwortete Samuele. „Giuseppina ist bei Bewusstsein, doch Genaueres kann ich noch nicht sagen."
„Es ist bestimmt richtig, sie in dieser schweren Phase nach Hause zurückzuholen", erwiderte Antonio rhetorisch und lediglich, um seine Vermutung bestätigt zu bekommen. Samuele wusste, dass die meisten Römer solche Fangfragen stellen, um dann mit den Neuigkeiten im Gesellschaftsklatsch prahlen zu können und sich mit der vermeintlich engen Bekanntschaft zu Patrizierfamilien zu brüsten. Antonio hingegen war vertrauenswürdig, und seine Frage rührte aus echtem Interesse.
„Sie ist nach wie vor in Brighton. Carlotta ist bei ihr. In einer halben Stunde weiß ich mehr", antwortete Samuele fast flüsternd, um den geschulten Ohren von Signora Bruchetti, der Obstverkäuferin, keine Chance für die Gerüchteküche zu bieten. „Ich muss leider los. Ciao Antonio!"
Seine ältere Tochter Gianna hatte bereits Biscotti gebacken, Kaffee für ihn gekocht und den Frühstückstisch gedeckt, als er zurück nach Hause kam.
„Ciao, Papa!", begrüßte sie ihn und gab ihm einen Kuss auf die Wange.
„Schön, dass du hergekommen bist", freute sich Samuele aufrichtig, dennoch gedanklich abwesend. „Ich sehe, du hast Frühstück für uns beide bereitet. Das ist sehr lieb von dir. Komm! Setz dich und lass uns gemeinsam auf Mamas Anruf warten!"

Following the familiar route he took once a week to buy fresh fruit on his way to the office, he now found himself amidst the hustle and bustle of the Campo de' Fiori. Generally the housekeeper took care of the family's shopping, but Samuele could not give up his trips to the market. In addition to offering a cornucopia of fresh fruit and vegetables, fish and seafood, chickens and turkeys, spices and pastas, the market was the best place to catch the latest news from the city.
'*Grazie, Antonio*!' answered Samuele. 'Giuseppina is conscious again, but I can't tell you any more.'
'It's probably the right decision to bring her home when she's going through such a difficult phase,' answered Antonio rhetorically, for the sole purpose of having his assumptions confirmed. Samuele knew that most Romans had the tendency to ask loaded questions like this to glean information that could be shown off in the next gossip session or used for boasting about allegedly close relationships with patrician families. Antonio, however, was trustworthy and had asked the question out of sincere interest.
'She is still in Brighton. Carlotta is with her. In half an hour, I'll know more,' answered Samuele in barely more than a whisper in order to avoid offering any new material for the rumour mill to the trained ears of Signora Bruchetti, the fruit vendor. 'Sorry, but I'd better be off. Ciao Antonio!'
He arrived back home to the pleasant discovery that his older daughter, Gianna, had already baked biscotti, brewed coffee for him and laid the table for breakfast.
'Ciao Papa!' she greeted him, kissing him on the cheek.
'I'm so happy you came,' said Samuele, expressing genuine delight, although it was clear his thoughts were elsewhere. 'I see you've made us breakfast. That's so sweet of you. Come! Let's sit down together and wait for Mama to call!'
He took a seat at the large dinner table. The morning sun was already pouring

Er nahm an dem großen Esstisch Platz. Die Morgensonne fiel durch die hohen, weißen Holzfenster auf den Parkettboden und erhellte das Speisezimmer mit seinen holzvertäfelten Wänden und stuckverzierter Decke. Während Gianna Kaffee einschenkte und mit einer silbernen Gebäckzange Biscotti auf den Tellern verteilte, war Samuele schon wieder aufgestanden und unruhig hinüber zum Fenster geschritten. Er fasste sich nachdenklich ans Kinn und sah hinaus, bevor er mit im Rücken verschränkten Armen den massiven Esstisch und die zwölf umstehenden Barockstühle aus Ebenholz umrundete.

„Deine Nervosität wird die Sache nicht beschleunigen, Papa. Komm! Beruhige dich", sagte Gianna fürsorglich.

„Ja, danke. Du hast recht", antwortete er und setzte sich erneut. „Der Senator hat für heute seinen Besuch angekündigt. Vermutlich handelt es sich um eine berufliche Angelegenheit. Er müsste jeden Augenblick eintreffen. Falls Mutter anruft, während ich mit ihm beschäftigt bin, bitte ich dich, das Gespräch entgegen zu nehmen und mich im Anschluss über Giuseppinas Befinden in Kenntnis zu setzen", sagte er. Noch bevor Gianna antworten konnte, läutete das Telefon. Samuele legte sein Biscotto auf den Teller zurück, sprang auf, stürzte in den Flur, rannte durch die Galerie über der Eingangshalle, betrat sein Büro, erreichte seinen Schreibtisch – einen schweren englischen Partnerdesk aus Mahagoni – und riss den Hörer von der Gabel.

„*Pronto*?", sagte er atemlos in die Sprechmuschel.

„Ciao, Samuele!", vernahm er die Stimme seiner Frau.

„Wie geht es ihr?", fragte er ohne Umschweife.

„Giuseppina geht es schon besser. Sie konnte heute ein wenig Brei zu sich nehmen. Die Ärzte meinen, dass Folgeschäden nicht zu erwarten seien, doch Komplikationen könne man erst nach einiger Zeit endgültig ausschließen."

„Gut", sagte Samuele erleichtert. Da Gianna ihm ins Büro gefolgt war, hob er den Daumen, um zu signalisieren, dass es ihrer Schwester wieder besser ging. „Ich schlage vor, ihr setzt euch beide in ein Flugzeug und kommt nach Hause, sobald Giuseppina reisefähig ist. Hier kann sie sich am besten erholen."

„Ich weiß am besten, was gut für sie ist", erwiderte Carlotta barsch. „Sie kann sich hier gut erholen und sobald sie wieder gesund ist, wird sie zurück zur Schule gehen. Sie soll keinen Unterricht versäumen."

„Carlotta!", unterbrach Samuele seine Frau. „Ich will, dass meine Tochter bei uns ist. Sie soll genügend Zeit zur Genesung haben. Außerdem müssen wir dafür sorgen, dass so etwas nie wieder vorkommt. Wir können die Erziehung unseres Kindes nicht der Schule überlassen. Wie du siehst, funktioniert das nicht."

through the high, white wooden windows onto the parquet flooring, illuminating the elegant dining room, with its wood-panelled walls and ornamental stucco ceiling. As Gianna poured the coffee and served the biscotti with silver pastry tongs, Samuele got up again and paced over to the window, a bundle of nerves. Holding his chin, he gazed out of the window, absorbed in thought, and then crossed his arms behind his back and began to walk around the massive table, with its twelve baroque, ebony chairs.

'Your fidgeting is not going to make the time go any faster, Papa. Come! Calm down,' said Gianna affectionately.

'Yes, thanks. You're right,' he answered, taking his seat again. 'The senator said he would be paying me a visit today. Presumably it's about a professional matter. He should be here any minute. If Mother rings while I'm with him, would you please take the call and tell me about Giuseppina's condition after my appointment?' he asked. Before Gianna could answer, the telephone rang. Samuele dropped his biscotto onto the plate, jumped out of his chair, burst into the hallway and ran down the gallery and across the foyer, finally reaching his office, where he dived for his desk – an antique Victorian partner's desk made of solid mahogany – and tore the receiver off the cradle.

'*Pronto*?' he wheezed into the mouthpiece, out of breath.

'Ciao Samuele!' He recognised his wife's voice.

'How is she?' he asked, skipping the small talk.

'Giuseppina is feeling much better. Today she was even able to eat a bit of porridge. The doctors are saying that they don't expect any permanent damage, but it will be a while before they can rule it out completely.'

'Oh, thank God,' said Samuele, relieved. Gianna had followed him into the office. He gave her a thumbs-up sign to show that her sister was doing better. 'I would suggest the two of you catch the next plane home as soon as Giuseppina is fit to travel. This is the best place for her to recover.'

'I know best what's good for her,' answered Carlotta brusquely. 'She can recover just fine here. And as soon as she's healthy again, she'll be going straight back to school. She shouldn't miss any lessons.'

'Carlotta!' interrupted Samuele. 'I want my daughter to be here with us. It's important that she has enough time to recuperate. And furthermore, we have to make sure that nothing like this ever happens again. We can't leave it up to the school to bring up our daughter for us. As you can see, it doesn't seem to be working.'

'And it worked marvellously at home, did it?' retorted Carlotta with ice-cold sar-

„Aber Zu Hause hat es ja so großartig funktioniert!", widersprach Carlotta ironisch und kühl. „Wenn du mehr Zeit mit deinen Töchtern verbringen würdest und mir nicht allein die Erziehung überließest, hätten wir sie gar nicht erst nach England schicken müssen!"
„Dass mir meine Position viel abverlangt, brauchen wir jetzt nicht zu diskutieren", antwortete Samuele in ruhigem Ton. „Zudem hast du doch damals diese Entscheidung alleine getroffen. Und nun bist du wieder im Begriff, alleine zu entscheiden." Die Türglocke läutete. „Ich muss los, der Senator ist da."
„Da siehst du es!", warf Carlotta ihm vor. „Nicht einmal jetzt nimmst du dir Zeit!"
„Carlotta...", versuchte Samuele einzulenken. „Wir verschieben unser Gespräch auf später, wenn sich unsere Gemüter beruhigt haben. Es tut mir leid, aber wir sollten die Tragweite unserer Entscheidung detailliert bedenken. Bis später."
„Ja, bis später. Ruf mich an, wenn du deinen Termin hinter dich gebracht hast. Ich bleibe im Krankenhaus, solange es möglich ist. Ciao, Samuele!"
„Ciao!" Er legte den Hörer auf die Gabel zurück, verharrte kurz, schloss die Augen und atmete tief durch. Dann wandte er sich der besorgt dreinblickenden Gianna zu. „Giusi geht es schon besser. Du kannst unbesorgt sein: Die Ärzte sind zuversichtlich, dass keine Folgeschäden bleiben werden. Ich erzähle dir später alles genauer." Er war bereits auf den Stufen der ausladenden Marmortreppe angelangt, als er noch hinzufügte: „Und danke für das Frühstück, meine Liebe!"
Wie Samuele richtig vermutet hatte, war der Senator in einer beruflichen Angelegenheit an ihn herangetreten. Er war zu einem Termin im Vatikan unterwegs und bat Samuele, ihn auf dem Weg zu Fuß zu begleiten, um während dessen ein Anliegen zu besprechen. Gerade in Sachen Familienrecht ist es für Angehörige von Patrizierfamilien mit zudem hohen, öffentlichen Ämtern eine heikle Angelegenheit, professionellen Rat zu suchen: Gerüchte sind für die Position eines Politikers schädlicher als die Wahrheit. Samuele vermutete daher, dass der Senator ihr Treffen gar nicht erst geheim halten wollte. Also begab sich der Senator „mit einem alten Freund" auf einen Spaziergang. Ein kluger Schachzug.
Doch was Samuele hören musste, war weit weniger harmlos, als er vermutet hatte: Eine junge Frau versuchte, eine hohe Geldsumme vom Senator zu erwirken, indem sie ihm drohte, ihr angebliches Verhältnis der Öffentlichkeit preiszugeben. Selbstverständlich bestritt der Senator die Affäre, und als Anwalt musste Samuele ihm Glauben schenken. Nach einer ausschweifenden Beschreibung der heiklen Situation kam der Senator schließlich zum Kern seines Anliegens: Seine Gattin hatte von der angeblichen Affäre erfahren. Vermutlich hatte die Erpres-

casm. 'If you'd have spent more time with your daughters and not left it up to me to shoulder all of the parenting myself, we wouldn't have had to send her to England in the first place!'
'Now is not the right time to discuss the demanding nature of my work,' answered Samuele, his words calm and measured. 'Besides, you decided to send her there, entirely against my wishes. And now you're planning to make another decision without my consent.' The doorbell rang. 'I must go. The senator is here.'
'See?' Carlotta reproached him. 'You don't even have the time to finish this discussion."
'Carlotta...,' Samuele tried to soften the tone. 'Let's talk again once our emotions have died down a bit. I'm sorry, but we should really take the time to consider all of the consequences of our decision. We'll talk later.'
'OK. Yes, later. Call me after your appointment. I'll stay here in the hospital as long as possible. Ciao Samuele!'
'Ciao!' He placed the receiver on the cradle, paused for a moment, closed his eyes and took a deep breath. Then he turned to face the concerned-looking Gianna. 'Giusi is doing much better. You don't have to worry: the doctors are quite confident there won't be any permanent damage. I'll tell you everything later.' He was already on his way down the grand marble staircase when he turned to add, 'And thank you for the breakfast, sweetheart!'
Samuele's assumption was correct: the senator had come on business, not pleasure. He was on his way to an appointment at the Vatican and asked Samuele if he would accompany him on his walk there and discuss a certain matter. For members of patrician families, especially those holding high public office, seeking professional advice could be a very ticklish business, particularly in the area of family law: for a politician, rumours were more dangerous than the truth. Therefore, Samuele suspected that the senator didn't want their meeting to appear secretive. The senator would simply be taking a walk 'with an old friend'. A clever move.
However, the matter he shared with Samuele was much less harmless than he'd expected: a young woman was trying to obtain a large sum of money from him by threatening to go public with their alleged relationship. Of course the senator denied the affair, and, as a lawyer, Samuele had to take his word for it. After a long-winded description of the delicate situation, the senator finally came to the crux of the matter: his wife had learnt of the alleged affair. Presumably his blackmailer had leaked the information to her in order to add the necessary weight to her demands. As a result his wife had now informed him that she wanted a divorce.

serin selbst dafür gesorgt, um ihrer Forderung den nötigen Nachdruck zu verleihen. Infolgedessen hatte nun die Ehefrau angekündigt, sich scheiden lassen zu wollen.
Manchmal hasste Samuele seinen Beruf. Er hatte sich dem Wunsch seines Vaters gefügt und Jura studiert, um später die auf Wirtschaftsrecht spezialisierte Familienkanzlei übernehmen zu können. Doch entgegen der väterlichen Vorstellung hatte Samuele Familienrecht als Fachgebiet gewählt und die Kanzlei entsprechend umgestaltet, nachdem sein Vater in den Ruhestand getreten war. Anfänglich war er sehr stolz auf seine Entscheidung gewesen: Er wollte nach den höchsten Prinzipien der Fairness und der Gerechtigkeit agieren und vielmehr als Schlichter denn als Kämpfer fungieren. Doch der einflussreiche Name seiner Familie hatte ihm einen Mandantenkreis beschert, dessen Fälle meist sehr prekär waren und seine Prinzipien oft in den Hintergrund drängten: Zu viele private und politische Intrigen hatten mit der Zeit seine Fähigkeiten als Anwalt für Familienrecht zweitrangig gemacht; in erster Linie erforderten diese Fälle strategisches Geschick und diplomatische Vorgehensweise, damit seine Mandanten ihr Gesicht in der Öffentlichkeit zu wahren vermochten – wobei er nur allzu oft wider seiner moralischen Grundeinstellungen handeln musste.
Der Senator hatte die Hände auf dem Rücken verschränkt und schlenderte mit umherschweifendem Blick neben Samuele her.
„Weißt du Samuele: Unter all diesen Dingen, die uns Tag für Tag beschäftigen, zieht das Leben unbemerkt an uns vorüber. Sieh dir zum Beispiel unsere Stadt an: Wann haben wir diese Schönheit zuletzt bewusst wahrgenommen? Ist es nicht ein Privileg, hier in der ewigen Stadt zu leben?", fragte der Senator mit einer ausladenden Armbewegung.
Nur schwerlich konnte sich Samuele auf die Ausführungen des Politikers konzentrieren. Er musste sich zügeln, um ihn nicht zu unterbrechen und ihn zu bitten, zum Thema zurückzukommen. Seine Tochter lag schließlich im Krankenhaus ...
Ihr Blick fiel über die Stadt: Ziegeldächer über terracottafarbenen Fassaden; Häuser mit maximal sechs Stockwerken, geteilt durch die Schneise der Via dei Condotti. "Wie Ameisen", dachte Samuele, die unzähligen kleinen Schatten der dort Flanierenden betrachtend. Vor den beiden Männern schwangen sich in weiten Bogensegmenten zahlreiche Stufen den Hügel hinab und vereinten sich tiefer zu einer breiten Plattform. Dann teilte sich die Treppe erneut in zwei Bogen, ließ ihre Stufen wieder in Absätzen verschmelzen und schließlich in einem breiten Treppenfuß vor einem kleinen Brunnen auf der Piazza di Spagna enden. Zwischen einer Horde von Touristen, die fotografierten, sich von Straßenhändlern

Sometimes, Samuele hated his profession. Bending to his father's wishes, he had studied law so that he could later take over the family's commercial law firm. However, in a subtle move of defiance, Samuele had decided to specialise in family law and change the focus of the law firm accordingly once his father had retired. At the beginning he'd been quite proud of this decision, striving to help his clients resolve their disputes in accordance with the highest principles of fairness and justice and serving more as a mediator than a fighter. However, his influential family name had attracted a base of clients whose cases were usually of a highly sensitive nature, and he often found himself having to compromise those principles. Over time, the numerous private and political intrigues he dealt with had made his skills as an attorney for family law secondary. These cases called mainly for strategic skills and a diplomatic approach to help his clients save face – and all too often he was forced to do things that violated his moral code.
With his arms crossed behind his back, the senator sauntered along beside Samuele, relishing the sights and sounds of the city.
'You know, Samuele, under all these things that occupy us day in and day out, life is passing us by, unnoticed. Just look at our city, for example. When was the last time we took a moment to appreciate how beautiful it is? Isn't it a privilege, living here in the Eternal City?' asked the senator with a sweeping gesture of his arm.
Samuele was finding it difficult to concentrate on the politician's remarks. It took all his willpower not to interrupt him and ask him to keep to the topic. His daughter was lying ill in hospital, after all....
They had stopped to look out over the city: in front of them was a sea of buildings with up to 6 storeys and terracotta façades beneath tiled roofs, parted by a swathe of grey, the Via dei Condotti. 'Just like ants,' thought Samuele, looking down at the countless tiny shadows of people in the street. Numerous steps swept down the hill before them in wide arching segments, reuniting further down on a spacious platform. From this point, the steps separated again into two arcs that eventually converged into a single, wide staircase with a series of landings, ending in front of a small fountain on the Piazza di Spagna. The senator and lawyer fought their way down the Spanish Steps, which were packed with tourists taking pictures, being finagled into buying fake sunglasses from pushy street vendors, throwing coins into the hats of beggars or simply taking a rest.
Continuing his monologue, the senator walked purposefully down the Via dei Condotti, heading towards the entrance of Bulgari's. 'I just have to pick up a little something for my wife. I'll be right back.' Following this brief explanation, he disappeared into the marble hall of the shop that the famous jeweller Sotirio Bulgari

gefälschte Sonnenbrillen aufschwatzen ließen, Münzen in die Hüte von Bettlern warfen oder sich einfach auf den Stufen ausruhten, quälten sich der Senator und der Rechtsanwalt die Stufen der Spanischen Treppe hinunter.

Ohne seinen Redefluss zu unterbrechen, ging der Senator zielstrebig die Via dei Condotti entlang auf die Eingangstür von Bulgari zu. „Ich muss eine Kleinigkeit für meine Frau abholen. Ich bin sofort zurück". Nach dieser kurzen Erklärung verschwand er in der Marmorhalle des Geschäftes, das der Juwelier Sotirio Bulgari 1905 mit seinen Söhnen eröffnet hatte, um anschließend mit seinem exklusiven Schmuck Weltruf zu erlangen.

„Hallo, Carlotta!", sprach Samuele, der sich die Pause zunutze machte, in das Telefon.

„Ist deine Besprechung schon beendet?"

„Nein, es gibt nur eine kurze Unterbrechung. Gibt es etwas Neues?"

„Nein, Samuele. Melde dich lieber, wenn du genügend Zeit hast. So kommen wir doch nicht weiter."

„Natürlich. Ich wollte nur die Gelegenheit wahrnehmen ... Ich mache mir Sorgen, verstehst du?"

„Natürlich. Ich bin bei ihr. Also sorge dich nicht."

„In Ordnung. Bis später."

Im gleichen Augenblick kam der Senator aus dem Juweliergeschäft. Samuele trat dicht an ihn heran und fragte leise: „Mit Verlaub, Dottore: Darf ich fragen, wie klein diese ‚Kleinigkeit' ist, die Sie für Ihre Gattin geholt haben?"

„Ich wüsste nicht, was der Preis für eine Rolle spielen sollte, Samuele."

„Weniger als 150.000 Euro? Dann tauschen Sie es um!"

„Wie bitte?", fragte der Senator laut. Er wich ein Stück zurück, besann sich dann unverzüglich und flüsterte in einem scharfen Ton: „Samuele! Ich bitte Sie!"

„Eine ‚Kleinigkeit', wie Sie es nennen, ist ein geeignetes Geschenk, um einer Frau zu zeigen, wie glücklich man in der momentanen Situation mit ihr ist. Wenn man aber eine Frau um Verzeihung bitten und gar davon überzeugen will, ihre Scheidungspläne aufzugeben ... Sie verstehen mich? Kaufen Sie Ihrer Frau etwas, das Ihre Liebe für sie beweist, und das ihr ohne Umschweife begreiflich macht, dass sie die Frau Ihres Lebens ist. Setzen Sie ein deutliches Zeichen! Eines, das sie atemlos macht. Ein Diamantcollier dürfte angemessen sein. Eine Sonderanfertigung, natürlich. Ein Einzelstück."

„Samuele! Wissen Sie, was ein Diamantcollier kostet?"

„Ich fürchte sogar, dies wäre noch zu wenig. Es muss Ihnen weh tun und einen offensichtlich großen Verzicht für Sie bedeuten, Vittorio. Nur wenn Ihre Frau dies

had opened with his sons in 1905, eventually earning a worldwide reputation with his exclusive jewellery.

'Hello Carlotta!' said Samuele into his mobile, taking advantage of the break.

'Is your meeting already over?'

'No. We're just taking a short break. Any news?'

'No, Samuele. Call me back when you have more time. Rushed conversations like this won't get us anywhere.'

'Of course. I only wanted to use the opportunity.... I'm just worried, you know?'

'I know you are. But I'm here with her. You don't have to worry.'

'OK. We'll talk again later.'

He was just putting away his phone when the senator emerged from the jewellery shop. Samuele walked over to him and asked in hushed tones, 'With all due respect, Dottore, may I ask how small this "little something" is that you purchased for your wife?'

'I wasn't aware that price was an issue, Samuele.'

'Less than 150,000 euros? Then exchange it!'

'Excuse me?' asked the senator loudly. He drew back, collected himself quickly and then whispered in an abrasive tone, 'Samuele! Please!'

'A "little something", as you call it, is what you might buy for a woman when you simply want to show her how happy you are with your relationship. However, if you are begging a woman for forgiveness and even hoping to convince her to abandon her plans for divorce.... Are you following me? Buy your wife something that will prove your love for her, that will make her realise without a shadow of doubt that she's the only woman for you. Send a clear signal! One that will take her breath away. A diamond necklace would seem appropriate. Custom designed, of course. A one-of-a-kind piece.'

'Samuele! Have you any idea how much a diamond necklace costs?'

'In fact, I fear it may not even be enough. It has to hurt you, Vittorio. It must represent a great financial sacrifice. This is what your wife has to see if you want to convince her that your heart belongs to her and her alone. And only then is there a chance she may change her mind. It's also the best way to avoid a legal battle. And most likely it would even save you money in the end. A divorce would cost you dearly. Even if we manage to settle on the best possible financial terms, your reputation would suffer irreparable damage. But you don't need me to tell you that.'

The senator stood there looking somewhat stunned and mumbled, 'Presumably... well, I think I need some time to contemplate what you've just said.'

realisiert, werden Sie ihr glaubhaft versichern können, dass sie die Frau Ihres Herzens ist. Und nur dann wird sie es sich möglicherweise anders überlegen. Es ist die beste Chance, die Angelegenheit ohne Rechtsstreit zu regeln. Und es kostet vermutlich auch weniger ... Eine Scheidung würde Sie teuer zu stehen kommen. Selbst wenn wir die finanzielle Seite bestmöglich regeln, würde Ihr Ansehen irreparablen Schaden erleiden. Aber das muss ich Ihnen ja nicht erzählen ..."

Der Senator stand ein wenig fassungslos da und nuschelte: „Vermutlich ... Also, damit muss ich mich zunächst einmal beschäftigen."

Sie gingen die Via dei Condotti hinunter. Der Senator war nun weniger redselig. Vielleicht auch nur deshalb, weil er und Samuele den Kauflustigen ausweichen mussten, die von Schaufenstern angelockt rücksichtslos die Straßenseite wechselten. Doch auch einige Straßen weiter, in der Via del Coronari, ließ der Senator nur ab und an ein nachdenkliches Räuspern vernehmen und schenkte den Antiquitätenläden, die ihre Schätze in den Auslagen präsentierten, keinerlei Aufmerksamkeit.

„Zieht das Leben nicht unbemerkt an uns vorüber?", zitierte Samuele schließlich die Worte seines Mandanten. „Sehen Sie sich zum Beispiel unsere wunderschöne Stadt an ..." Samuele bemerkte aus den Augenwinkeln, wie der Senator seine Fassade wahrte und mit geschwellter Brust neben ihm her schritt, ihn jedoch gleichzeitig skeptisch musterte. „Unsere Familien, zum Beispiel ...", fuhr Samuele fort. „Wann haben wir uns zuletzt bewusst und ausschließlich Zeit für unser Familienleben genommen? Tag für Tag bekunden wir unsere Liebe und gleichzeitig lassen wir zu, dass äußere Einflüsse uns angreifbar machen. Schon durch den kleinsten Riss in der stärksten Festungsmauer kann eine Maus die Pest in die Burg tragen."

Die in Stein gemeißelten Apostel Petrus und Paulus schienen Samuele und den Senator zu beobachten, als diese die Ponte Sant'Angelo betraten – jene steinerne Fußgängerbrücke, die von fünf Bogen getragen wird und als die schönste der antiken Brücken Roms gilt. Die zehn riesigen Engelsfiguren, die den Weg flankieren und Symbole des Leidensweges Christi tragen, wirkten im Gegenlicht der Sonne fast bedrohlich. „Wollen wir diesen Anblick als gutes Omen sehen!", fuhr Samuele fort und zeigte dabei auf die bronzene Engelsfigur, die über der zylindrischen Burg thronte, auf die sie zuschritten. „Möge die Pest schnell wieder verschwinden!"

They continued down the Via dei Condotti. The senator was less talkative now. Perhaps because the two of them were so preoccupied with the difficult task of navigating the swarms of shoppers carelessly criss-crossing the street from one enticing shop window to the next. But even a few streets later, in the calmer Via del Coronari, the pensive senator walked on in silence, clearing his throat occasionally, oblivious to the numerous antique shops, with their treasures on display.

'Isn't life passing us by, unnoticed?' said Samuele, breaking the silence with his client's own words. 'Just look at our beautiful city, for example....' Out of the corner of his eye, he noticed how the senator was struggling to maintain his façade, puffing out his chest as he walked beside Samuele and eyeing him sceptically.

'Take our families, for example,' continued Samuele. 'When was the last time we consciously set aside even a few hours just for them? Day after day we express our love while, at the same time, we let external matters control our lives. It just takes the tiniest crack in the strongest fortress wall to let a plague-infested mouse into the castle.'

The stone statues of the apostles Peter and Paul seemed to be watching Samuele and the senator as they stepped onto the Ponte Sant'Angelo – the stone pedestrian bridge with its five supporting arches, considered to be the most beautiful of Rome's ancient bridges. The ten enormous statues of angels that flanked the bridge, holding instruments of the Passion of Christ, had an almost threatening appearance with the bright sun behind them. 'Let's take this sight as a good omen!' continued Samuele, pointing to the bronze statue of an angel perched majestically atop the cylindrical fortress in front of them. 'May the plague soon be gone!'

The senator knew, of course, that Samuele was referring to the legend that gave the Castel Sant'Angelo its name: in the year 590 AD Pope Gregory the Great had a vision of the Archangel Michael atop the fortress, sheathing his sword of divine wrath as a heavenly sign that the plague raging through the city was about to end.

In front of the fortress, the two men turned left, following the Via della Conciliazione, a wide boulevard with many lanes of traffic lined by ornate wrought-iron streetlamps atop stone columns. This wide cobbled street did not appeal to Samuele. It seemed oversized, almost military-like and cold. Or perhaps it was just his

Der Senator wusste natürlich, dass Samuele sich dabei auf die Legende bezog, welcher die Engelsburg ihren Namen verdankt: Im Jahre 590 soll Papst Gregor dem Großen der Erzengel Michael erschienen sein; über der Burg schwebend steckte dieser damals das Schwert des göttlichen Zorns in die Scheide zurück und verkündete damit das Ende der Pest, die in der Stadt wütete.

Vor der Engelsburg bogen die zwei Männer nach links ab und folgten der Via della Conciliazione, einer breiten Prachtstraße mit kunstvoll verzierten, schmiedeeisernen Straßenlaternen, welche auf Steinsäulen stehen und die mehrspurige Fahrbahn säumen. Samuele mochte diesen breiten, kopfsteingepflasterten Boulevard nicht: Er erschien ihm überdimensioniert, beinahe martialisch und kalt. Vielleicht jedoch wirkte die Gegend aufgrund seiner Sorgen heute besonders bedrohlich: Hoffentlich ging es Giuseppina gut ...

Ihr Weg führte direkt auf den Petersdom zu, dessen Kuppel sich am Ende der Straße über die Silhouette der Stadt erhob. Das Wahrzeichen des Vatikanstaats kündigte schon von weitem dessen Landesgrenze an. Der Petersplatz empfing sie mit den offenen Armen der beiden vierreihigen Säulengänge, die ringförmig das elliptische Zentrum umklammern und in fünfzehn Metern Höhe die für römische Tempel so typischen Dächer tragen. Über jeder einzelnen der 144 Säulen, die der Platzmitte zugewandt sind, thront eine mächtige Heiligenfigur. Samuele war schon oft hier gewesen und natürlich wusste er, dass diese monumentale Inszenierung ersonnen worden war, um Katholiken in ihrem Glauben zu bestärken und die Anders- oder Ungläubigen vom einzig wahren Glauben zu überzeugen. Doch zum ersten Mal konnte Samuele fühlen, wie bedrohlich diese Architktur auf Sünder gewirkt haben musste. Nie hätte er Giuseppina nach England gehen lassen dürfen ...

Er war froh, als der Senator sich kurz angebunden verabschiedete, um seinen Termin im Vatikan wahrzunehmen. Obwohl ihm die in Rom übliche Abschiedsumarmung unangenehm war, erwiderte er sie gewohnheitsgemäß. Ebenso wie seinen Widerwillen gegenüber diesem unliebsamen Ritual schob Samuele den bitteren Beigeschmack dieser Beratung beiseite und zückte sein Mobiltelefon:

"Carlotta? Ciao! Gut, dass ich dich erreiche. Der Senator hat sich soeben verabschiedet. Ich bin zu Fuß zur Kanzlei unterwegs. Wir haben also genügend Zeit zu sprechen. Wie geht es Giuseppina?"

own anxiety that made this area seem so ominous today: hopefully Giuseppina was feeling better....

They were walking directly towards St. Peter's Basilica, whose dome towered over the city skyline at the end of the street. This landmark of the Vatican City calls attention to the presence of the city-state from afar. Saint Peter's Square greeted them with the open arms of the two semi-circular colonnades, each one four columns deep, that embrace the elliptical centre, supporting five-metre-high roofs, so typical of Roman temples. Above each of the 144 columns bordering the piazza stood a majestic statue of a saint. Samuele had been here many times in the past and knew that this monumental space had been designed to strengthen the faith of Catholics and convince nonbelievers or followers of other religions that Catholicism was the only true faith. This was the first time, however, that Samuele was able to feel how threatening this architecture must have seemed to sinners in those days. He should have never let Giuseppina go to England....

He was happy when the senator left for his meeting at the Vatican, bidding him a brusque farewell in the traditional Roman fashion. Samuele had never been comfortable with these parting embraces but had returned the gesture graciously as usual, ignoring his aversion, just as he was now trying to put the unpleasant consultation out of his mind as he dialled his mobile phone:

'Carlotta? Ciao! I'm glad I caught you. The senator's just left. I'm on my way to the office, so we have plenty of time to talk. How is Giuseppina doing?'

Wohl seiner Gewohnheit folgend, auf dem
Weg in die Kanzlei einmal wöchentlich frisches Obst zu kaufen, fand er sich nun zwischen all
dem bunten Treiben des Campo de' Fiori wieder.

Following the familiar route he took once a week
to buy fresh fruit on his way to the office, he now found himself amidst the hustle and bustle
of the Campo de' Fiori.

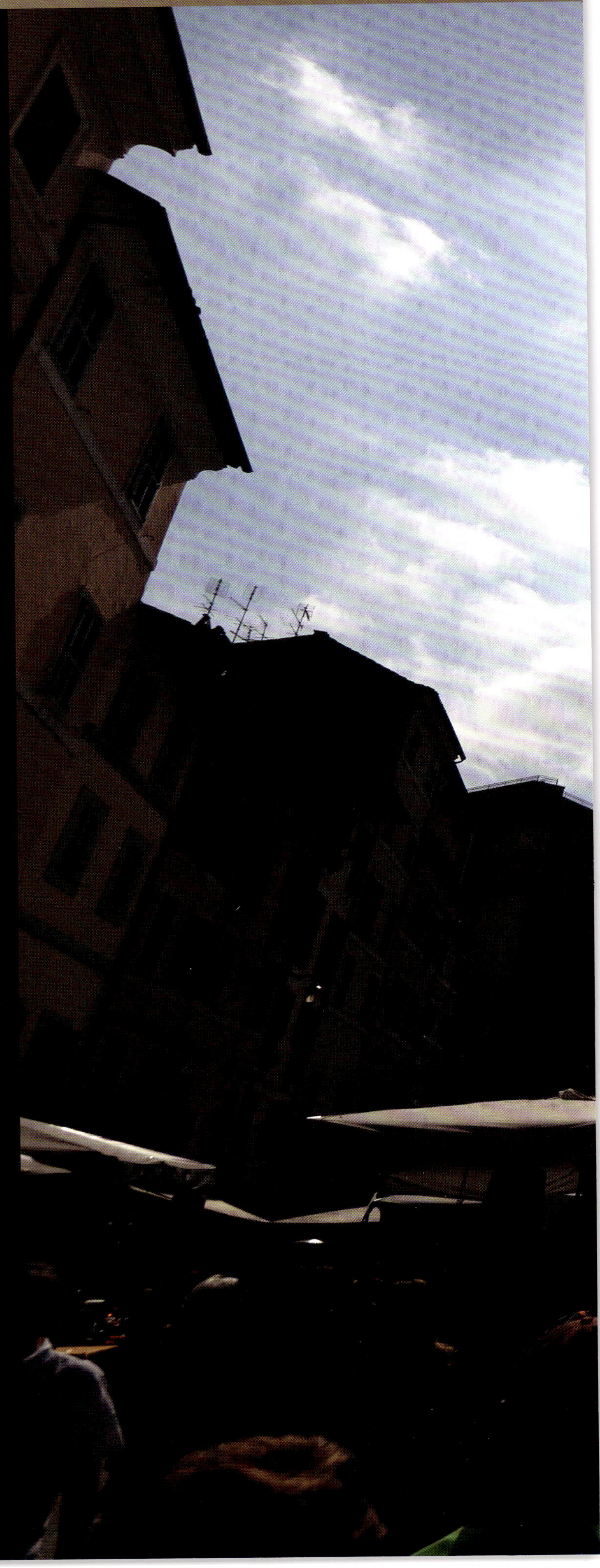

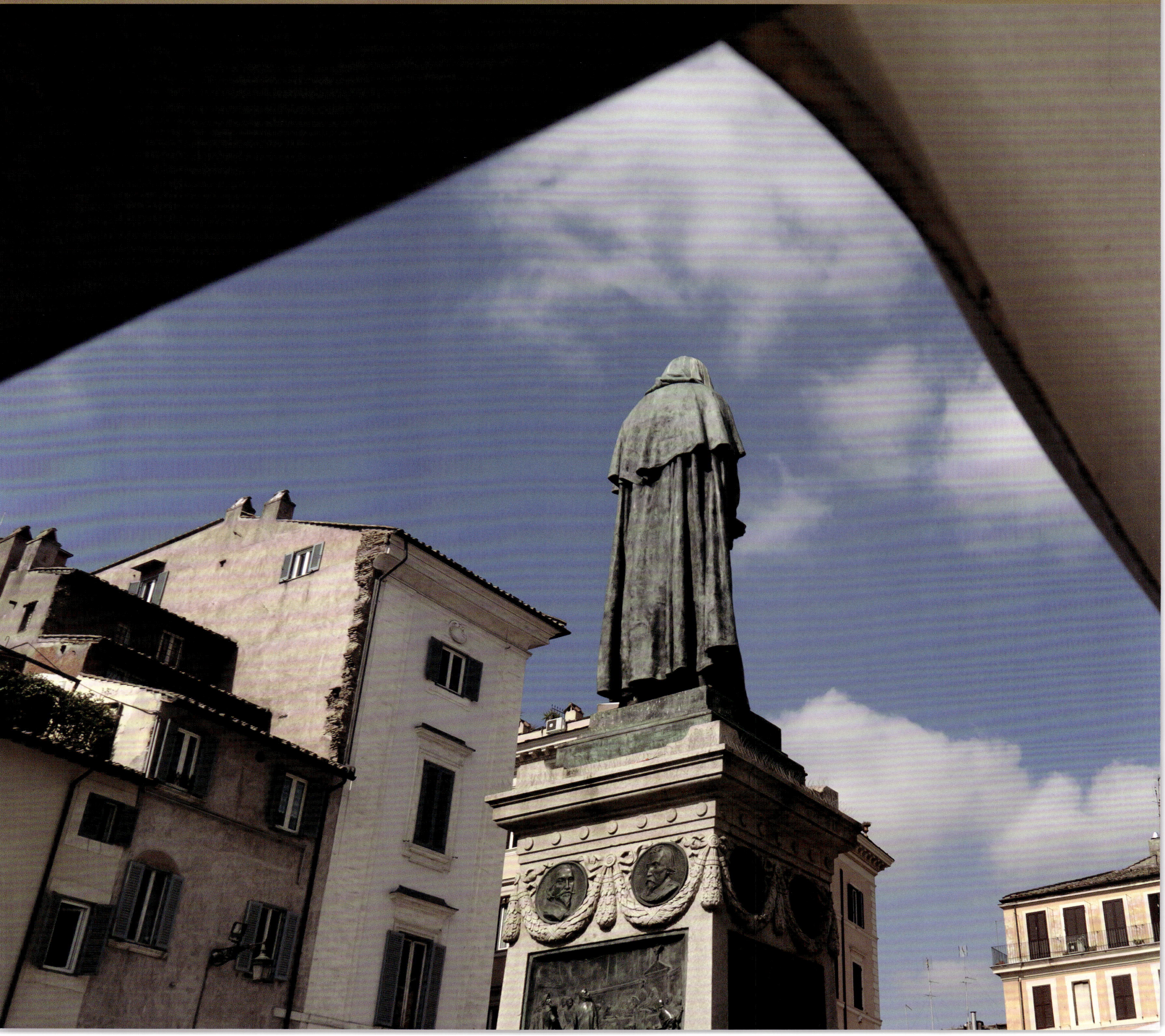

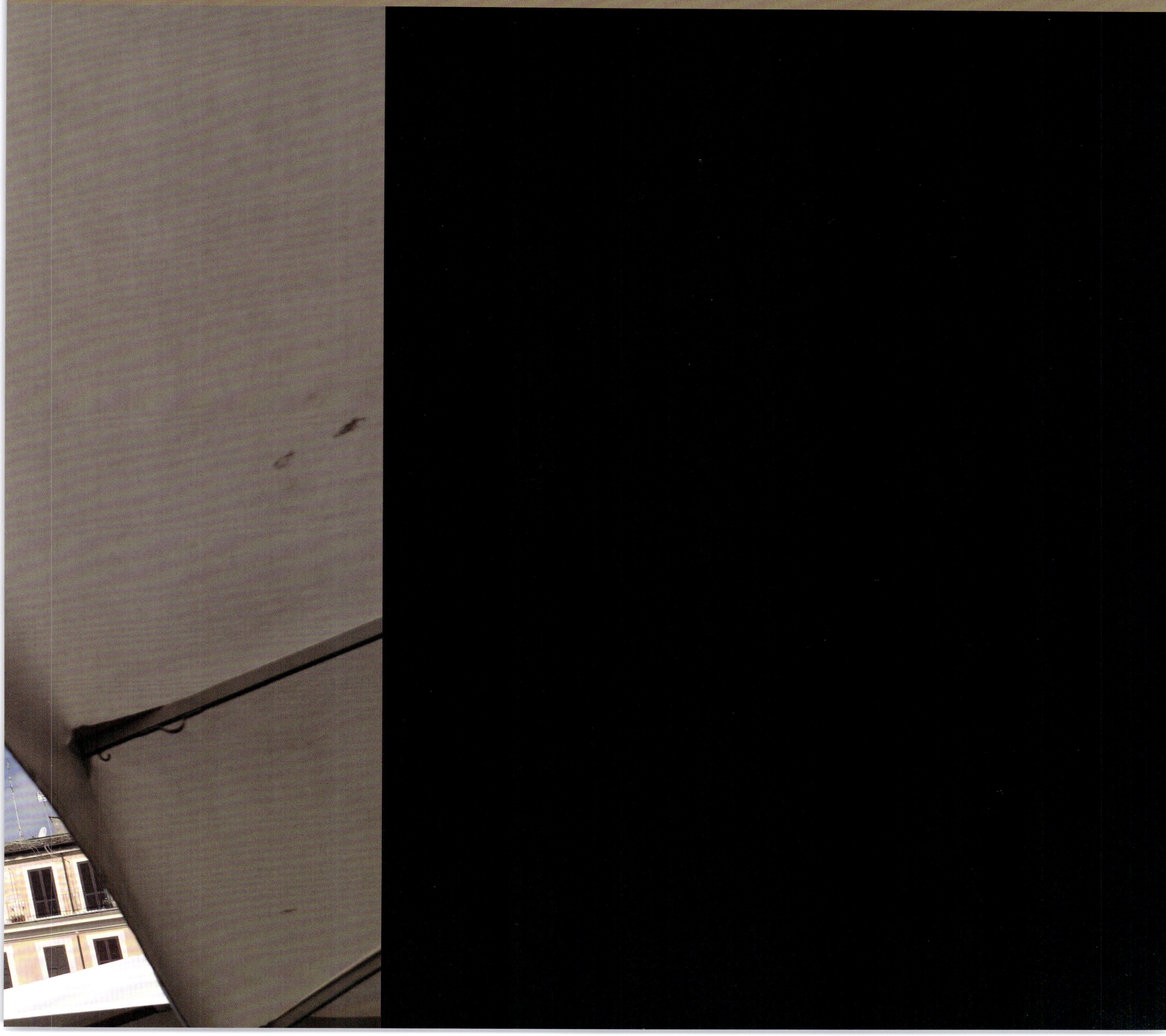

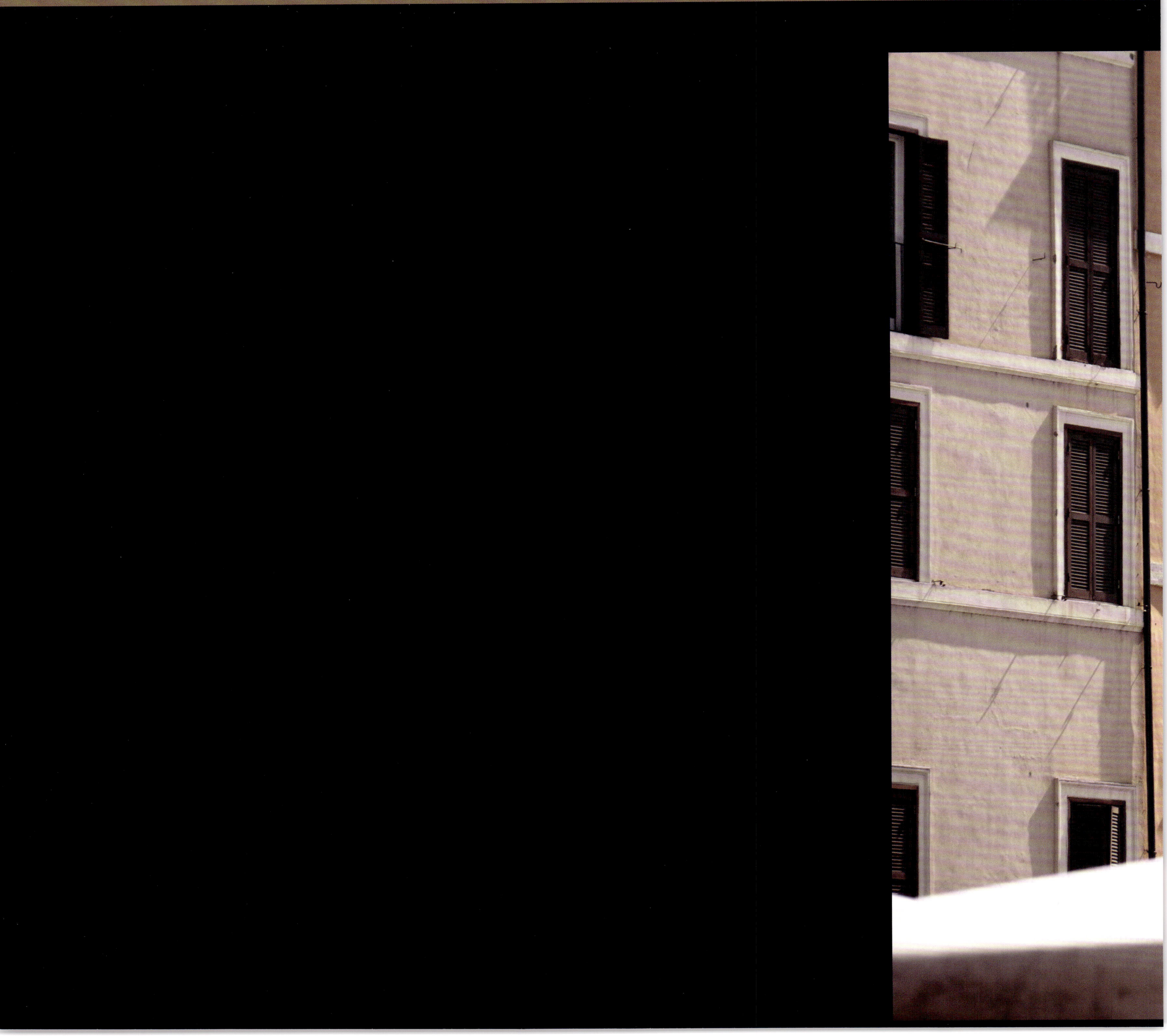

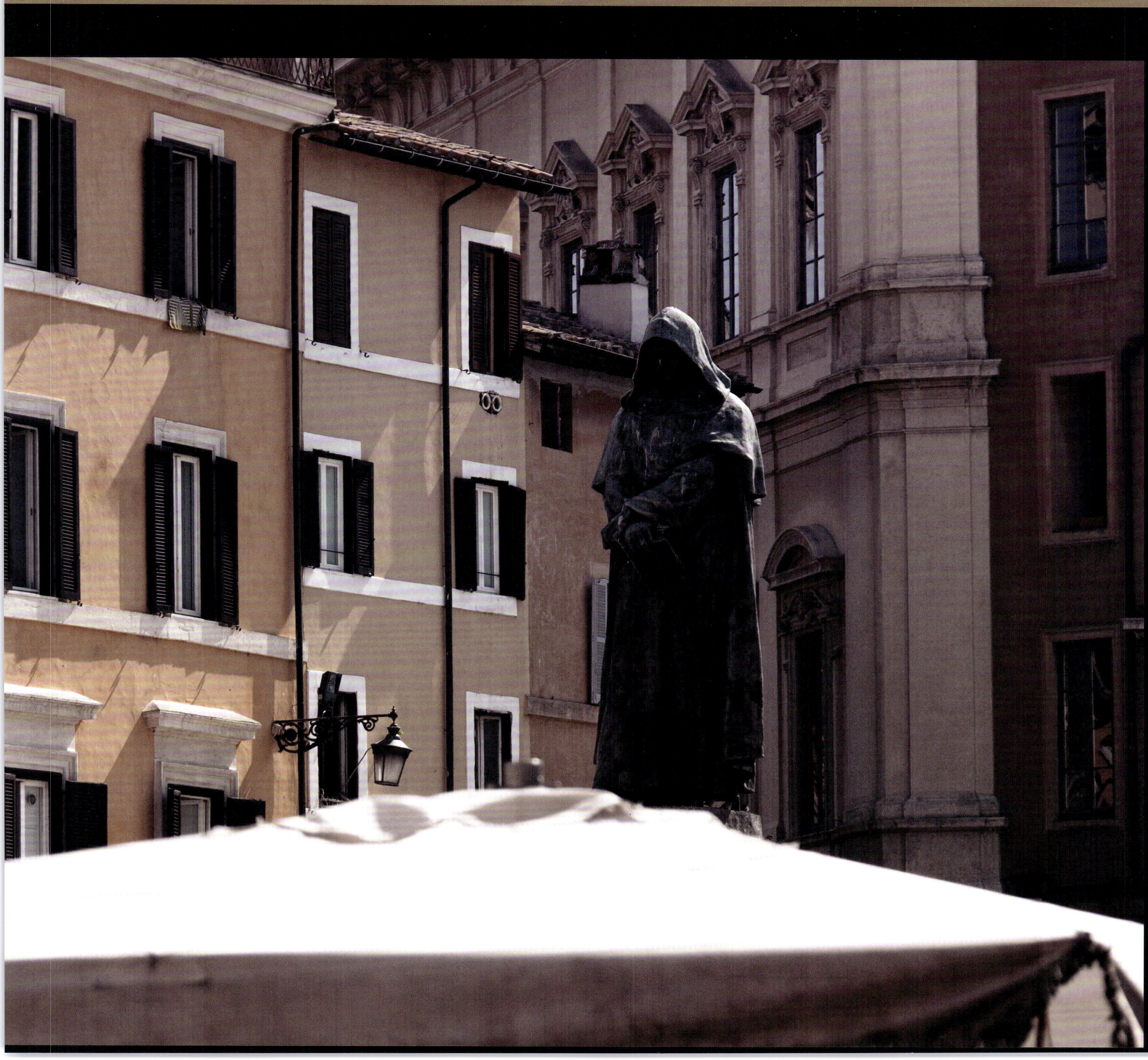

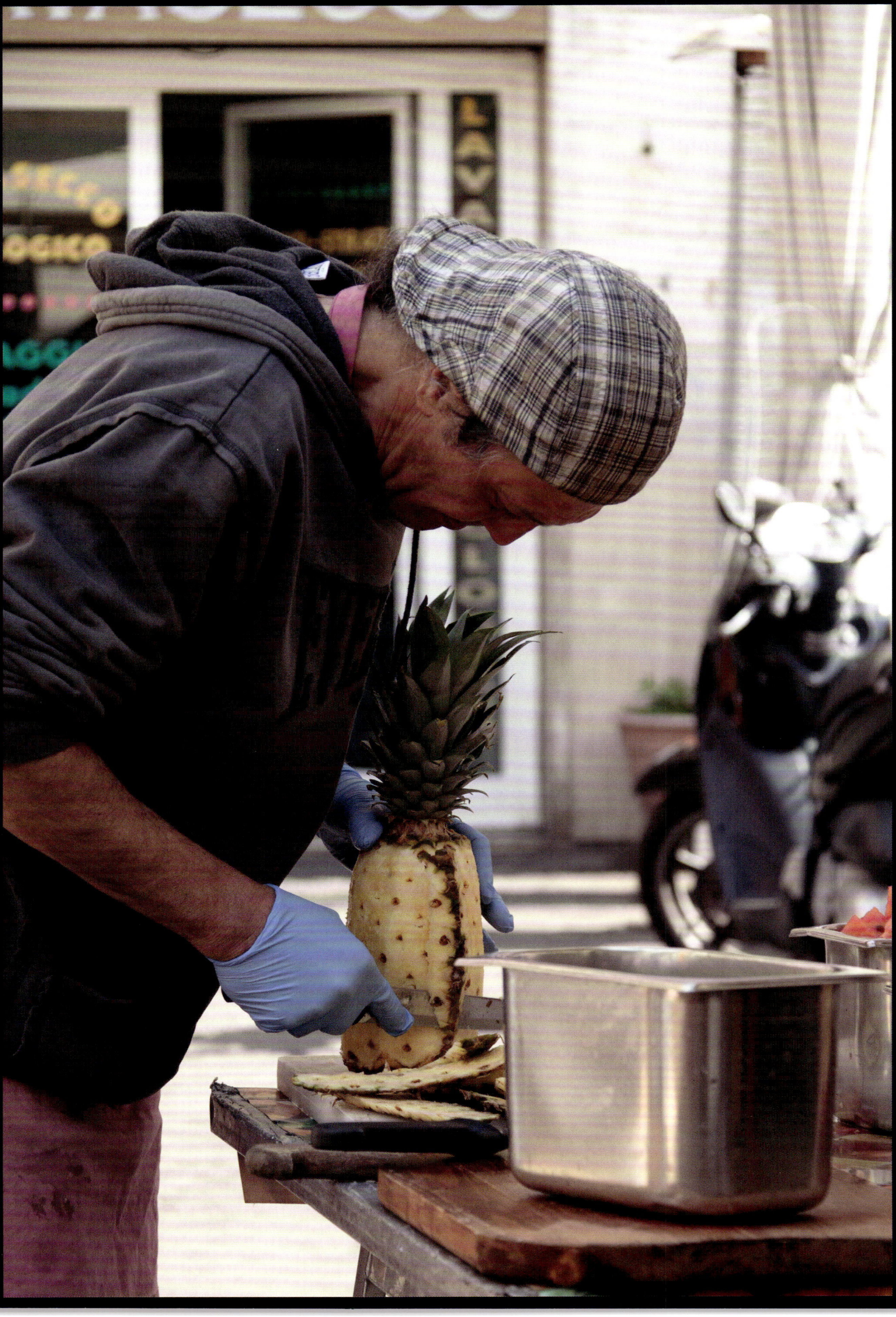

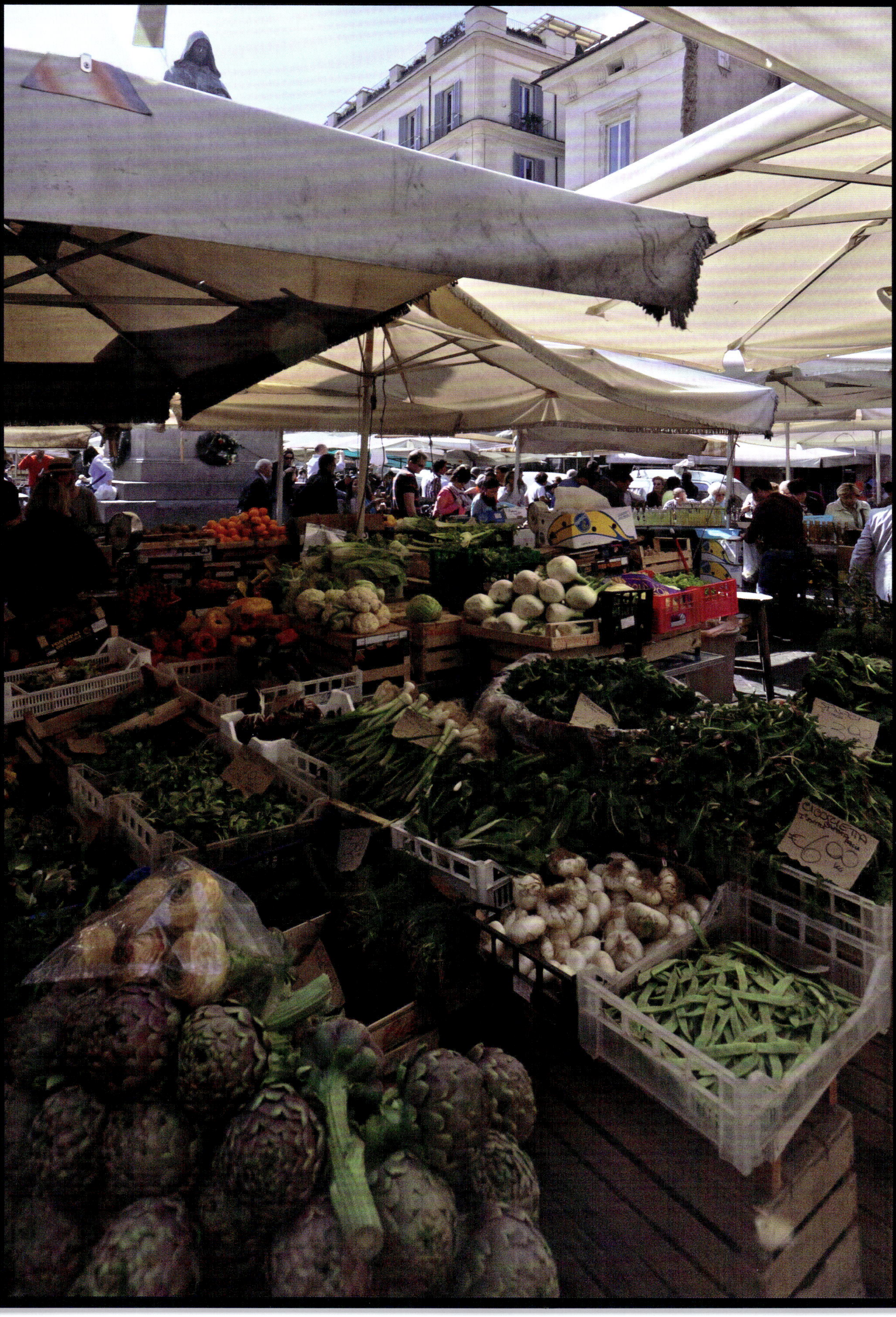

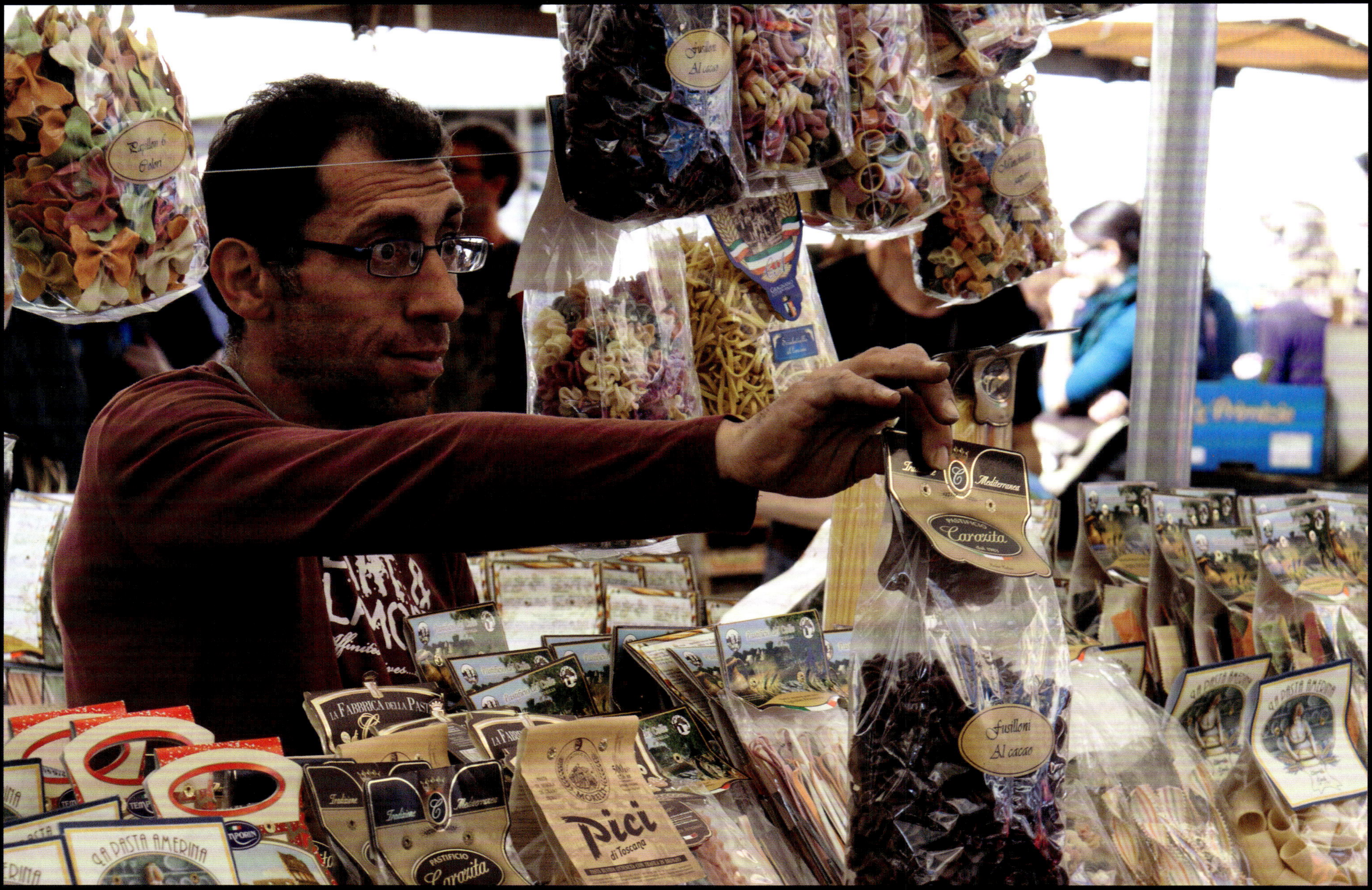
Fusilloni
Al cacao
PASTIFICIO
Carozita
Pici
di Toscana
LA PASTA AMERINA

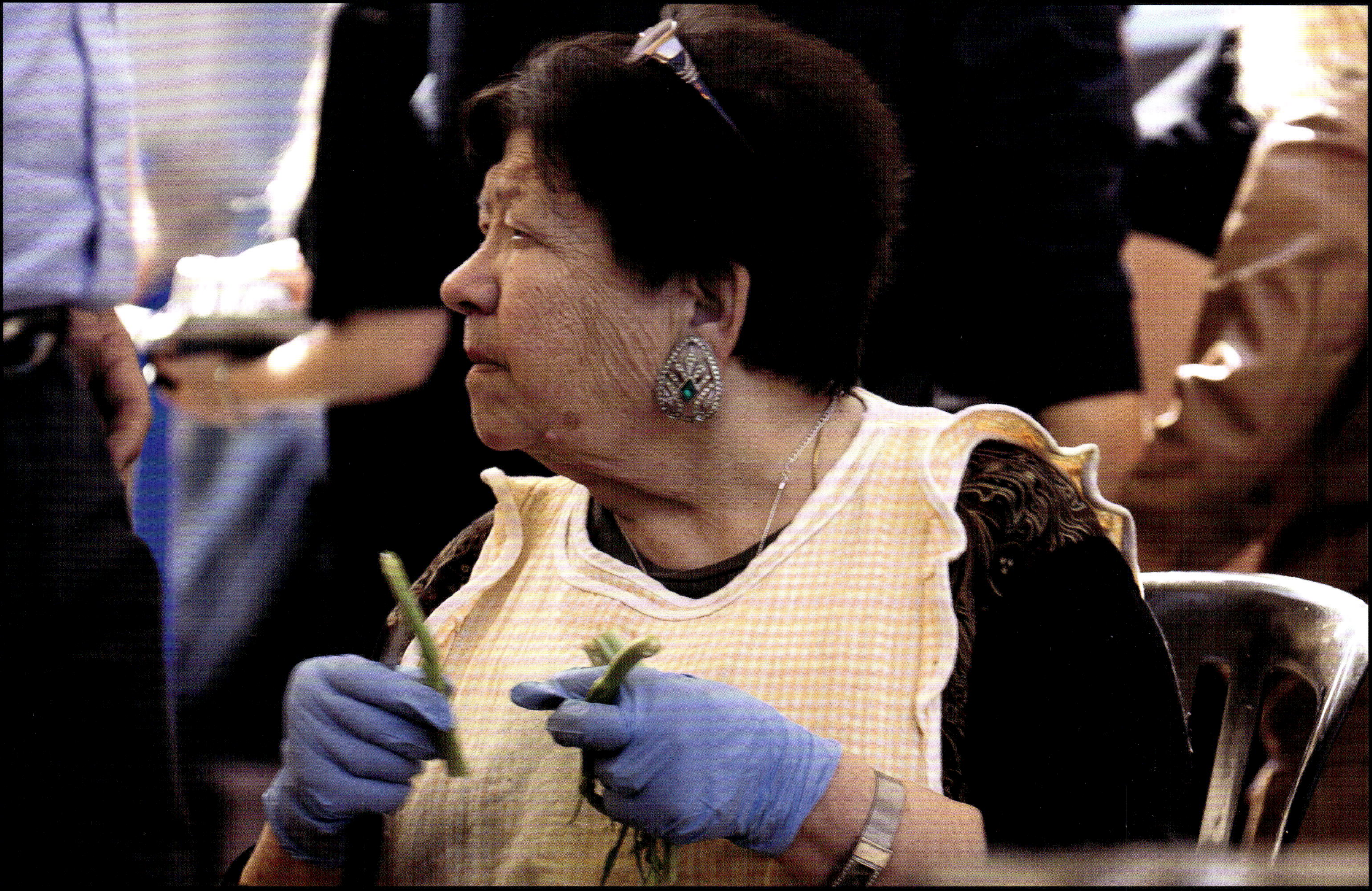

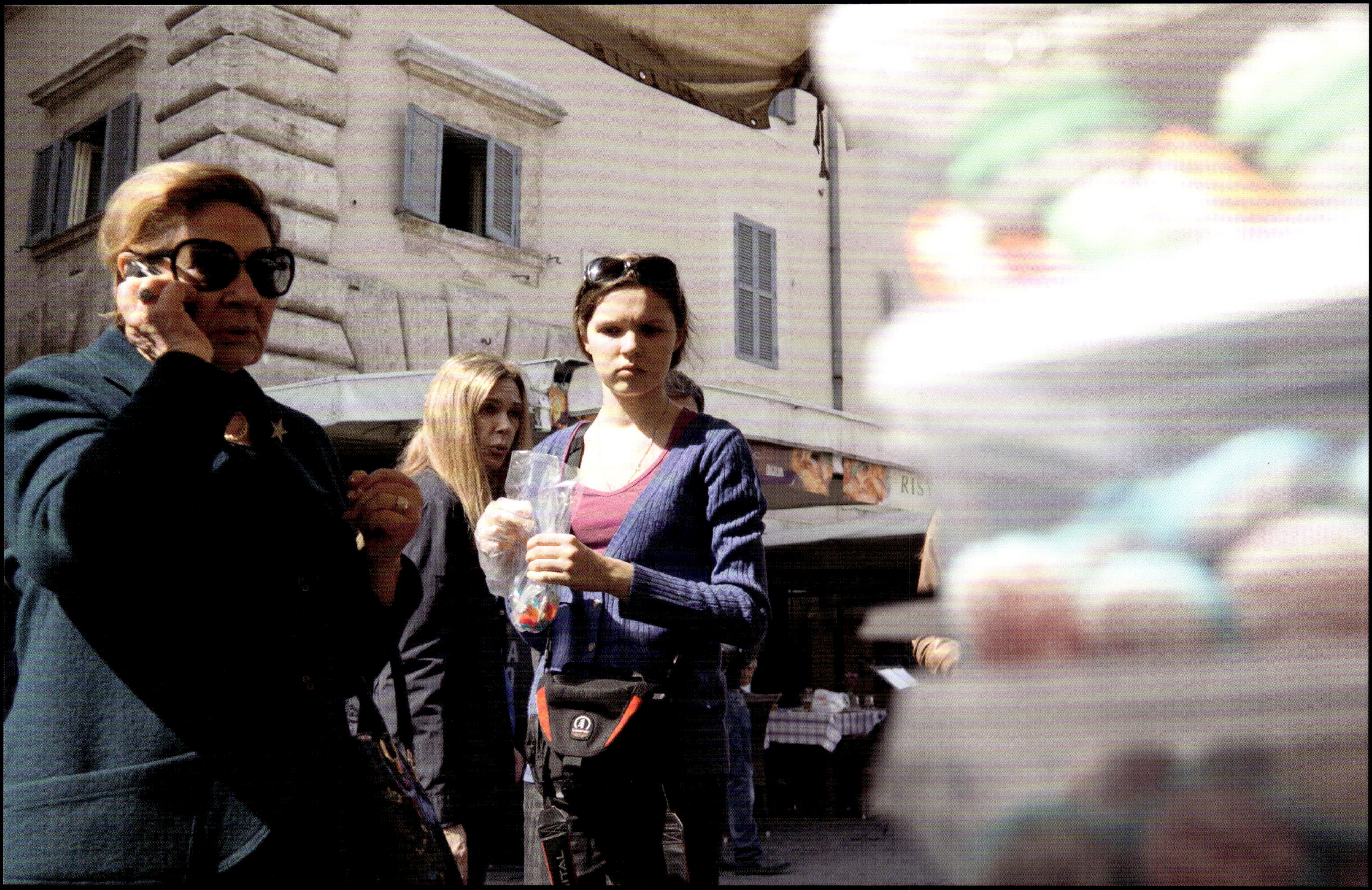

Außer frischem Obst und Gemüse,
Fisch und Meeresfrüchten, Hühnern und Truthähnen, Gewürzen und Pasta, bot der Markt die beste Plattform für Neuigkeiten aus der Stadt.

In addition to offering a cornucopia of fresh fruit
and vegetables, fish and seafood, chickens and turkeys, spices and pastas, the market was the best place to catch the latest news from the city.

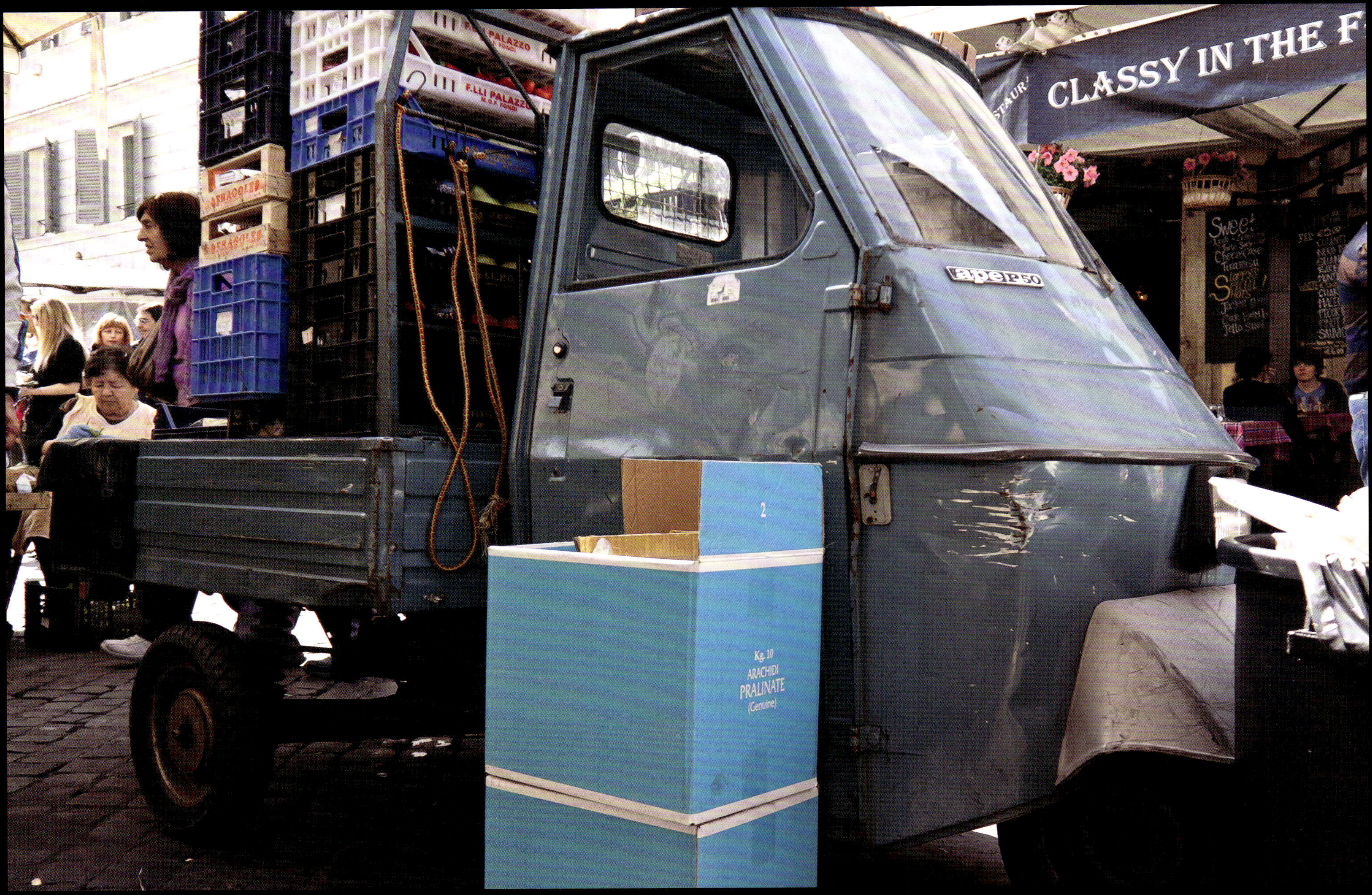
CLASSY IN THE
ape P50
Kg. 10
ARACHIDI
PRALINATE
(Genuine)

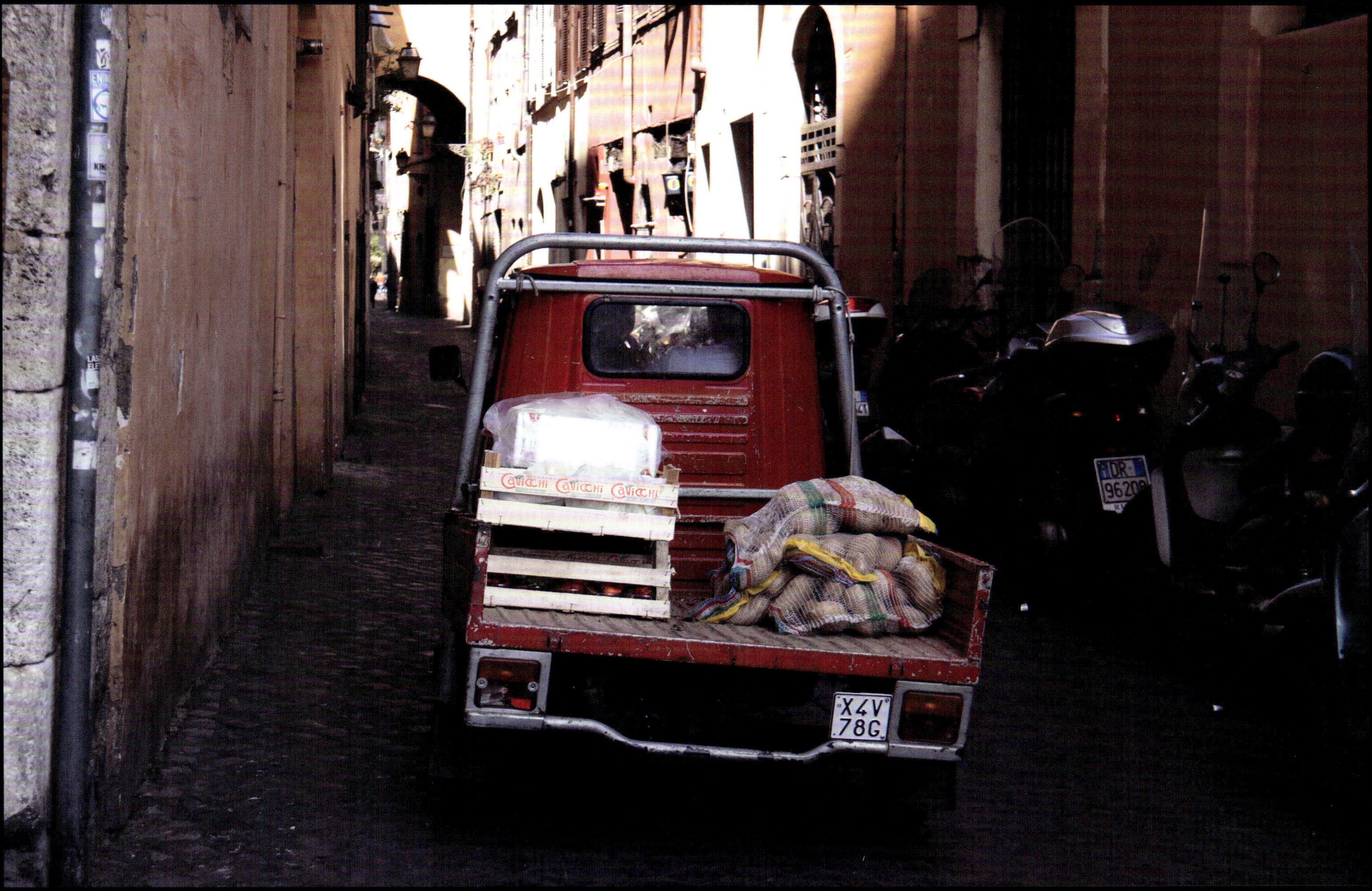
Cavicchi Cavicchi Cavicchi
X4V 78G

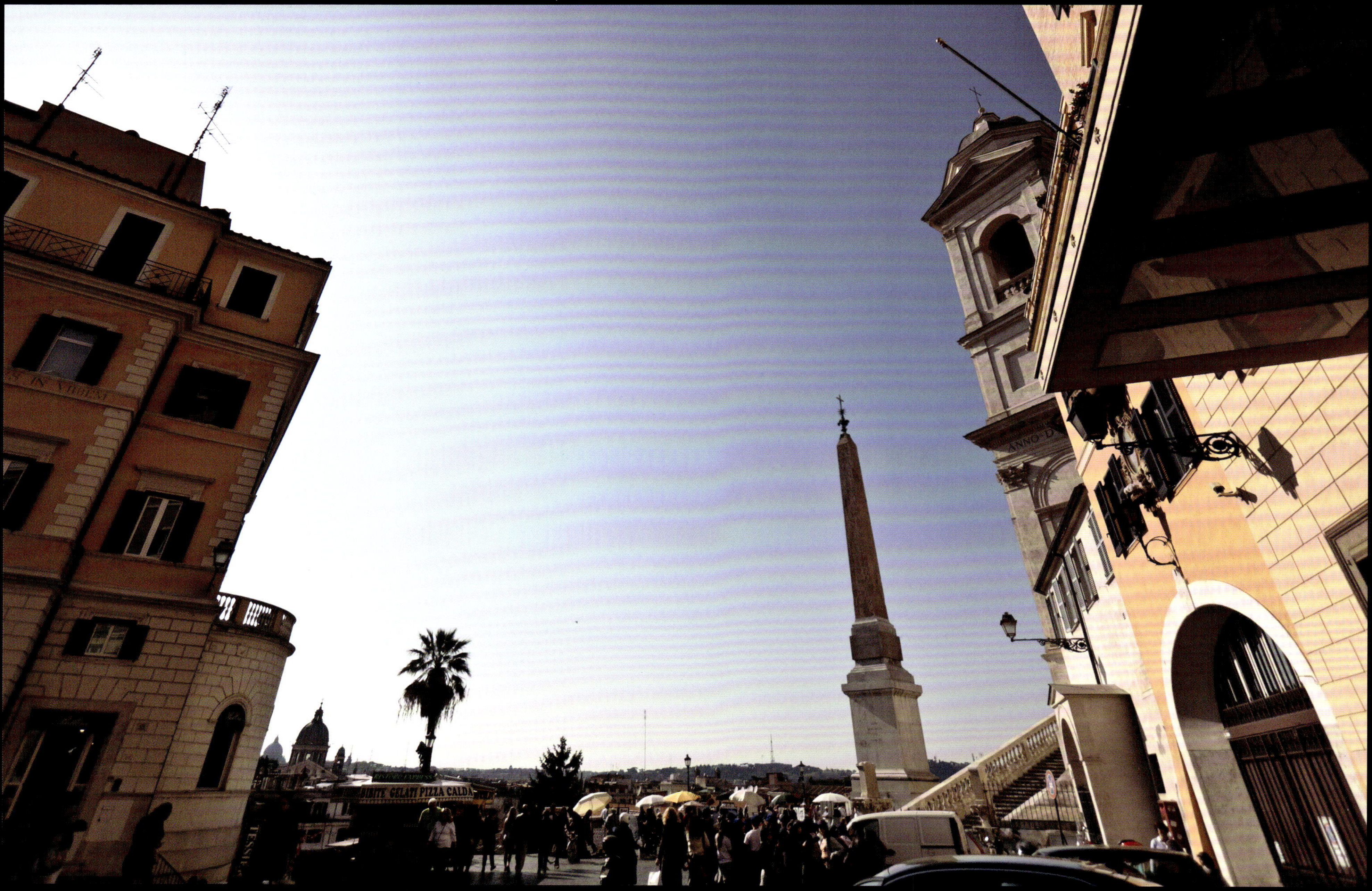
GELATI PIZZA CALDA

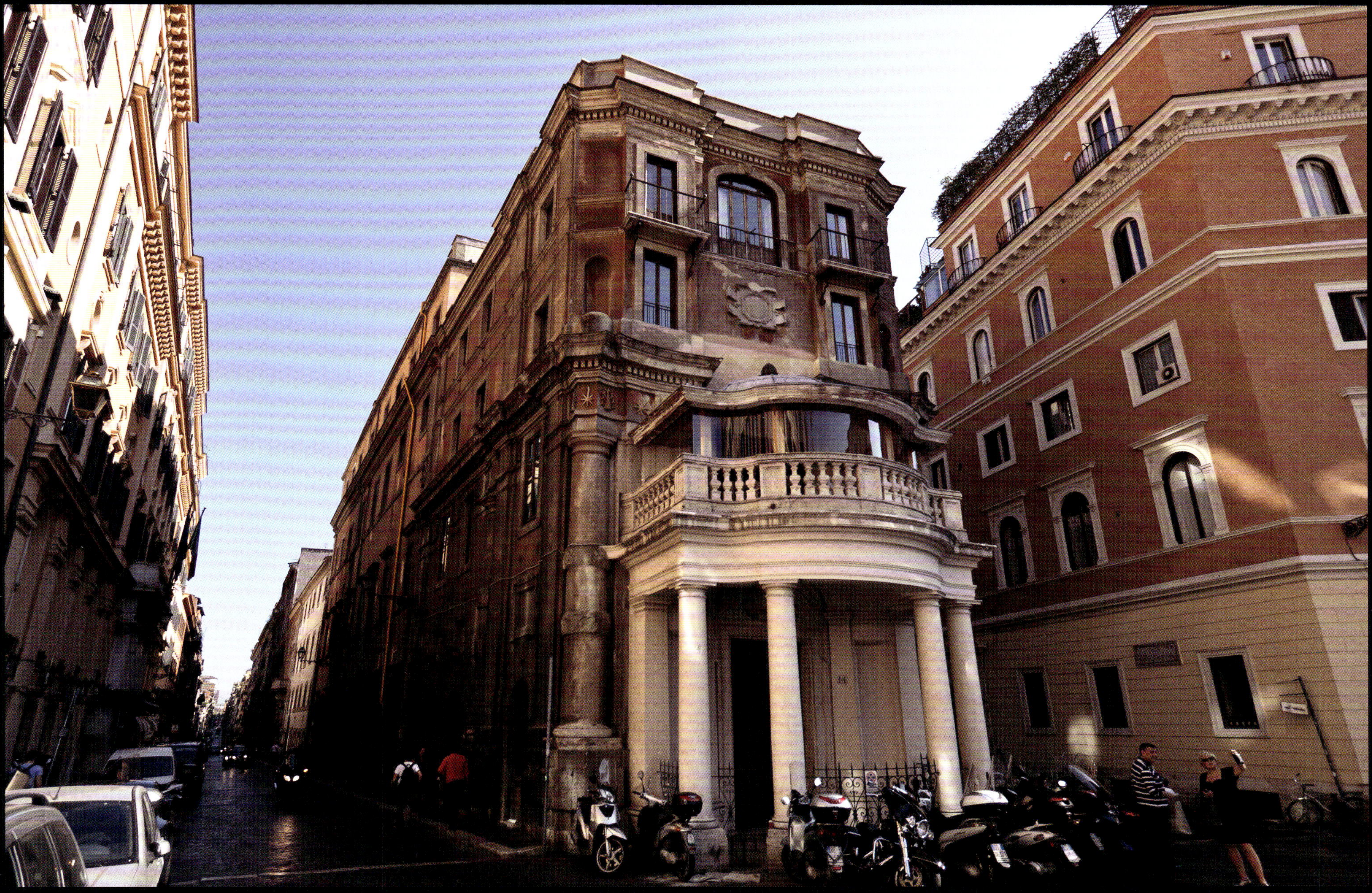

Ihr Blick fiel über die Stadt:
Ziegeldächer über terracottafarbenen Fassaden; Häuser mit maximal sechs Stockwerken, geteilt durch die Schneise der Via dei Condotti.

They had stopped to look out over the city:
in front of them was a sea of buildings with up to 6 storeys and terracotta façades beneath tiled roofs, parted by a swathe of grey, the Via dei Condotti.

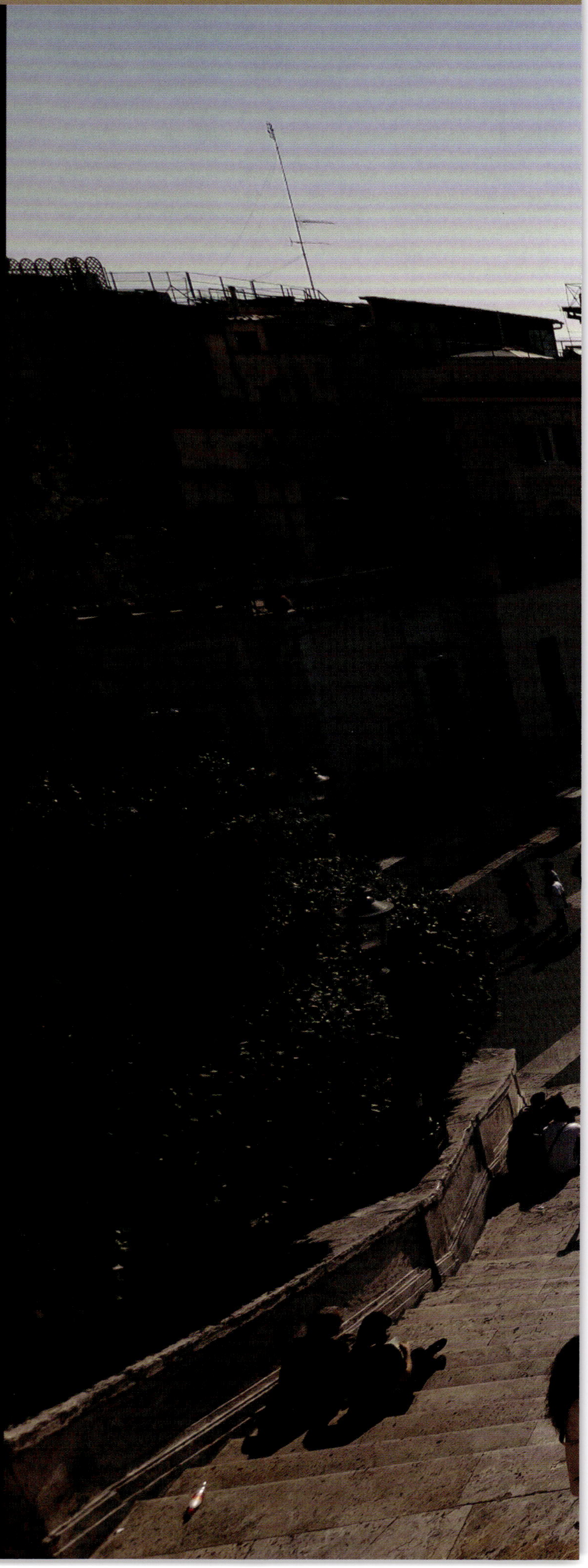

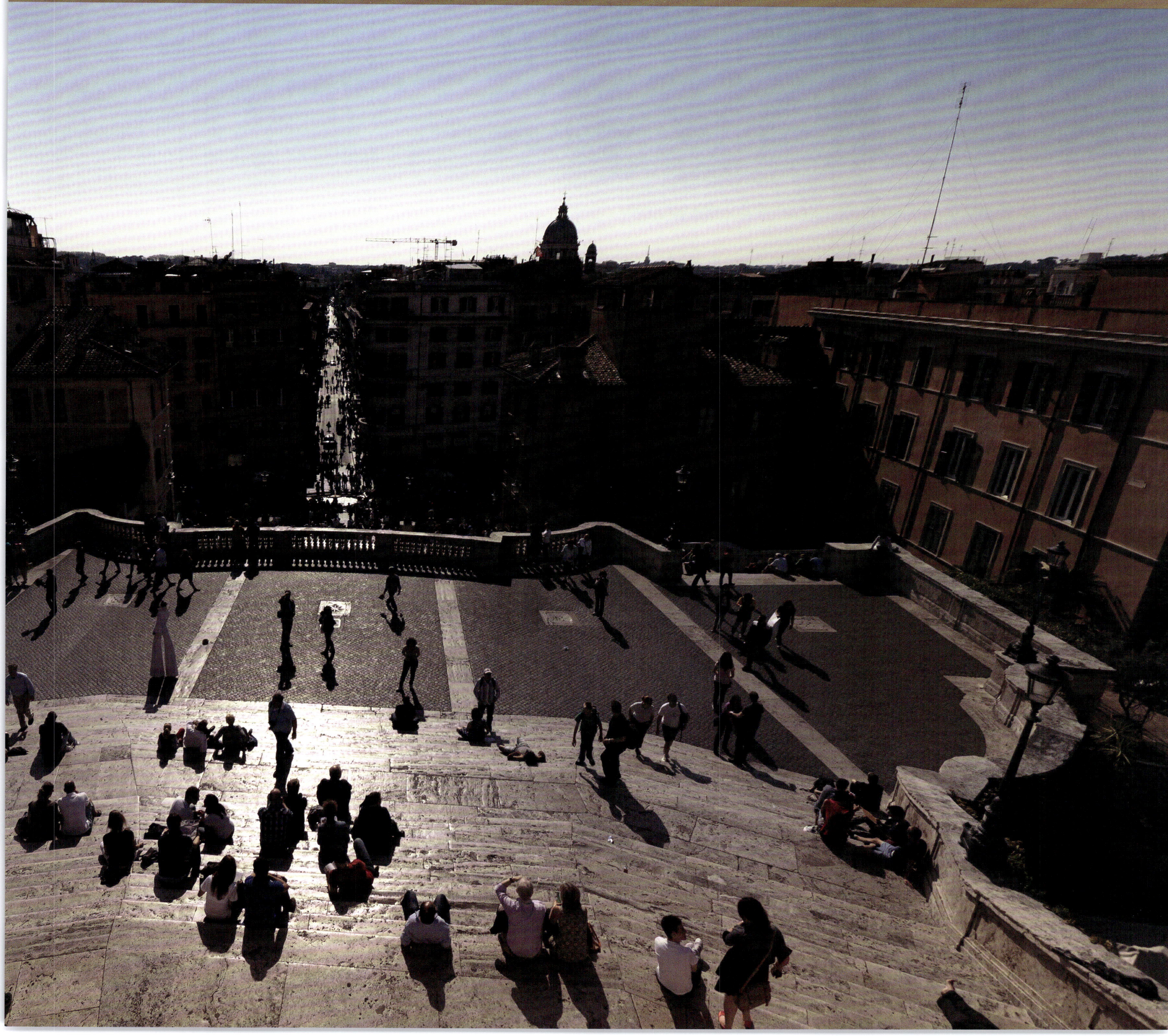

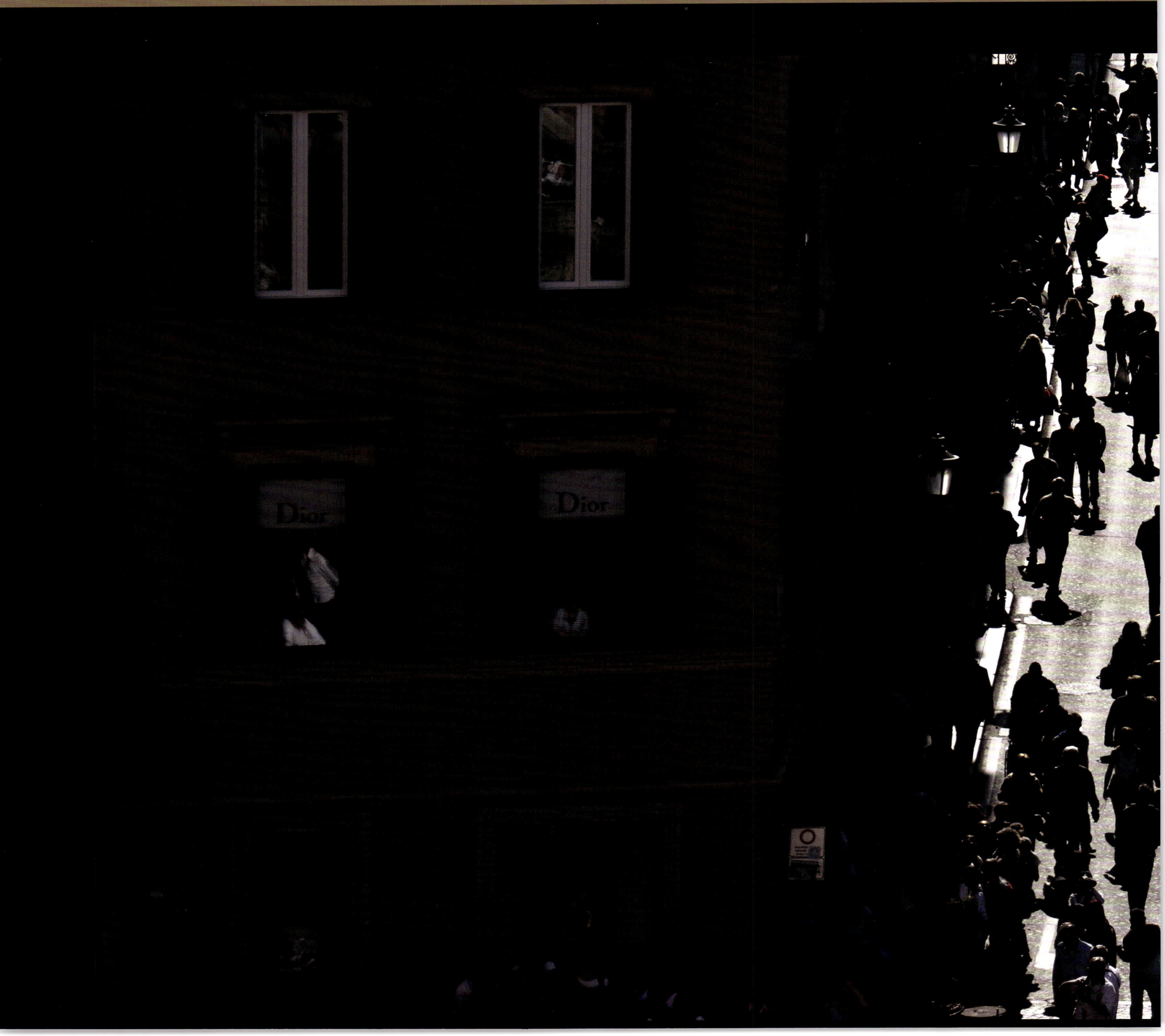
Dior
Dior

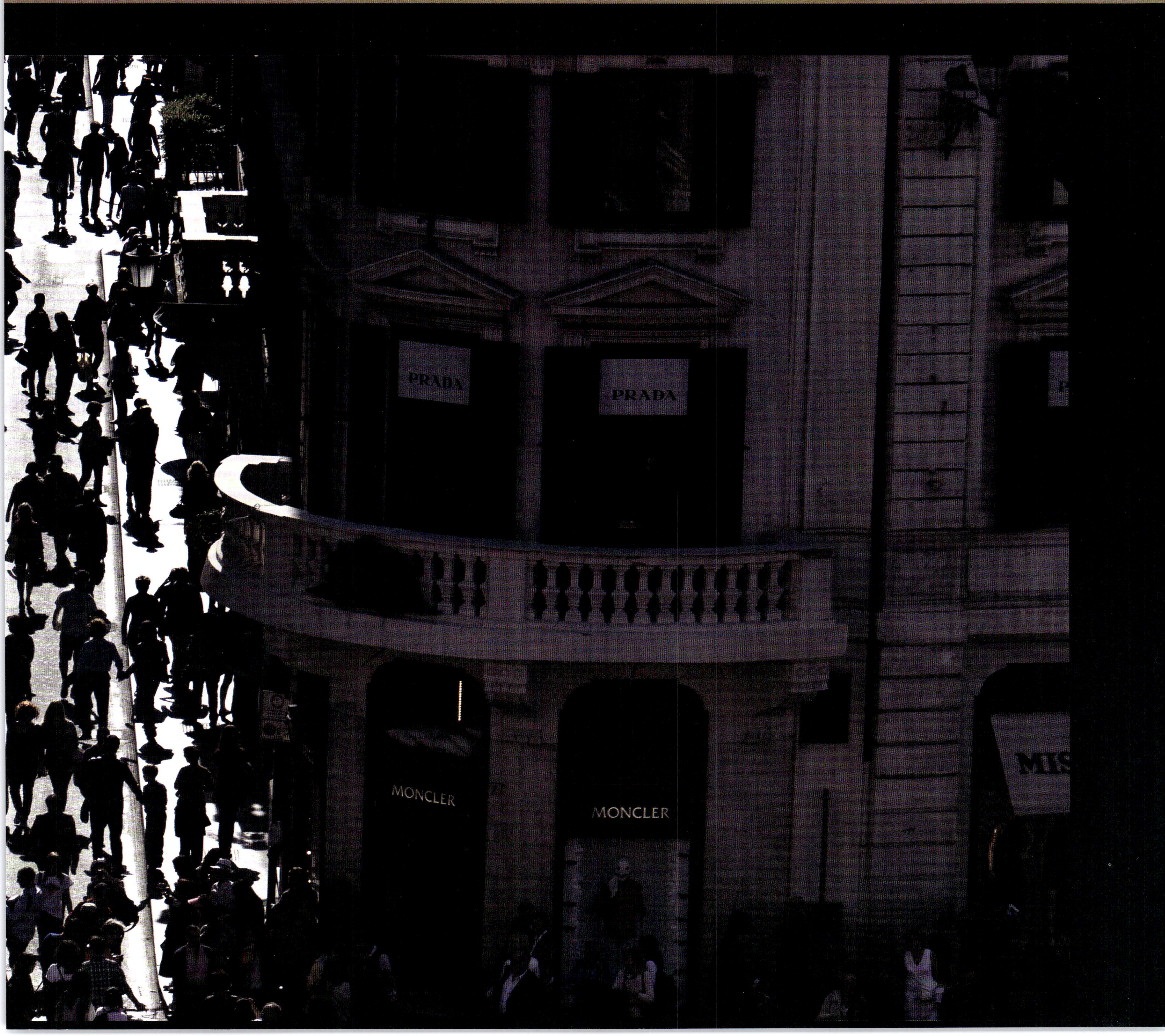
PRADA
PRADA
MONCLER
MONCLER

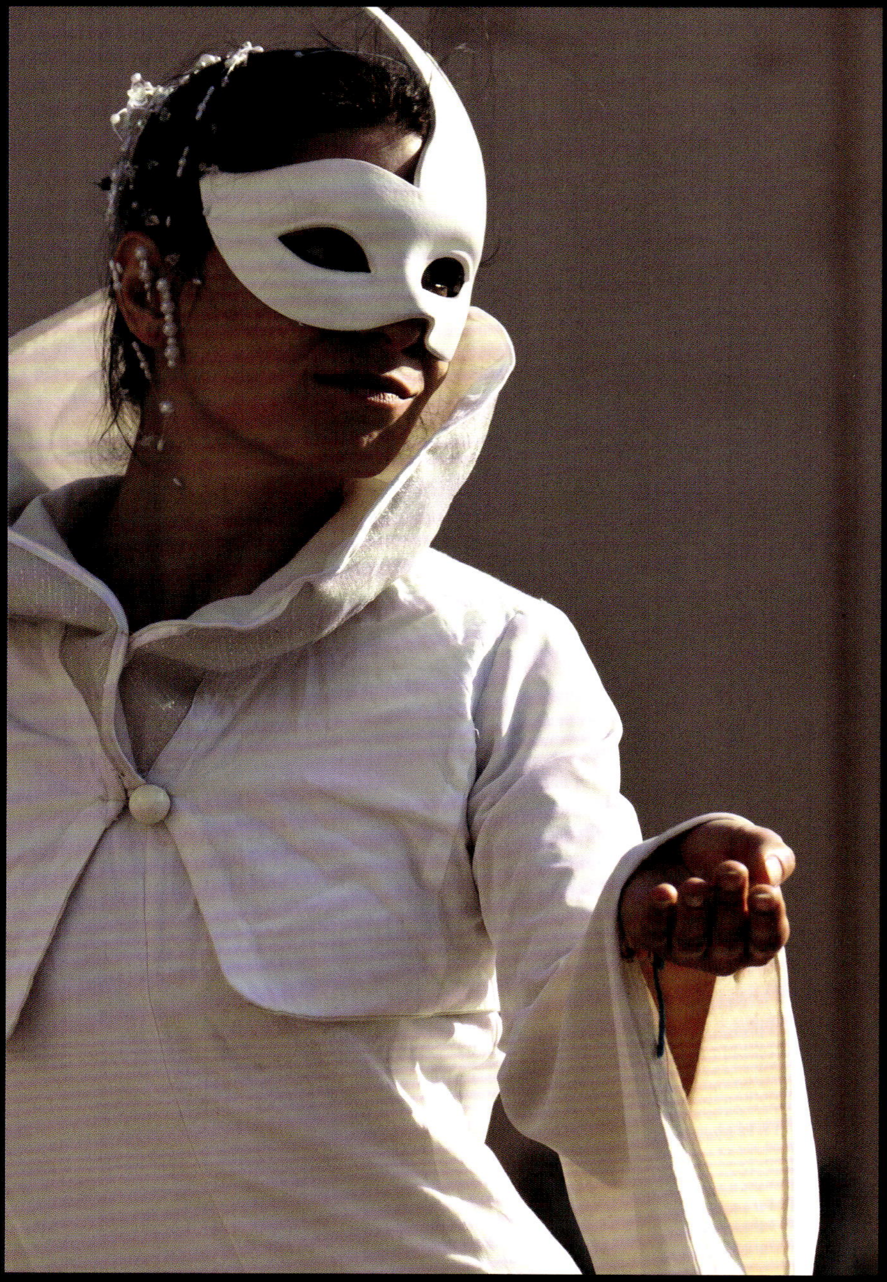

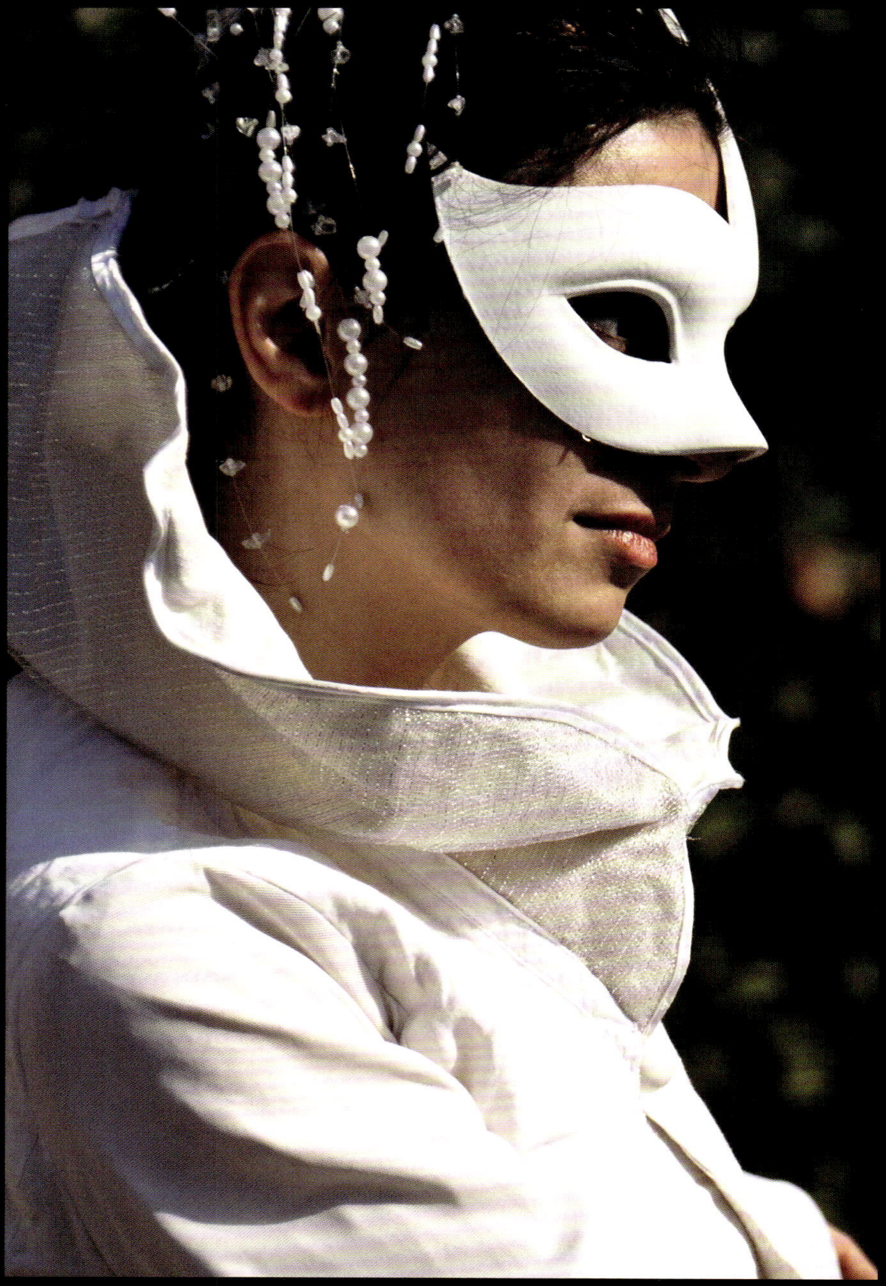

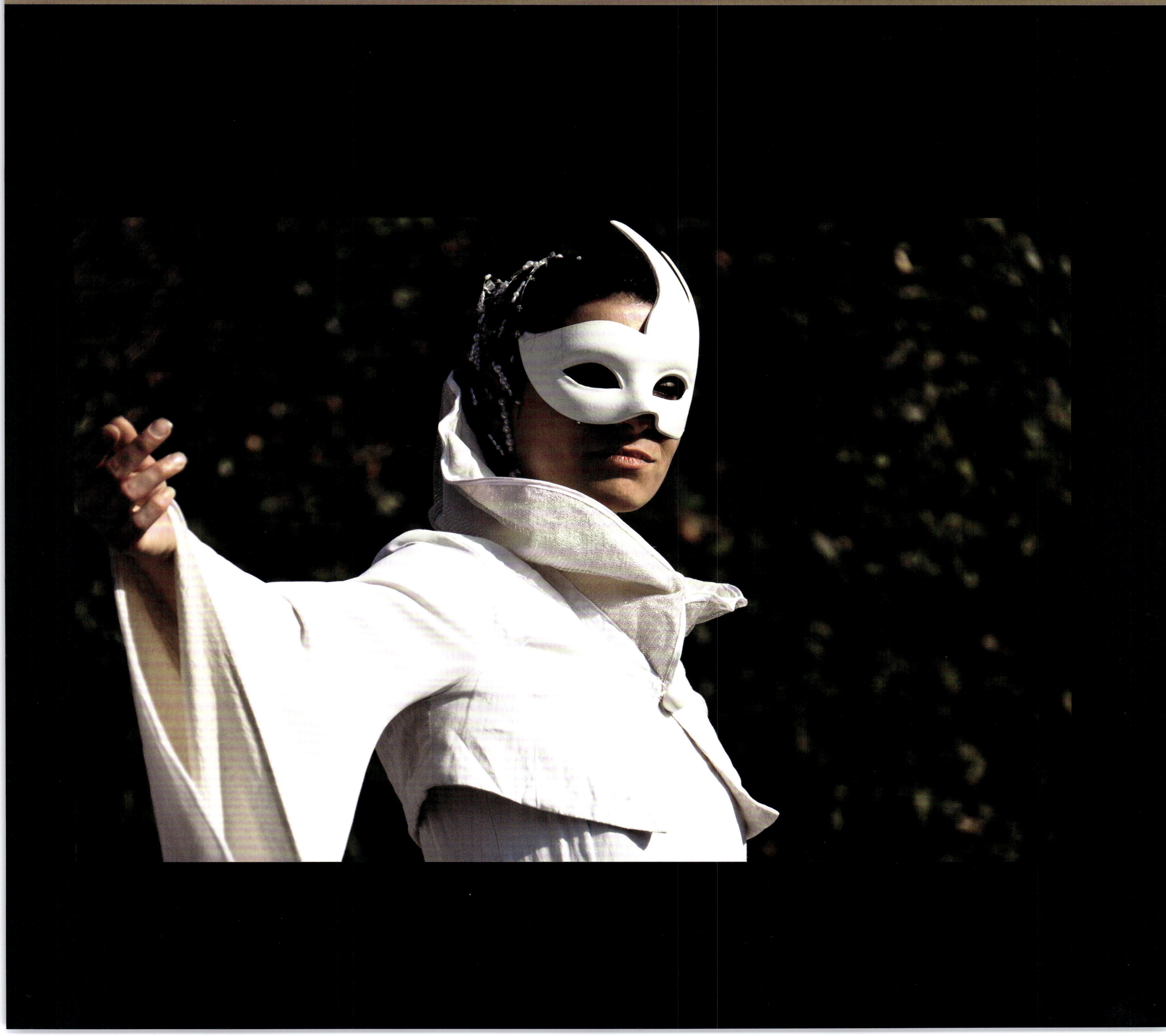

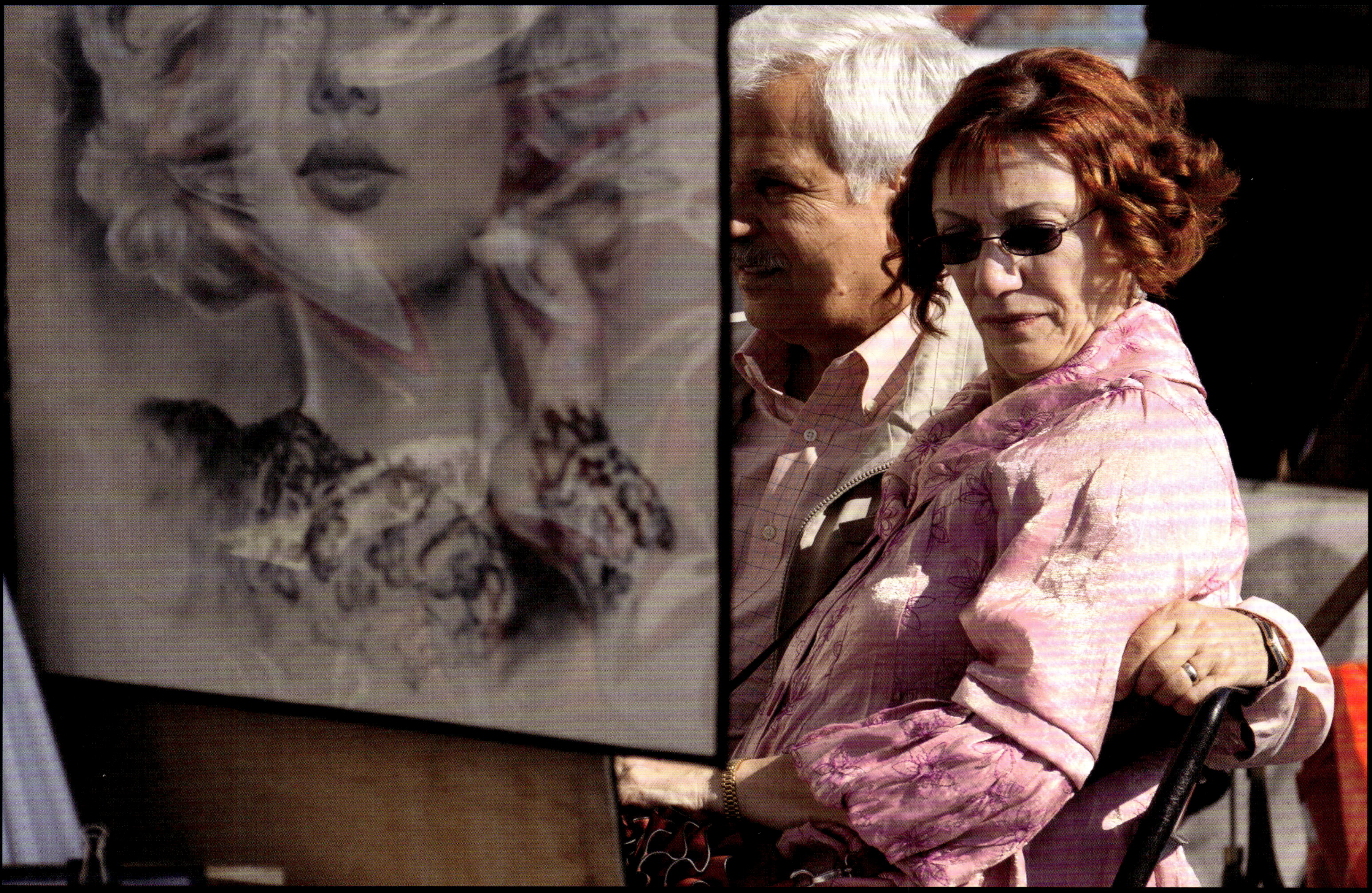

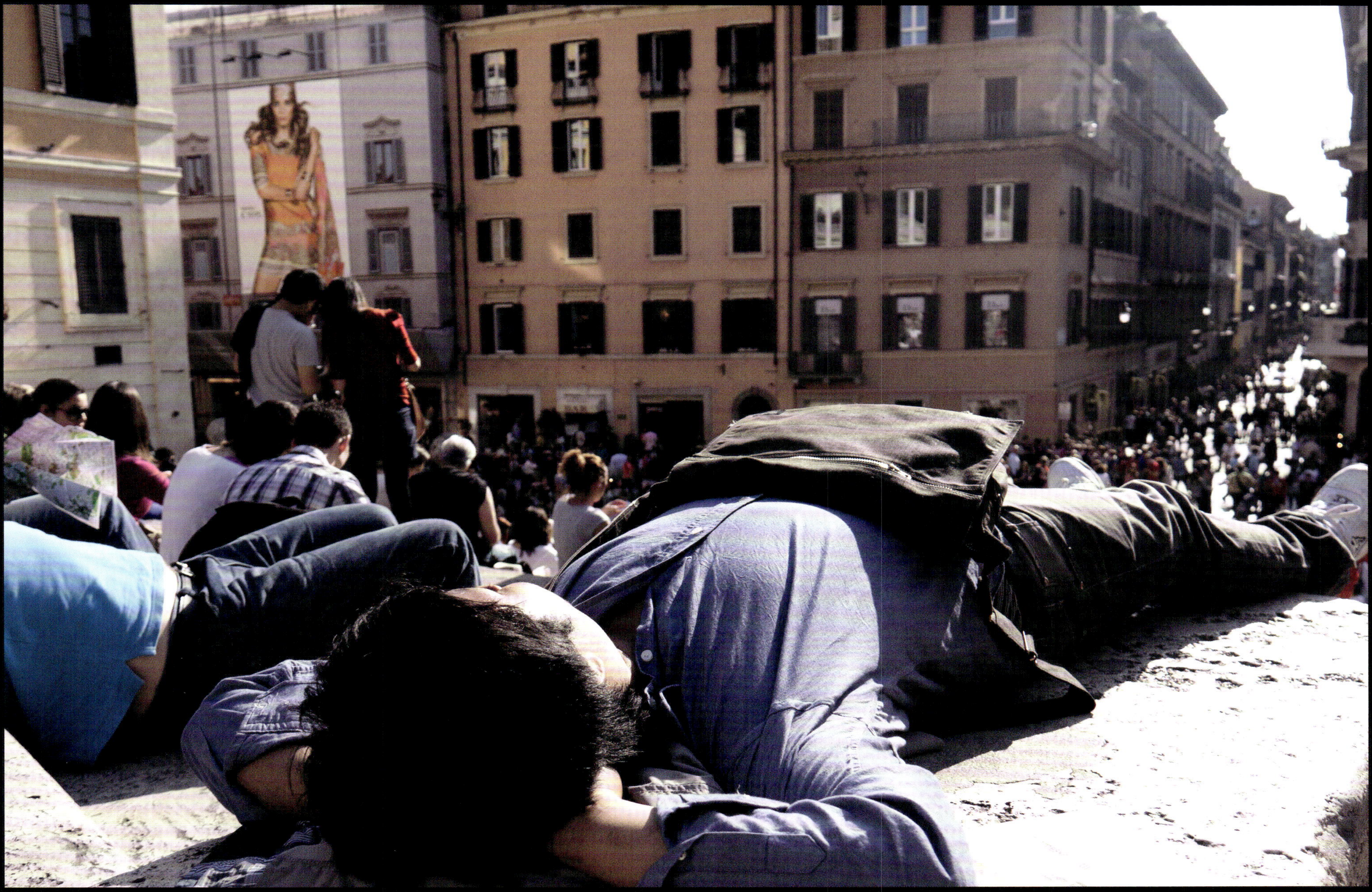

Zwischen einer Horde von Touristen, die fotografierten, Münzen in die Hüte von Bettlern warfen oder sich einfach auf den Stufen ausruhten, quälten sich der Senator und der Rechtsanwalt die Stufen der Spanischen Treppe hinunter.

The senator and lawyer fought their way down the Spanish Steps, which were packed with tourists taking pictures, throwing coins into the hats of beggars or simply taking a rest.

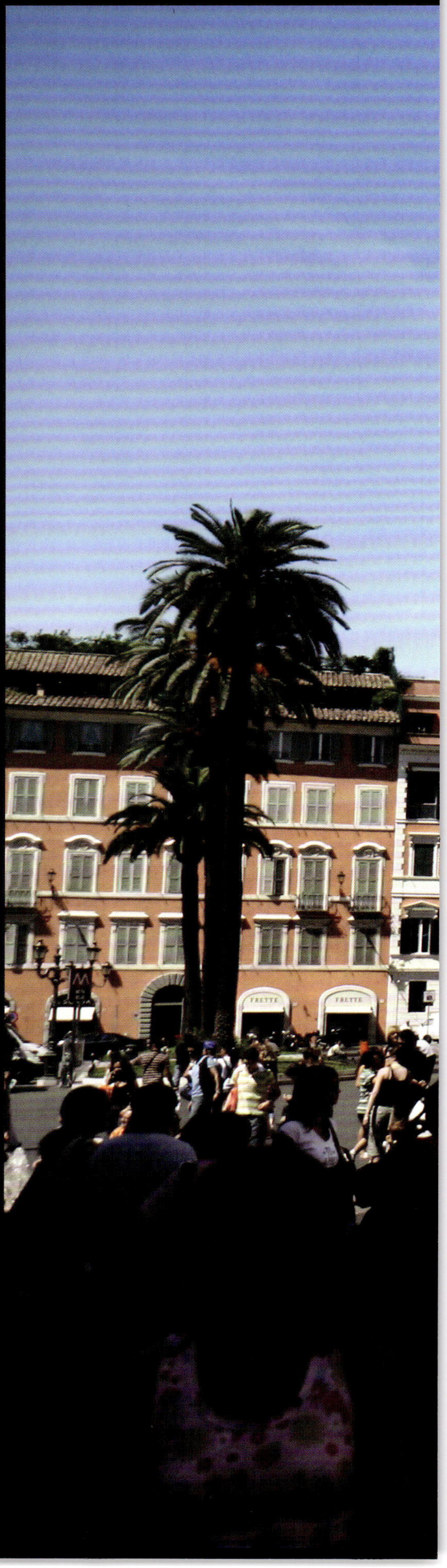

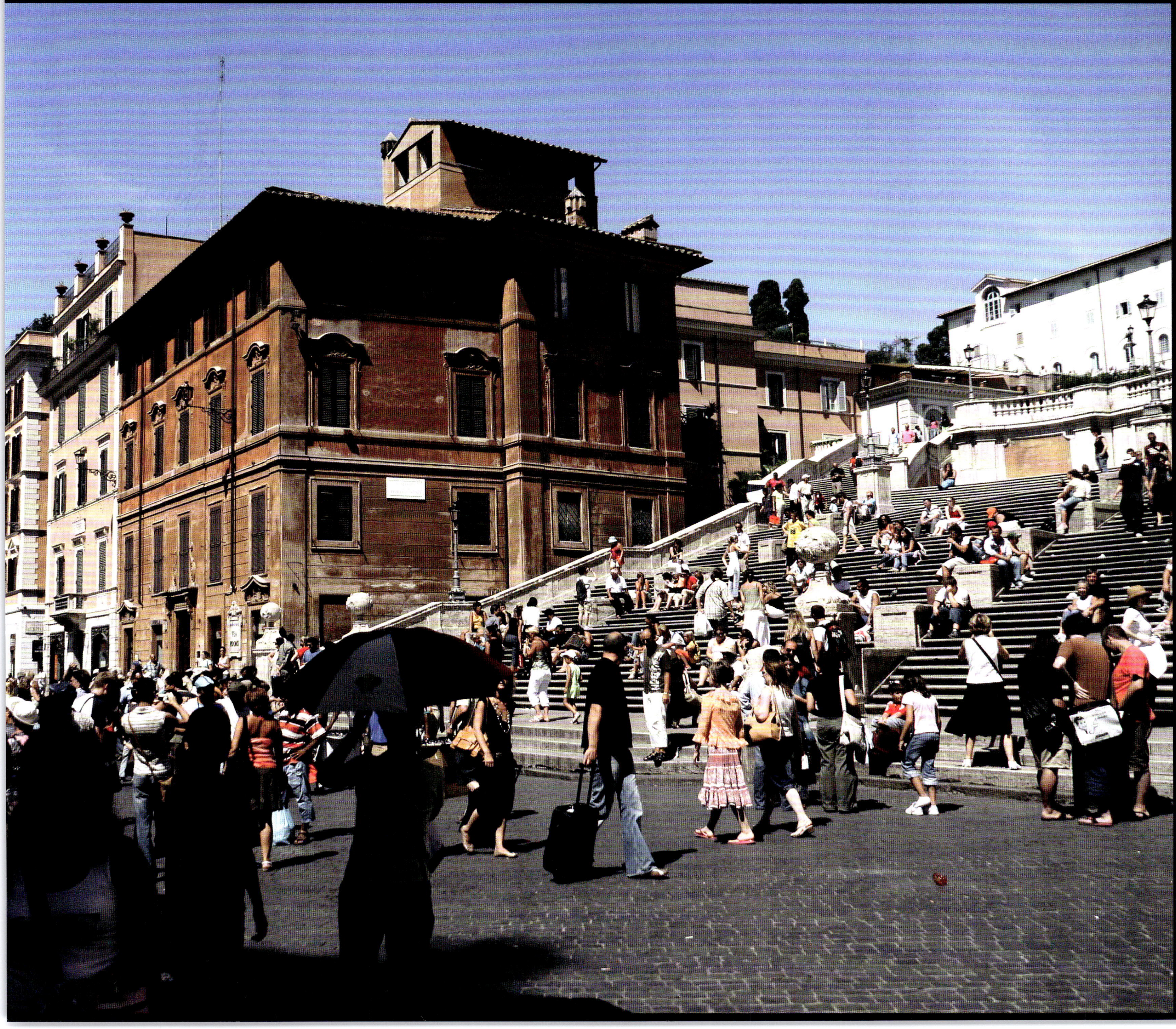

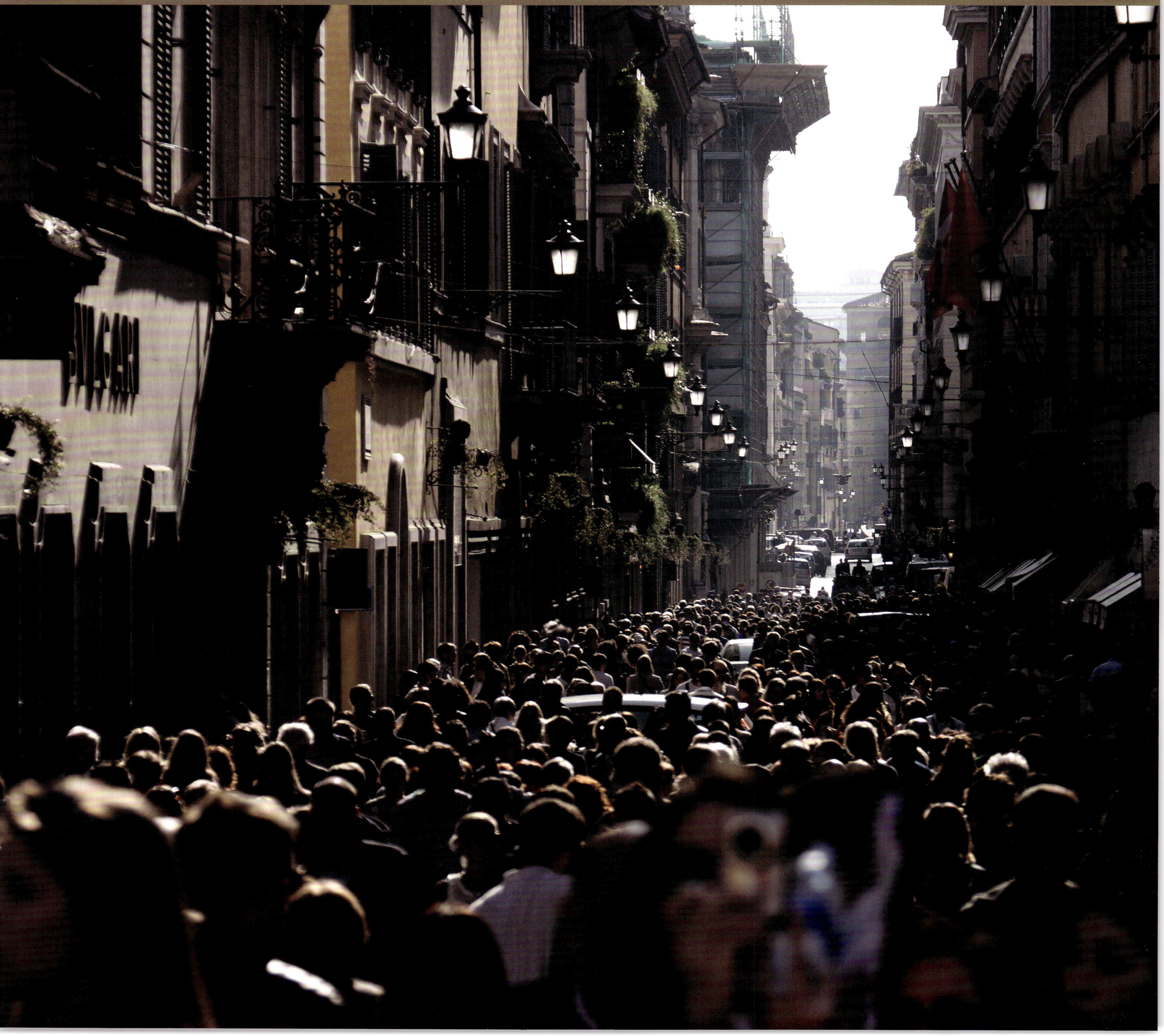
BVLGARI

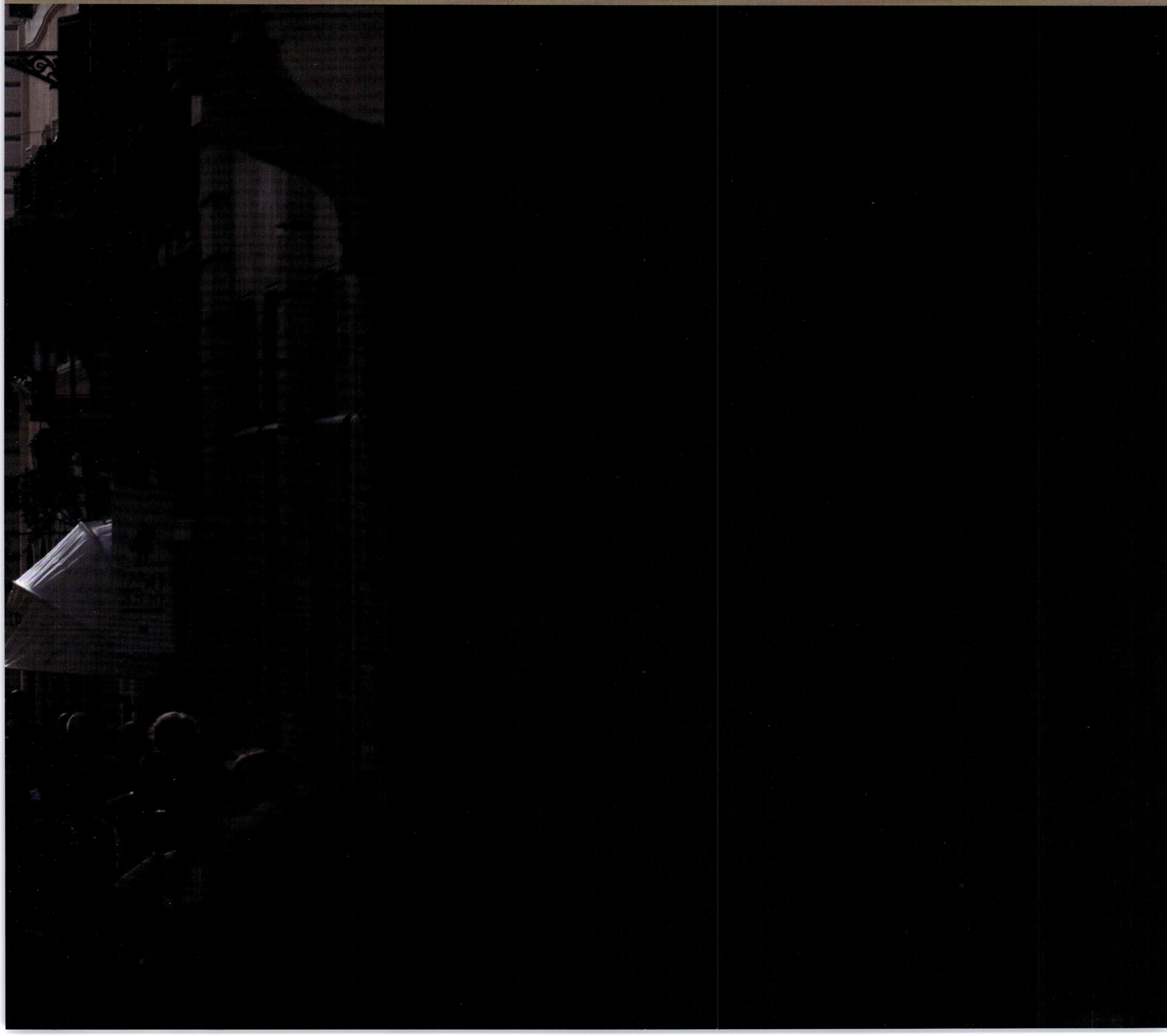

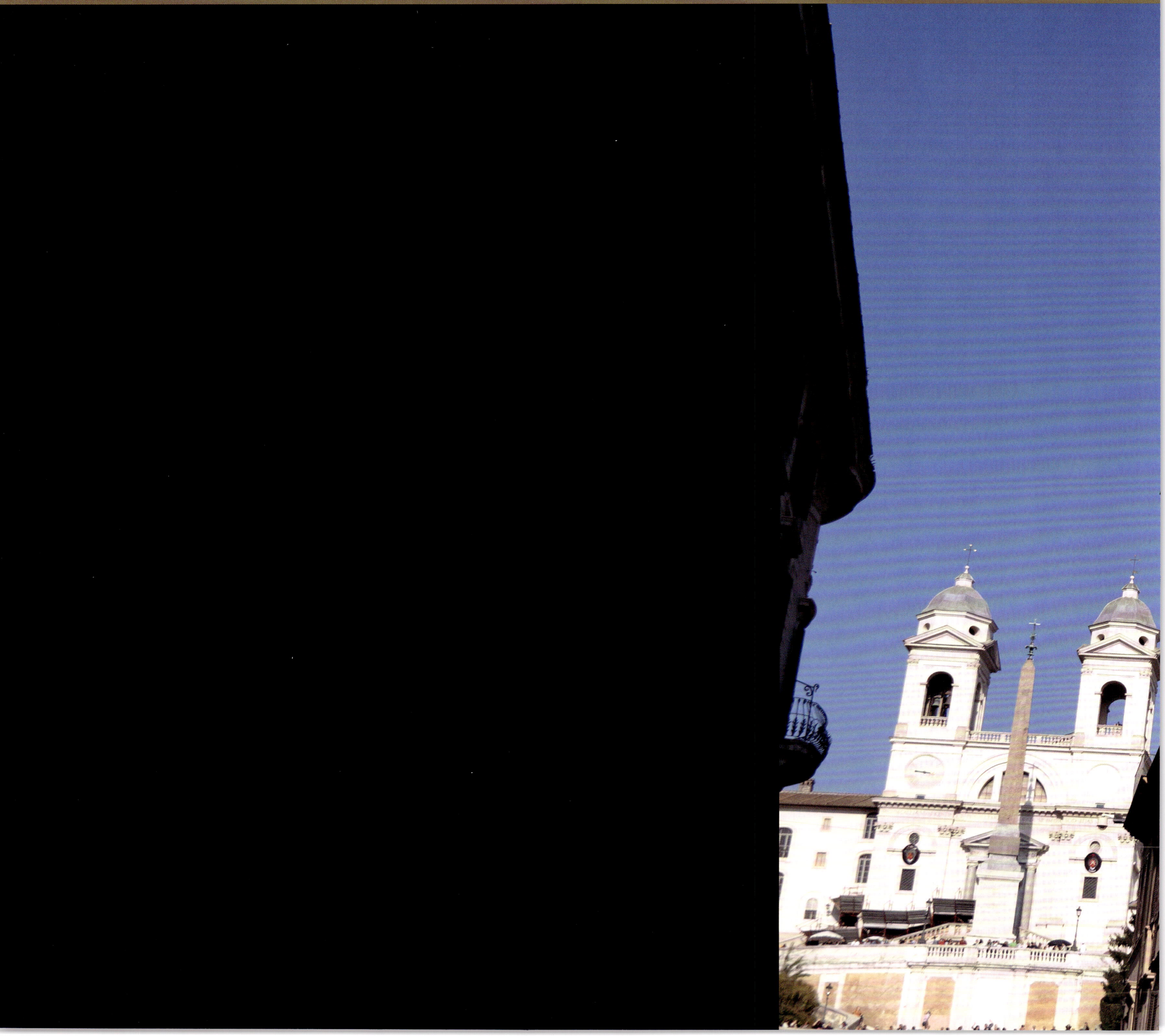

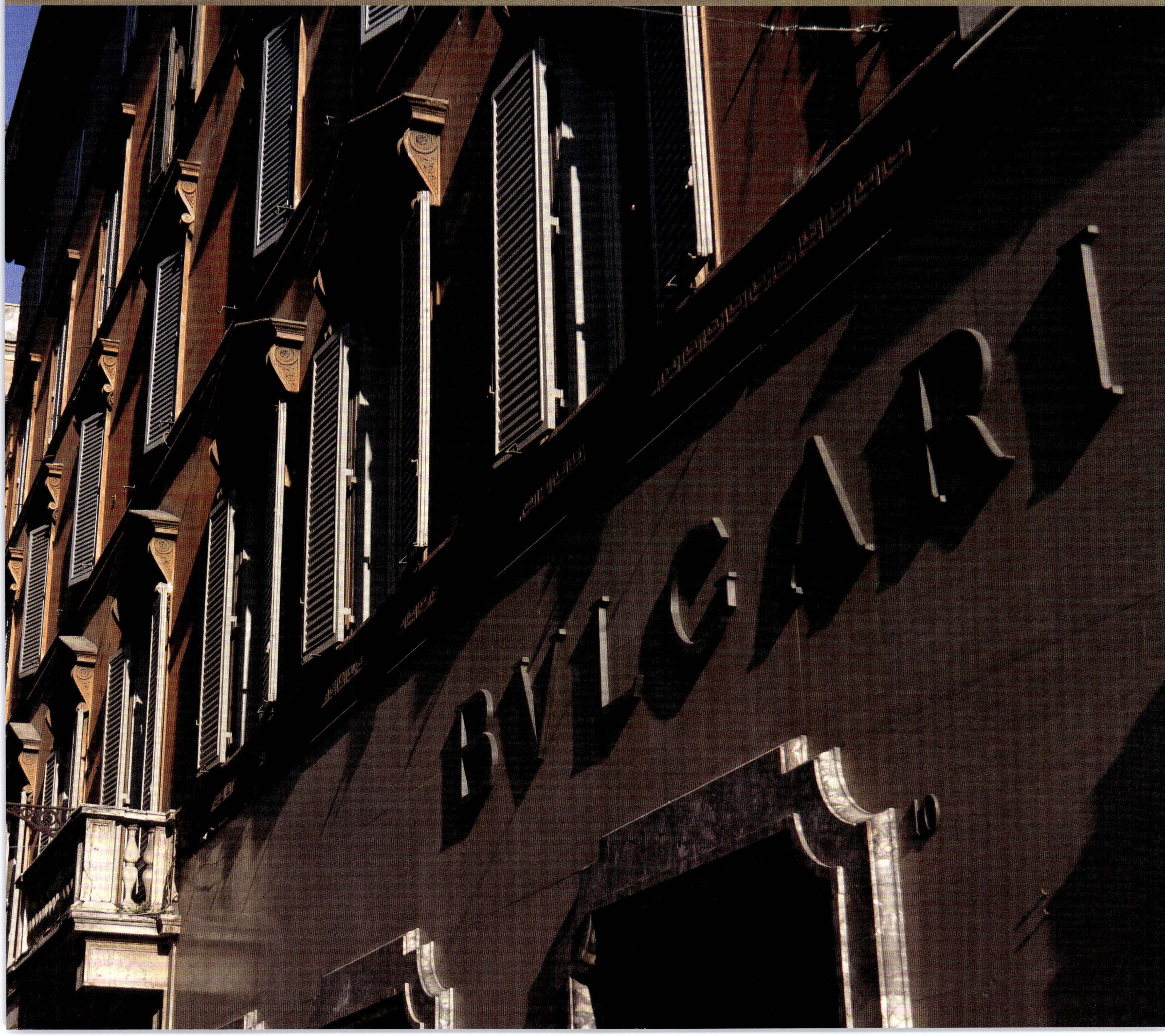
BVLGARI
10

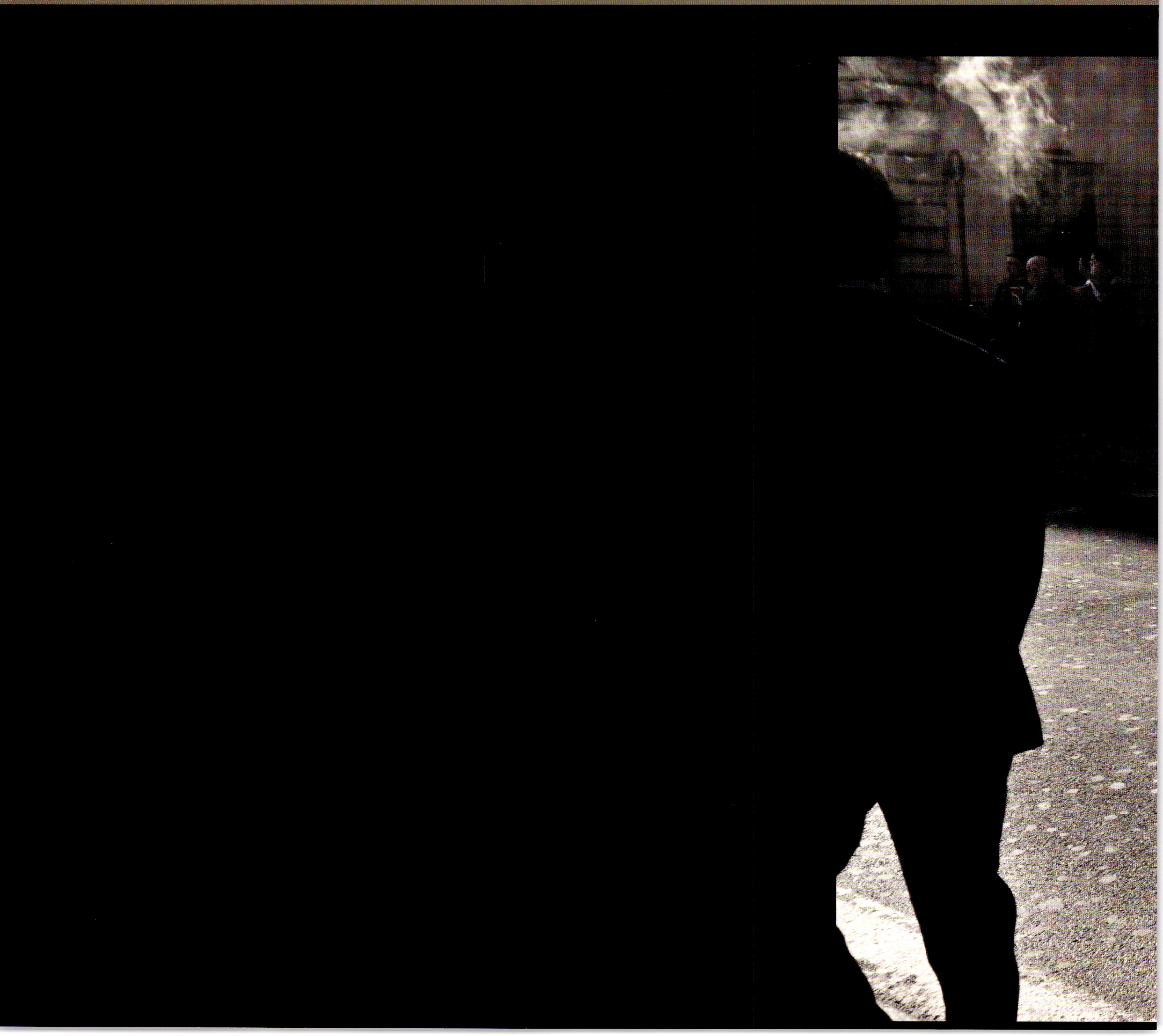

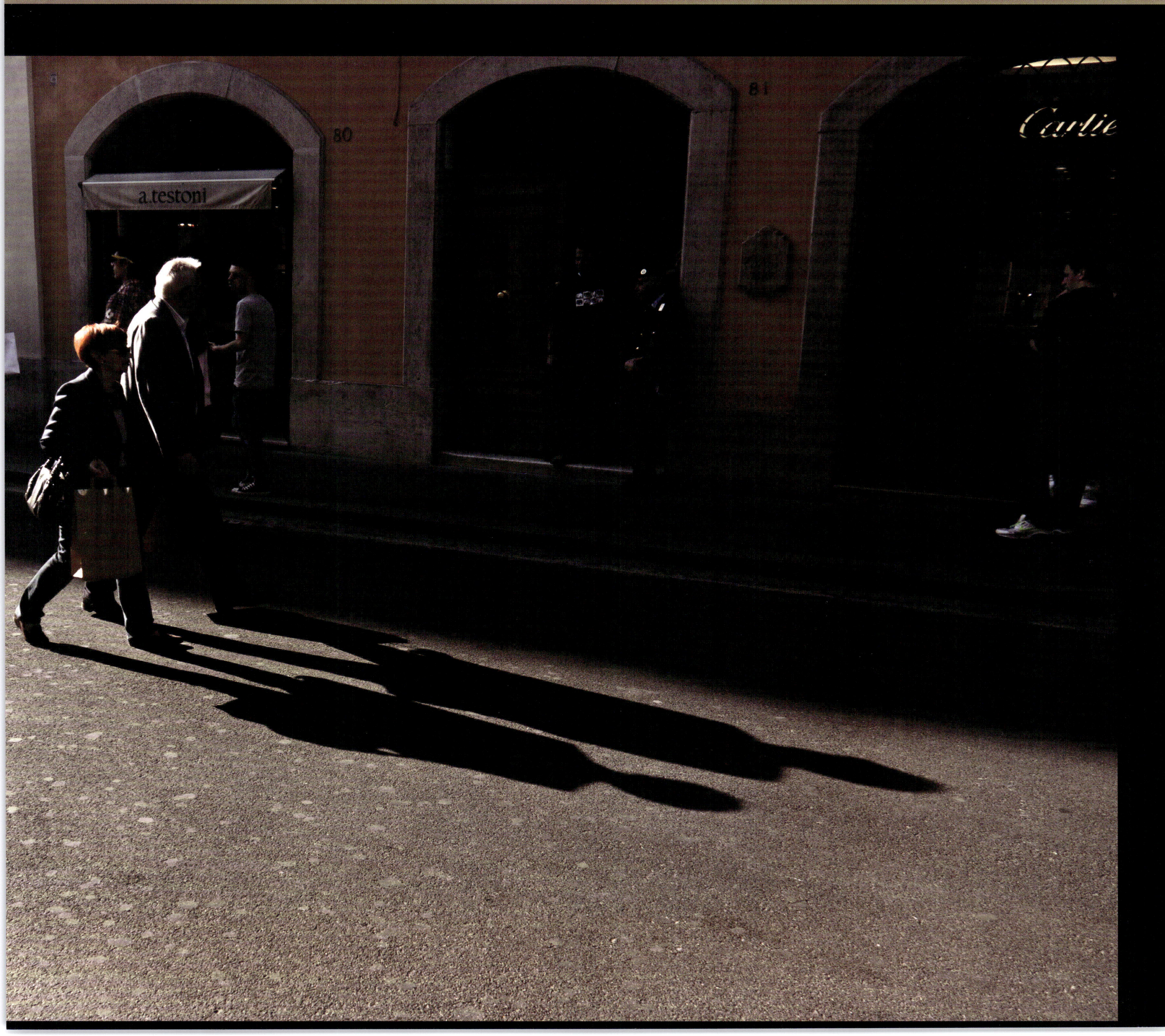
a.testoni
80
81
Cartie

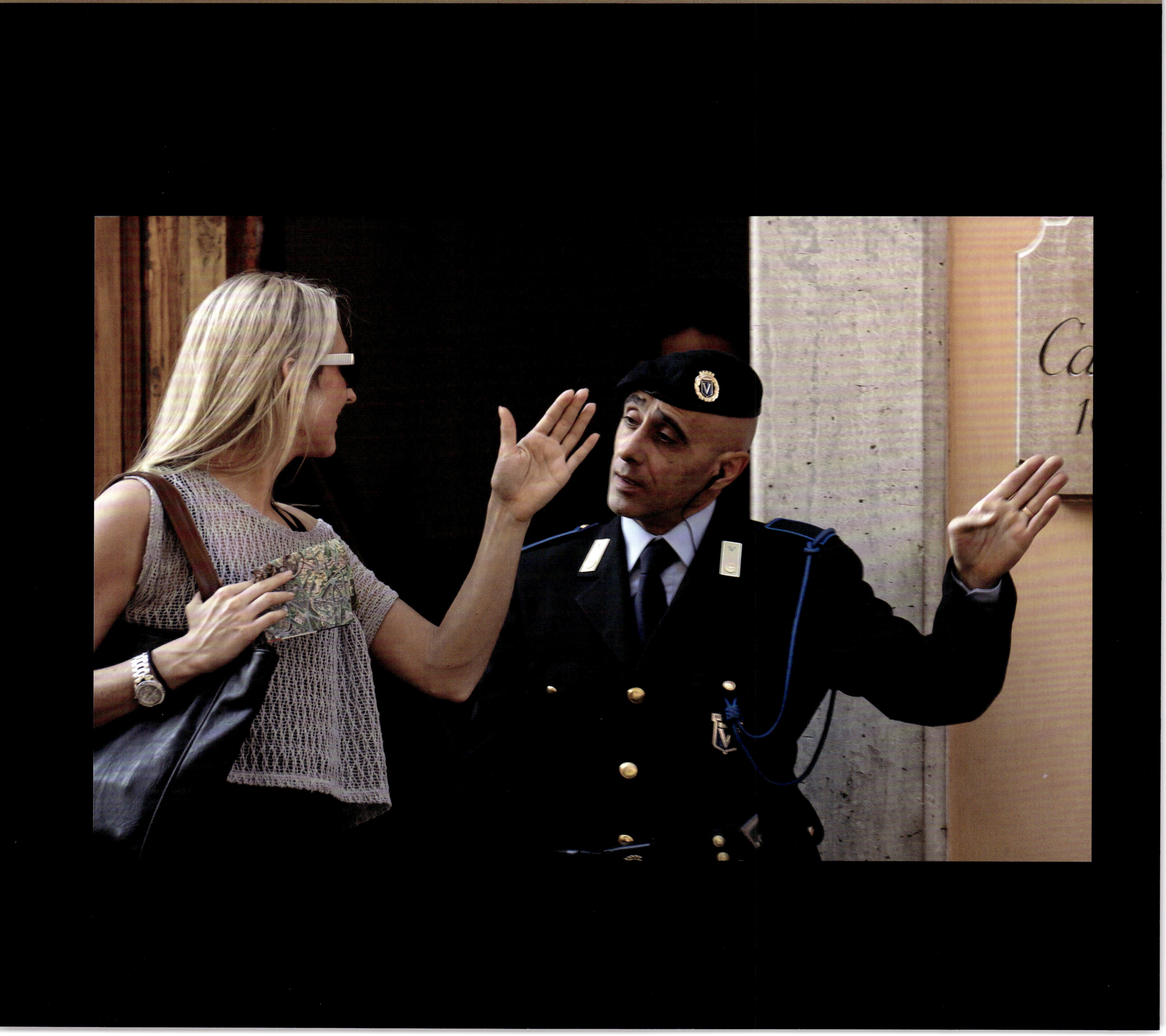

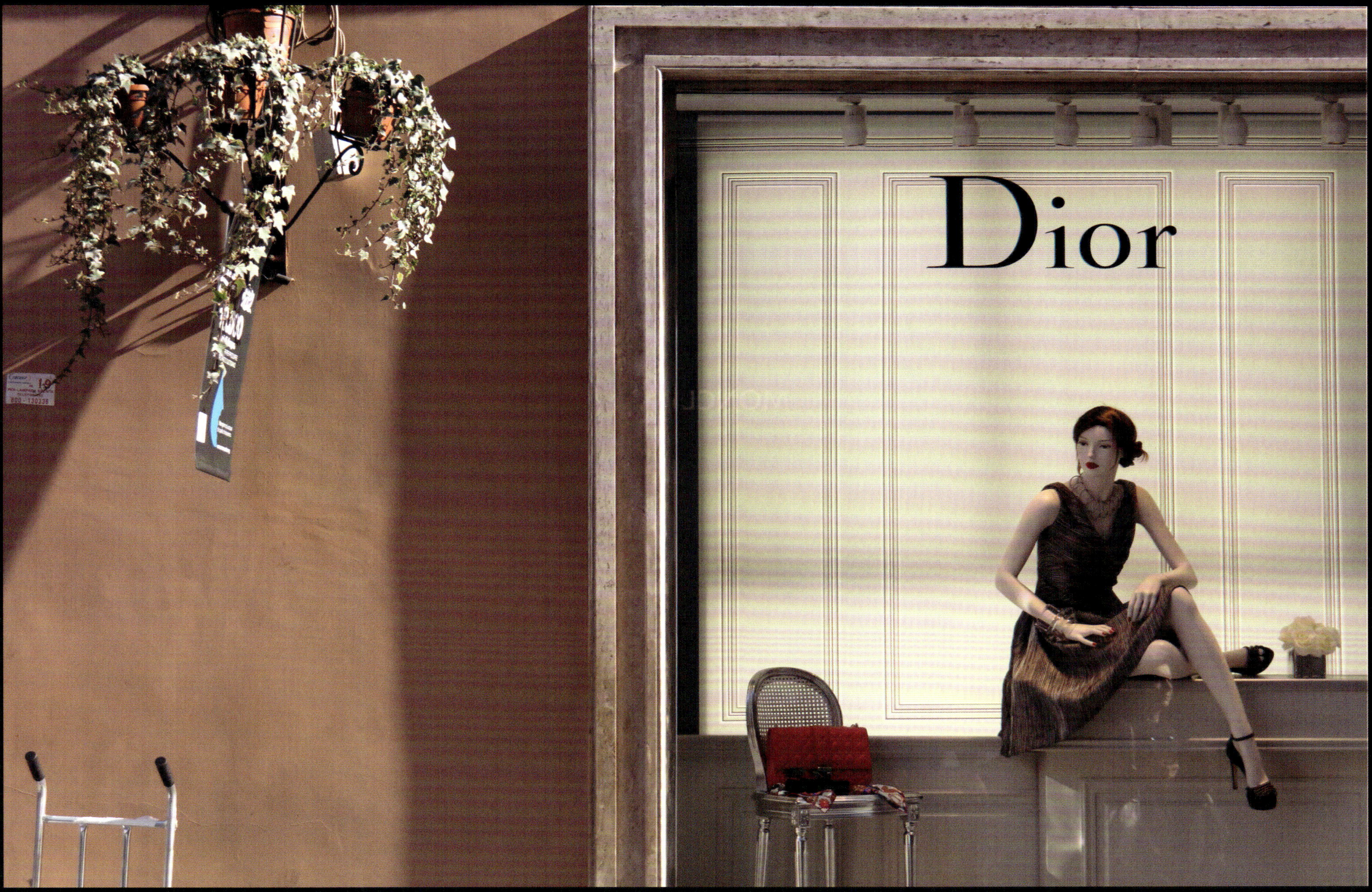
Dior

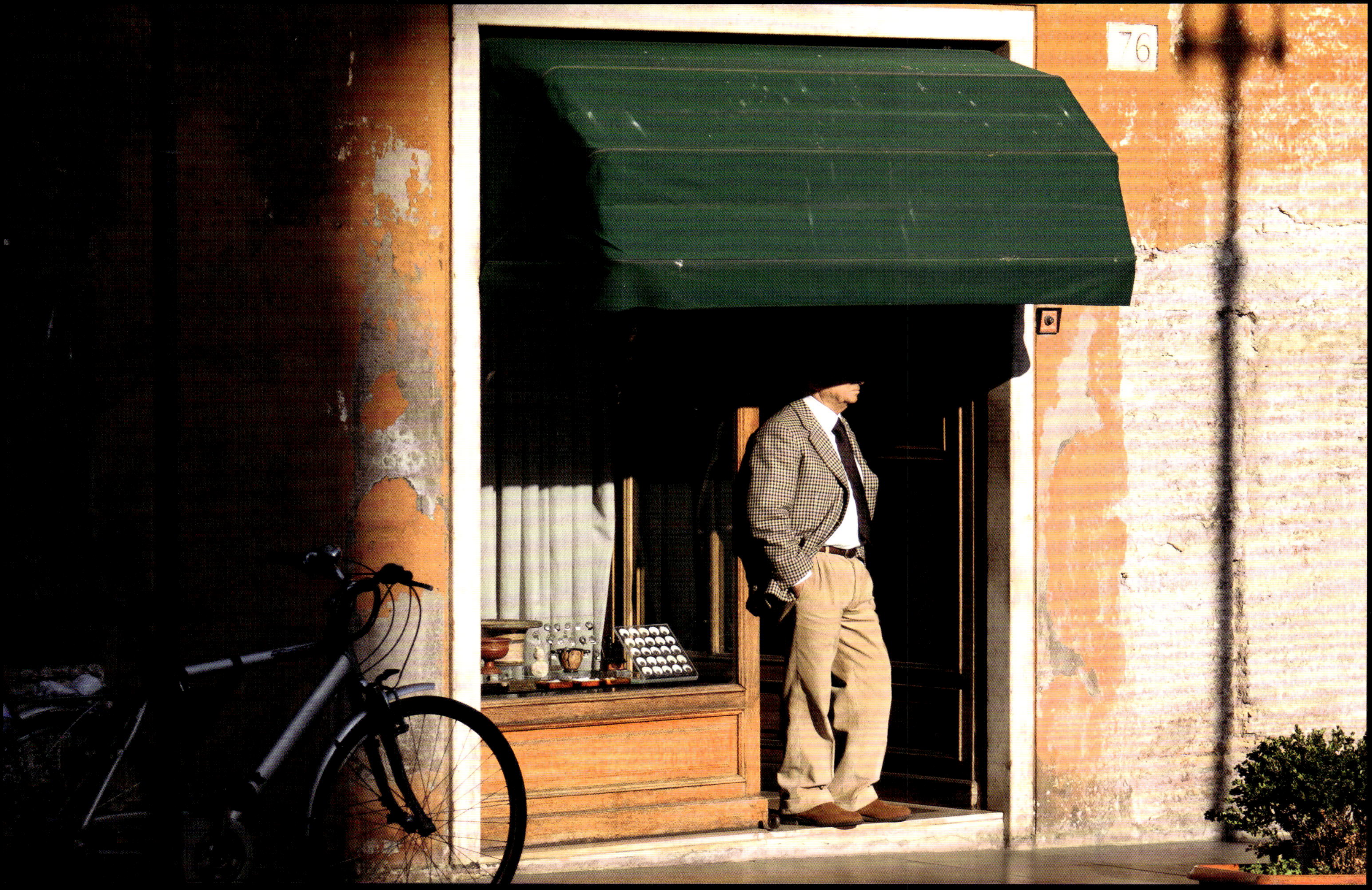
76

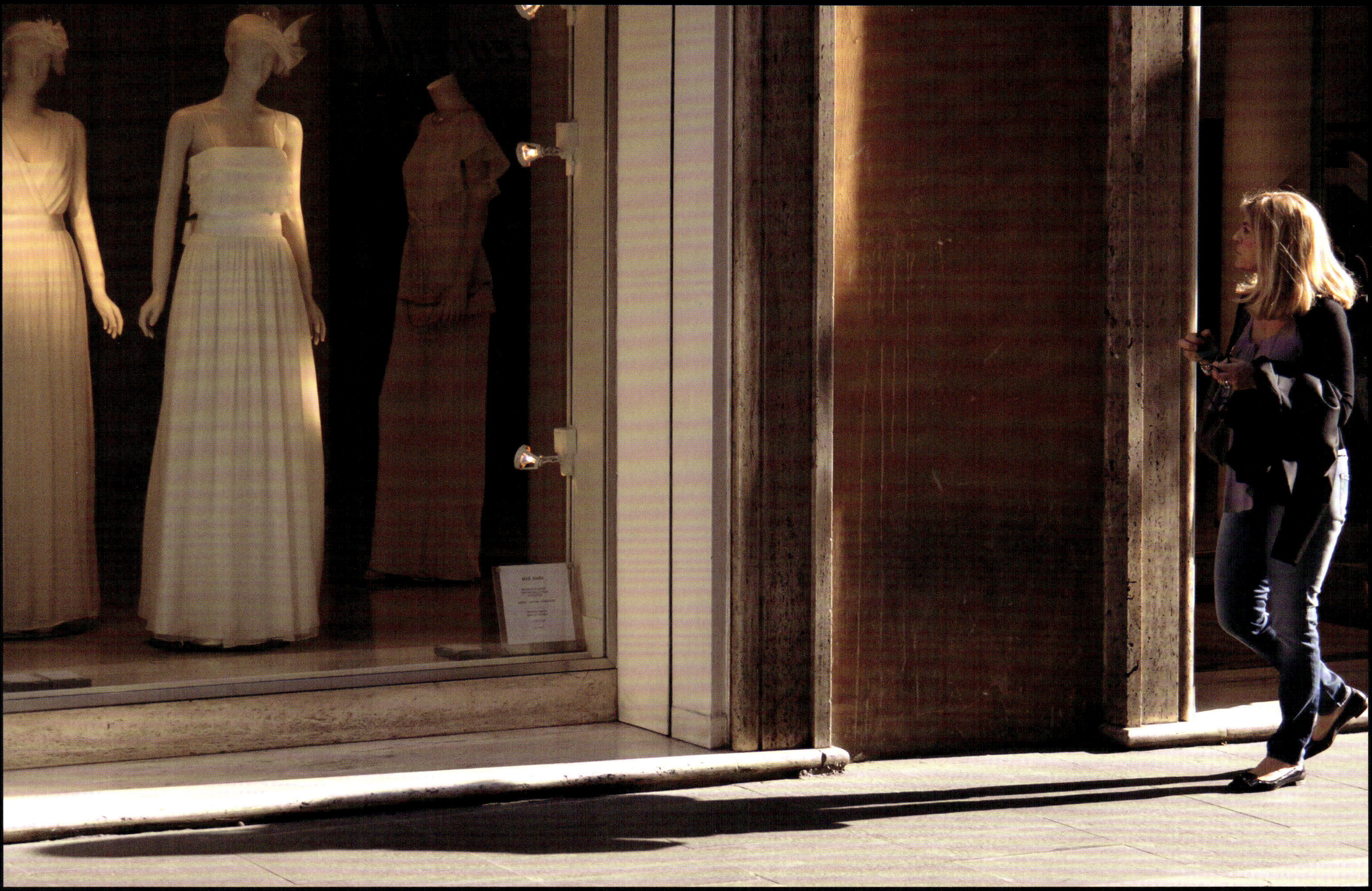

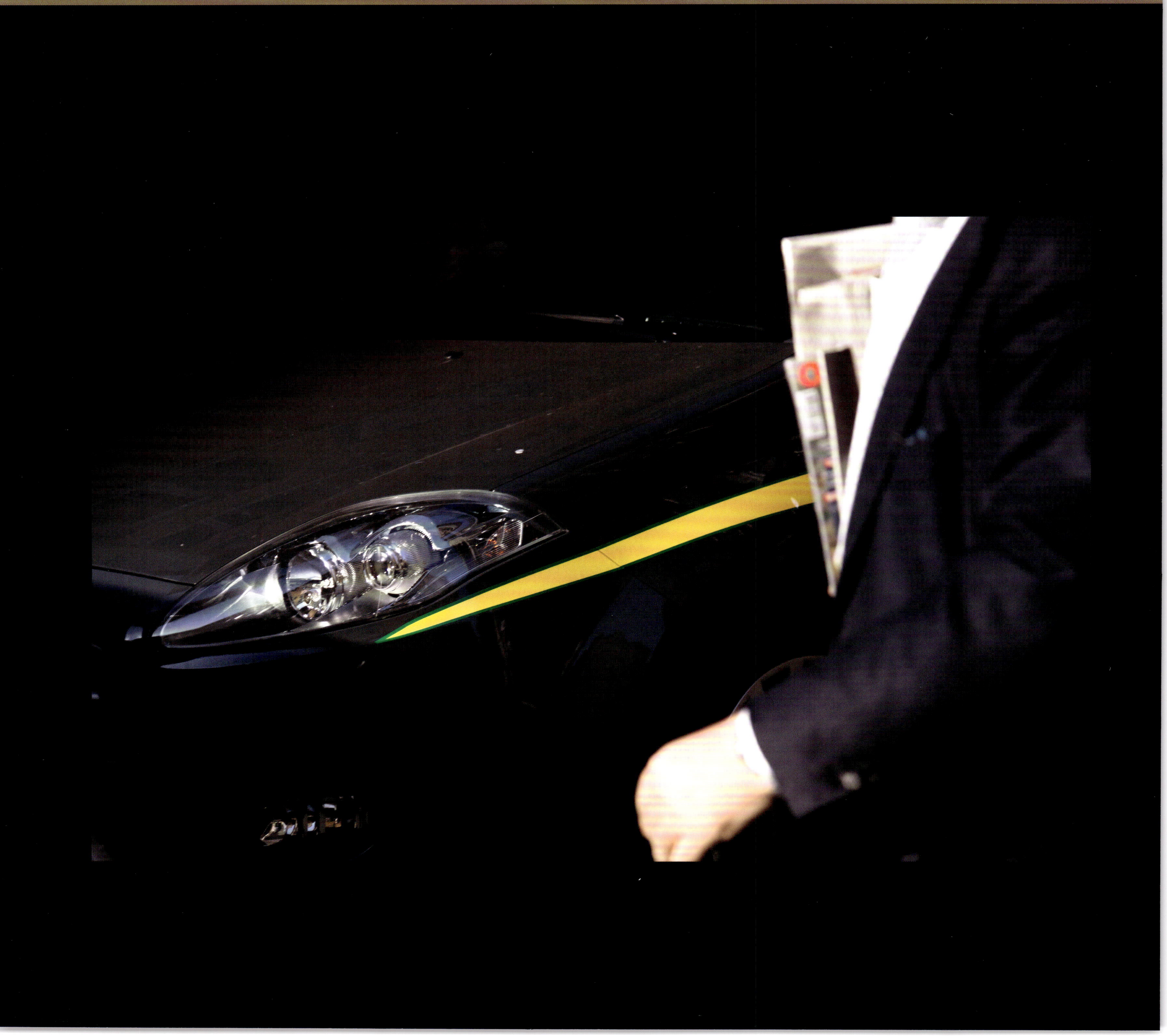

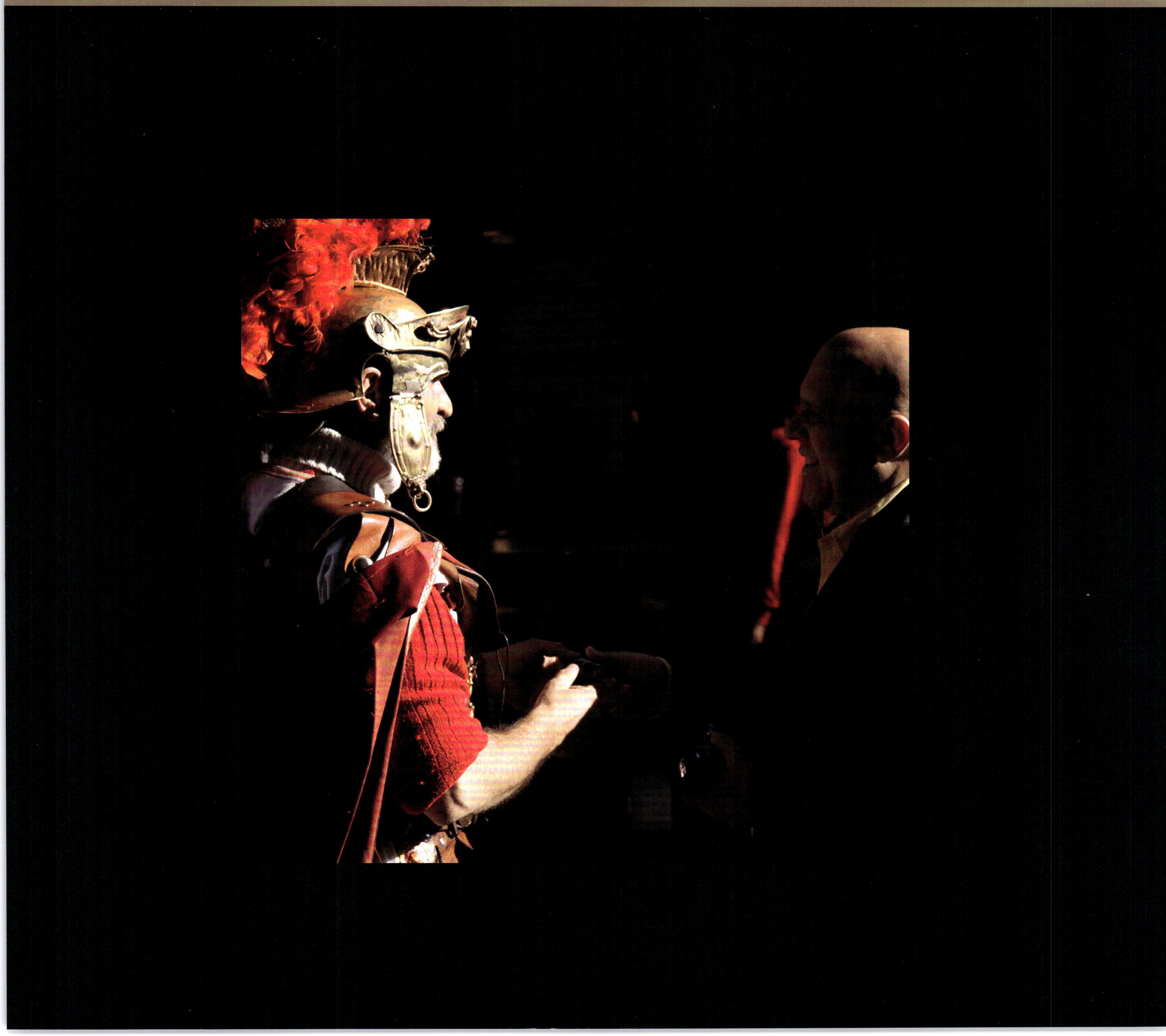

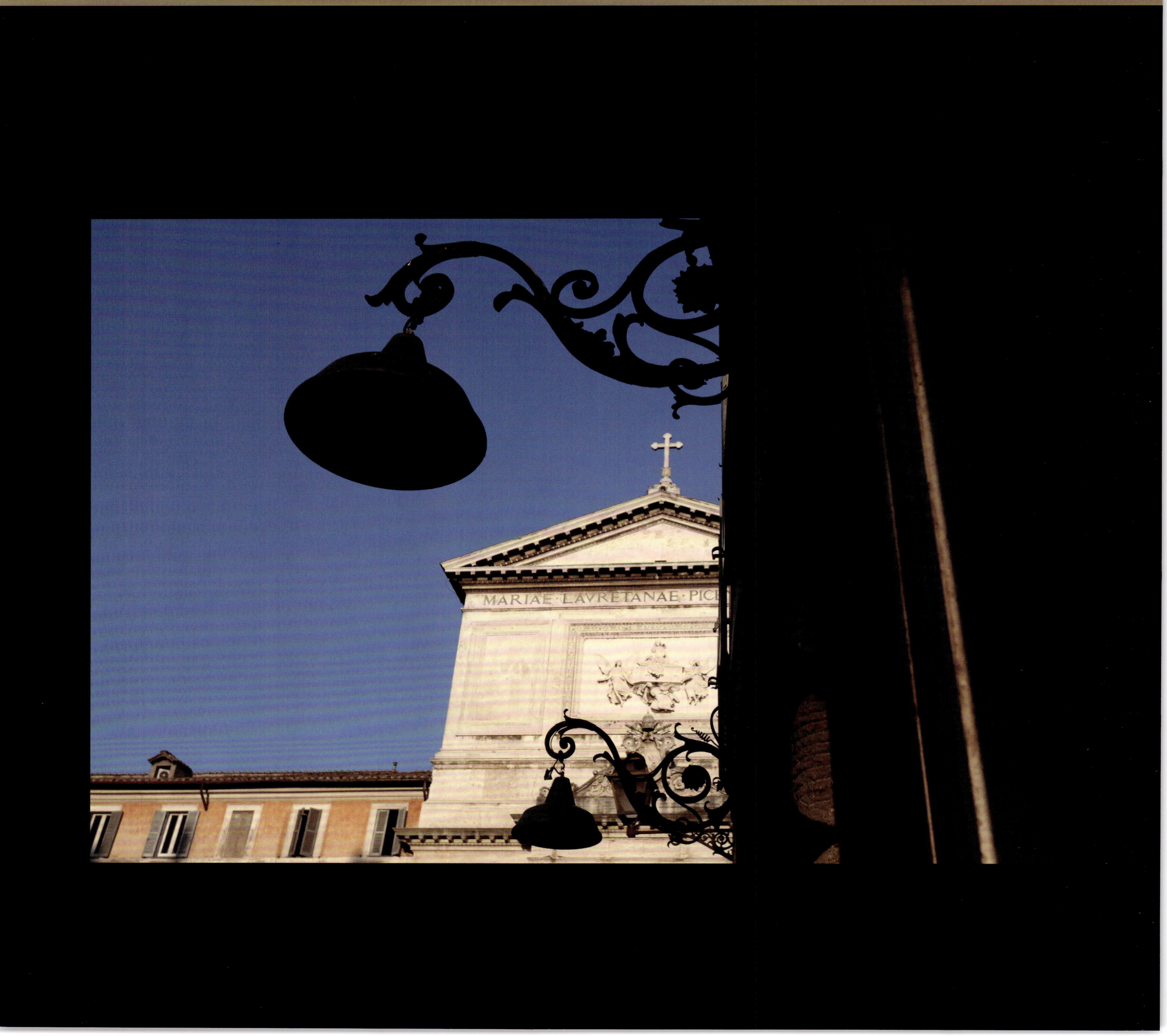
MARIAE LAVRETANAE

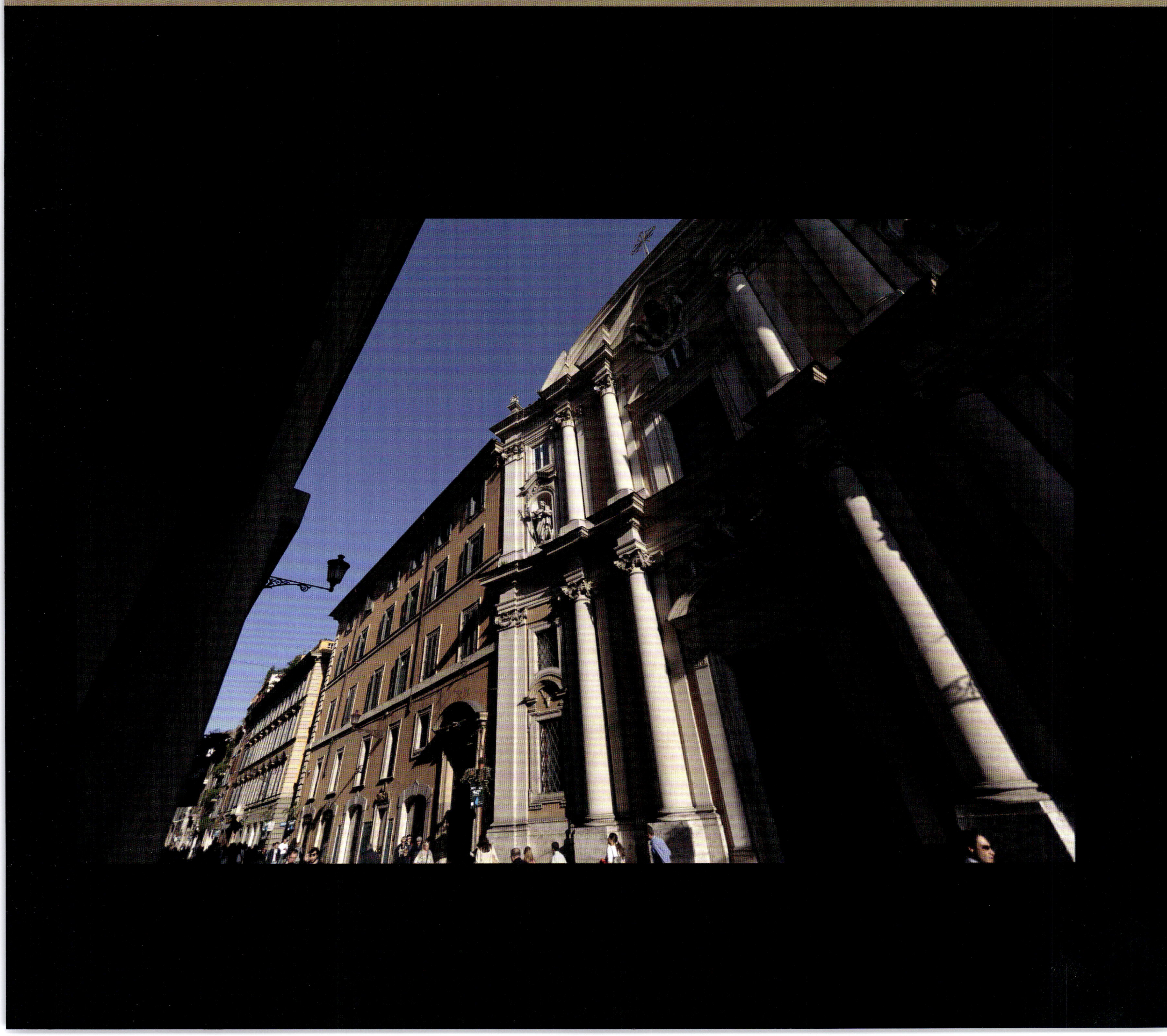

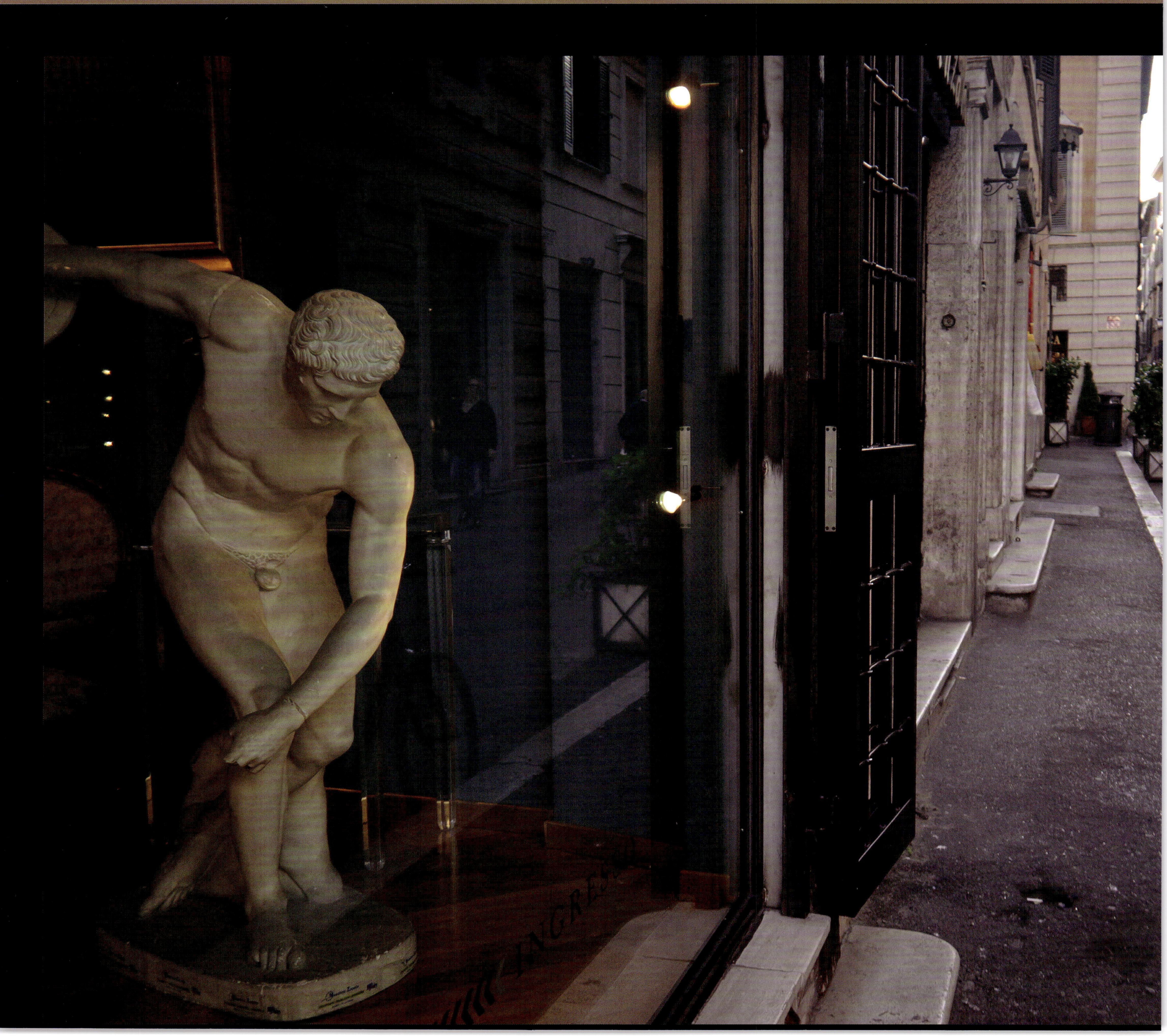

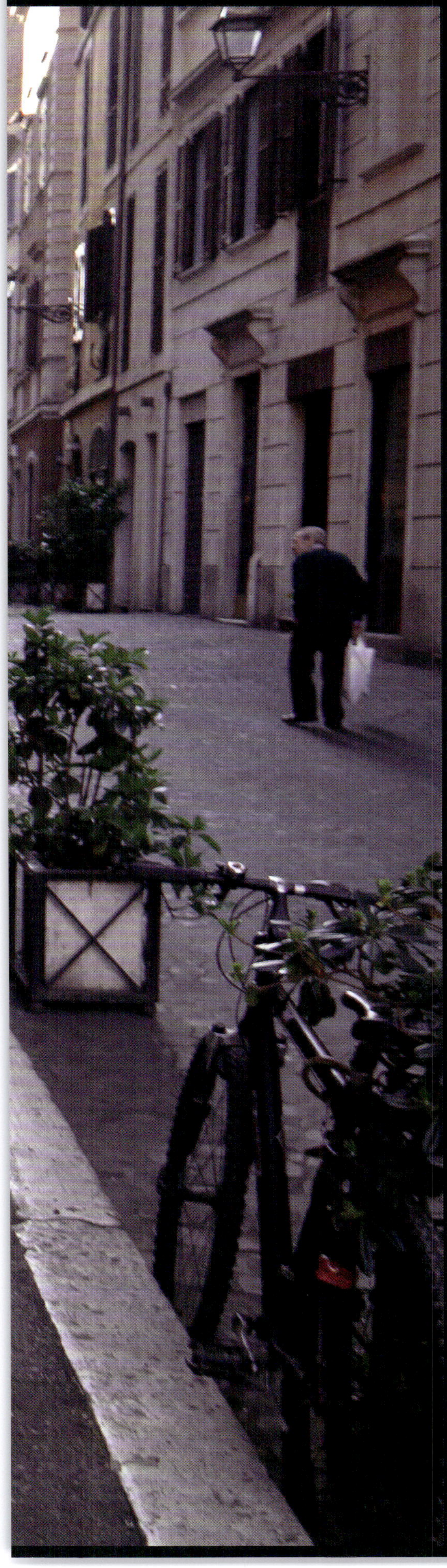

Doch auch einige Straßen weiter, in der Via del Coronari, ließ der Senator nur ab und an ein nachdenkliches Räuspern vernehmen und schenkte den Antiquitätenläden, die ihre Schätze in den Auslagen präsentierten, keinerlei Aufmerksamkeit.

But even a few streets later, in the calmer Via del Coronari, the pensive senator walked on in silence, clearing his throat occasionally, oblivious to the numerous antique shops, with their treasures on display.

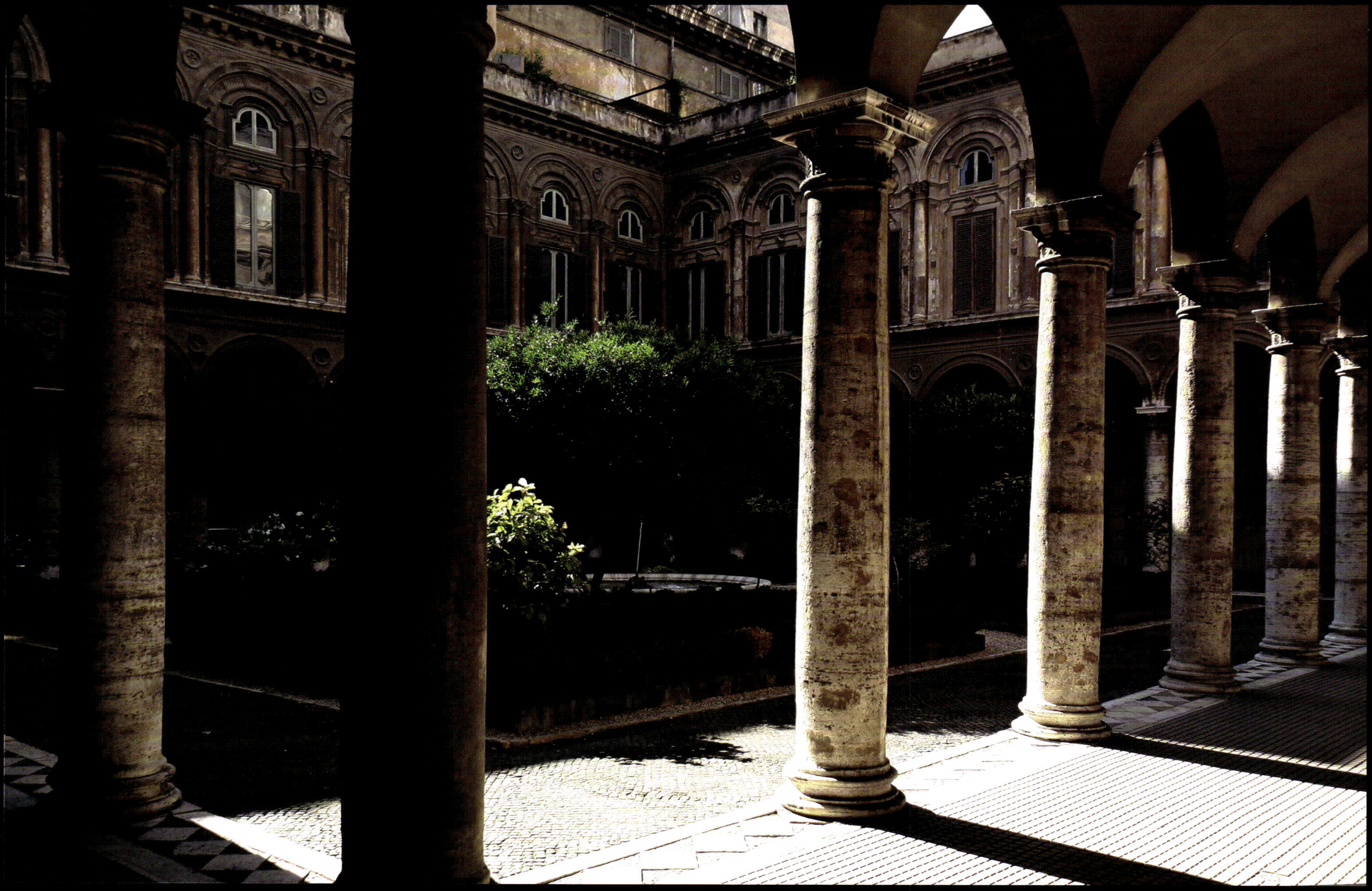

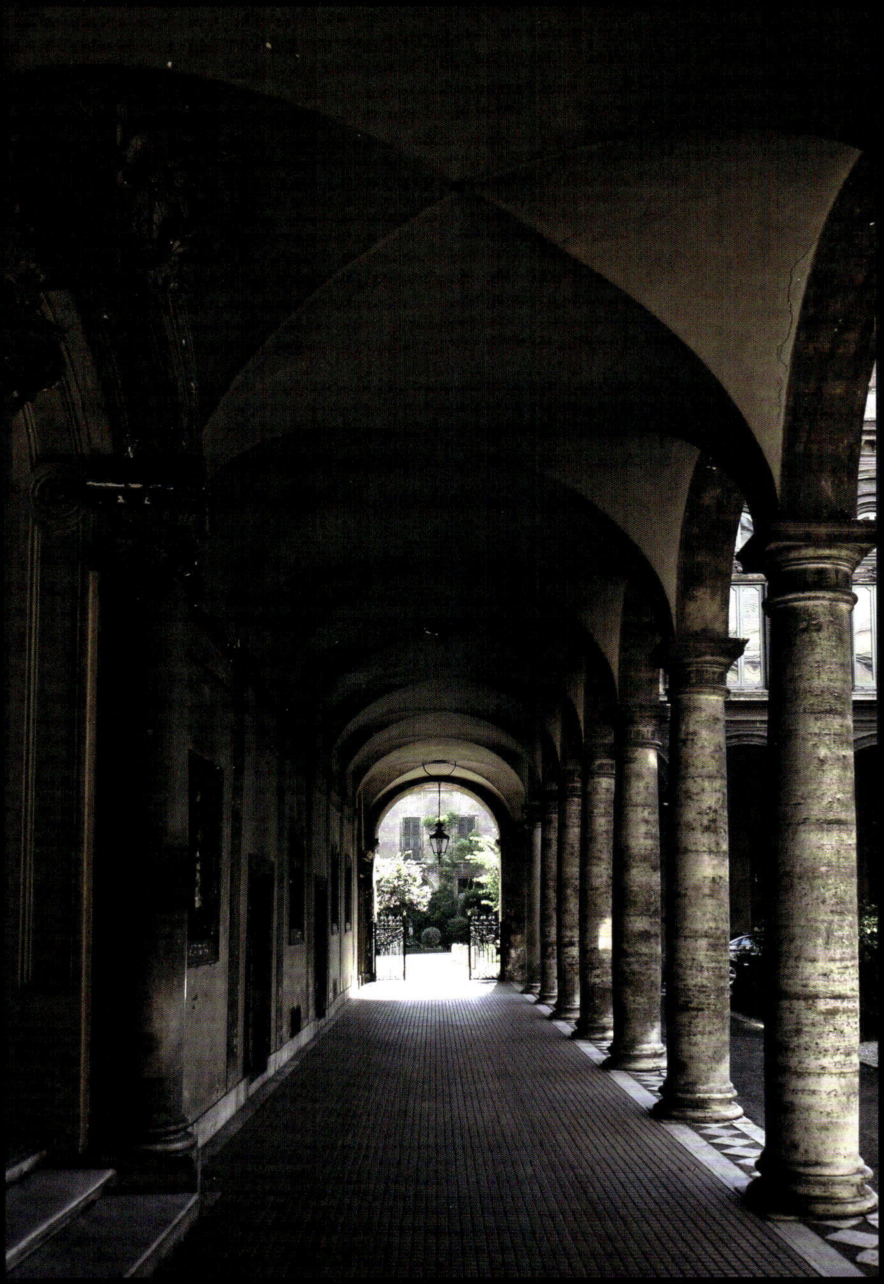

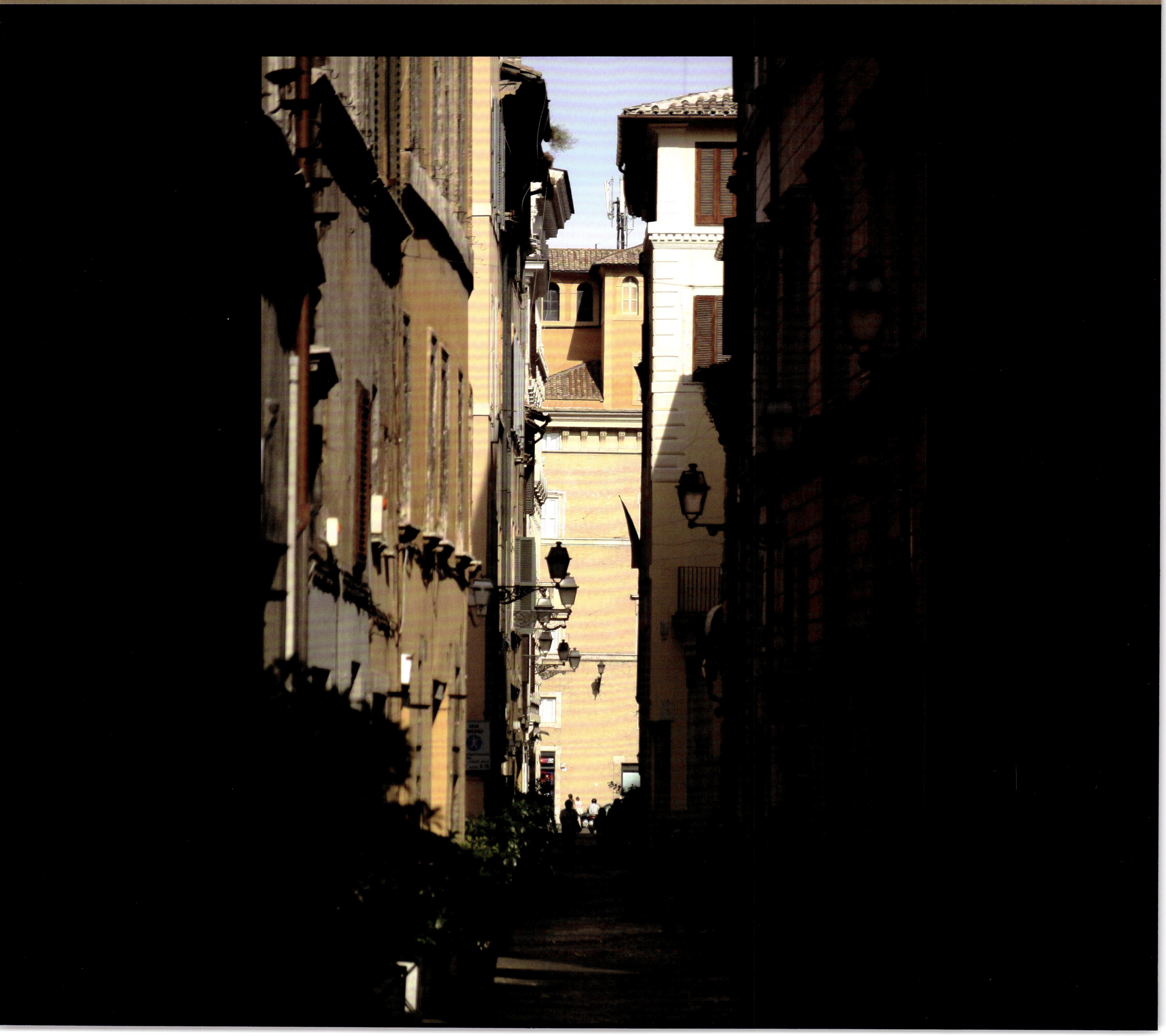

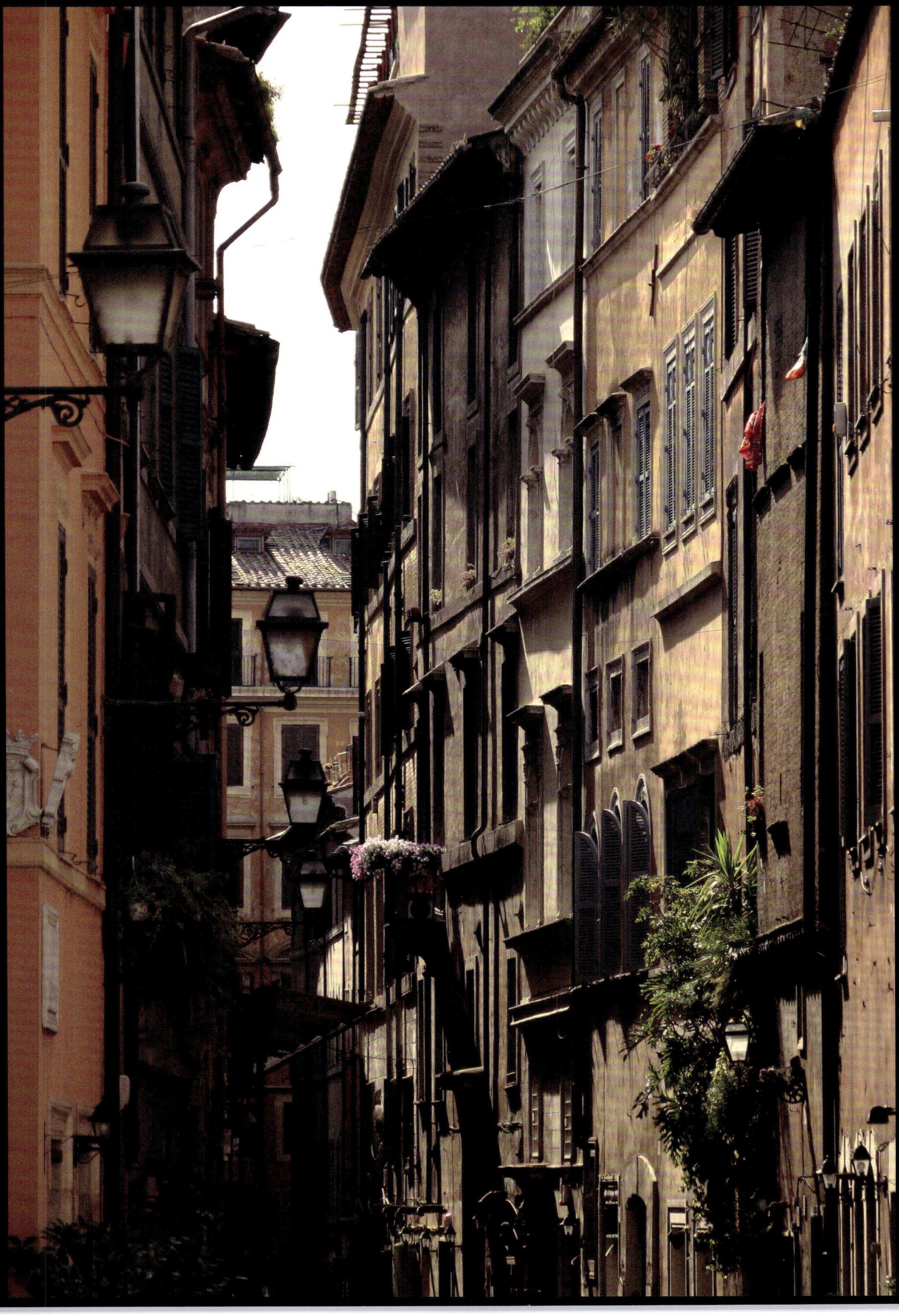

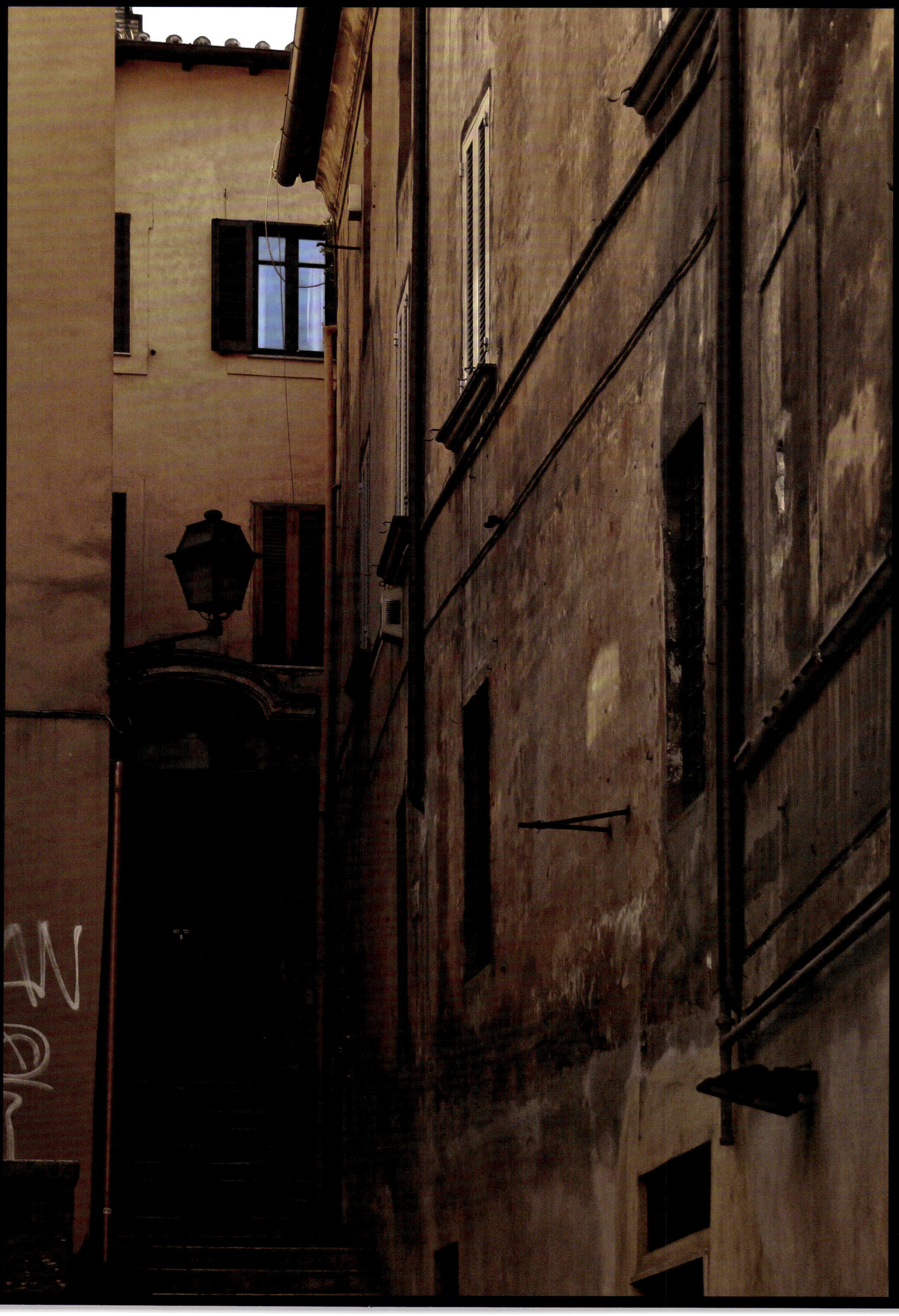

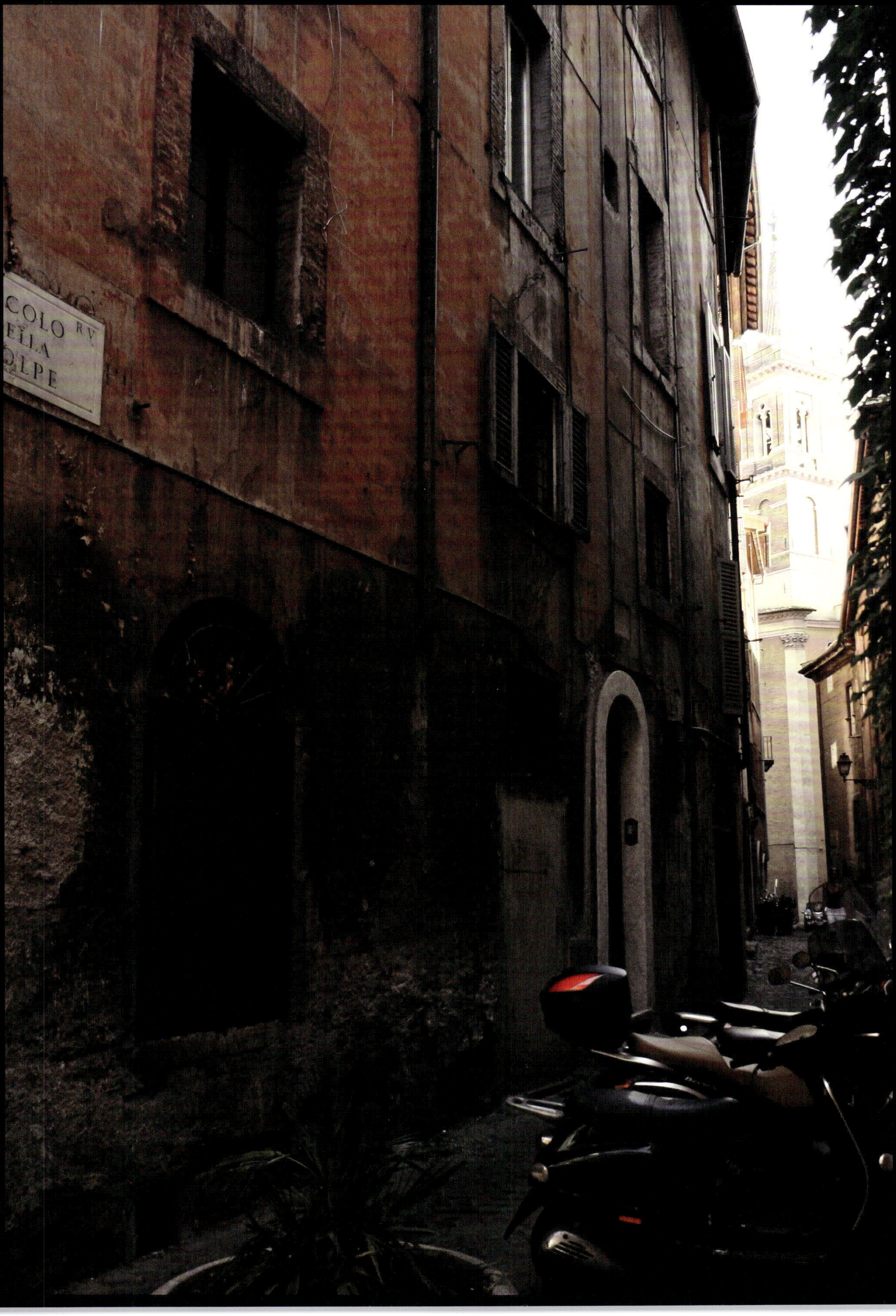

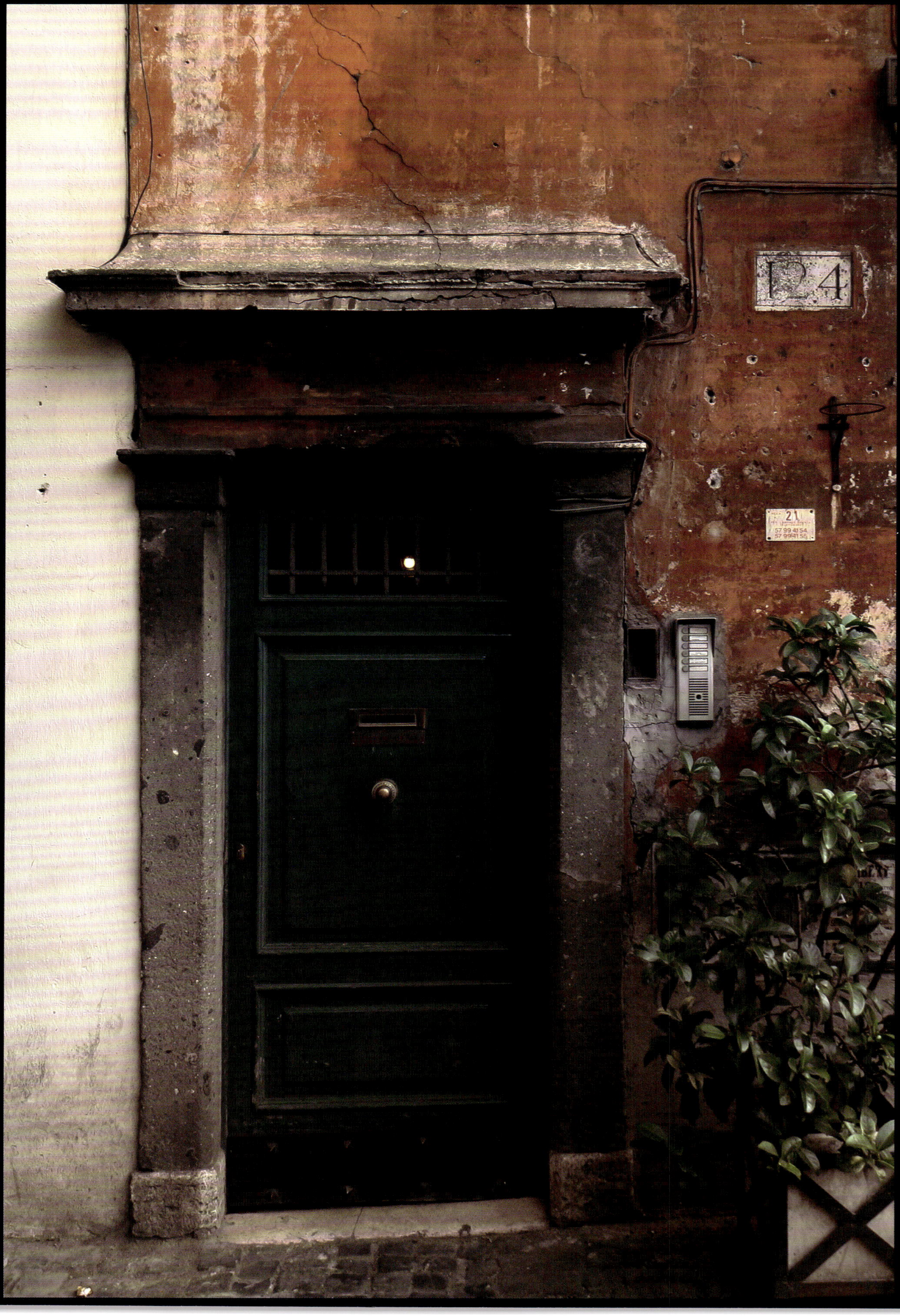
124

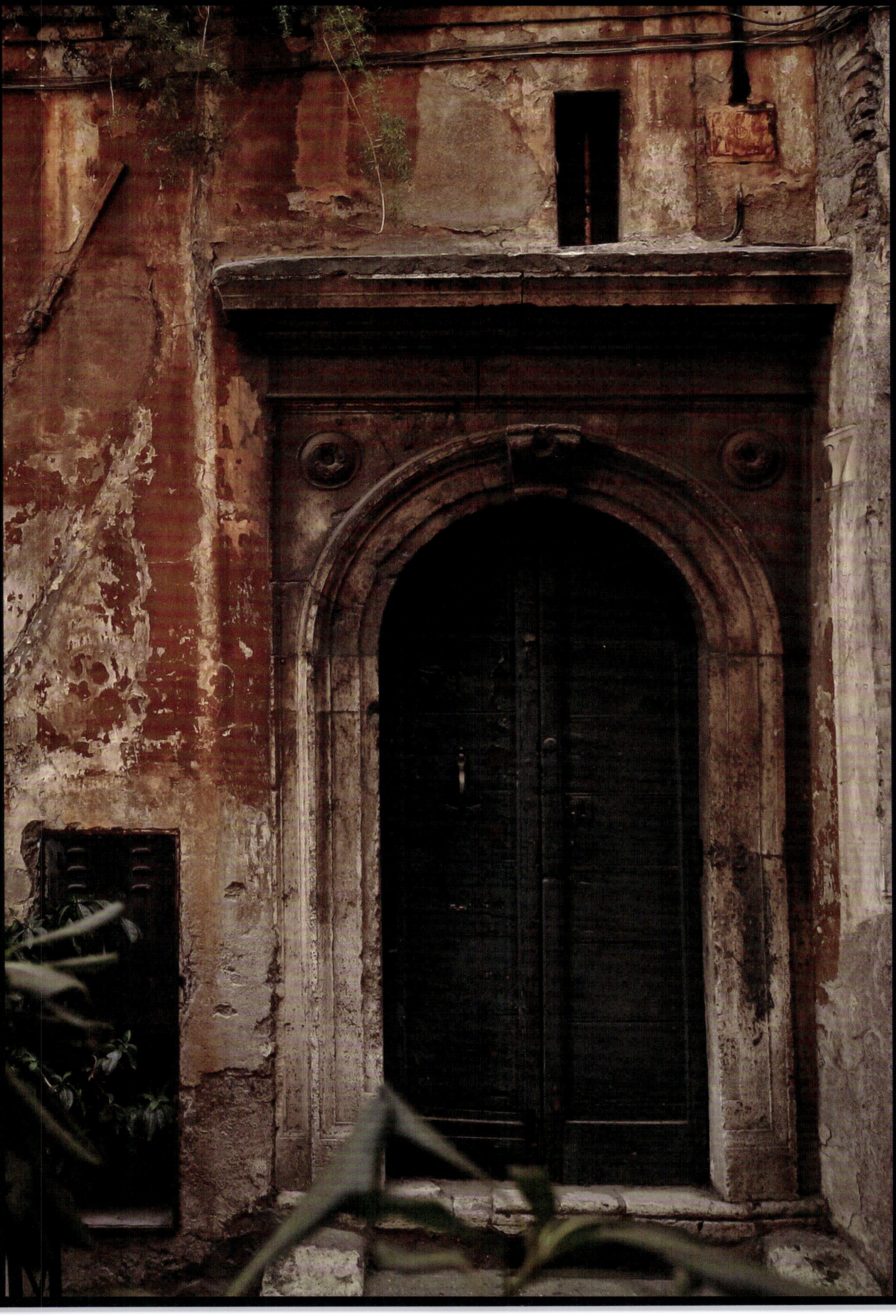

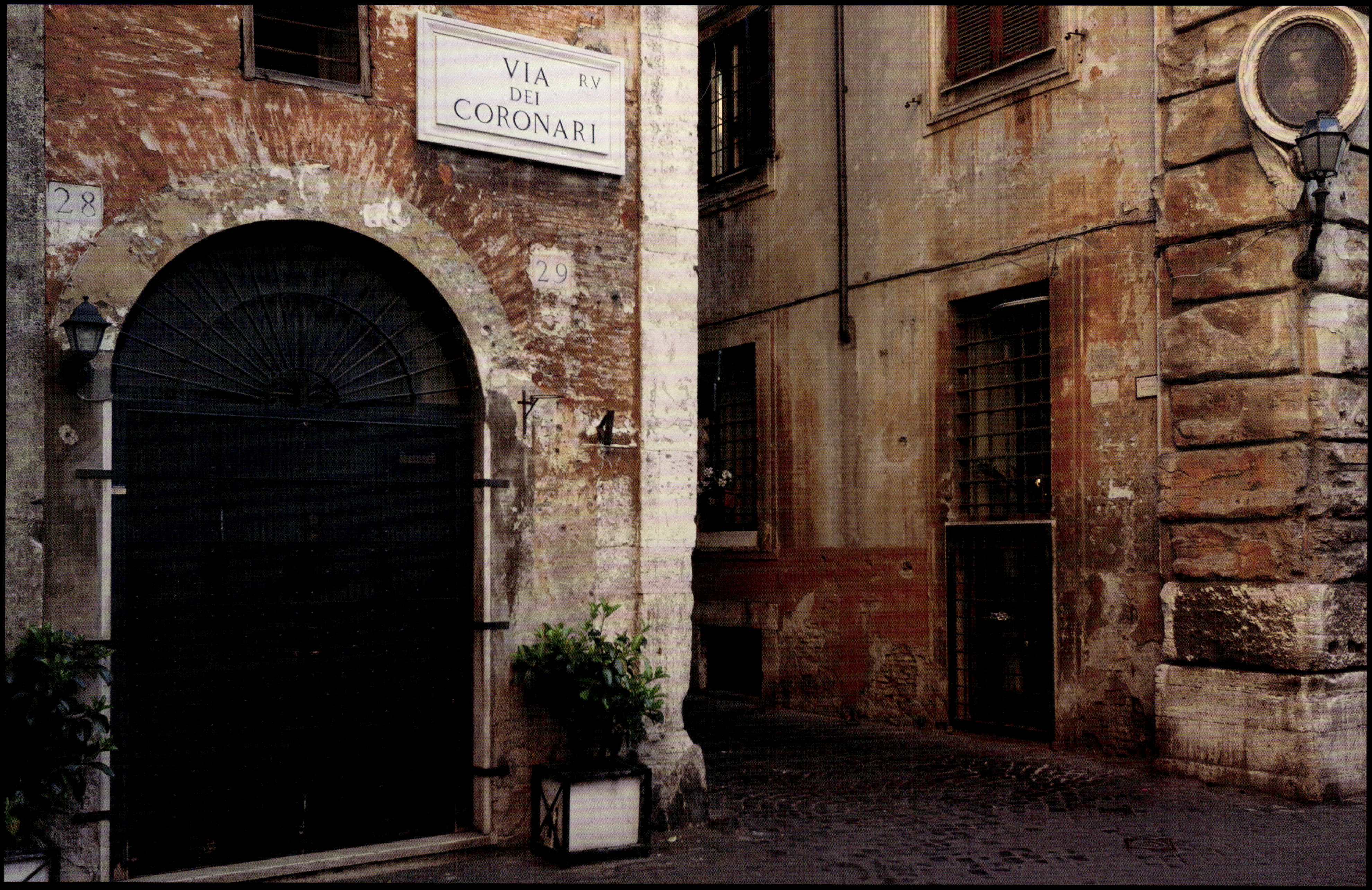
VIA R.V
DEI
CORONARI
28
29

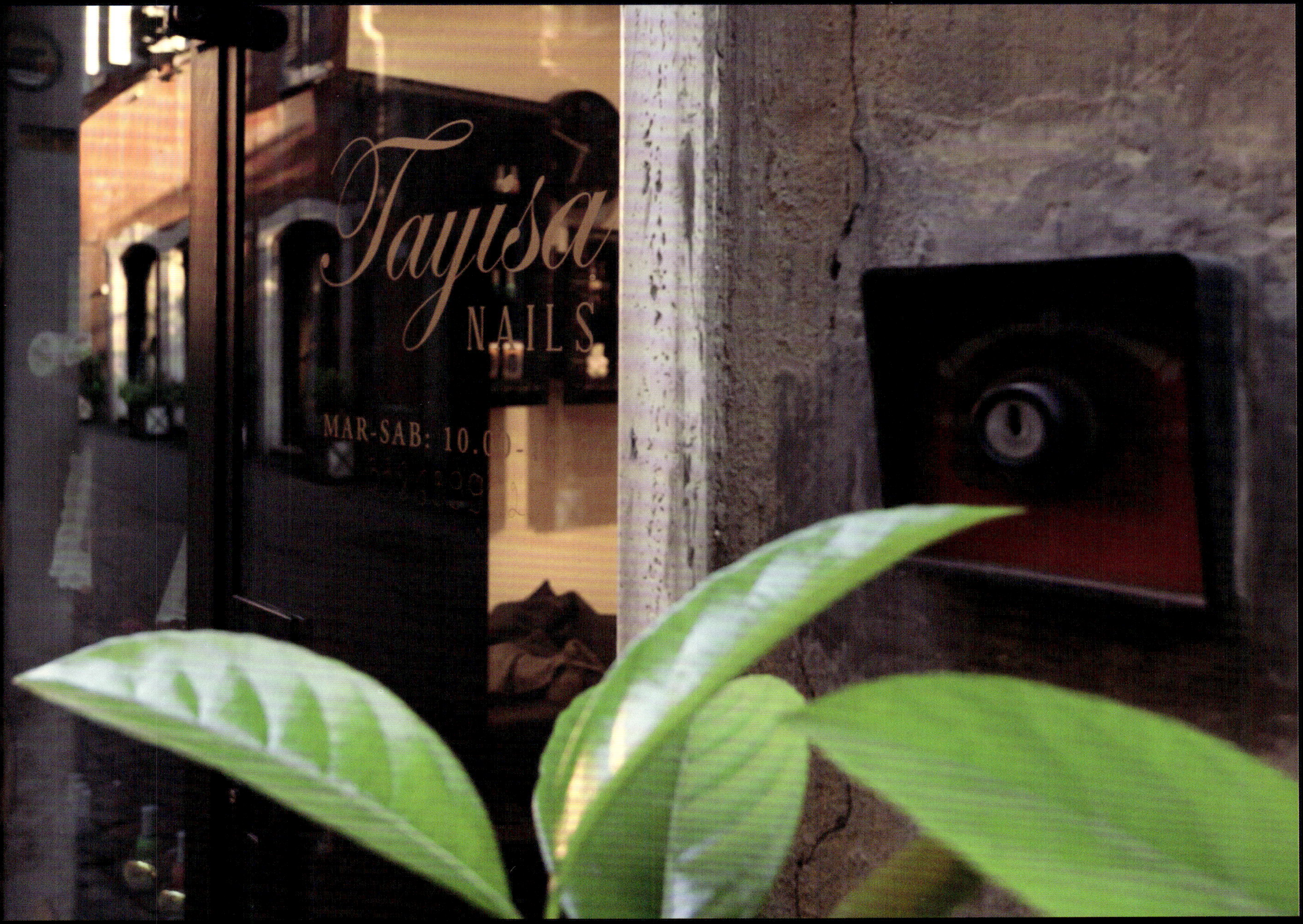
Tayisa
NAILS

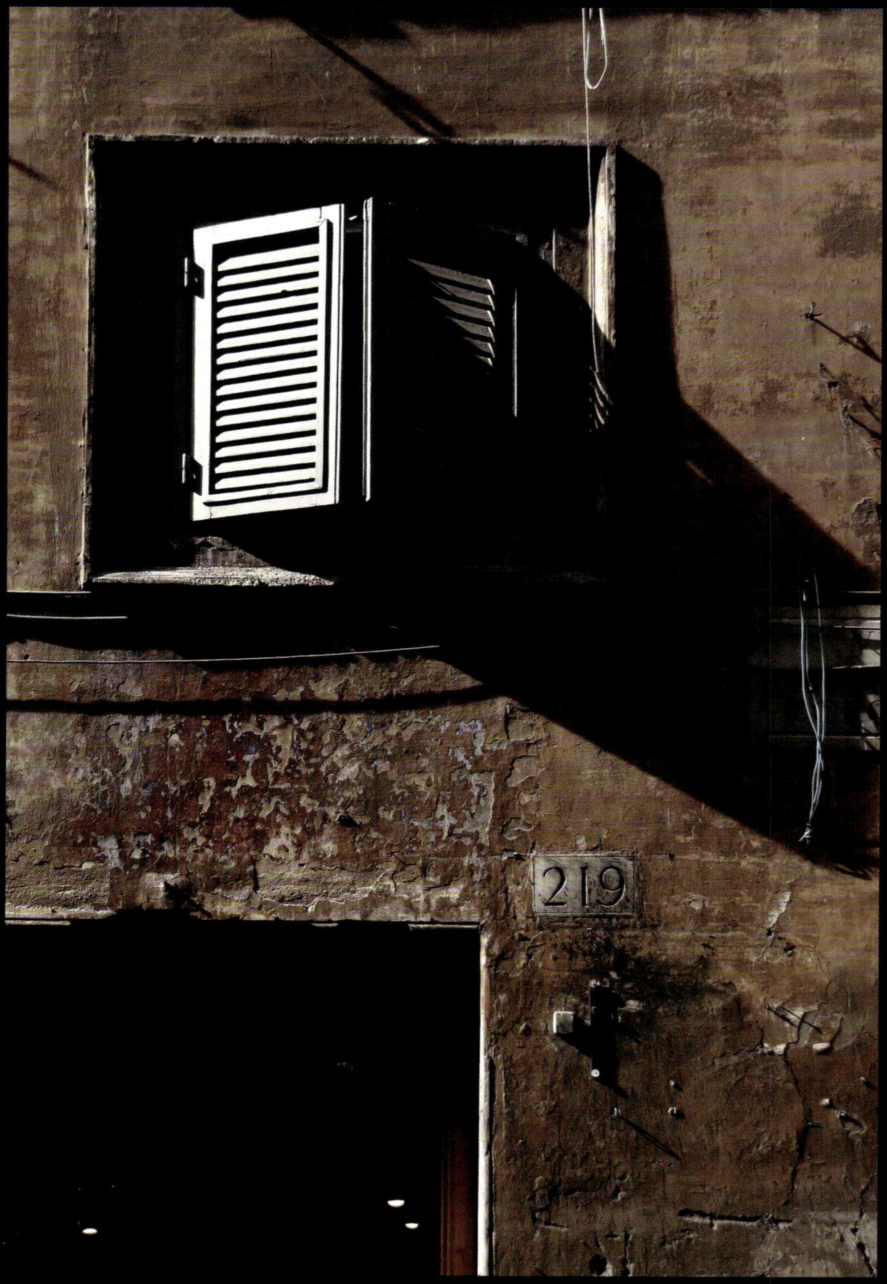
219

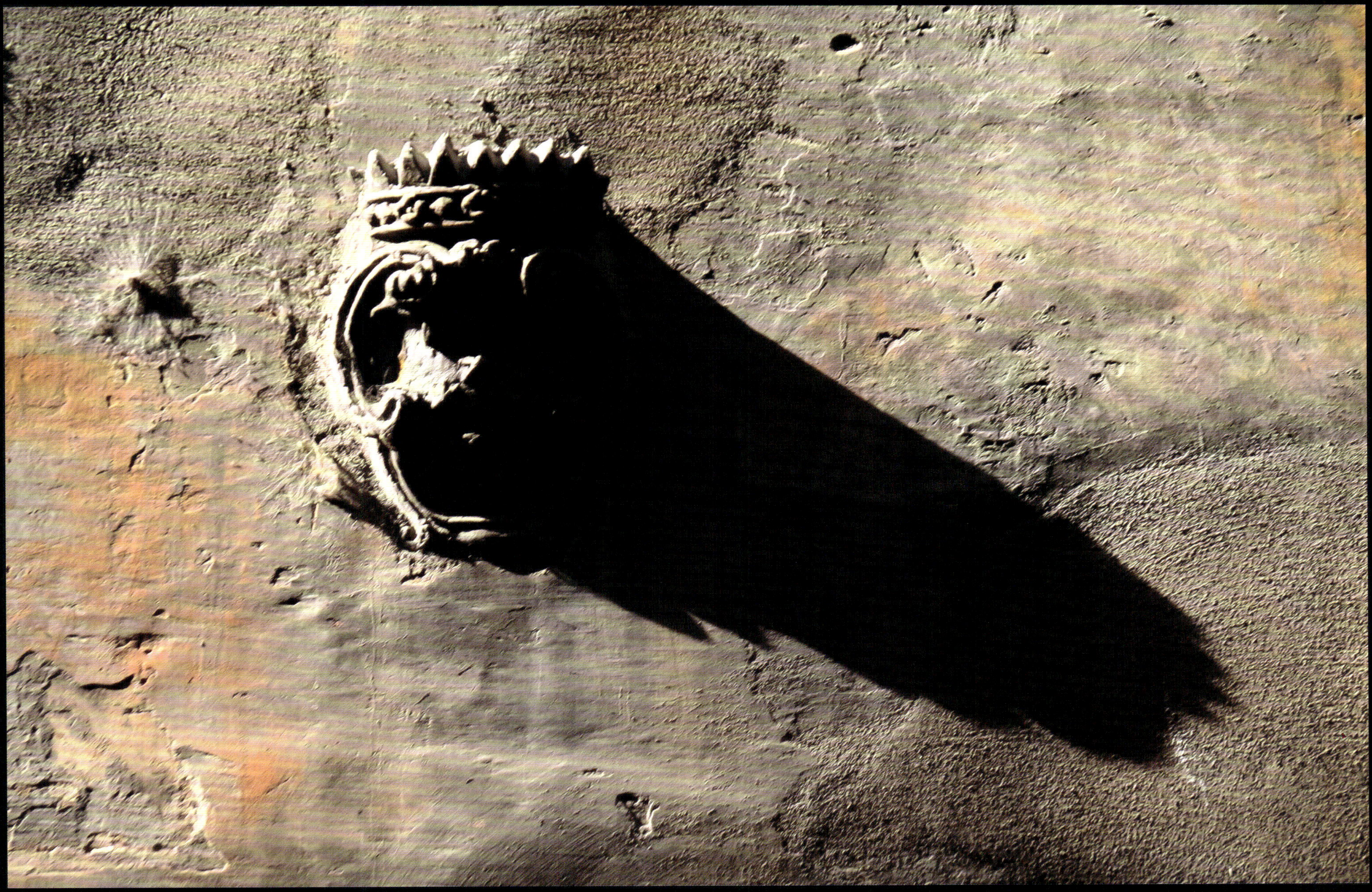

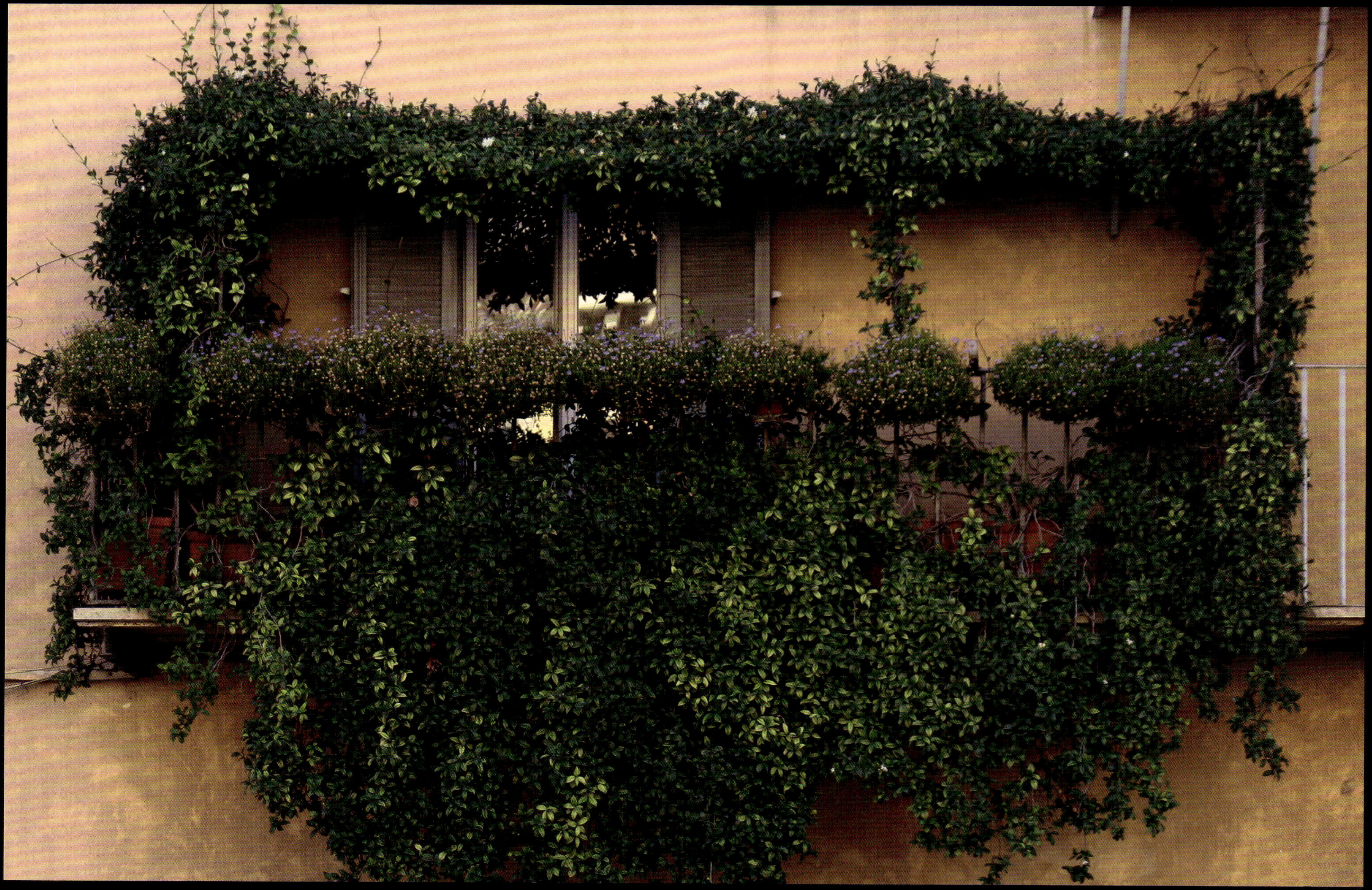

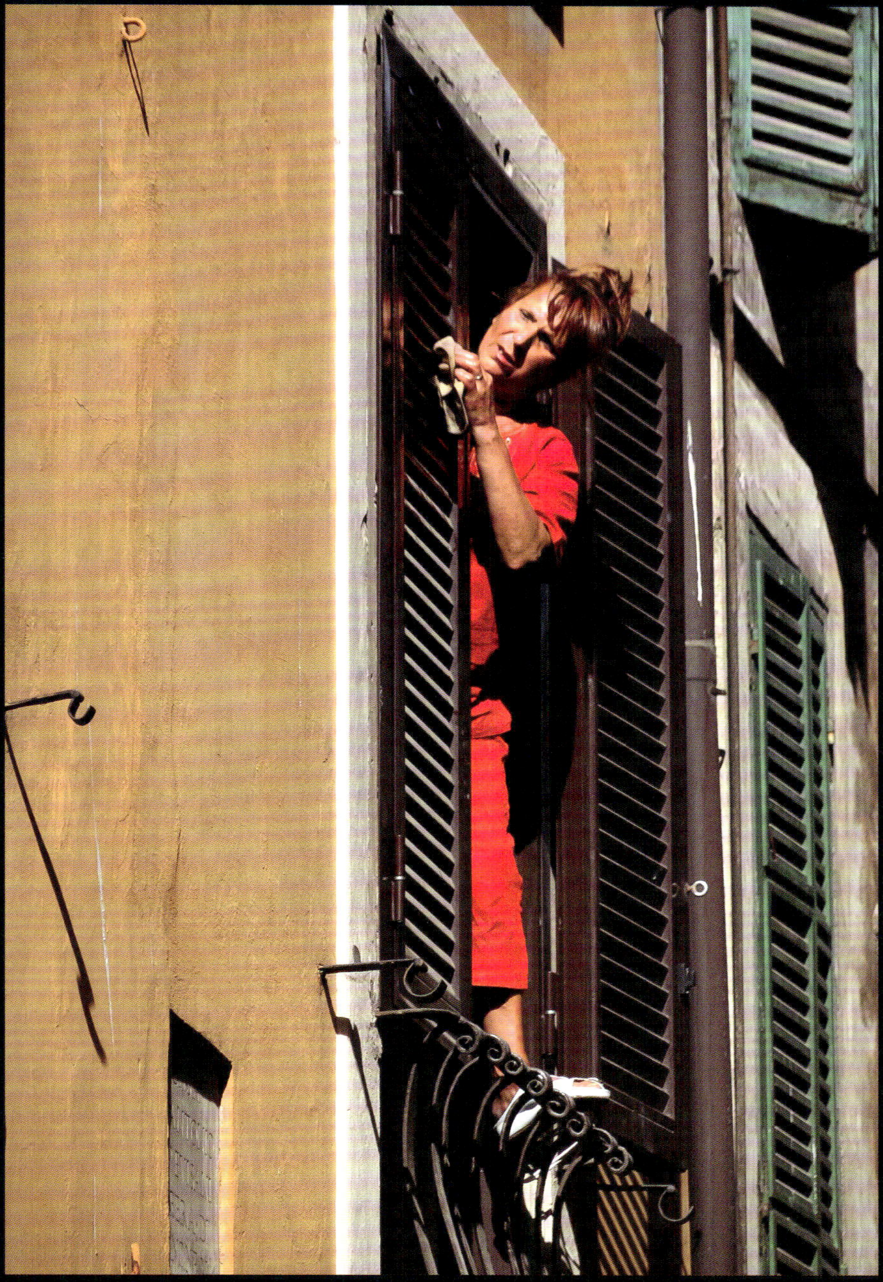

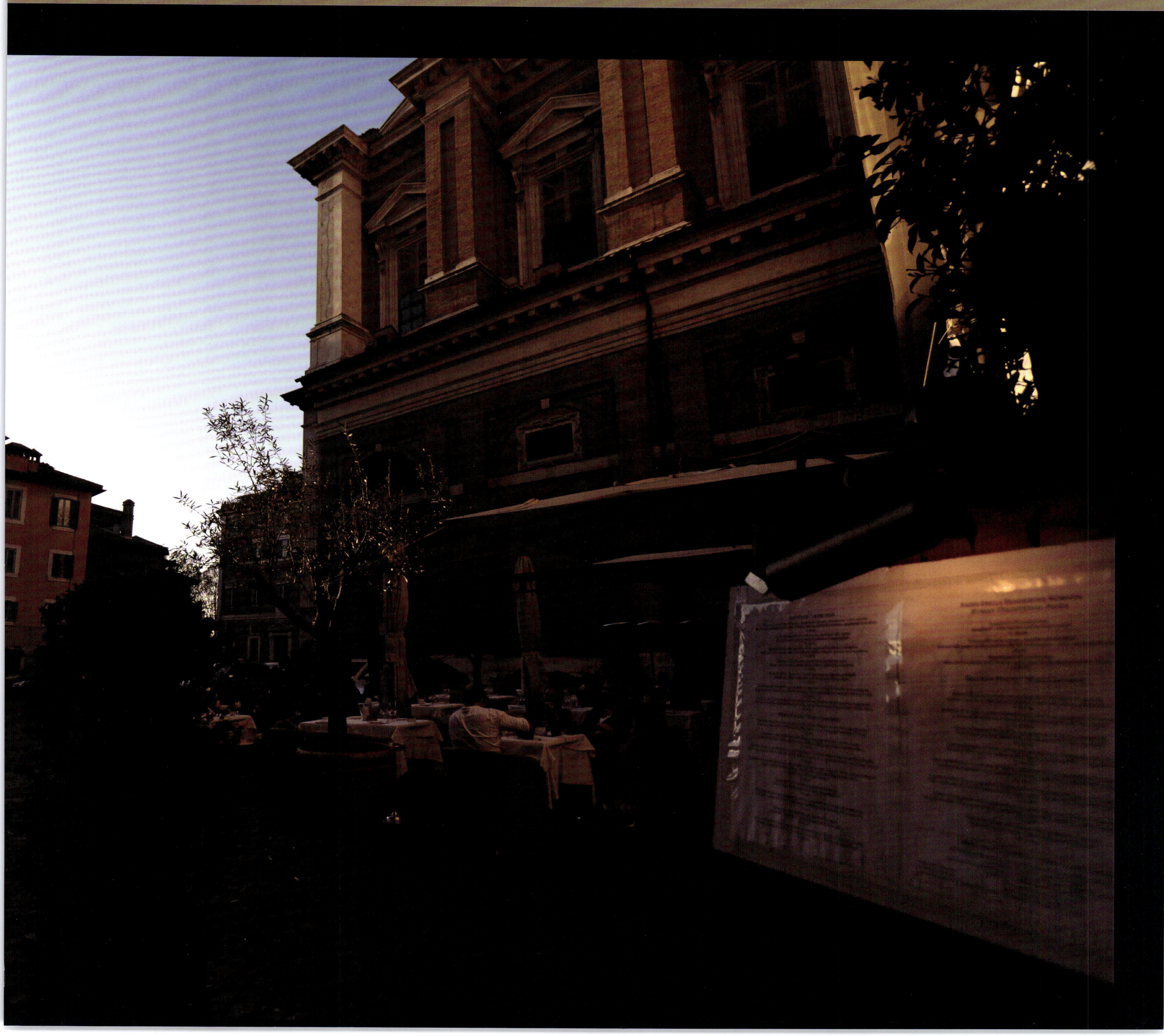

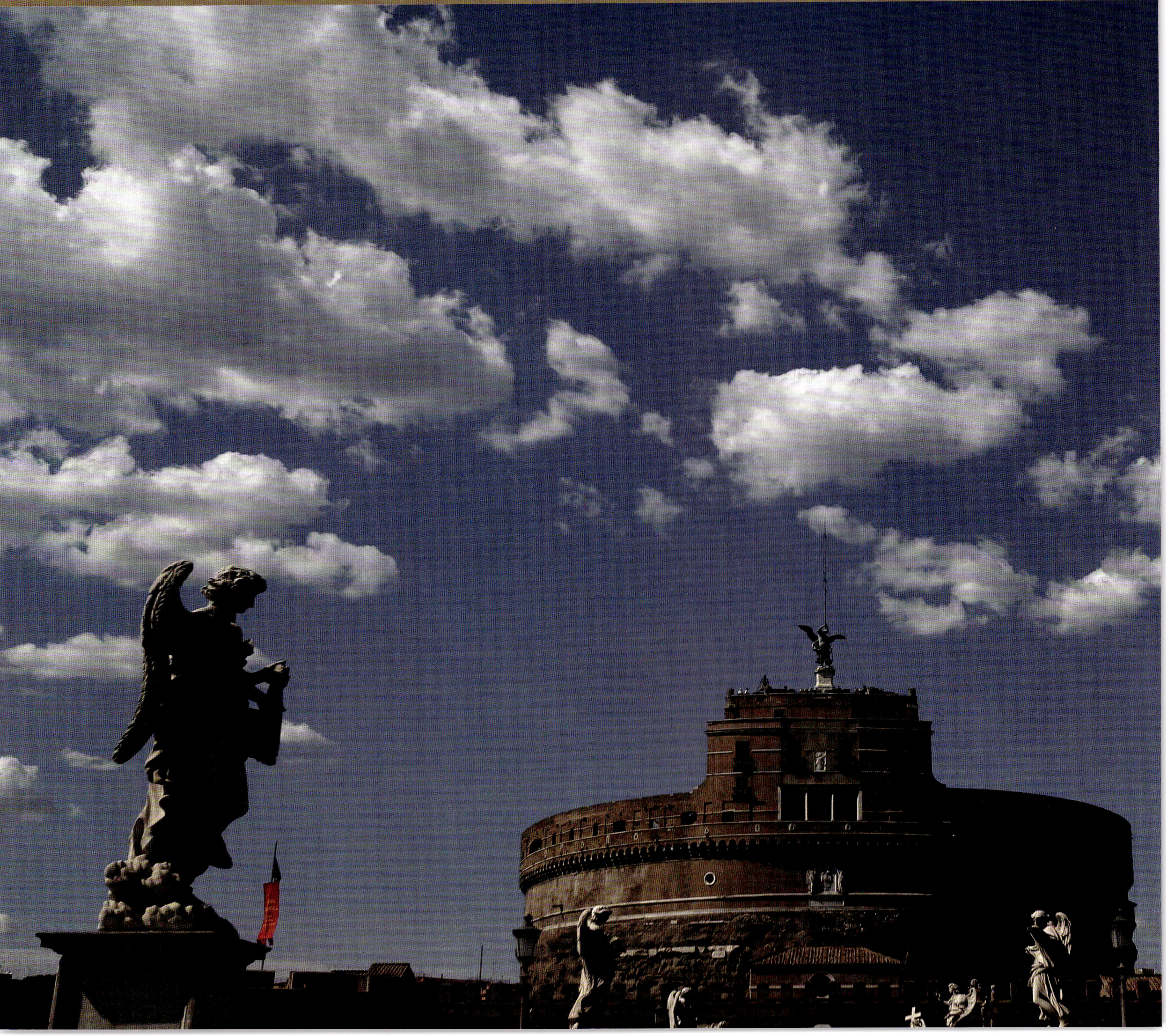

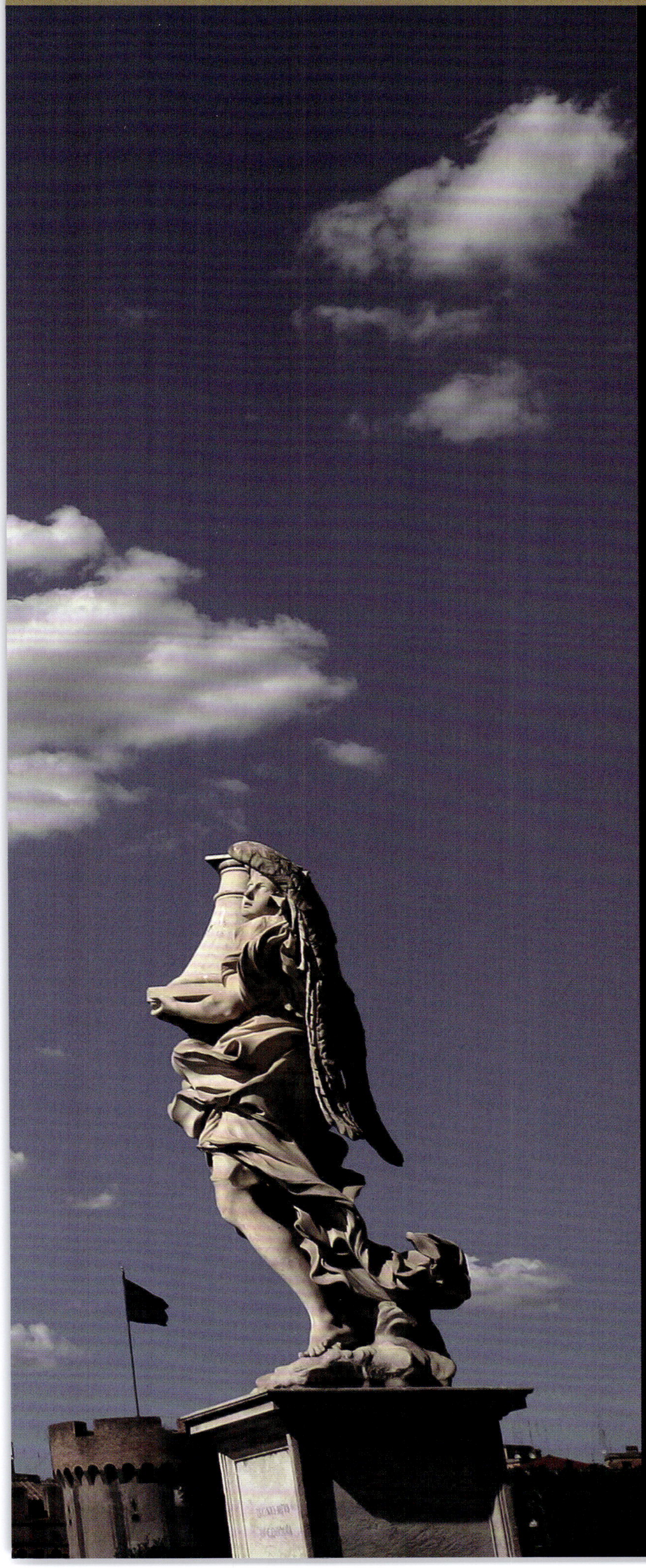

„Wollen wir diesen Anblick als gutes Omen sehen!", fuhr Samuele fort und zeigte dabei auf die bronzene Engelsfigur, die über der zylindrischen Burg thronte, auf die sie zuschritten. „Möge die Pest schnell wieder verschwinden!"

'Let's take this sight as a good omen!' continued Samuele, pointing to the bronze statue of an angel perched majestically atop the cylindrical fortress in front of them. 'May the plague soon be gone!'

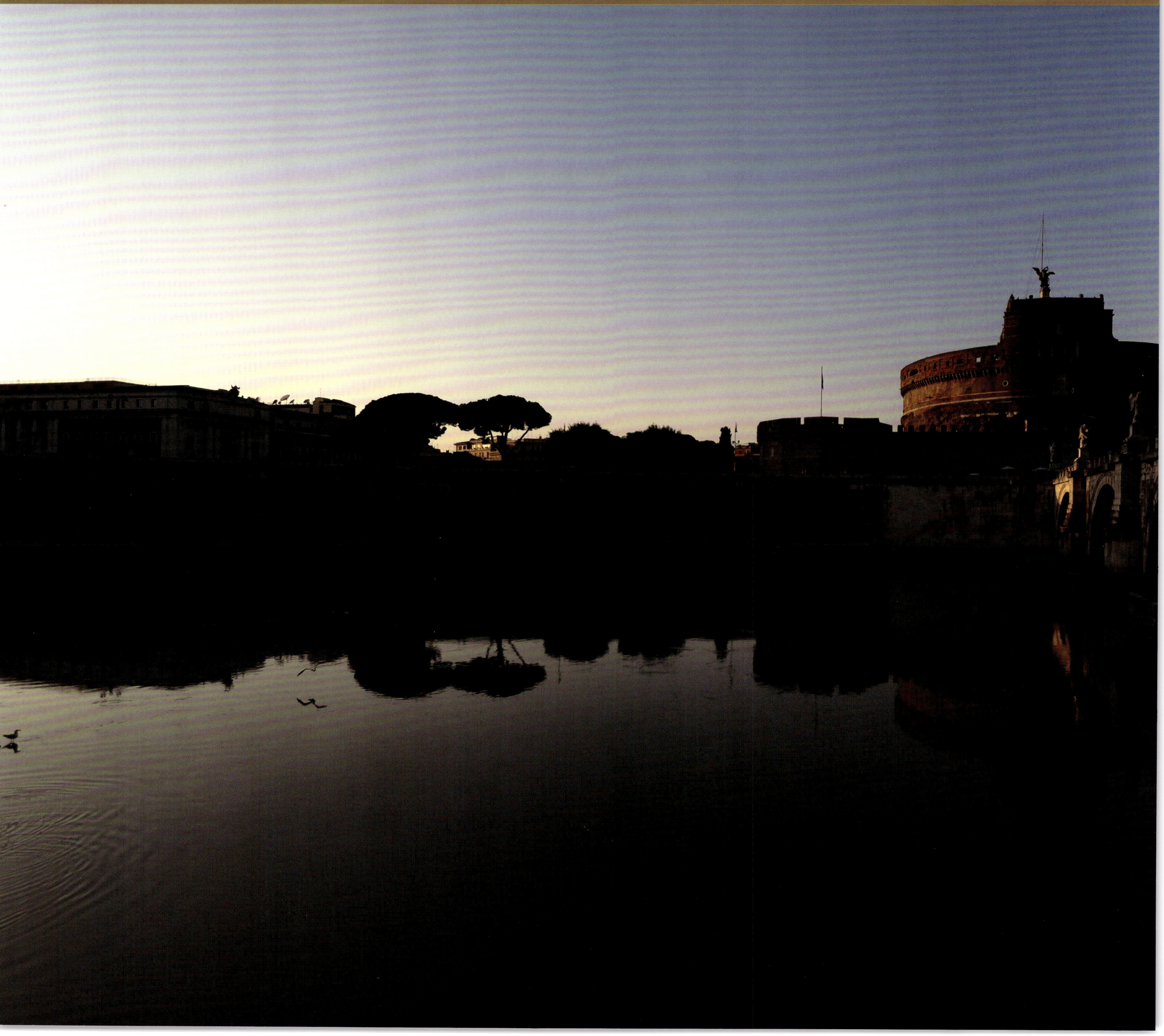

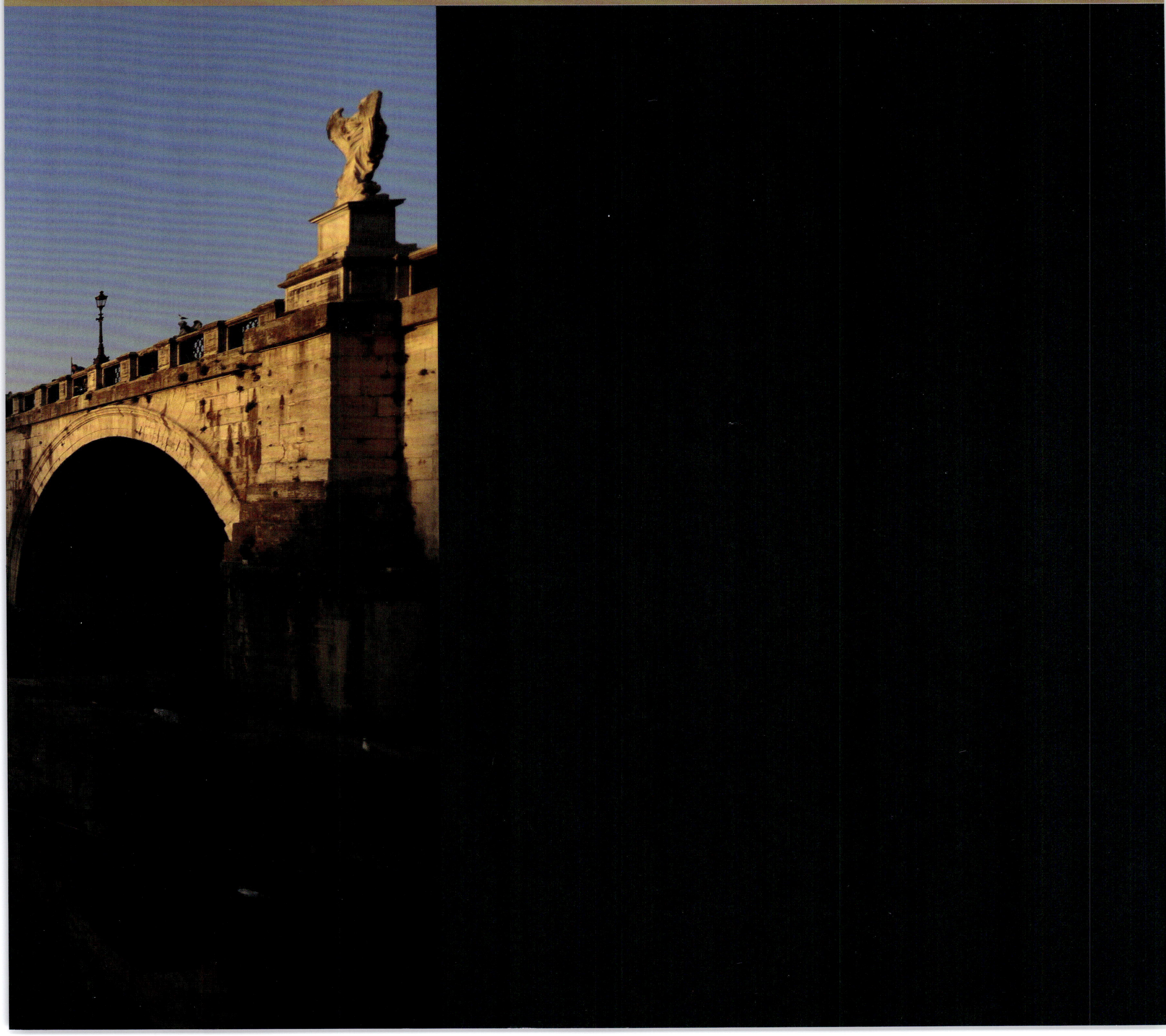

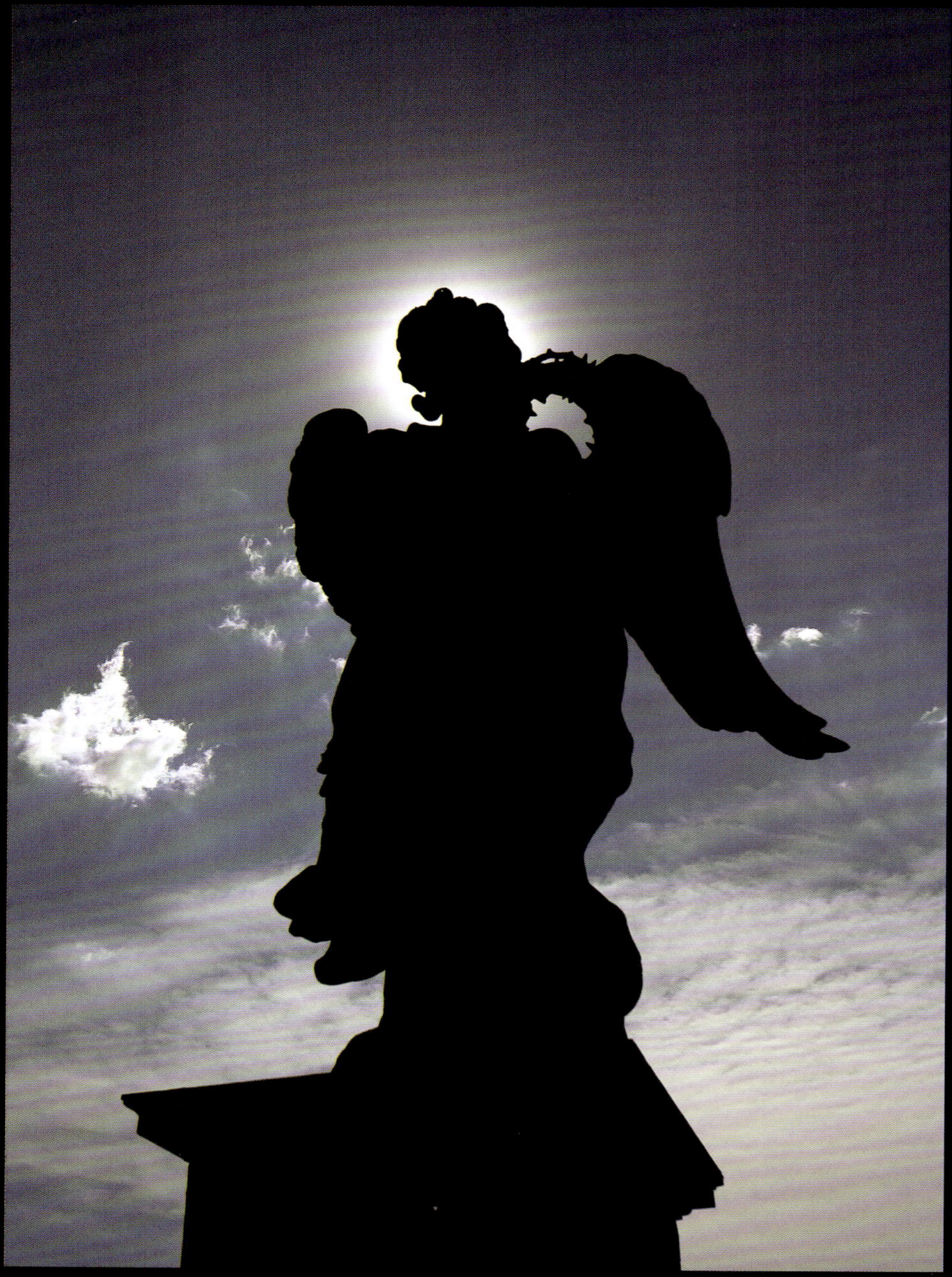

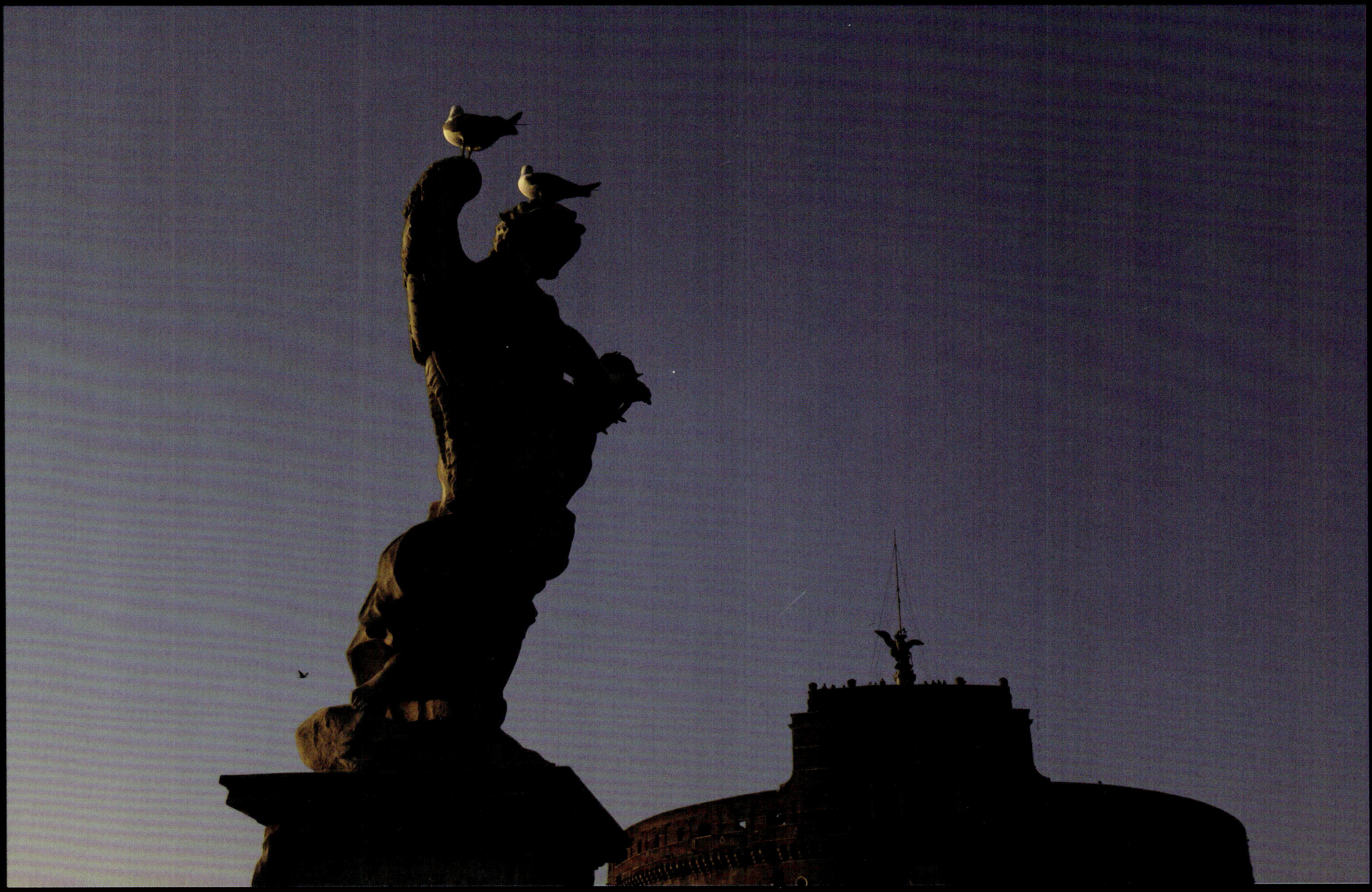

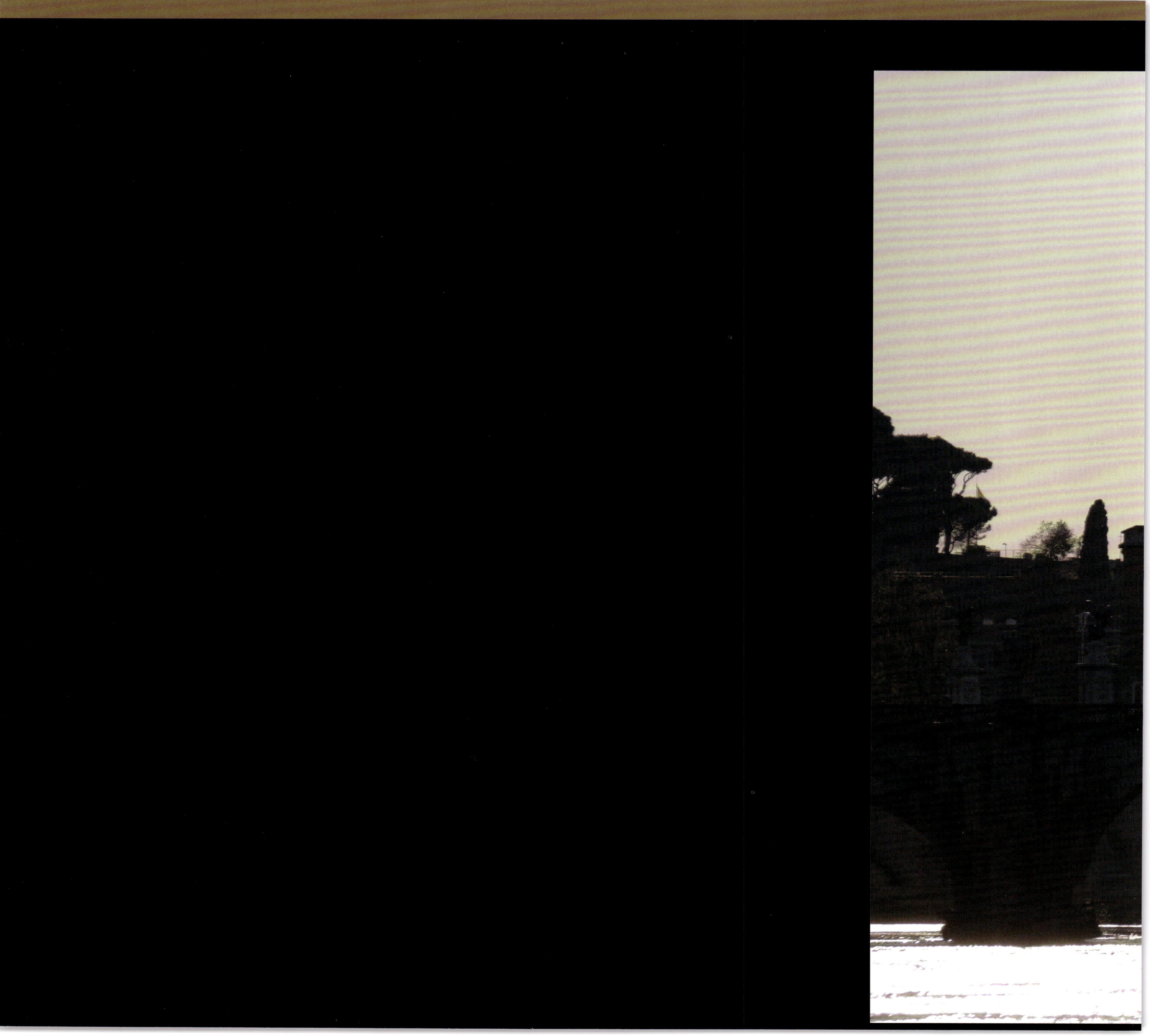

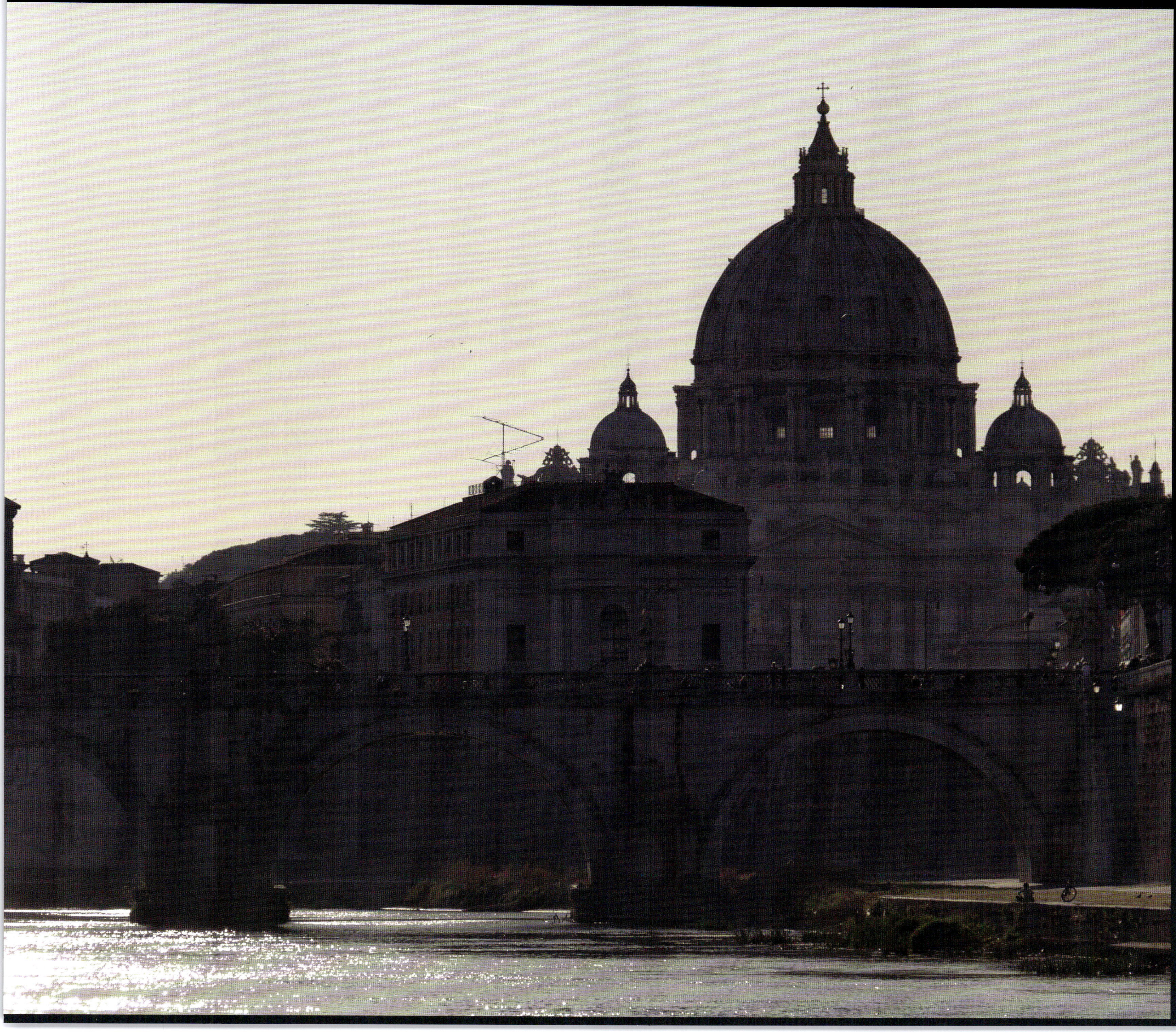

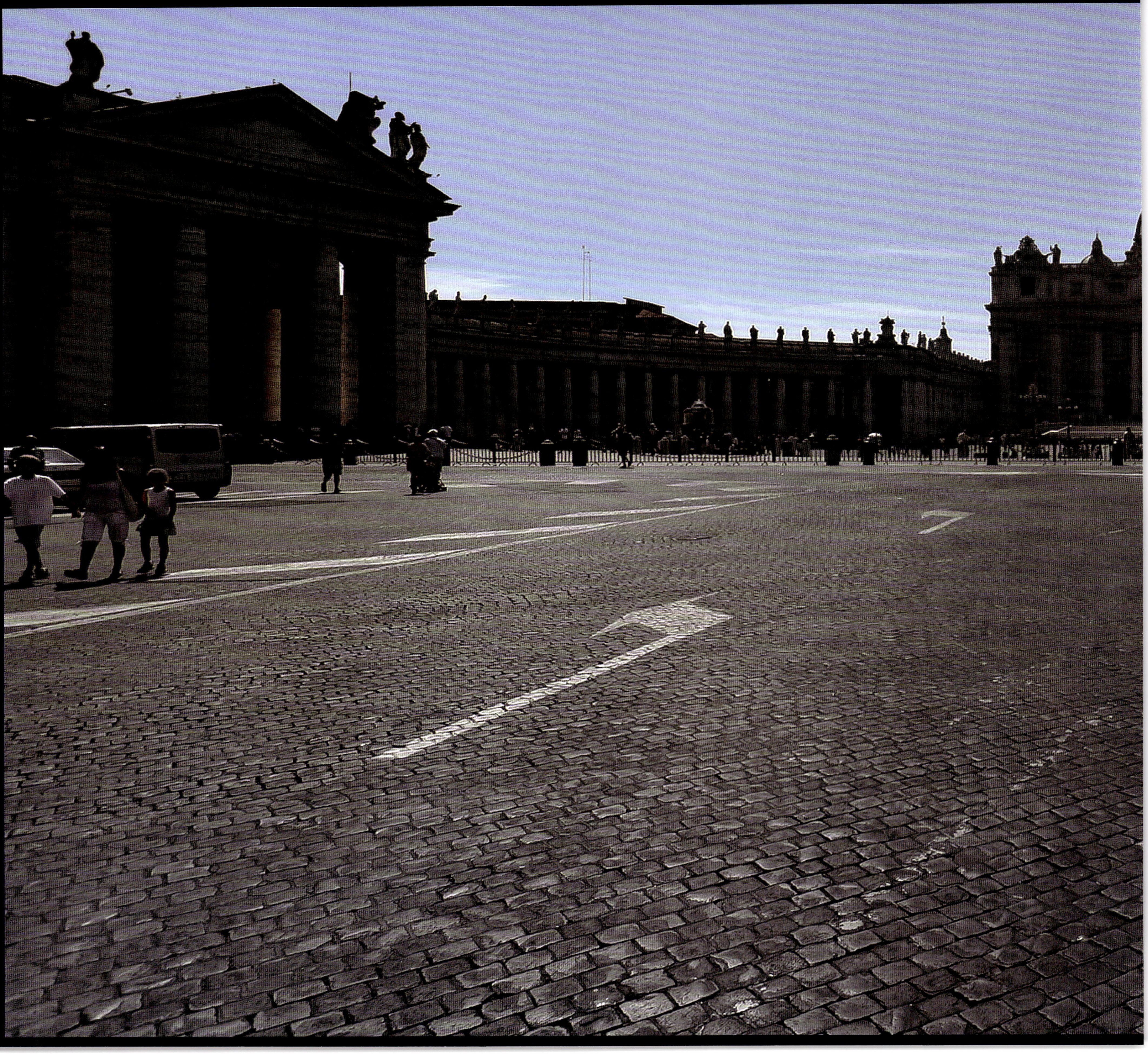

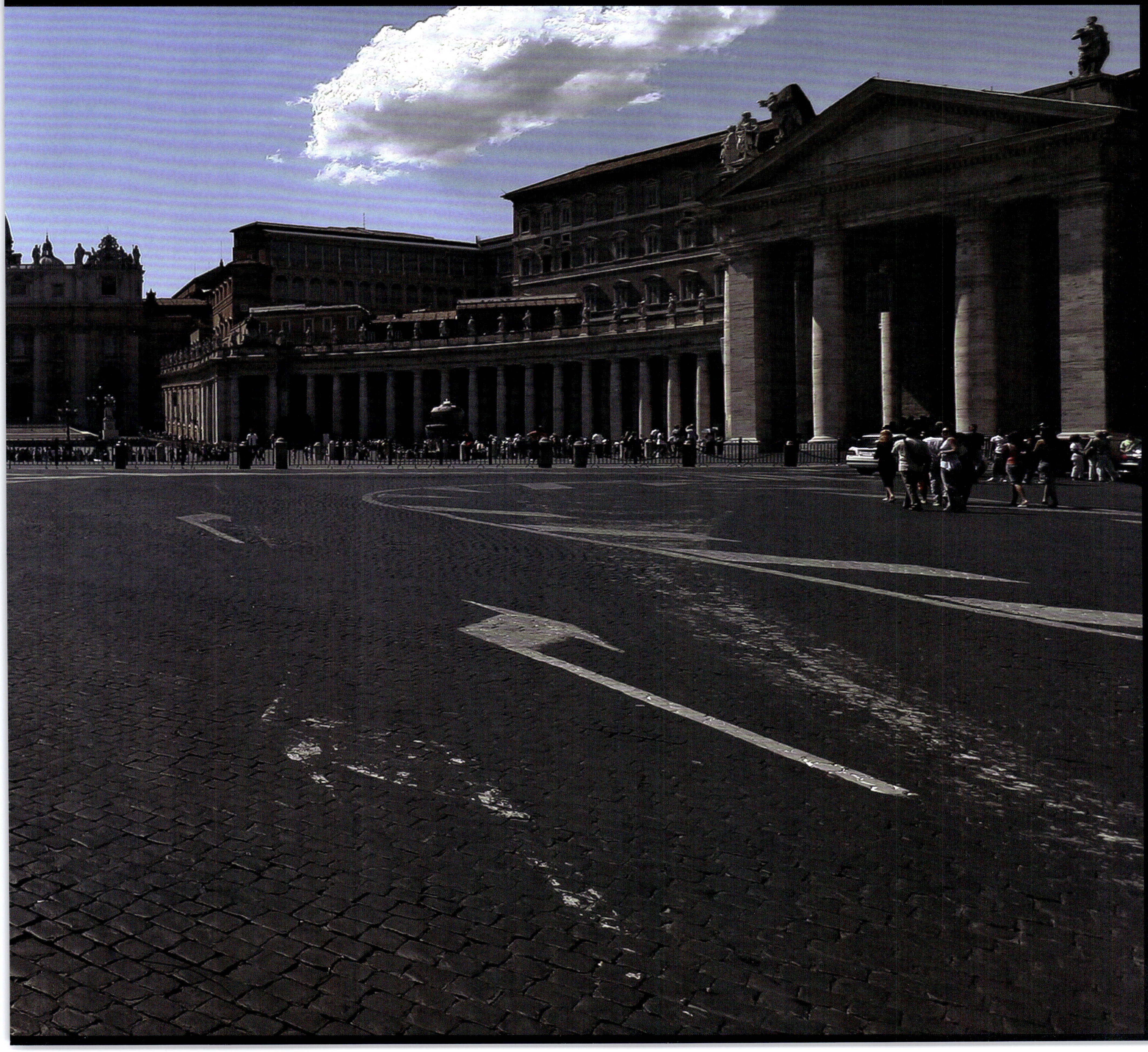

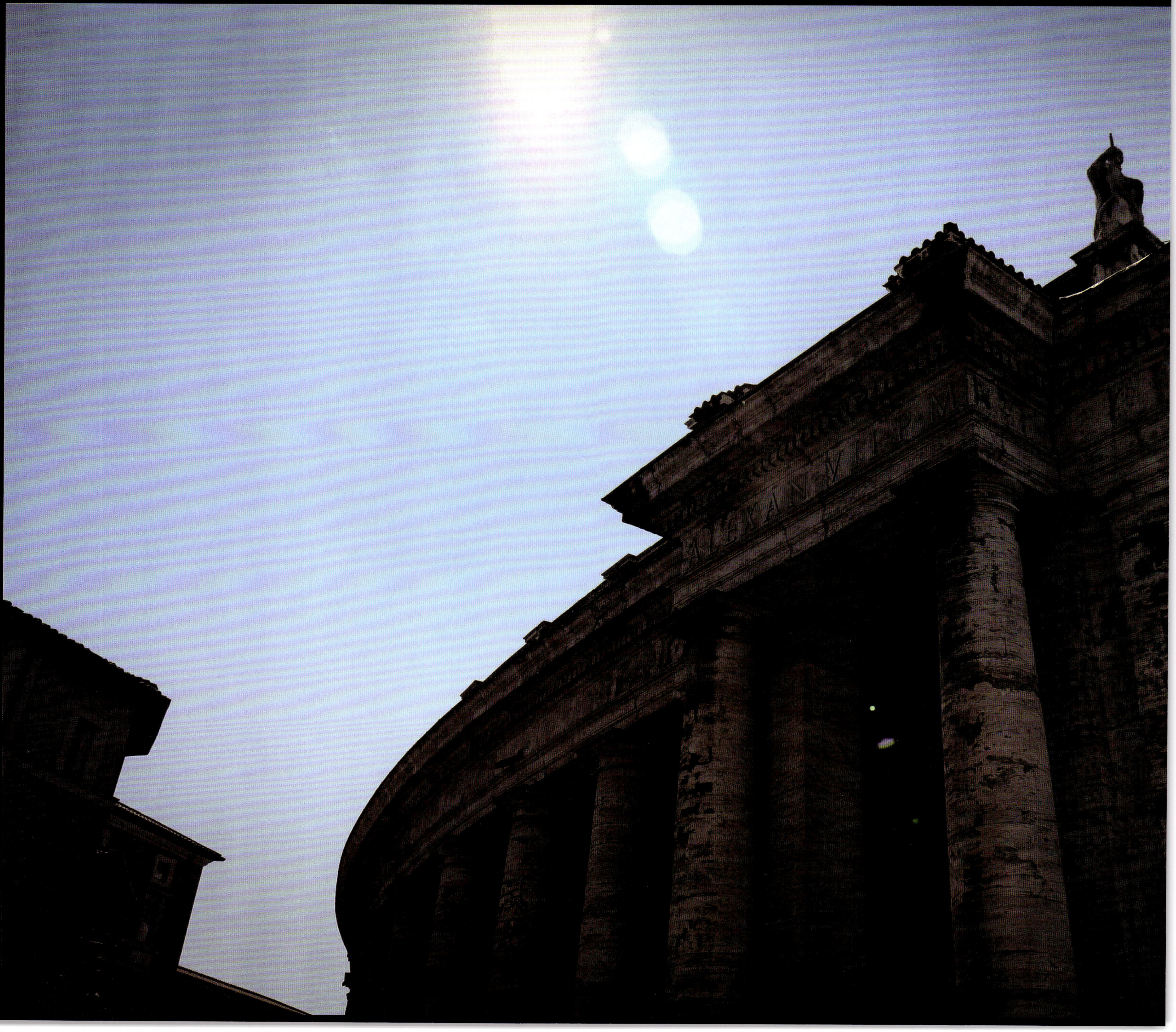
ALEXAN VII P M

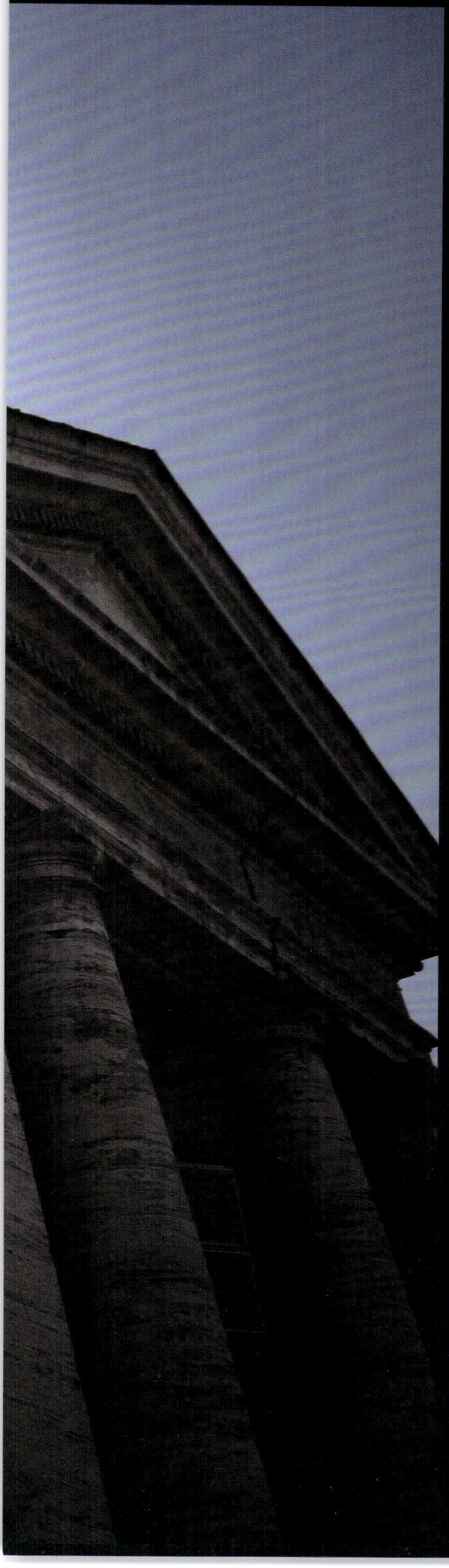

Der Petersplatz empfing sie mit den offenen Armen der
beiden vierreihigen Säulengänge, die ringförmig das elliptische Zentrum umklammern und in
fünfzehn Metern Höhe die für römische Tempel so typischen Dächer tragen.

Saint Peter's Square greeted them with the open arms of the two
semi-circularcolonnades, each one four columns deep, that embrace the elliptical centre, sup-
porting five-metre-high roofs, so typical of Roman temples.

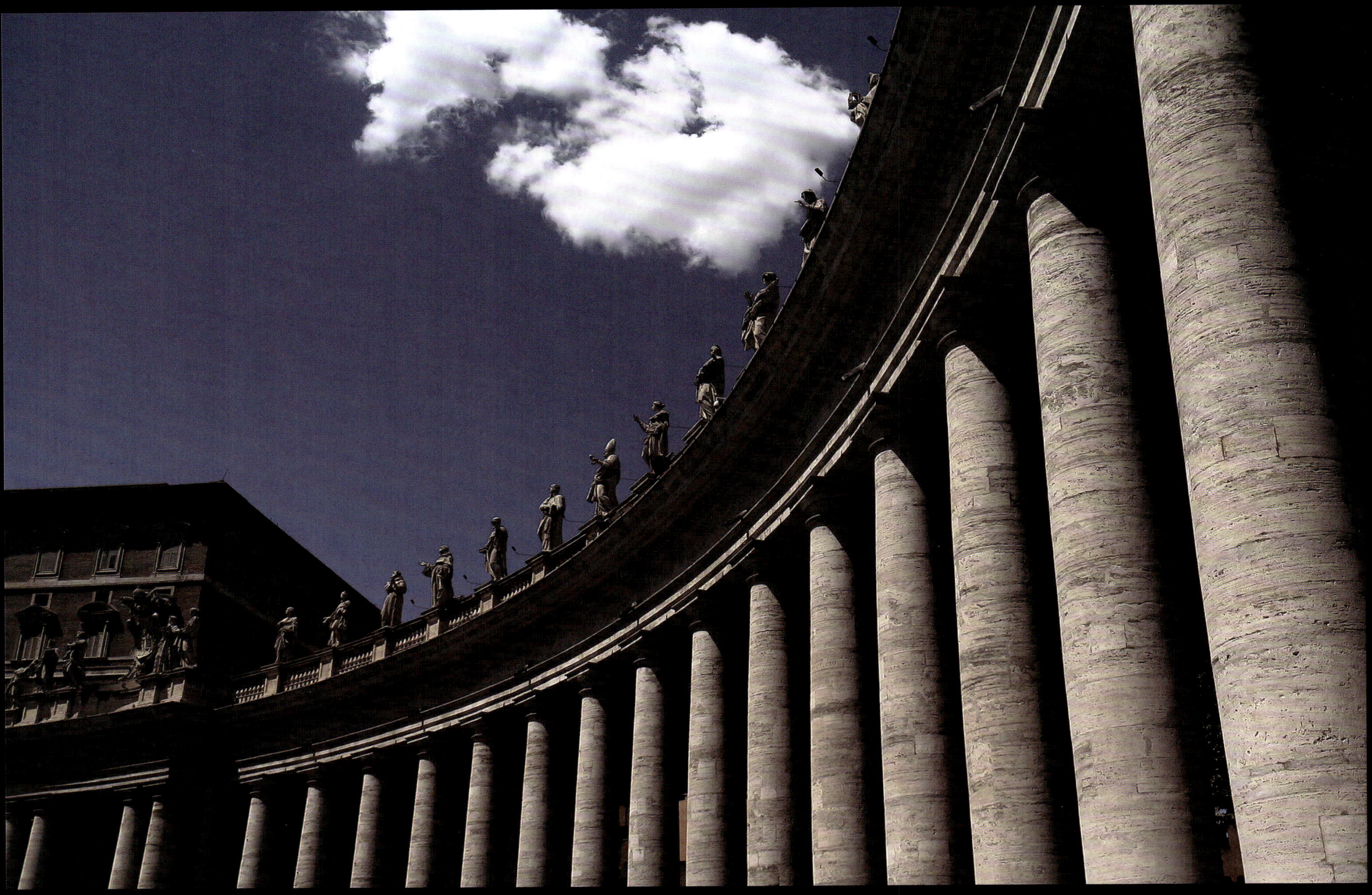

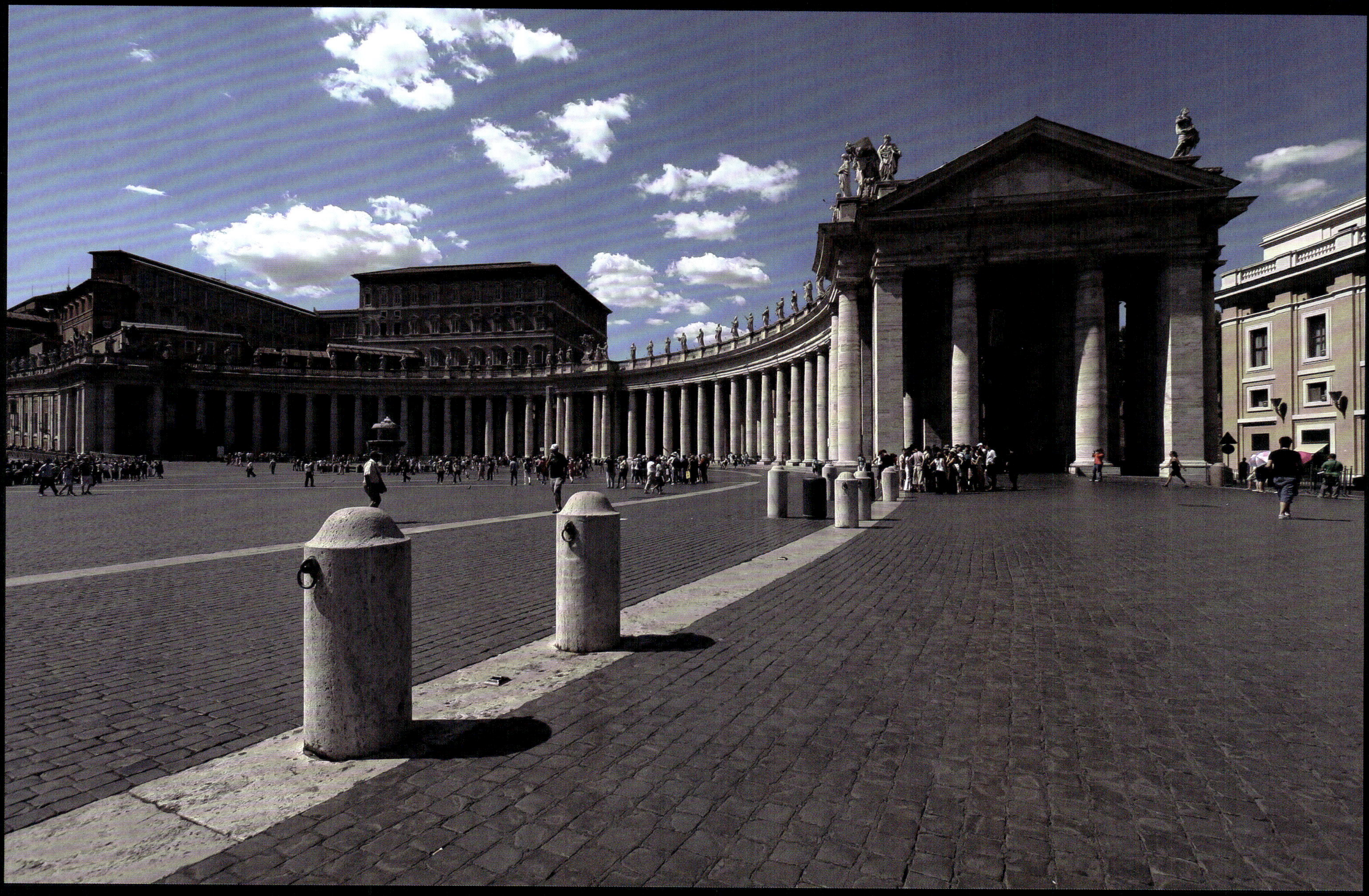

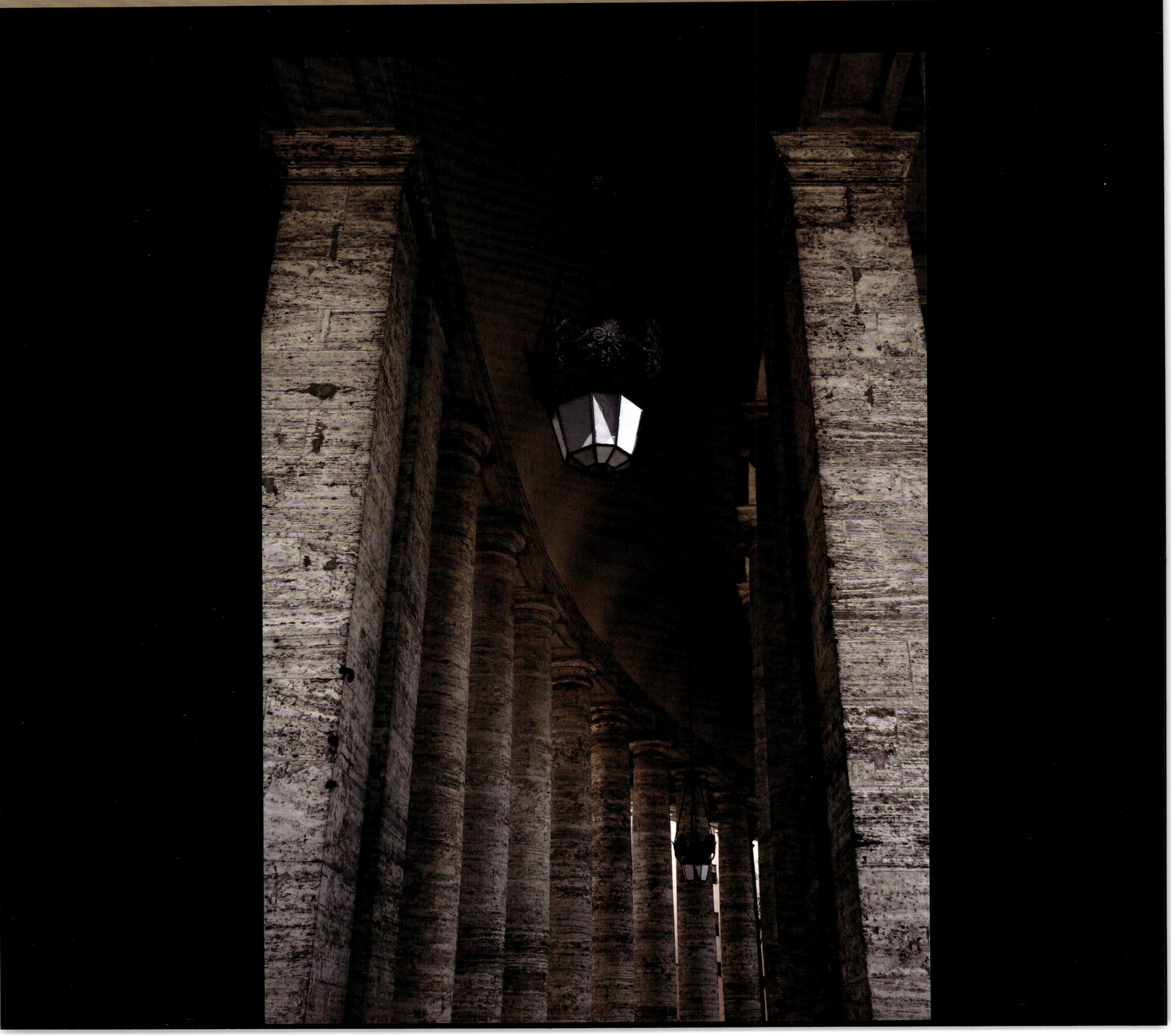

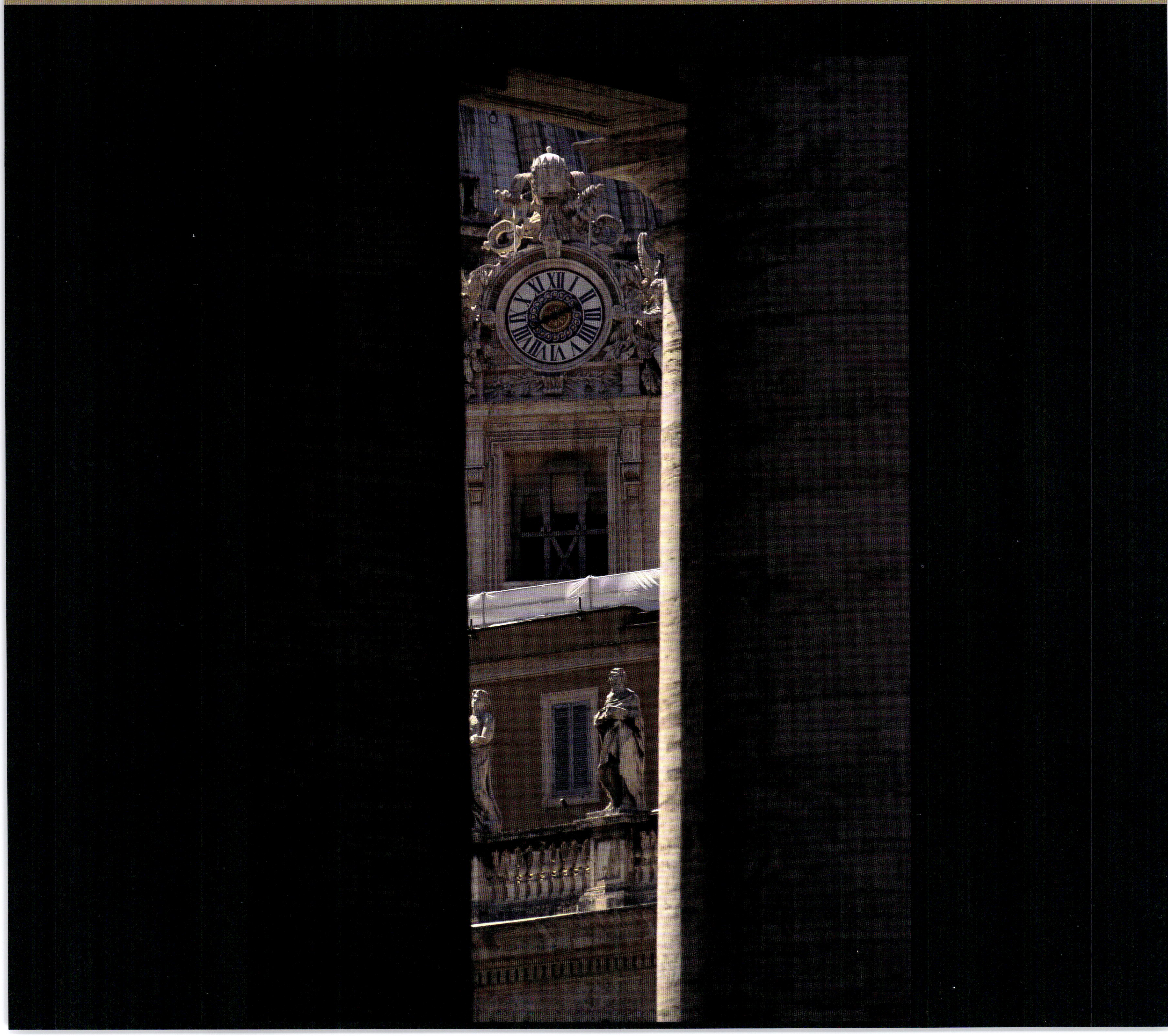

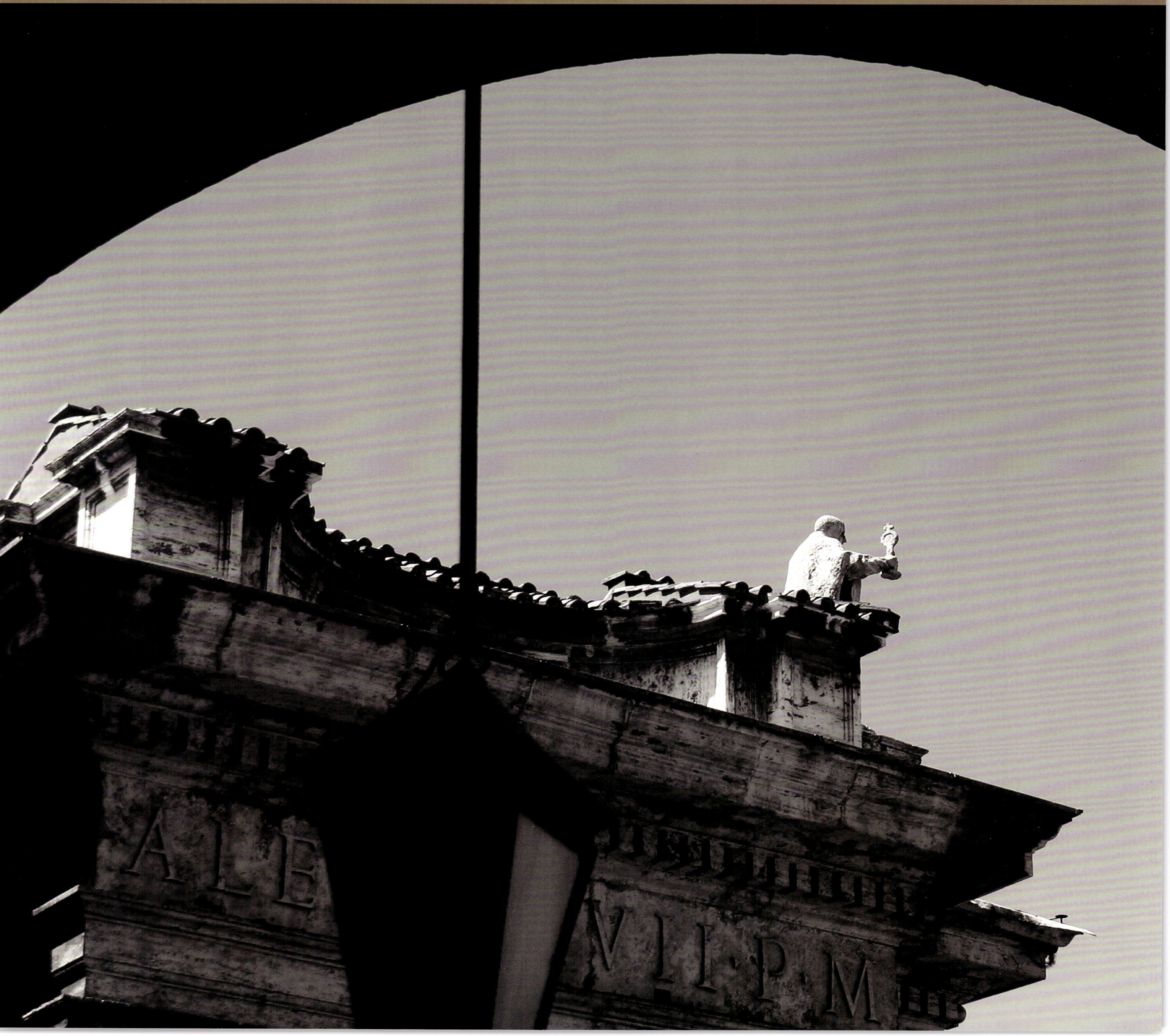
ALE
VII·P·M

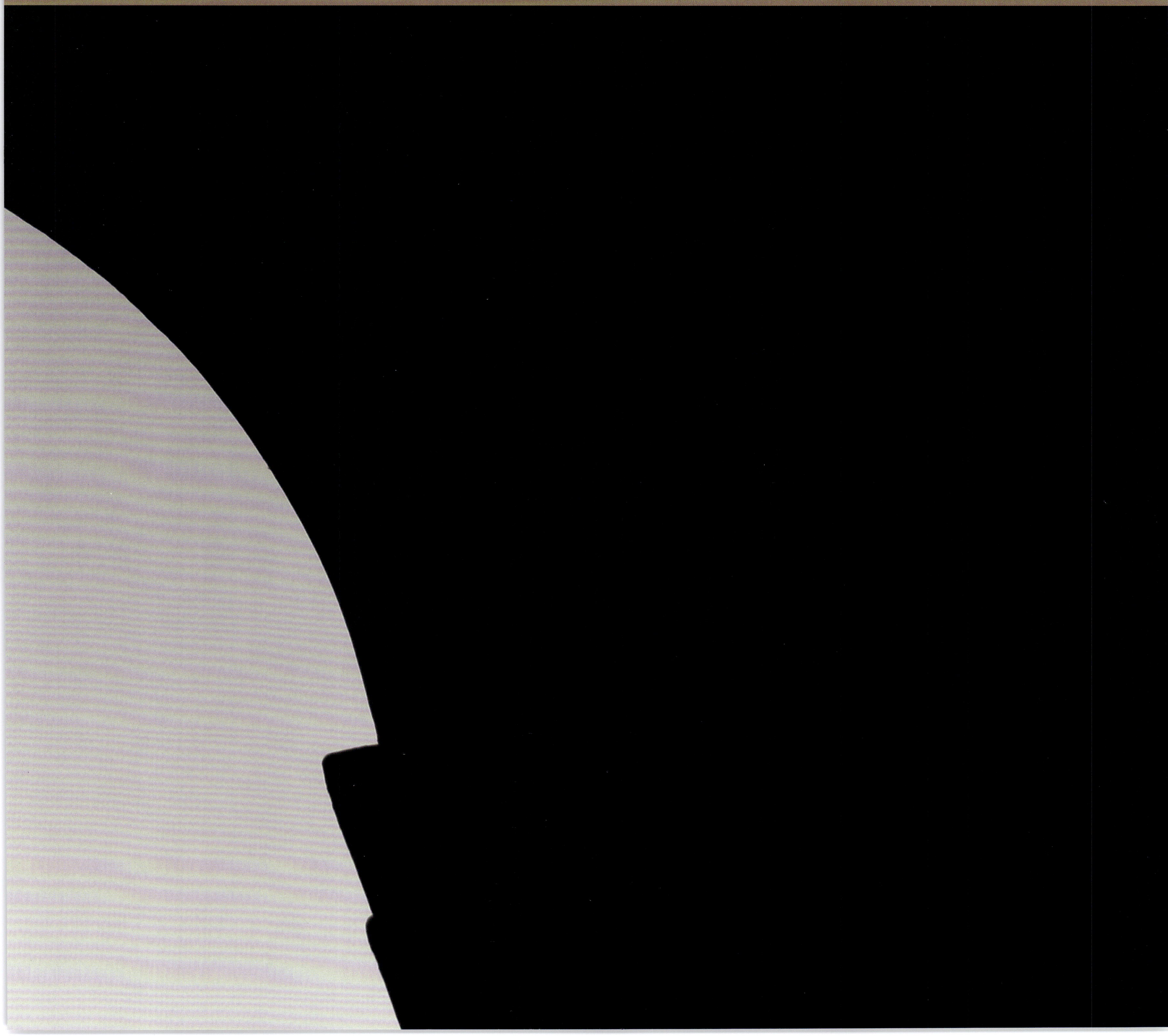

VITTORIANO

BIS

COLOSSEO

FROM VITTORIANO TO COLOSSEO

In spontaner Entschlossenheit

WITH SPONTANEOUS DECISIVENESS

Eine Woche war vergangen, seit Filippo zum ersten Mal seine Jonglierkünste in Trastevere gezeigt hatte. Seit diesem Abend war keine Zeit für Ausflüge in den historischen Stadtkern geblieben, denn jede Hand war im Zirkus unabkömmlich gewesen: Die Tiere wollten versorgt, die Käfige gereinigt, die Requisiten gepflegt und verstaut werden; Lebensmittel mussten eingekauft werden und beim Kochen für die Gemeinschaft war immer Hilfe gefragt; und natürlich gab es die beiden täglichen Vorstellungen, nachmittags und abends.

It had been a whole week since Filippo had demonstrated his juggling skills in Trastevere for the first time. Since that evening there had been no more time for trips to the historic city centre because, in the circus, every hand was needed: the animals had to be fed, the cages cleaned and the props and costumes cared for and stored away; food had to be bought, and help was always needed in cooking for the group. And of course there were the two daily shows, one in the afternoon and one in the evening.

Jeden Abend nach seinem Auftritt war Filippo nach Trastevere gefahren, um seine Künste darzubieten. In diesem Viertel wurde die Nacht zum Tag, wenn die Bars, Ristoranti, Osterias, Trattorias und kleinen Clubs ihre Pforten für die ausgehfreudigen Römer öffneten und ihre Tische auf den Straßen aufstellten. Es gab viele kleine Plätze, die als Bühne für Filippos Kunststücke geeignet waren und genügend Raum boten, um mit brennenden Fackeln zu jonglieren, ohne dabei jemand zu gefährden. Neben den Vorbeiströmenden, die sich gewöhnlich um das Schauspiel gruppierten, bestand sein Publikum aus Restaurantgästen, die gar keine andere Wahl hatten, als ihm zuzusehen.

Alessio hatte Filippo stets begleitet und war während der Auftritte von Tisch zu Tisch gegangen, um Geld zu sammeln und dabei mit einem umgehängten Schild für die Zirkusvorstellungen zu werben. Sie waren ein gutes Team und Filippo lernte viel von seinem Freund: Der trat ungehemmt an die Tische der Speisenden, gab dabei frech ein paar seiner abenteuerlichen Wortkombinationen zum Besten und sammelte damit nicht nur Sympathien, sondern auch einige Münzen ein. Darüber hinaus wusste Alessio, mit den Restaurantbesitzern ein kostenloses Abendessen auszuhandeln.

„Wir sind deine Ladenvollmacher. Bist du ein Pizzadafürhergeber?"

Einmal hatte der *Padrone* sich ein Grinsen nicht verkneifen können und ein großzügiges Angebot gemacht: „Sucht euch etwas von der Karte aus. Aber wir machen einen Deal: Ihr könnt auf dem Platz eure Vorführung machen, aber beschwatzt meine Gäste nicht! Einverstanden?"

„*Va bene, d'accordo*! Filippo! Es gibt was zu essen!", hatte Alessio gerufen.

Filippo erinnerte sich nun schmunzelnd an diese Begebenheit. Er ließ die Käfigtür ins Schloss fallen, leerte einen Misteimer aus und verstaute Schaufel und Rechen an ihrem Platz. Dann lehnte er sich an die Wand eines Zirkuswagens, nahm seine letzte Zigarette aus der Schachtel und zündete sie an. Er wusste nicht, warum er gerade jetzt rauchen wollte, denn er rauchte eigentlich nur gelegentlich. Meistens, wenn er besonders unter Anspannung stand oder – im Gegensatz dazu – sehr entspannt war.

Nur noch drei Tage, dann würden sie damit beginnen, das große Zelt abzubauen und die Wagen wieder zu beladen. Rom war eine ganz besondere Station und Fil-

Every evening after his act, Filippo went to Trastevere to perform on the streets. In this neighbourhood, night became day when the pubs, ristoranti, osterias, trattorias and small clubs opened their doors to Rome's droves of nightlife enthusiasts and set up their tables in the streets. There were many small piazzas that made a suitable stage for Filippo's tricks and offered enough space for juggling with flaming torches without putting anyone in danger. His audience consisted of passers-by gathering around him to enjoy the performance, as well as restaurant patrons, who had no other choice but to watch.

Alessio always joined him on these trips. During Filippo's performances he would walk from table to table collecting tips, wearing a sandwich-board sign over his shoulders to advertise for the circus. They were a good team, and Filippo was learning a lot from his friend, who could walk right up to a crowded table with no inhibition and cheekily drop a few of his adventurous word combinations, winning their hearts and earning a few coins in the process. Alessio also had a talent for negotiating with restaurant owners for a free meal.

'We're your restaurant-filler-upper guys. Are you a show-your-gratitude-with-free-pizza guy?'

One of these *Padroni* had been unable to suppress his amusement and made the pair a generous offer: 'Take your pick of anything on the menu. But on one condition: you can do your performance on the square, but don't harass my guests. Understand?'

'*Va bene, d'accordo*! Filippo! I got us some grub!' Alessio had called out.

Letting the cage door fall shut, a smile came to Filippo's face as he remembered this event. He carried off the bucket of manure and returned the shovel and rake to the crate. Then he leaned against the wall of a circus caravan, removed his last cigarette from the packet and lit it. He didn't know why he suddenly felt like smoking. He actually didn't smoke very often. Only when he was feeling stressed or – just the opposite – very relaxed.

Only three more days, then they would start taking down the big top and loading up the caravans. Rome had been a very special stop, and Filippo was already dreading their departure, although he couldn't really think of a rational reason for this emotion. He felt content and at home in his new circus family, and the next

ippo sah schon mit Wehmut dem Tag der Abreise entgegen, obwohl er eigentlich keinen rationalen Grund dafür hatte. Er fühlte sich bei seiner neuen Zirkusfamilie wohl und zu Hause, und die nächste Station würde bestimmt auch ihre Reize haben. Die Welt entdecken: Was für ein Glück er doch hatte!

Doch etwas bohrte in ihm schon seit einiger Zeit. Etwas, das ihn unruhig machte. Er hatte versucht, dieses mulmige Gefühl zu unterdrücken, indem er sich ablenkte – es gab ja schließlich genug zu tun. Anfangs war jenes Gefühl nicht so stark gewesen, doch Filippo wurde zusehends unkonzentrierter, sodass er bei den letzten beiden Auftritten sogar eine Fackel hatte fallen lassen. Sollte das vielleicht mit der bevorstehenden Abreise aus Rom zu tun haben? War es so etwas wie ein schlechtes Gewissen seiner Mutter gegenüber? Er sollte sich die Stadt noch genauer ansehen und so viele Erinnerungen wie möglich sammeln, war sie doch schließlich ein magischer Ort für seine Mutter gewesen. Jedoch empfand er seinen bisherigen Eindruck der Stadt nur als flüchtig. Außerdem war sein Vater aus Rom. Sein Vater. Ja ... Samuele ...

Der Gedanke traf ihn hart. Hitze stieg in ihm auf und er griff mit zitternden Fingern vergeblich in die leere Schachtel nach einer neuen Zigarette. Er hatte es schon die ganze Zeit gewusst und deshalb die Menschen in den Cafés und Bars gemustert und mit verstohlenem Interesse studiert, als ob er jemanden gesucht hätte. Sollte er tatsächlich versuchen, seinen Vater zu finden? Nein! Er wüsste ja gar nicht, wo er beginnen sollte – in den nur drei verbleibenden Tagen und einer Stadt mit knapp drei Millionen Einwohnern! Außerdem: Was würde sein Vater schon sagen? Ihm, einem Zirkusjungen ohne Zukunft. Damals Jurastudent, war er heute bestimmt ein erfolgreicher Anwalt und würde ihn womöglich einsperren lassen. Außerdem ahnte er ja nicht einmal, dass er einen Sohn hatte ...

„Filippo! Da bist du ja! Immer muss ich dich suchen. Sind wir nun Endlichloszieher oder Freizeitverbummler?“ Alessios Stimme riss ihn aus seinen trüben Gedanken. Es war Zeit aufzubrechen, denn heute war ihr freier Tag und endlich hatten sie die Gelegenheit, sich den historischen Stadtkern genauer anzusehen.

Das weiße Gebäude, das die Römer wahlweise Gebiss, Hochzeitstorte, Schreibmaschine oder Eisberg nennen, leuchtete vor dem grauen, wolkenverhangenen Himmel und zeigte bedrohlich seine „Zähne“. Die Säulenfront wirkte wie ein

stop would certainly have its own interesting attractions. Exploring the world one stop at a time: what luck he had!

Yet something had been eating at him for a while now. Something that made him uneasy. He'd tried to supress this uncomfortable feeling by distracting himself. There was certainly enough to keep him busy. In the beginning the feeling hadn't been that strong, but Filippo had been finding it increasingly difficult to concentrate on his work, and at the last two performances, he had even dropped a torch. Could it have something to do with their approaching departure from Rome? Was it something like a guilty conscience at the thought of leaving his mother's beloved city? He should probably spend more time seeing the sights and collecting as many memories as possible. After all, it had been such a magical place for his mother. But that still didn't explain why he was feeling so preoccupied by the thought of leaving. Although, come to think of it, it wasn't just the history or architecture that had made his mother pine for Rome. It was also the story with his father. His father! Yes... Samuele....

The thought hit him hard as he felt the heat rise in him. With shaky fingers, he groped in the empty packet for another cigarette. He had known all along and had therefore always been searching the faces of the people in the cafés and pubs, studying them with furtive interest as if he were looking for someone. Should he really try to find his father? No! He didn't even know where to start looking – with only three remaining days and in a city with a population of almost three million! Anyway, what would his father say? Him, a circus boy with no future. He had been a law student when they met. Now he'd be some successful lawyer and would probably have him arrested. And to top it off, he didn't even know he had a son....

'Filippo! There you are! I've always got to come looking for you. Are we the finally-getting-out-of-here guys or the wasting-our-free-time guys?' Alessio's voice tore him away from his melancholy thoughts. It was time to go. Today was their day off, and they would finally have the chance to spend some time looking around the historic city centre.

The immense white structure that the Romans often referred to as 'the false teeth', 'the wedding cake', 'the typewriter' or 'the iceberg' shone bright against

Maul, bewacht von imposanten Reiterfiguren aus Bronze und bewaffneten Marmorsoldaten, die auf Sockeln die Freitreppe flankierten. Die im Vergleich klein und unbedeutend wirkenden Besucher liefen vermeintlich Gefahr, von den Hufen des schwarzen Bronzepferdes zertreten zu werden, auf dem der Herrscher aller Statuen über die Treppe zu fliegen schien. Mit offenem Mund stand Filippo auf der Piazza Venezia, starrte auf das Reiterdenkmal Viktor Emanuel II., ehrfürchtig vor der unübersehbaren Macht des Gebäudes, als Alessio ihn wieder einmal unsanft aus seinen Tagträumen holte:

„Weißtempelmonumentquatsch. Komm! Hier ist nichts. Ins Kolosseum müssen wir! Dort wo Gefangene von Löwen zerfetzt wurden!"

Filippo sah in die leuchtenden Augen seines manchmal plumpen Freundes, und es fröstelte ihn. „Das ist nicht lustig, Alessio! Die Menschen sind dort zu ihrem Vergnügen hingegangen, so wie sie heute in unseren Zirkus kommen. Nur haben sie dort keine Artisten bewundert, sondern nur darauf gewartet, dass Tiere getötet oder wehrlose Gefangene brutal zerfleischt werden. Allein bei der Eröffnungsfeier wurden in hundert Tagen fünftausend Tiere geschlachtet! Das ist kein Vergnügen, Alessio! Menschen sind grausam. Sie sind dumm und setzen sich freiwillig Dingen aus, die sie gar nicht verkraften können. Außerdem folgen sie der Masse ohne darüber nachzudenken, was richtig oder falsch ist. Du bist doch nicht dumm, oder?"

„Nein! Ich bin nicht dumm!", antwortete Alessio und senkte beschämt den Blick.

„Ich weiß schon: Du wolltest mir etwas zeigen, von dem du weißt, dass es ganz besonders ist. Stimmt's? Ich bin auch schon sehr gespannt, und ich freue mich, mit dir dort hinzugehen. Mit niemand anderem würde ich die Stadt lieber erkunden als mit dir. Aber tue nie etwas, um anderen zu gefallen. Ich mag dich, so wie du bist – und noch viel mehr, wenn du ehrlich bleibst. Hörst du? Und jetzt gehen wir. Komm!" Er legte seinen Arm um Alessios Schultern und beide folgten einer breiten Straße, die sie geradewegs zum Kolosseum führte.

Das ovale Monumentalbauwerk war schon vom Ende der geraden Promenade zu sehen. Die Straße war für Fahrzeuge gesperrt und Kutschen vorbehalten, die mit dem Klacken der Pferdehufe die Touristenströme auseinander trieben. Die Ruinen links und rechts der Straße, die andernorts viel Aufmerksamkeit erregt hätten, wurden hier im Schatten des weltweit bekannten Symbols des Römischen Reichs zu Randerscheinungen. „Es ist ganz anders, als ich es mir immer vorge-

a grey, cloud-covered sky, baring its threatening 'teeth'. The façade of columns really did look like jaws, guarded by imposing, bronze equestrian statues and armed marble soldiers that flanked the stairway on pedestals. Seemingly tiny and insignificant in comparison, the visitors looked as if they were at risk of being trampled beneath the hooves of the black bronze horse on which the ruler of all the other statues appeared to be flying over the steps. Filippo had been standing in the Piazza Venezia, gaping at the Victor Emanuel II monument, mesmerised by the structure's formidable presence, when Alessio once again wrenched him from his daydream:

'A useless-white-temple-monument thingy. Come on! There's nothing to see here. We have to get to the Colosseum! Where prisoners were ripped to pieces by hungry lions!'

Filippo looked into the sparkling eyes of his occasionally vulgar friend, and it gave him the shivers. 'That's not funny, Alessio! People went there for entertainment, like they come to our circus nowadays. The difference is they weren't there to watch acrobats or jugglers but to wait around for some animal or defenceless prisoner to be brutally torn to bits. In the first hundred days after it opened, more than five thousand animals were slaughtered! That's not entertainment, Alessio! Humans are cruel. They are stupid and choose to put themselves into situations they can't handle. Or they just follow the crowd without thinking what's right and wrong. You're not stupid, are you?'

'No! I'm not stupid!' answered Alessio, lowering his eyes in shame.

'I know. You just wanted to show me you knew about something really important, right? I'm also excited about it. I'm really looking forward to going there with you. And you know there's no one else I'd rather see the city with. But don't do or say stuff just to impress someone. I like you just the way you are – and even more when you're honest. You know? And now let's go. Come on!' He threw an arm around Alessio's shoulders, and the two of them followed a wide street that led them straight to the Colosseum.

The monumental oval structure could already be seen from the end of the straight promenade. The street was closed to traffic and reserved for horse-drawn carriages, which parted the crowds of tourists with the clicking of horses' hooves. The ruins that could be seen on either side of the street would have been major attractions in other places. Here, they were nothing more than footnotes in the

stellt habe. So breite Straßen, so viele Menschen! Was hier wohl vor zweitausend Jahren für Paläste und Gebäude gestanden haben mögen?", dachte Filippo laut. Eine lange Menschenschlange stand vor den hohen Arkaden des Eingangs, an dem ein Kontrolleur die Eintrittskarten überprüfte. „Mist! Ich dachte, es kostet nichts", fluchte Filippo. „Außer Totengräbern, ehemaligen Gladiatoren und vielleicht noch ein paar anderen Menschen durfte früher jeder umsonst hinein."

„Echt?"

„Ja. Also, ich meine ganz früher, zur Zeit des Römischen Reichs, als im Kolosseum noch die Gladiatoren kämpften. Es gab genaue Regeln damals. Zum Beispiel eine Kleiderordnung und eine feste Anordnung der Plätze: Ganz oben, auf den schlechtesten Plätzen, durften die Armen, Sklaven und Frauen stehen, darunter saßen die Bürger, dann die Ritter und ganz unten die Senatoren, die alle weiße Gewänder anhatten. Sie hatten damit die besten Plätze, ganz nah an der Arena. Der Kaiser und sein Gefolge hatten natürlich eine eigene Loge."

„Wow! Woher weißt du das denn alles?", frage Alessio erstaunt.

„Von meiner Mutter. Willst du noch mehr wissen?"

„*Claro!*"

„Es ist ein Amphitheater. So nennt man das, wenn es rund ist und kein Dach hat. Aber man konnte riesige Stoffsegel aufspannen, damit die Leute im Schatten sitzen konnten. Ungefähr fünfzigtausend Menschen passten da rein. Die Gänge waren so gebaut, dass alle Zuschauer in wenigen Minuten hinein oder hinaus gehen konnten. Und unter dem Sand in der Arena war ein Holzboden. Darunter waren die Räume für die Gladiatoren und auch Ställe für die Tiere. Man konnte aus dem Boden die Bühnendekoration herauffahren. Und stell dir vor: Die Arena konnte sogar mit Wasser gefüllt werden: für echte Seeschlachten bei Theaterstücken!"

Alessio sah ihn skeptisch an.

„Doch! Ehrlich! Ich will tot umfallen, wenn ich lüge!", fuhr Filippo fort. „Solch ein großes Theater gab es vorher noch nie. Sogar unsere Fußballstadien werden heute noch so ähnlich gebaut."

„Warum ist es denn so kaputt?"

„Innerhalb von zweitausend Jahren ist es halt kaputt gegangen. Erdbeben, Feuer und so. Außerdem wurden die Steine und der Marmor für Paläste und Kirchen verwendet. Man brauchte das Kolosseum nicht mehr."

„Wieso? Ist doch super gewesen. Außer diesen Gemetzelhinrichtungsblutbädern."

shadow of this world-famous symbol of the Roman Empire. 'It's not at all like I thought it would be. The streets are so wide, and there are so many people! I wonder what the palaces and buildings that stood here two thousand years ago must've looked like,' thought Filippo out loud.

There was a long queue of people in front of the high arcades of the entrance, where a man was standing, inspecting tickets. 'Rats! I thought it was free,' swore Filippo. 'It used to be free for everyone... well, except for gravediggers, former gladiators and maybe a few other people.'

'Really?'

'Yeah. But I mean a really long time ago, in the days of the Roman Empire, when gladiators were still fighting in the Colosseum. There were all these special rules back then. For example, there were rules about what people had to wear and about who could sit where: the poor people, slaves and women were allowed to stand on the very top level, basically the worst seating. The next level down was for the ordinary citizens. Then came the knights and, at the very bottom, the senators, who all wore white togas. They got the best seats, of course, right above the arena. And then there was a special box for the emperor and his family and stuff.'

'Wow! How do you know all that?' asked Alessio, amazed.

'My mother told me. You want to hear more?'

'You bet!'

'It's an amphitheatre. That's what you call it if it's round and doesn't have a roof. But you could hang up these huge canopies so that people could sit in the shade. It held about fifty thousand people. The aisles and passageways were designed so well it was possible for all of the spectators to enter or leave in just a few minutes. And under the sand in the arena was a wooden floor. And under that were the rooms for the gladiators and also cages for the animals. There were special lifts for bringing up stage props. And get this: the arena could even be filled with water for theatre plays with real sea battles!'

Alessio threw him a sceptical look.

'It's true! Honest! Cross my heart and hope to die!' continued Filippo. 'There'd never been such a huge theatre before. Even our football grounds are still being built like that today.'

'Why is it so run-down then?'

„Ich glaube, dass es sowieso schon etwas kaputt war, und dann zerfiel das Römische Reich. Aber ich weiß nicht so genau", antwortete Filippo. „Wie kommen wir denn jetzt da rein?"
„Ich weiß wie. Komm!" Alessio ging an der Mauer entlang, suchte dabei den Boden ab, sah in die Papierkörbe, griff schließlich in einen hinein, holte zwei eingerissene Eintrittskarten heraus und gab eine davon Filippo.
„Was soll ich denn damit? Die ist doch ungültig."
„Jetzt bist du der Tricklerner und ich der Trickzeiger. Vielleicht kommen wir beide rein. Wenn nicht, gehst du alleine, O.K.? Mach einfach, was ich dir sage!"
„Wieso ich?", fragte Filippo verwundert.
„Rom ist deine Stadt, wegen deiner Mutter. Und für dich ist es wichtiger als für mich. Jetzt komm schon!", antwortete Alessio und ging schnurstracks an der Schlange vorbei auf den Kontrolleur zu.
„*Scusi, Signore*", sprach er ihn an und zeigte seine entwertete Eintrittskarte vor. „Wir waren gerade drinnen und mein Freund hat seine Jacke mit seiner Geldbörse liegen lassen. Sind Sie ein Unsnochmalreinlasser, bitte?"
Der Kontrolleur zog eine Augenbraue hoch und sah die beiden Jungen mit ihren nicht allzu sauberen Stoffhosen, ärmellosen T-Shirts und nackten Füßen in Sandalen skeptisch über seinen Brillenrand an. Offensichtlich glaubte er Alessio kein Wort. Dann winkte er sie mit einer kurzen, fast unmerklichen Kopfbewegung an ihm vorbei, ohne dabei eine Miene zu verziehen.
„*Grazie mille*", sagte Alessio und verbeugte sich dankend, während er schon an dem Mann vorbeiging.
„Wow! Du bist verrückt! Und so schlau! Hast was gut bei mir."
Filippo stand auf einer der obersten, noch begehbaren Reihen – vielmehr auf dem, was heute noch davon übrig geblieben war. Der kühle Wind spielte mit seinem zum Pferdeschwanz gebundenen Haar. „Das wolltest du immer sehen, Mama. Wenn du durch meine Augen schauen kannst, sieh jetzt genau hin. Ist es nicht fantastisch?", murmelte er und versuchte seine Tränen zurückzuhalten. Über dem Kolosseum hatte sich inzwischen eine ovale Wolkenformation gebildet und konterte nun dessen elliptische Form. Es schien, als wolle sich gleich das Unheil vergangener Zeiten über der Arena ausschütten.
Vielleicht war diese bedrohliche Stimmung oder das Wissen um die chancenlosen

'It just kind of got run-down over the last two thousand years. Earthquakes, fire and stuff like that. And they also took away lots of the stones and marble to use in palaces and churches. They didn't need the Colosseum anymore.'
'Why not? It was such a great place. Except for those slaughter-execution-bloodbath thingies.'
'I think it was already starting to get run down, and then the Roman Empire fell apart. But I'm not really sure,' answered Filippo. 'How are we gonna get in there?'
'I've got an idea. Come on!' Alessio walked along the wall, looking at the ground and in rubbish bins. Finally, he reached inside one of the bins and pulled out two torn tickets, handing one of them to Filippo.
'What should I do with that? It's already used.'
'Now you're the trick-learning guy, and I'm the trick-showing guy. Maybe we can both get in. If not, then you go in alone, OK? Just do what I say!'
'Why me?' asked Filippo, confused.
'Rome is your city. You know, because of your mother and all. And it's more important for you than for me. Just come on!' answered Alessio and, completely ignoring the queue, marched straight up to the ticket inspector.
'*Scusi Signore*,' he said, showing him his torn ticket. 'We were just inside, and my friend here forgot his coat with his wallet in the pocket. Would you be a let-us-back-in guy, please?'
The ticket inspector raised an eyebrow and looked sceptically over his glasses at the two boys with their scruffy trousers, sleeveless T-shirts and bare sandaled feet. It was obvious he didn't believe a word Alessio was saying. Then with a straight face, he nodded in the direction of the entrance, signalling for the boys to pass.
'*Grazie mille*,' said Alessio, bowing gratefully as he walked past the man.
'Wow! You're nuts! But really clever! I owe you one.'
Filippo stood on one of the highest accessible levels – or rather on what remained of it. A cool breeze played at his hair, which was tied back into a ponytail. 'You always wanted to see this, Mama. If you can see through my eyes, then take a good look. Isn't it fantastic?' mumbled Filippo to himself, trying to blink back the tears. An ominous oval cloud had formed over the Colosseum, mirroring its

Gefangenen, die hier einen grausamen Tod fanden dafür verantwortlich, dass Filippo sich plötzlich seiner Freiheit bewusst wurde. Er sog die kühle Luft ein und schloss die Augen. Wenn er nur wollte, konnte er viel erreichen. Er würde lesen lernen, um die Geschichtsbücher studieren zu können. Er würde einen Schulabschluss machen und einen Beruf erlernen. Je stärker der kühle Wind an seinen Kleidern zerrte, desto stärker festigte sich sein Entschluss: Er würde die Welt bereisen, weiter als der Zirkus es ihm je ermöglichen konnte. „Es ist Zeit, neu anzufangen, Mama", flüsterte er und während der Wind seine Worte fort trug, wusste er, dass er zunächst mit seiner Vergangenheit abschließen musste. Und zwar jetzt gleich.

„Lass uns gehen", rief er zu Alessio, der schweigend neben ihm stand und dem der Anblick wohl auch die Sprache verschlagen hatte. Bei einem nahe gelegenen öffentlichen Telefon bat er Alessio, kurz auf ihn zu warten. Auf dem Apparat waren zwei Aufkleber mit Telefonnummern angebracht. Die Notrufnummer kannte er, also musste die andere die der Auskunft sein. Er tippte die Zahlen auf dem Tastenfeld. Es klingelte und schon meldete sich eine freundliche Frauenstimme.

„Ich möchte bitte die Nummer von Samuele Colonnese in Rom".

„Einen Moment bitte..." Nach einer schier endlosen Pause fügte die Dame hinzu: "Ich habe hier zwei Einträge mit diesem Namen. Ein Samuele Colonnese in der Via Merulana und ein Samuele Filippo Colonnese in der Via Piemonte", wobei die Dame den Namen ‚Filippo' beim zweiten Eintrag besonders betonte, um den Unterschied deutlich zu machen. „Welche Nummer darf ich Ihnen nennen?"

Filippo zögerte keinen Moment: „Können Sie die Adresse von Samuele Filippo Colonnese wiederholen bitte?"

„Via Piemonte, im Ludovisi-Viertel. Soll ich Ihnen die Nummer ansagen lassen?"

„Ja, bitte", antwortete Filippo. Er ritzte die Zahlen mit einem spitzen Stein in die bedruckte Rückseite der Eintrittskarte des Kolosseums und bedankte sich.

„Wen hast du angerufen?", fragte Alessio neugierig.

„Das erkläre ich dir später. Komm! Ich muss die Via Piemonte finden", sagte Filippo bestimmt und ging entschlossen auf einen Souvenirstand zu, um nach dem Weg zu fragen.

elliptical shape. It looked as if all the suffering of the past was about to pour itself over the arena.

Perhaps it was this foreboding atmosphere or his knowledge of the helpless prisoners who had died such horrible deaths here that suddenly made Filippo aware of his freedom. He took a deep breath of cool air and closed his eyes. There was so much he could accomplish if he wanted. He would learn to read so that he could study history books. He would finish school and learn a trade. The more strongly the cool wind tugged at his clothes, the more his resolve strengthened: he would travel the world, going further than the circus could ever take him. 'It's time for a fresh start, Mama,' he whispered, and, as the wind carried his words away, he knew that the first step would be coming to terms with his past. Starting now.

'Let's go,' he called to Alessio, who was standing beside him in silence. The sight had apparently left him lost for words as well. Filippo asked Alessio to wait for him outside a nearby payphone. He saw two stickers with numbers on the telephone. He knew the number for emergencies. So the other one had to be for directory enquiries. He pushed the numbers on the keypad. It rang, and a woman with a friendly voice answered.

'I'd like the number for a Samuele Colonnese in Rome, please.'

'Just a moment, please....' After a seemingly endless silence, the woman returned. 'I have two listings here with that name. A Samuele Colonnese in the Via Merulana and a Samuele Filippo Colonnese in the Via Piemonte.' The woman had emphasised the name 'Filippo' in the second listing to make the difference clear. 'Which number would you like?'

Filippo didn't hesitate for a moment: 'Can you please repeat the address for Samuele Filippo Colonnese?'

'Via Piemonte, in the Ludovisi rione. Should I give you the number?'

'Yes, please,' answered Filippo. Using a sharp-edged stone, he scratched the numbers onto the picture on the back of the Colosseum ticket and thanked the woman.

'Who did you call?' asked Alessio, curious.

'I'll tell you later. Come on! I've got to find the Via Piemonte,' said Filippo with authority, walking resolutely towards a nearby souvenir stand to ask for directions.

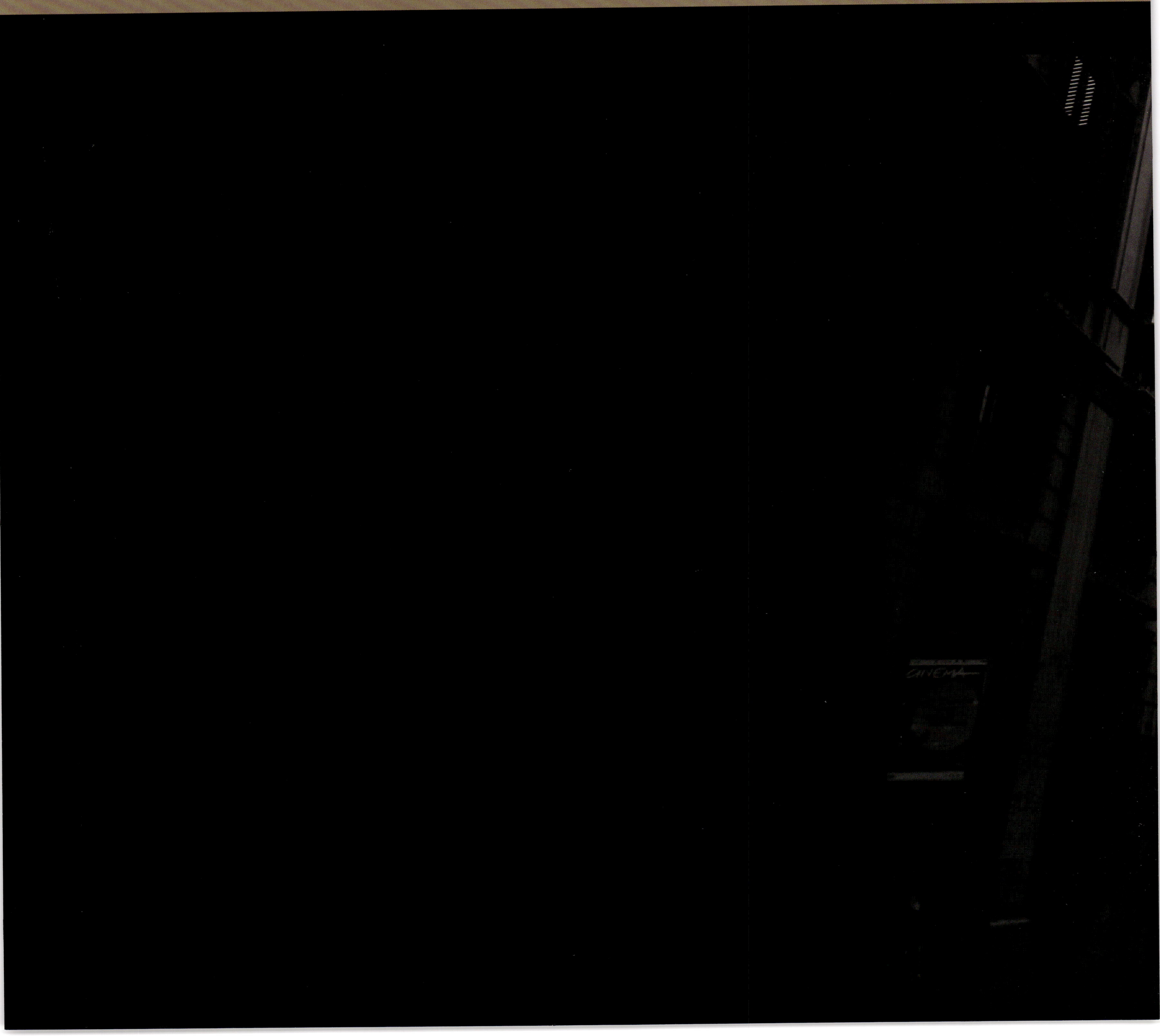
CINEMA

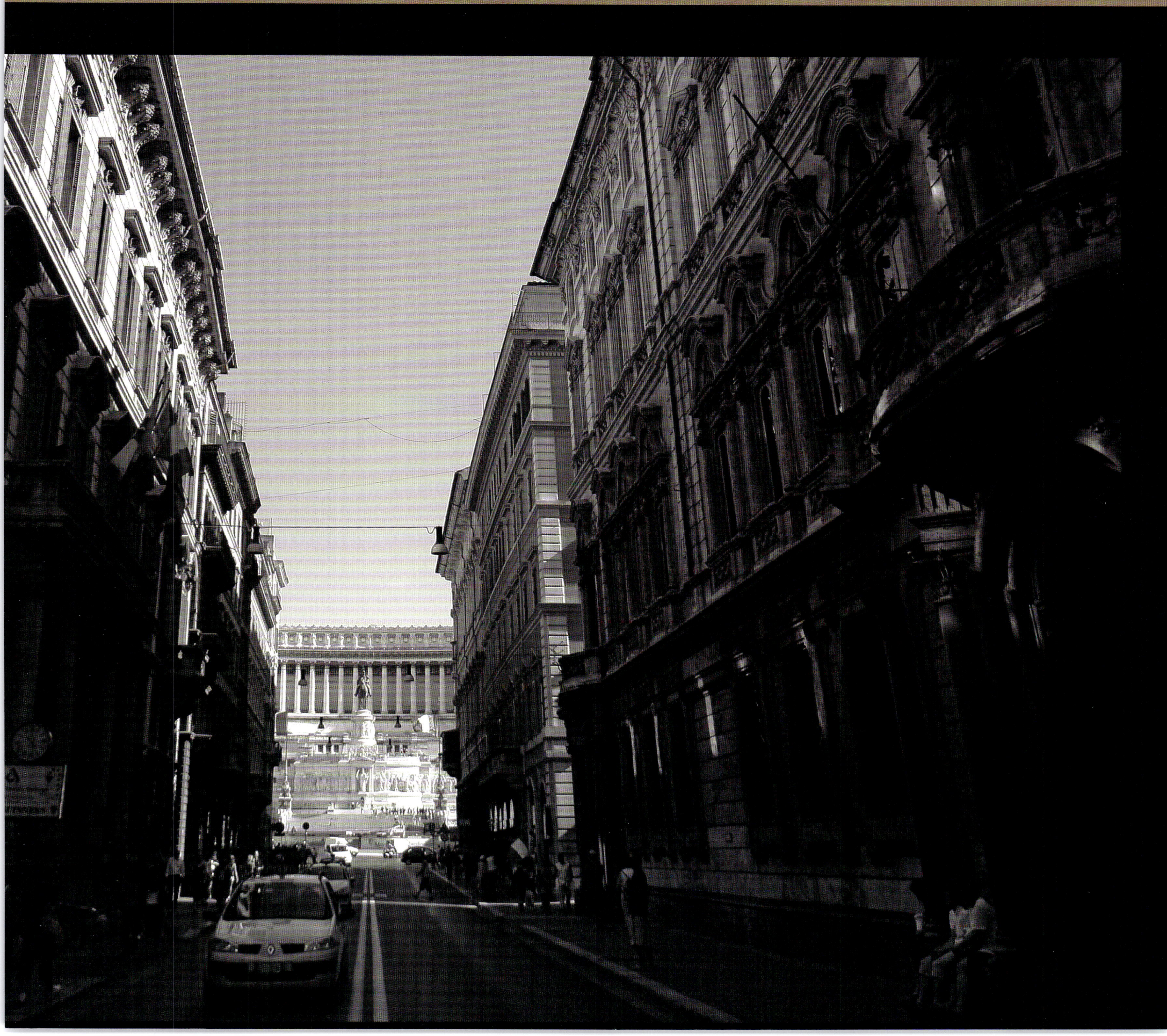
GUINNESS

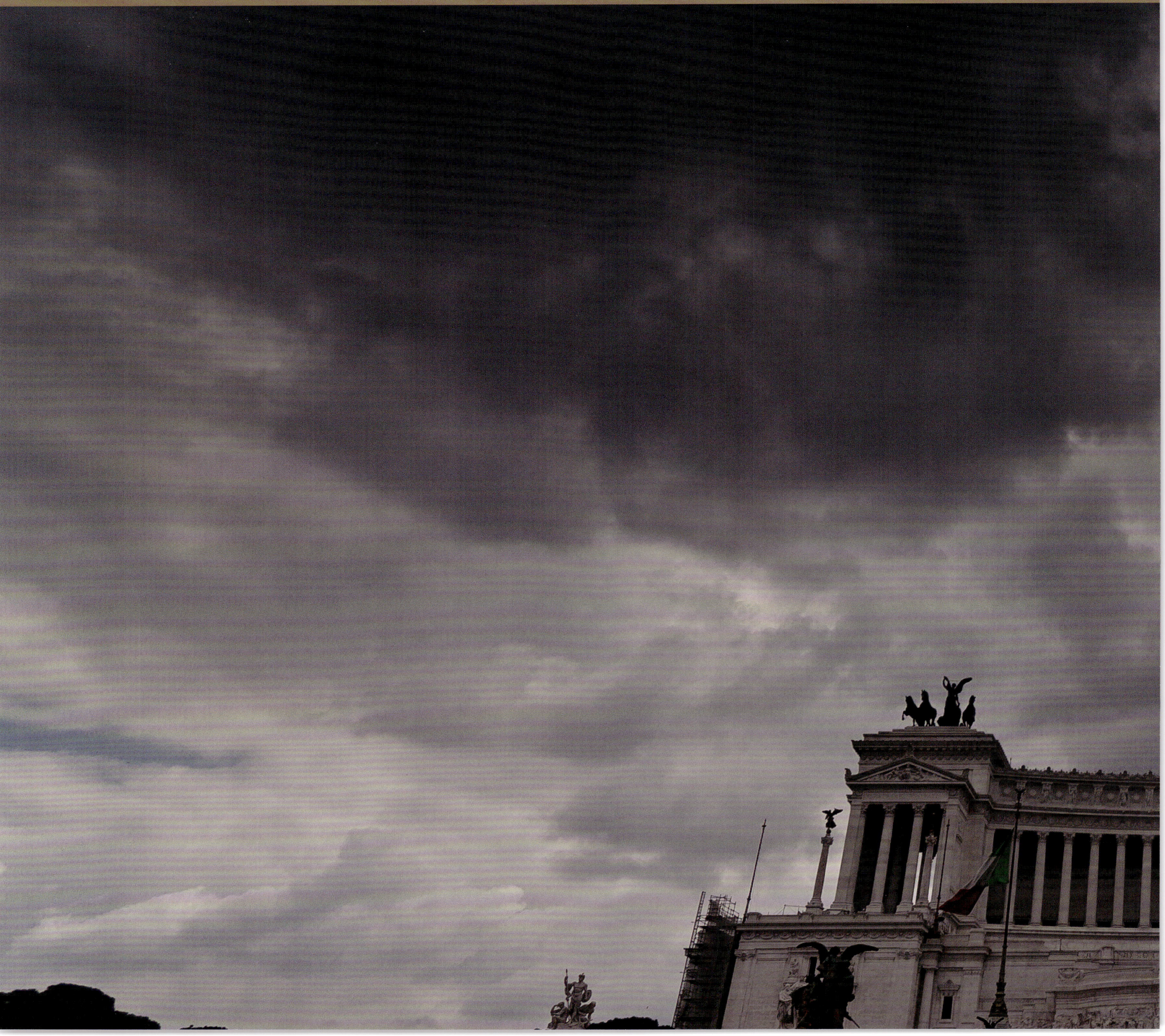

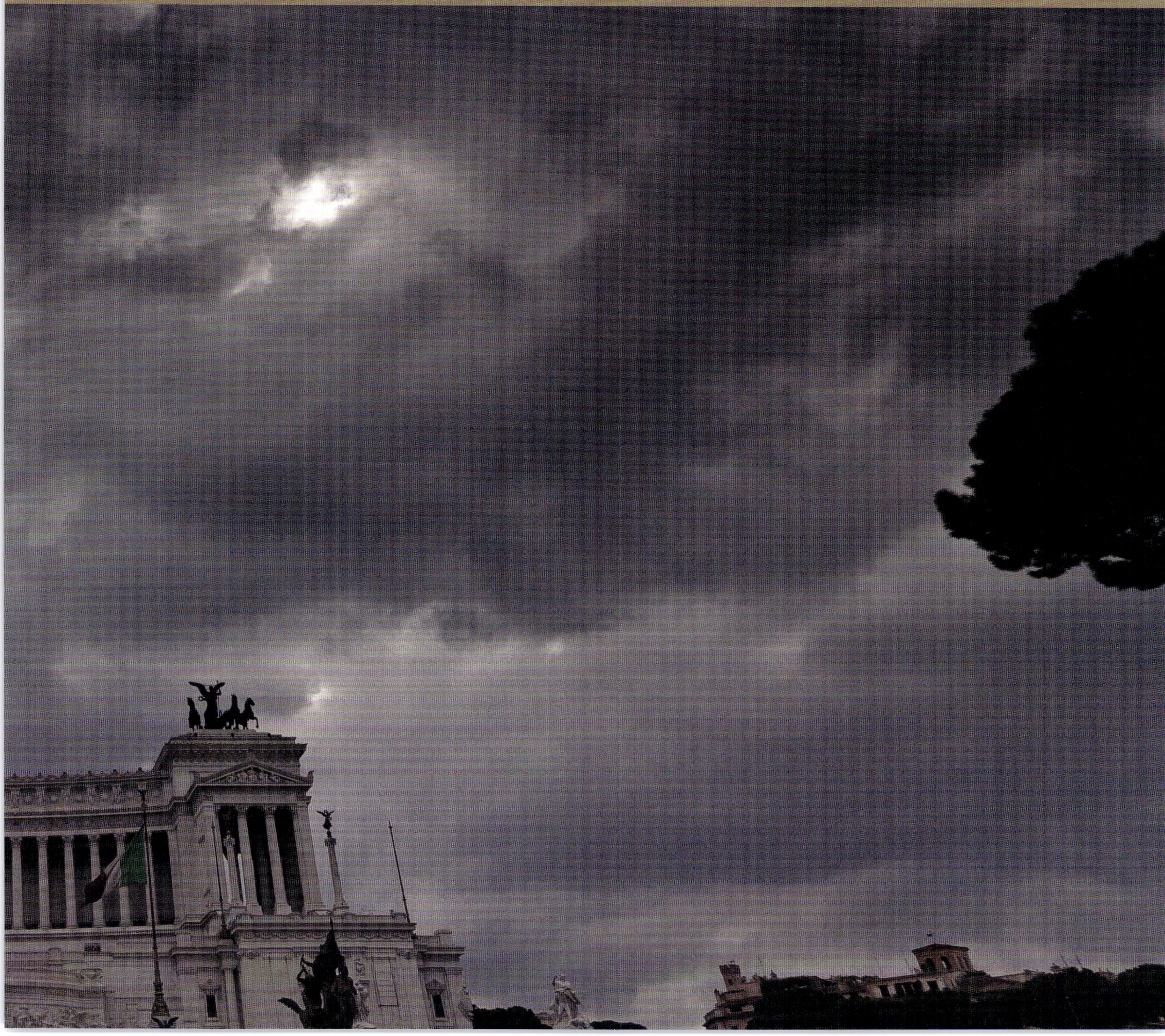

Die Säulenfront wirkte wie ein Maul, bewacht von imposanten Reiterfiguren
aus Bronze und bewaffneten Marmorsoldaten, die auf Sockeln die Freitreppe flankierten.

The façade of columns really did look like jaws, guarded by imposing, bronze equestrian
statues and armed marble soldiers that flanked the stairway on pedestals.

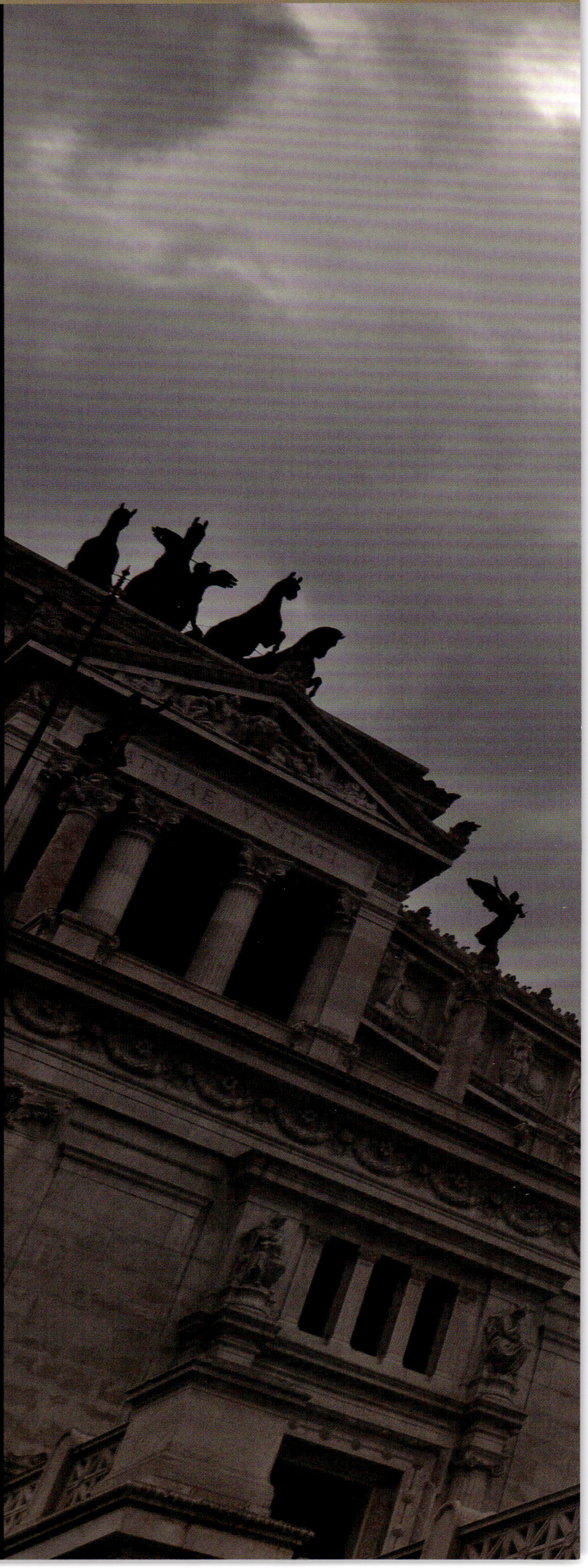

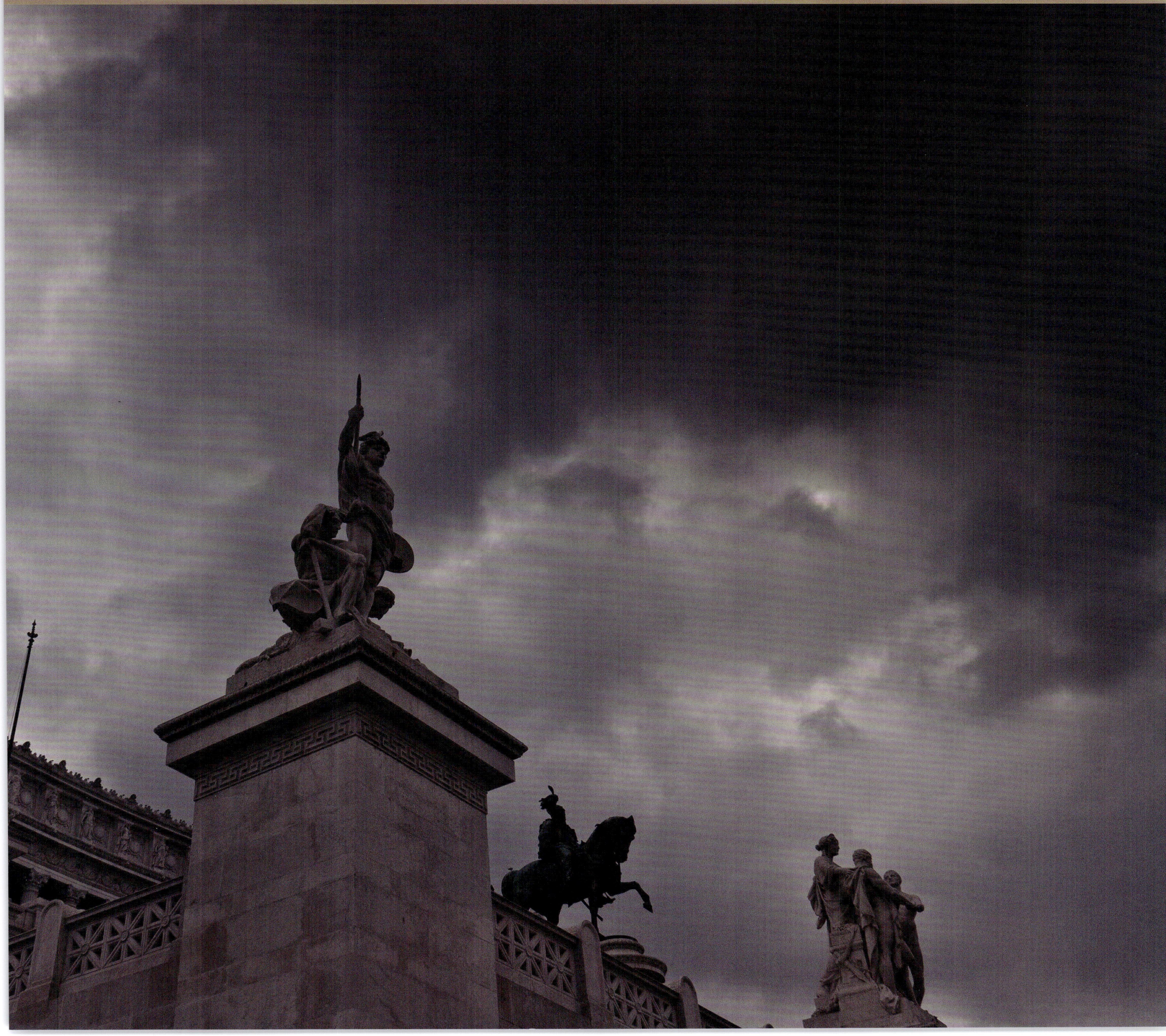

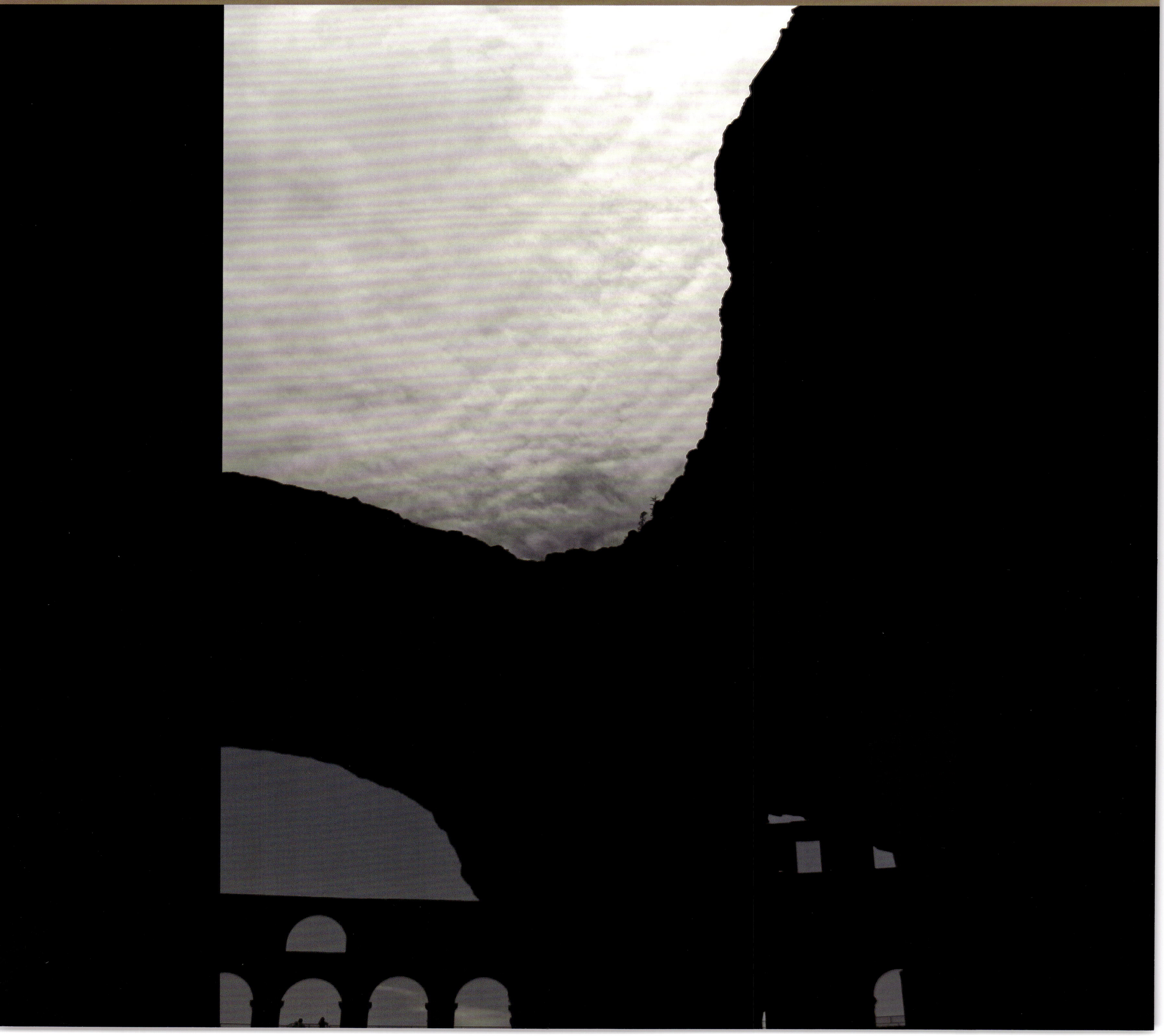

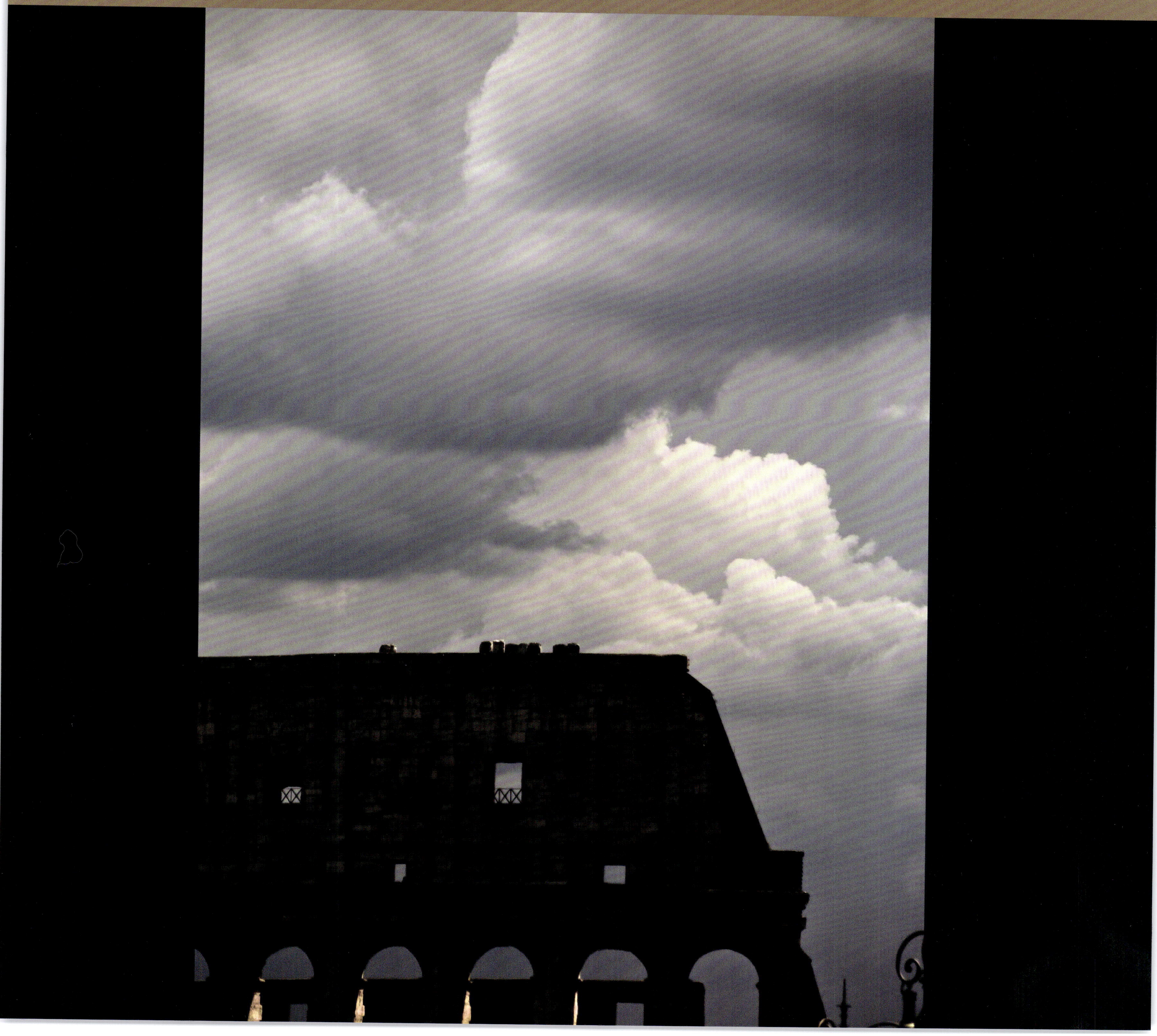

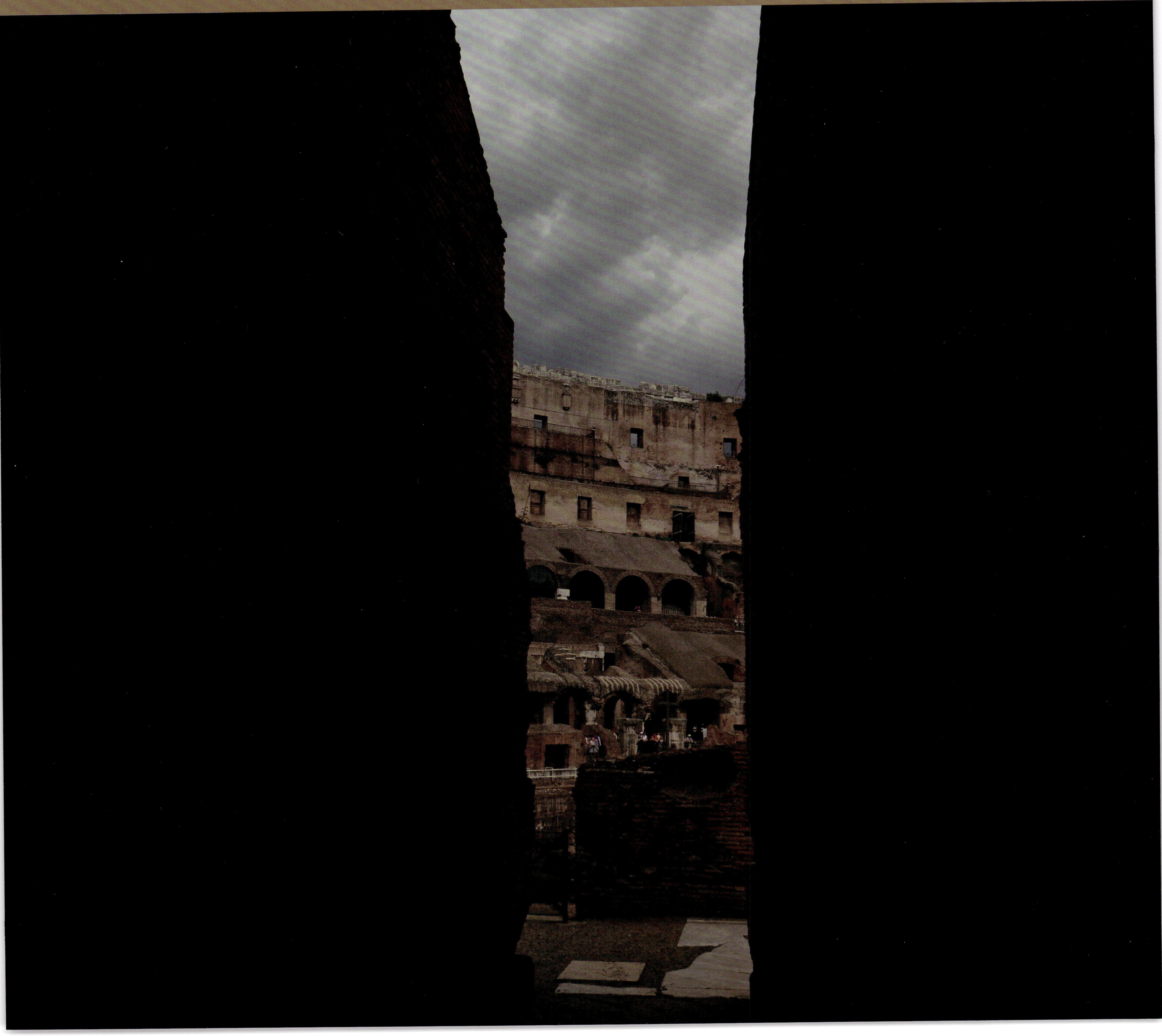

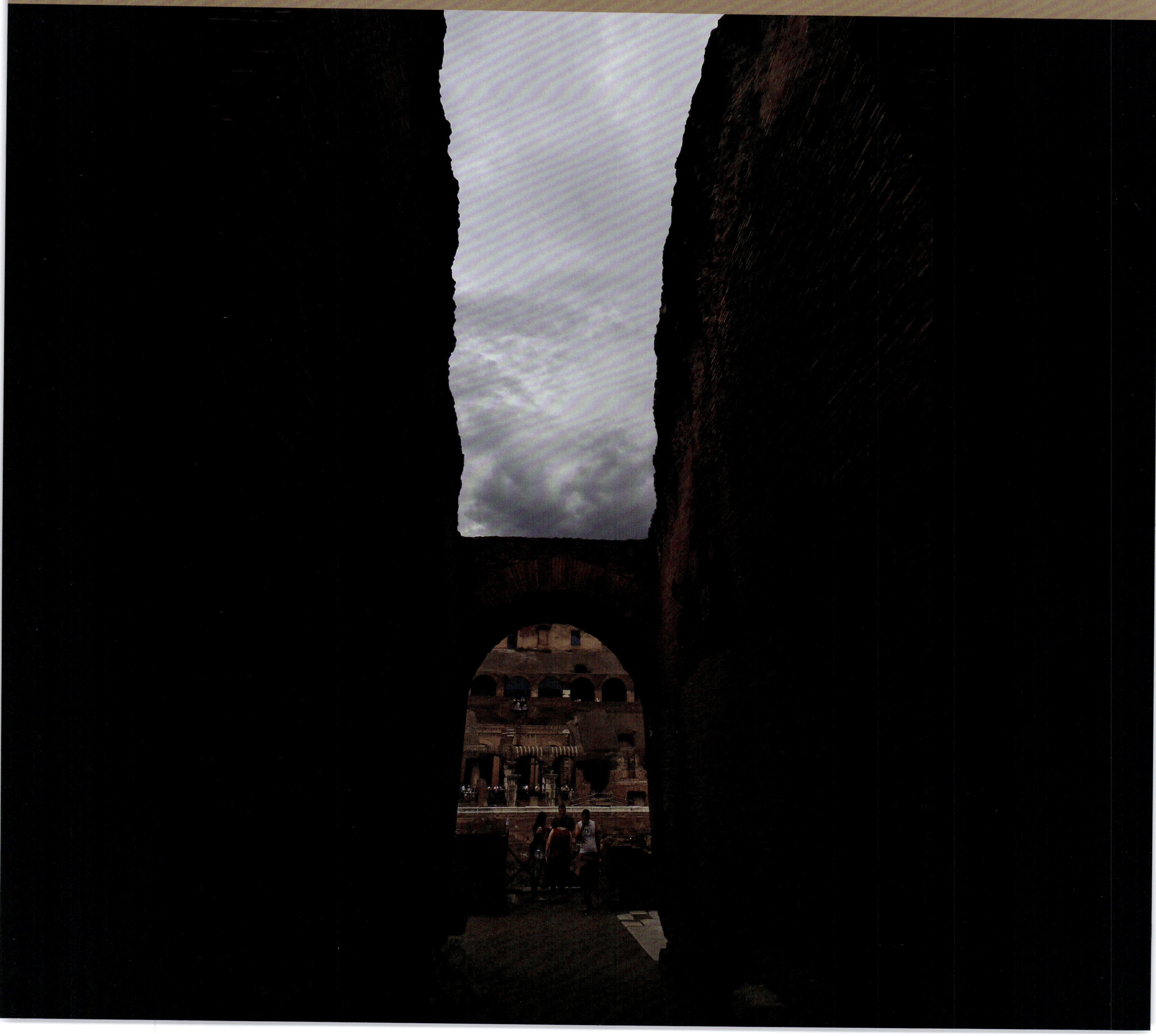

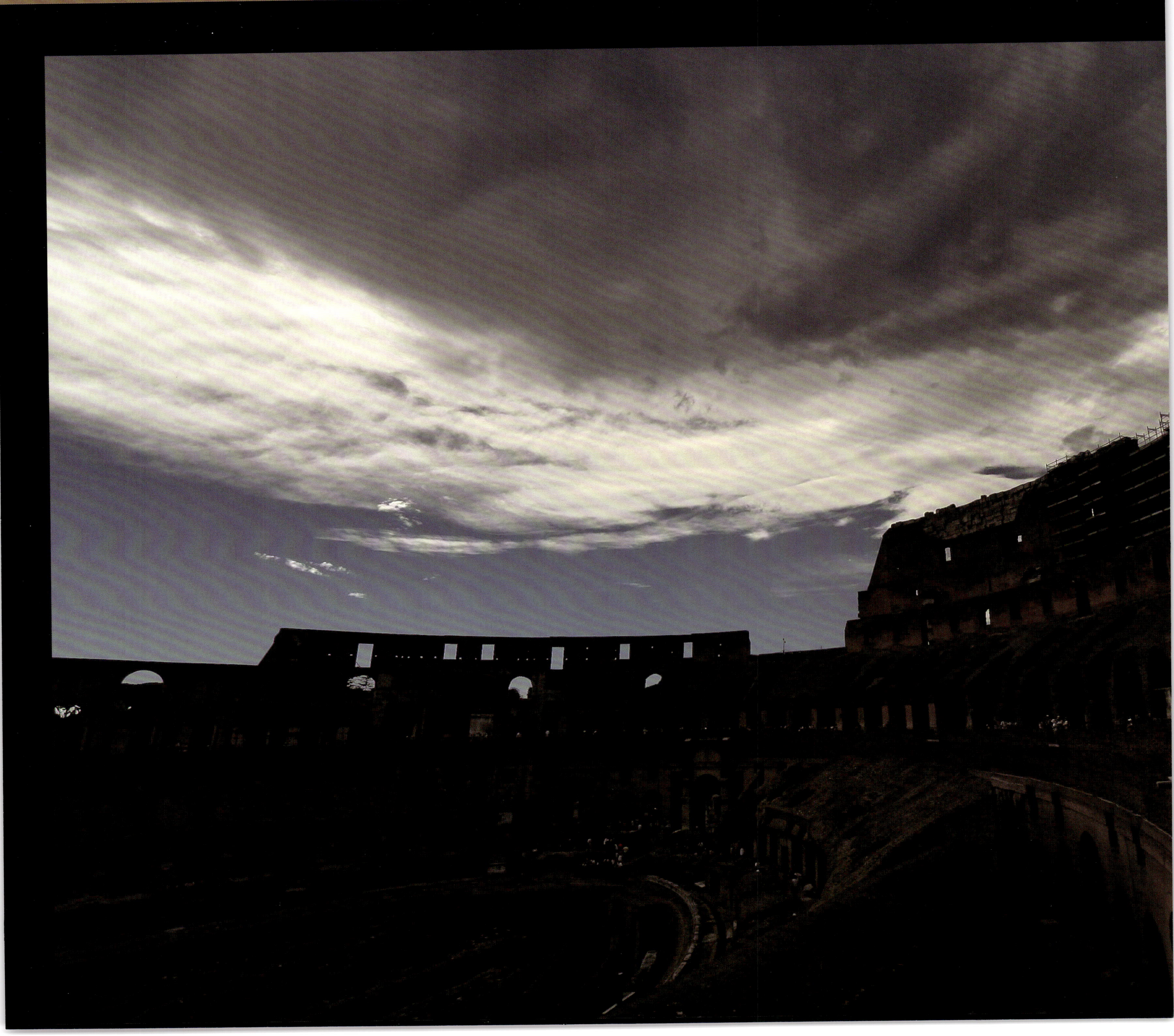

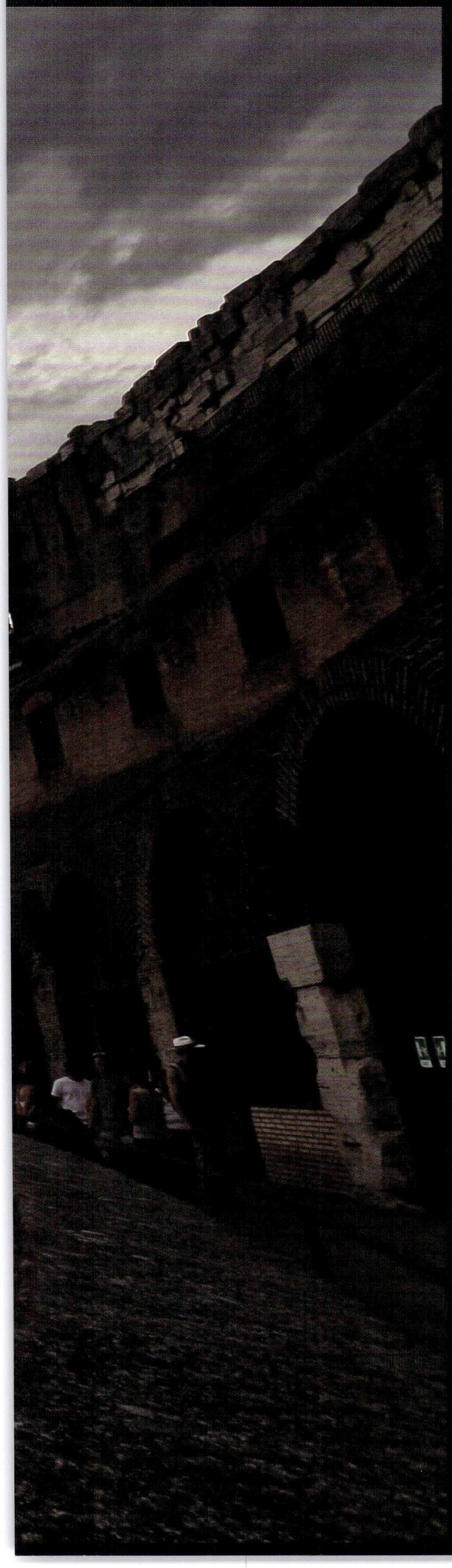

Über dem Kolosseum hatte sich inzwischen eine ovale Wolkenformation gebildet und konterte nun dessen elliptische Form. Es schien, als wolle sich gleich das Unheil vergangener Zeiten über der Arena ausschütten.

An ominous oval cloud had formed over the Colosseum, mirroring its elliptical shape. It looked as if all the suffering of the past was about to pour itself over the arena.

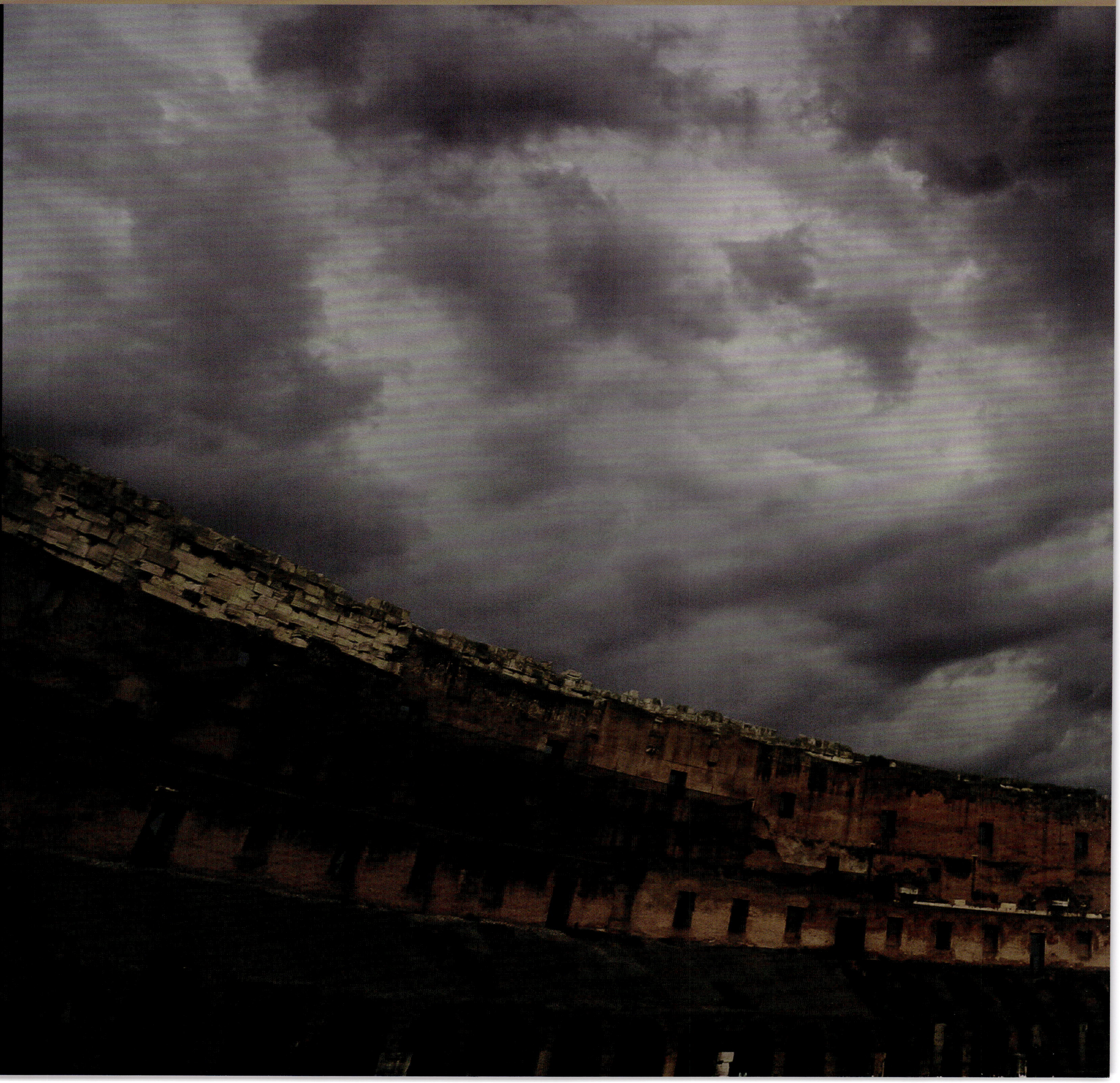

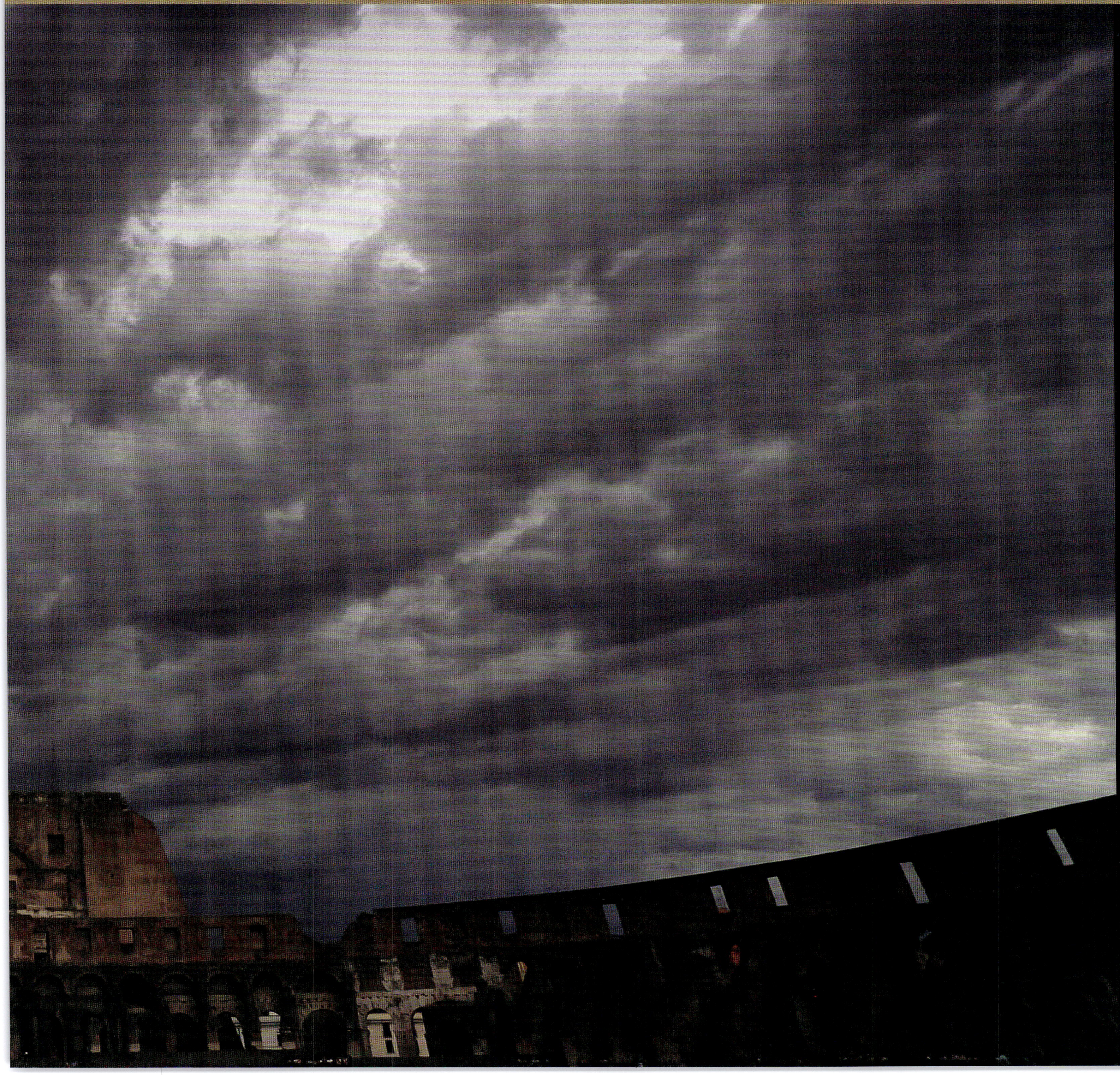

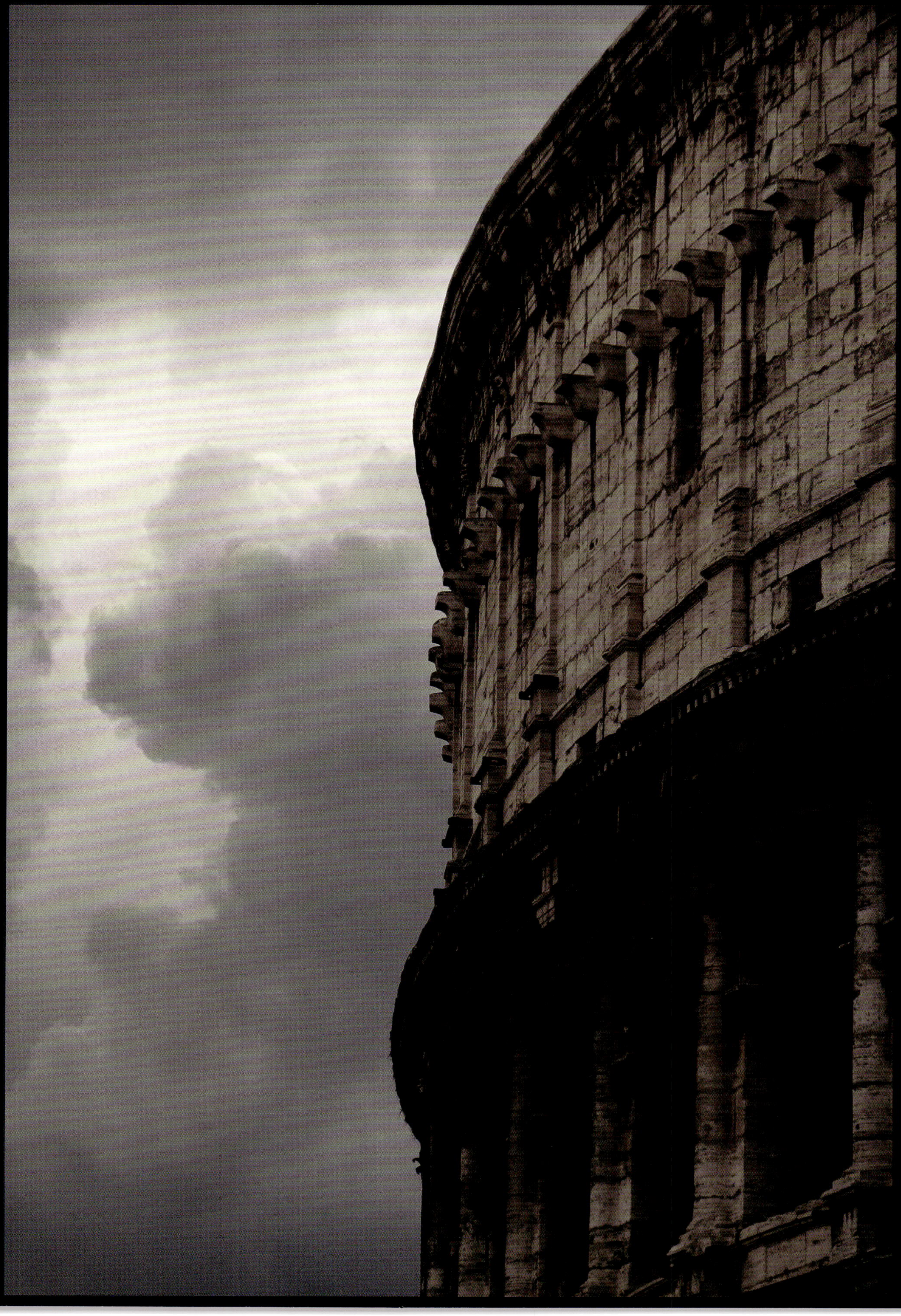

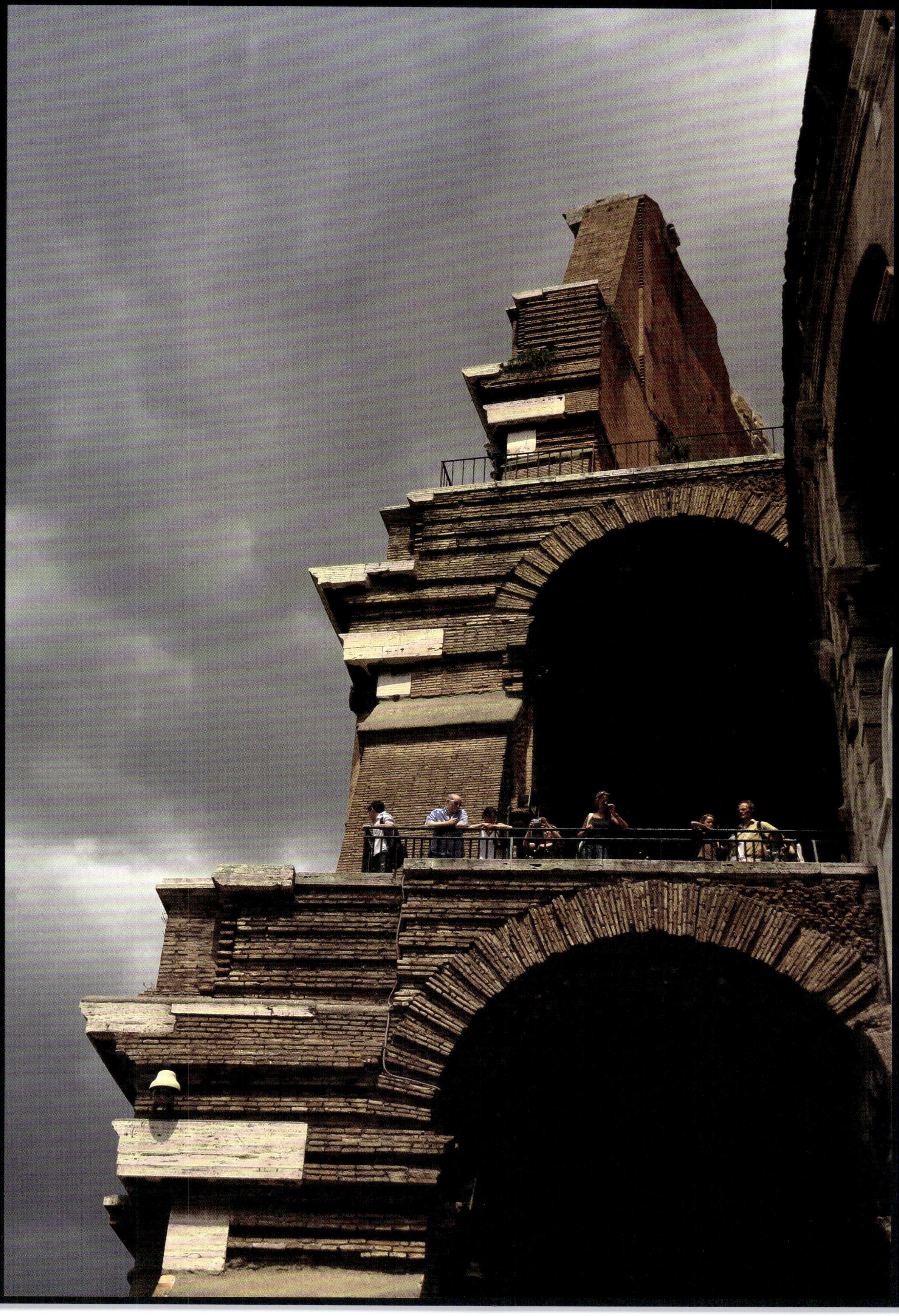

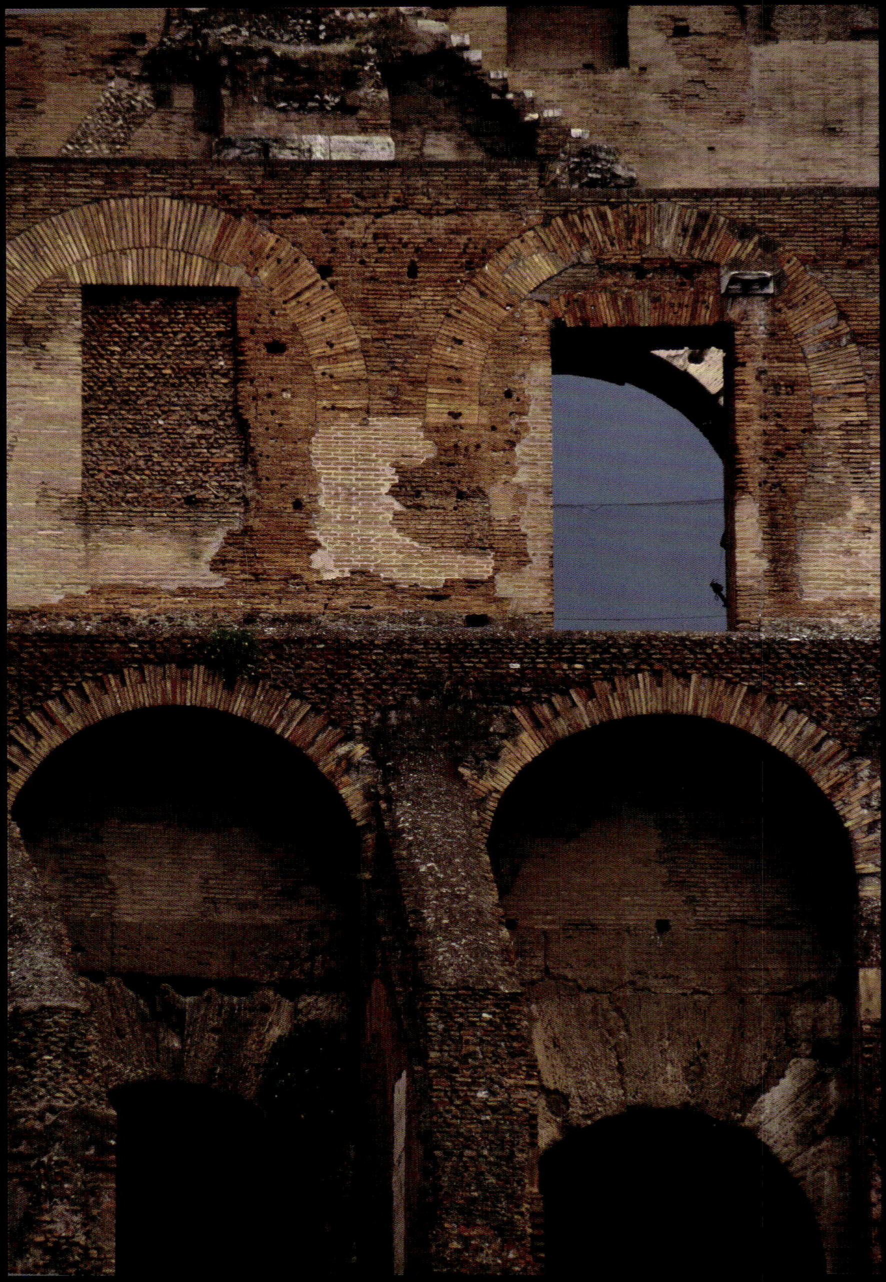

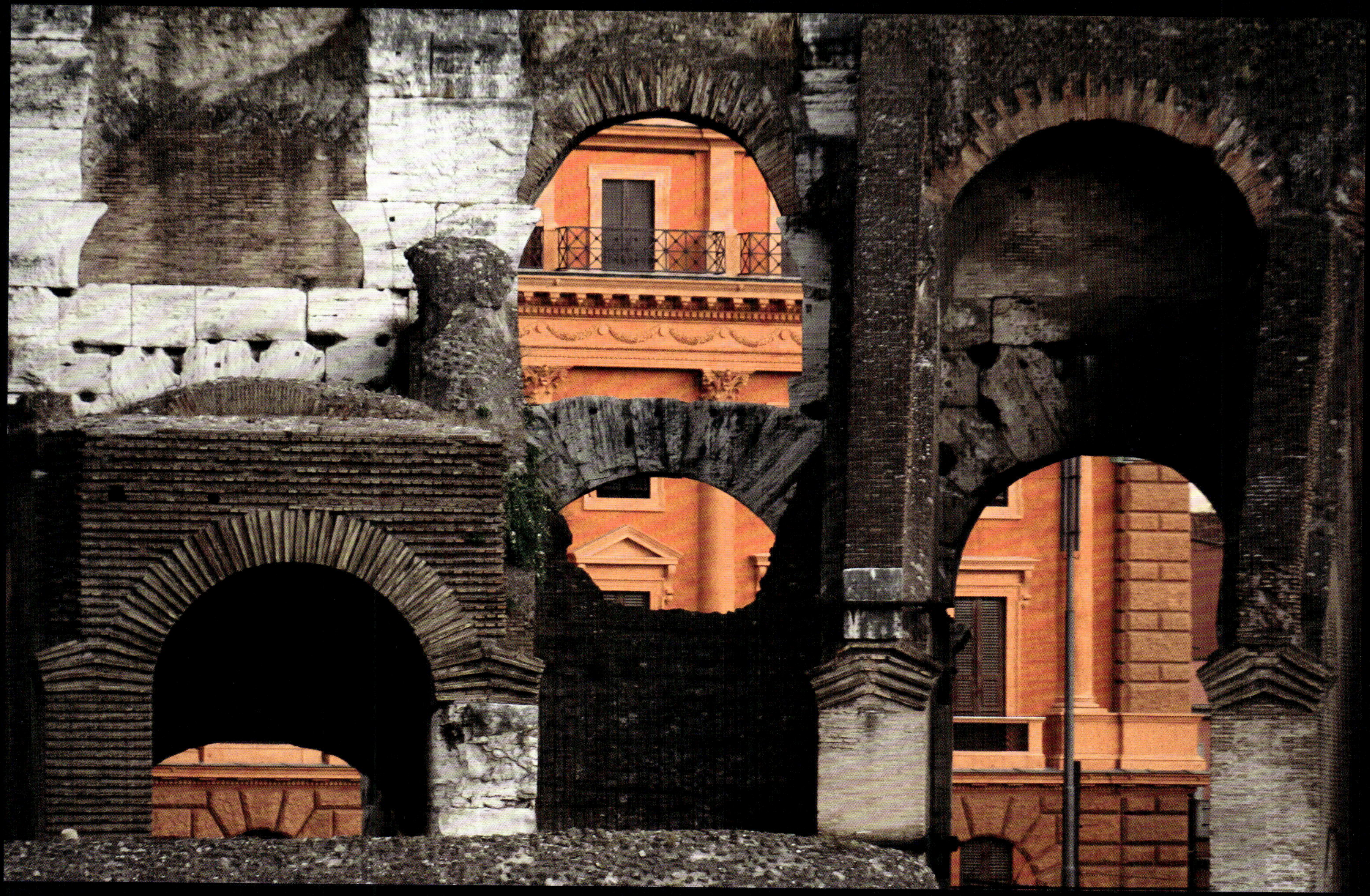

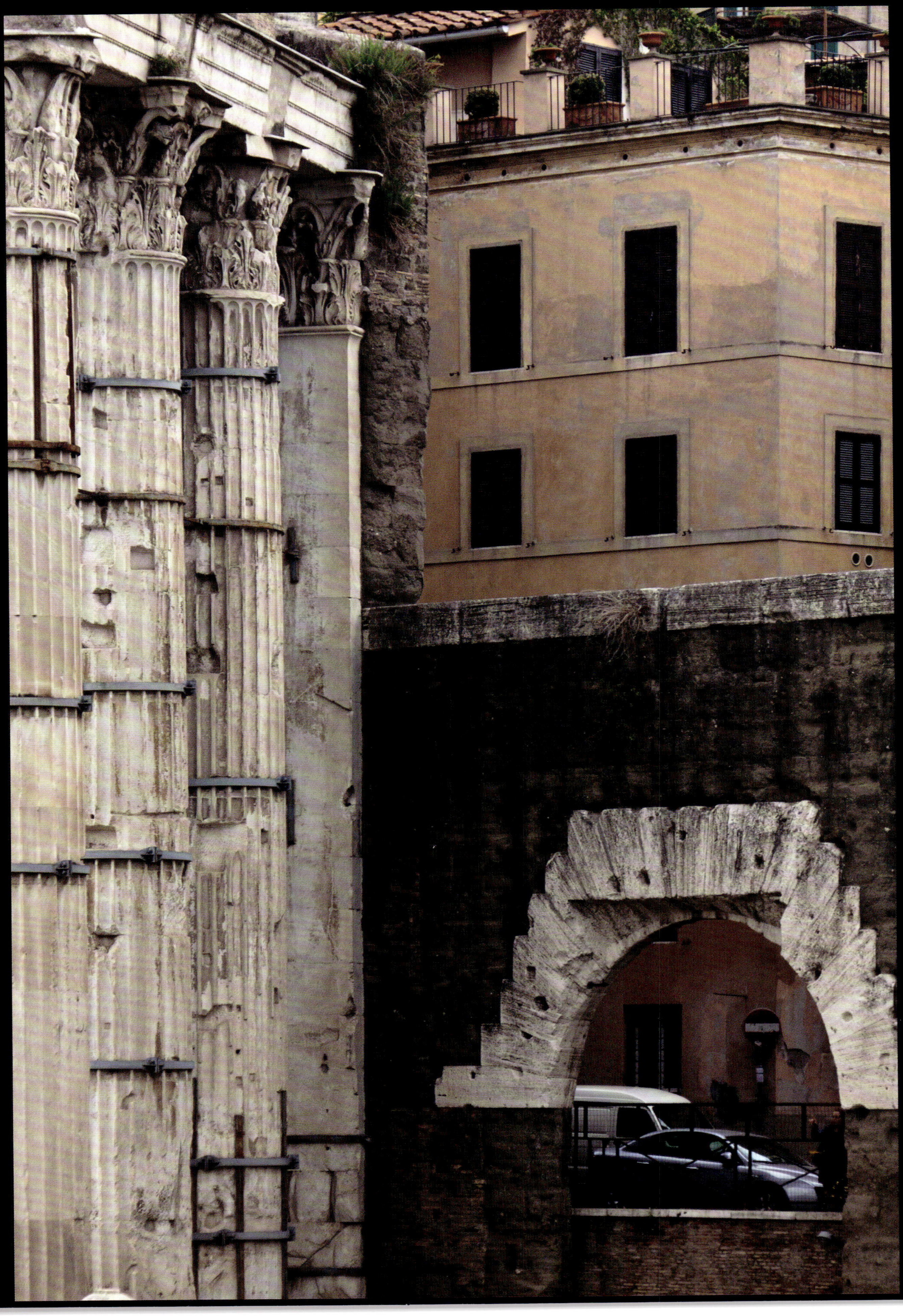

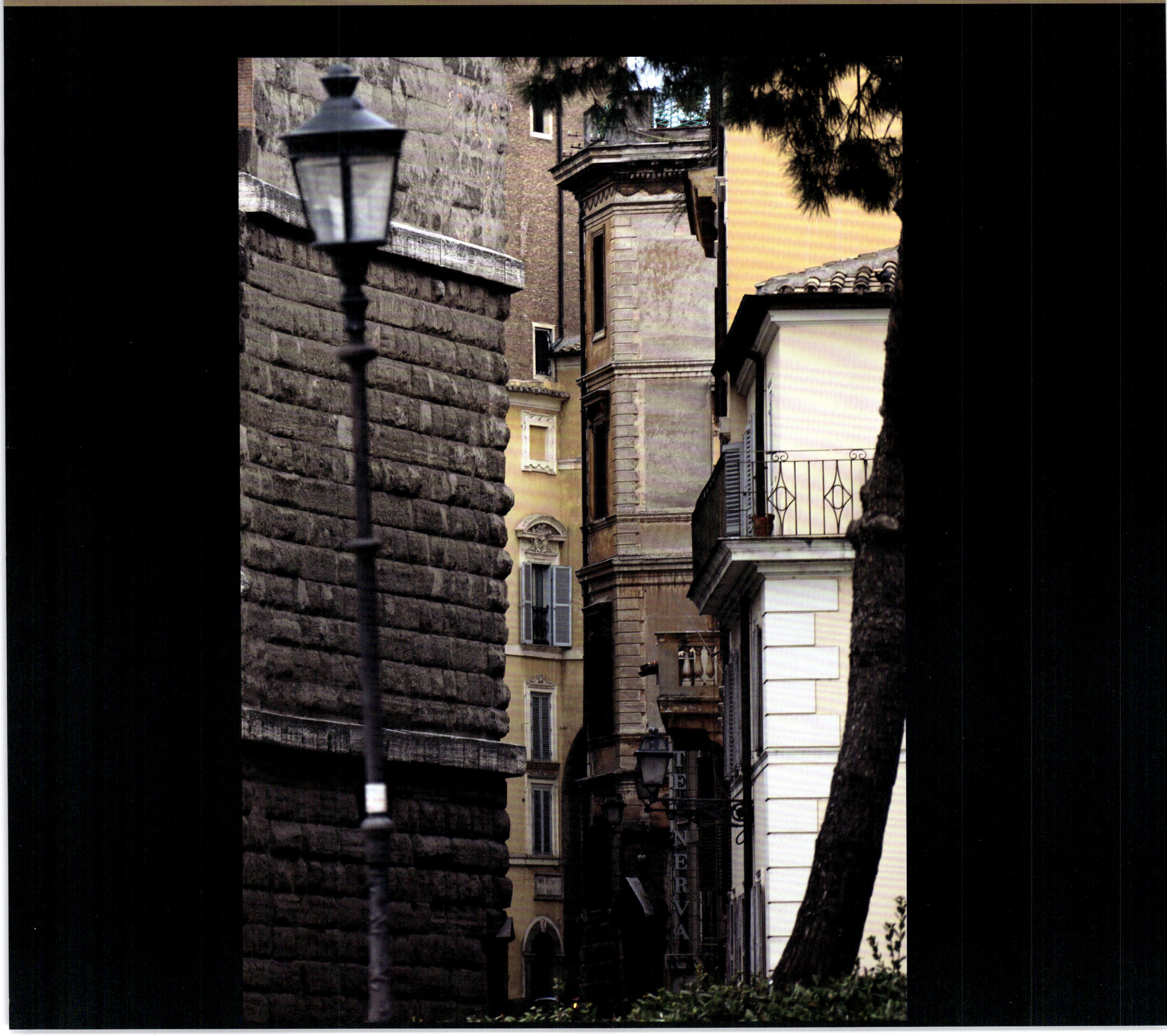
NERVA

QUIRINALE

BIS

MONTE PINCIO

FROM QUIRINALE TO MONTE PINCIO

In Schicksal's Hand

WITH A TWIST OF FATE

Für Alessio war es scheinbar offensichtlich, wer zu den Einheimischen gehörte: Wann immer er jemanden nach dem Weg fragte, hatte er Erfolg, während Filippo meist Achselzucken als Antwort erhielt.

Alessio seemed to have a much better sense of who the natives were: whenever he asked for directions, he got a helpful answer, while the people Filippo asked usually just shrugged their shoulders.

„Rom wurde auf sieben Hügeln erbaut. Der Monte Quirinale ist einer davon", erklärte Filippo, als sie zum höchsten Punkt einer Straße hinaufgestapft waren. Ein weiter Platz tat sich vor ihnen auf und gab den Blick über die Dächer Roms frei. Am Horizont zeichnete sich die Silhouette einer der vielen Kuppeln der Stadt ab. Die untergehende Sonne beleuchtete die Steinfiguren des Obelisken im Zentrum des Brunnens mit orangefarbenem Licht und bettete deren lange Schatten sanft auf das Kopfsteinpflaster.

Filippo und Alessio tauchten in die Straße neben einem großen Palast, dessen Eingang von Polizisten mit Maschinenpistolen bewacht wurde. Ehrfürchtig und eingeschüchtert wagte Filippo dennoch, stehen zu bleiben und einen Blick durch das Tor in der Mitte des endlos lang scheinenden Seitenflügels zu werfen: Ein Uniformierter mit edlem, blauen Umhang und goldenem Spitzhelm und Säbel stand dort und salutierte einem einfahrenden Fahrzeug. „Es muss wohl ein Senatspalast oder so etwas sein. Vielleicht eine Botschaft oder der Amtssitz eines hohen Politikers ..."

Nur die vom Sonnenlicht angestrahlte Fassade einer Kirche warf ein wenig Wärme in die kühle Straßenschlucht, die sich am Palast entlang zog. Häuserfassaden keilten die folgende Kreuzung ein, in deren Ecken je ein Brunnen in die Wand eingelassen war. Einer davon gehörte zu einer prachtvollen Kirche, die nicht so recht in die enge Straße passen wollte. Hinter dem schmiedeeisernen Tor des Palazzo Barberini hob sich eine sonnenrot leuchtende Fassade mit riesigen Rundbogenfenstern gegen den dunkelblauen Abendhimmel ab. Kleine Wege mit weißem Kies durchquerten die gepflegte Rasenfläche vor dem Museum.

„Hier waren wir schon mal!", stellte Filippo freudig fest, als sie die Piazza Barberini betraten.

„Regenschirmtouristenführungsfrau", bemerkte Alessio, seine Zustimmung bekundend.

„Es kann nicht mehr weit sein. Ich frage dort in der Bar noch einmal".

Die Via Sistina führte die beiden über holprige Gehwege und Pflastersteine vorbei an kleinen Geschäften, Pizzerien und einem Verkaufsstand für Koffer, Hüte, Schals und Souvenirs, dessen Verkäufer auf dem Sattel seines Mofas sitzend geduldig auf Kundschaft wartete. Dass sich die Stadt am Monte Pincio noch prunkvoller präsentieren würde als bisher, hätte Filippo nicht für möglich gehalten. Es waren keine historischen Ruinen in diesem Viertel zu sehen. Schon die ersten

'Rome was built on seven hills. Monte Quirinale is one of them,' explained Filippo as they reached the top of a street that opened up into a broad piazza, offering a view over the rooftops of Rome. The silhouette of one of the city's many domes loomed on the horizon. The setting sun cast an orange glow over the stone statues of the obelisk in the middle of the fountain, laying their long shadows gently down on the cobbled pavement.

Filippo and Alessio plunged into the street beside the large palace, whose entrance was guarded by policemen with submachine guns. Awestruck and somewhat intimidated, Filippo nevertheless dared to stop and peer briefly through a gate in the middle of the seemingly endless side wing: a uniformed guardsman with a fine, blue cape, pointed golden helmet and sword was standing there, saluting an approaching vehicle. 'It must be a house of parliament. Or maybe an embassy or the office of some important politician....'

Golden sunlight fell upon a church façade as the only source of warmth in this cold urban canyon that stretched out in front of the long palace wing. The next junction was wedged in by four building façades. A fountain had been built into the corner of each building. One of them belonged to a magnificent church that seemed too grand for the narrow street. Behind a wrought-iron gate, the façade of the Palazzo Barberini, with its great arch-headed windows, caught the last rays of the setting sun, glowing red against a dark blue sky. Narrow, paths with white gravel cut across a neatly manicured lawn in front of the museum.

'Hey, we've been here before!' realised Filippo with excitement as they walked onto the Piazza Barberini.

'The umbrella-tourist-guide lady,' noted Alessio in agreement.

'It can't be that much further. I'll ask in that bar over there.'

The Via Sistina led the two young men over bumpy pavements and cobblestones, past small shops and pizzerias. A vendor selling suitcases, hats, scarves and souvenirs was sitting on the seat of his moped by his stall, waiting patiently for customers. Filippo was shocked to discover there were parts of the city even more magnificent than the ones he'd seen before. There were no historic ruins here, on Monte Pincio. The very first buildings they came to on the Via Ludovisi were lavishly decorated with flawless stucco. They rose high above the trees that lined the avenue, and many had national flags hanging over the street from bay windows. On the left, behind ornate walls, a palace stood majestically on a

Gebäude nach dem Anstieg der Via Ludovisi waren reich mit makellosem Stuck verziert. Sie ragten hoch über die Bäume der Allee hinaus und von ihren Erkern hingen oft Länderflaggen auf die Straße. Links, hinter verzierten Mauern, thronte ein Palast auf einem Hügel: Die Fenster trugen Giebel; Pilaster, Stuck und steinerne Balustraden schmückten die Fassade; Palmen rahmten das Gebäude ein; Ein poliertes Messingschild glänzte an einem der Torpfosten der Einfahrt. Unter dem geschwungenen Vordach eines weiteren Palastes auf der gegenüberliegenden Straßenseite stand ein Mann mit Frack, Zylinder und weißen Handschuhen. Er hielt einem anderen Mann – ebenfalls mit weißen Handschuhen und zweireihigen, goldenen Knöpfen an der dunkelblauen Uniform – die Tür auf. Über dem Eingangsportal waren zahlreiche, glänzende Messing-Sterne angebracht. Der Portier sah zu den beiden Jungen herüber und Filippo wurde sich plötzlich seines ärmlichen Äußeren bewusst.

Ehrfürchtig ließen sie all die folgenden Hotelpaläste hinter sich, während sie unter Stuck, Erkern und Türmen die breite Straße entlang schritten. Es gab nicht viele Fußgänger, und die wenigen Passanten beäugten die beiden mit skeptischem Blick. Trotzdem versuchte Filippo, seinem Entschluss treu zu bleiben. In einem gepflegten Garten hinter einem Eisenzaun platzierte ein Kellner langstielige Weingläser auf kleinen Tischchen, deren weiße Tischdecken bis zum kurz geschnittenen Rasen hinunter reichten. Filippo und Alessio trauten sich nicht, den Kellner nach dem Weg zu fragen, doch dieser merkte ihre Unsicherheit und bot ihnen ungefragt seine Hilfe an. So bogen sie in die Via Piemonte ein, wie es der Kellner beschrieben hatte.

„Warte!“, sagte Filippo plötzlich und fasste Alessios Arm.

„Was willst du hier eigentlich?“, fragte dieser.

Filippo zog seinen Freund unter den Schutz eines Baumes auf den Bürgersteig und erklärte: „Hör zu! Du weißt doch, dass ich vorhin telefoniert habe. Ich habe die Auskunft angerufen und nach der Adresse meines Vaters gefragt.“

Alessio stand da und wartete auf Filippos weitere Erklärungen: „Und?“

Filippo zog die Augenbrauen hoch und wies mit einem Nicken auf die gegenüberliegende Villa. Alessio ließ seinen Blick über das Haus wandern: Die rotbraune Fassade stellte im ersten Stock einen Balkon zur Schau, dessen steinerne Balustrade von Vierpässen durchbrochen war. Spitzbogentüren lagen dahinter und waren durch Steinsäulen voneinander getrennt. Profilierte Gesimse zogen sich

hill, surrounded by a garden of palm trees. The windows bore pediments; pilasters, stucco and stone balustrades adorned the façade. A polished brass plate gleamed from one of the gateposts at the entrance. Across the street, a man in a tailcoat, top hat and white gloves stood beneath the elegantly curved porch of a different palace. He was holding the door open for another man – also in white gloves – whose dark-blue uniform was adorned with two rows of gold buttons. Several shiny brass stars could be seen over the entranceway. The commissionaire looked over at the two young men, and Filippo was suddenly aware of his bedraggled appearance.

Awestruck, they continued past more hotel palaces, promenading up the wide street under façades of stucco, bay windows and towers. The few pedestrians they passed on the otherwise empty street eyed them suspiciously. Filippo tried not to let his growing self-consciousness break his courage. In a well-kept garden behind an iron fence, a waiter was placing long-stemmed wine glasses on small tables. The edges of the long white tablecloths brushed against the tips of the neatly trimmed grass. Filippo and Alessio were too shy to ask the waiter for directions, but he seemed to notice their uncertainty and offered them his help without waiting to be asked. Following his directions they rounded the next corner into the Via Piemonte.

‘Wait!’ said Filippo suddenly, grabbing Alessio’s arm.

‘What are we doing here, anyway?’ asked his friend.

Filippo pulled him onto the pavement under the protective canopy of a tree and explained: ‘Listen! You remember that phone call I made today? I called directory enquiries and asked for my father’s address.’

Alessio just stood there and waited for Filippo to continue: ‘And?’

Filippo raised his eyebrows and nodded towards the villa across the street. Alessio studied the house: the façade was reddish brown, and the balcony one storey up had a stone balustrade, pierced with quatrefoils, and pointed-arch doors, separated by stone pillars. The façade, with its interesting angles, was adorned with decorative moulding that demarcated the storeys. A palm tree was casting its shadow over the heavy wooden front door.

‘You mean… he lives here? You’ve never seen your father? And isn’t he a don’t-know-I’ve-got-a-kid guy?’

‘Wait, wait! I don’t even know if a Samuele Colonnese really lives there. And if so,

quer über die verwinkelte Fassade und unterteilten die Stockwerke. Eine Palme sorgte für Schatten über der schweren Holzeingangstür.
„Du meinst ... Wohnt er hier? Du hast doch deinen Vater nie gesehen? Und ist er nicht ein Nichtsvonseinemsohnwisser?"
„Warte, warte! Ich weiß noch nicht einmal genau, ob es dieses Haus ist. Und falls dort überhaupt ein Samuele Colonnese wohnt, ob er wirklich mein Vater ist."
„Wieso? Wie viele Samuele Bolognese gibt es denn in Rom?"
„Colonnese!", verbesserte ihn Filippo. „Die Auskunftsfrau hat mir zwei Adressen genannt und in dieser Straße wohnt der, der mit zweitem Vornamen so heißt wie ich."
„Das muss er sein!" Alessio sprühte plötzlich vor Begeisterung. „Du bist reich! Du wirst in einer Villa leben und dicke Autos fahren und eine eigene Putzfrau haben..."
„Nein, Alessio. Ich habe ganz andere Pläne. Ich weiß noch nicht einmal, ob ich ihn ansprechen werde, wenn ich ihn sehe. Vielleicht genügt mir schon, ihn einmal gesehen zu haben. Oder vielleicht auch nur zu wissen, wo er wohnt!"
„... und du wirst ein eigenes Segelboot haben, und ein Motorboot, und ein Ferienhaus auf Sizilien oder auf deiner eigenen Insel", fuhr Alessio unbeirrt fort. „Aber dann wirst du den Zirkus verlassen und mich auch. Sind wir Fürimmerfreundebleiber?"
„Natürlich, Alessio! Du bist mein bester Freund! Ich hatte noch nie einen besseren. Keine Sorge: Ich werde beim Zirkus bleiben. Noch für eine ganze Zeit lang, denke ich."
„Versprochen?"
„Versprochen!"
Just in diesem Moment öffnete sich die schwere Holztür der Villa und eine elegant gekleidete Frau trat heraus, geleitet von einem schlanken Mann mittleren Alters im schwarzen Anzug mit Krawatte und weißem Hemd. Seine Manschettenknöpfe funkelten in der Sonne.
„Das ist er!", flüsterte Alessio aufgeregt. Filippo stockte der Atem – er war nicht fähig, etwas zu erwidern.
Der Mann reichte der Dame den Arm und führte sie die Stufen der Eingangstreppe hinab. Dann verabschiedete er sich höflich, schloss die Tür der Limousine, nachdem die Dame eingestiegen war und trat auf die Straße hinaus. Als der Wa-

if he's even my father.'
'What do you mean? How many Samuele Bologneses are there in Rome?'
'Colonnese!' corrected Filippo. 'The woman on the phone gave me two addresses, and the one whose middle name is Filippo lives in this street.'
'That's got to be him!' Alessio was suddenly bubbling over with enthusiasm. 'You're rich! You're gonna live in a villa and drive around in fancy cars and have your own cleaning lady....'
'No I won't, Alessio. I've got totally different plans. I don't even know whether I'm going to talk to him when I see him. Maybe all I want is to see what he looks like. Or maybe it's enough just knowing where he lives!'
'... and you're going to have your own sailboat and a motorboat and a holiday house in Sicily or on your own island,' continued Alessio undeterred. 'But then you'll leave the circus and me too. Are we gonna be friends-forever guys?'
'Of course, Alessio! You're my best friend! I've never had a better one. Don't worry: I'm going to stay in the circus. For a long time, I think.'
'Promise?'
'Promise!'
At that very moment, the heavy wooden door of the villa opened, and an elegantly dressed woman stepped out, accompanied by a thin, middle-aged man wearing a black suit and tie with a white shirt. His cuff links sparkled in the sun.
'That's him!' whispered Alessio feverishly. Filippo's breath caught in his throat – he wasn't able to respond.
The man offered the woman his arm and led her down the front steps. Then he said goodbye politely, waited for her to climb into the car, closed her door and stepped into the street. After the car had purred off around the first corner, the man turned around and looked in their direction. He raised a hand to his forehead, shielding his eyes from the sun, and zeroed in on the two boys. Then he started walking towards them.
'Run, Alessio!' called Filippo. At this point the two of them snapped out of their statue poses and bolted back down the street as fast as their legs would carry them.
'Hey! What do you hoodlums think you're doing here?' he called after them. But they had already disappeared around a corner. The boys kept running, zigzagging randomly though the neighbourhood from street to street.

gen mit leisem Schnurren hinter der ersten Kurve verschwand, drehte sich der Mann um und sah direkt in ihre Richtung. Er hob die Hand als Sonnenschild an die Stirn, fokussierte die beiden und kam direkt auf sie zu.

„Renn, Alessio!“, rief Filippo. Beide lösten sich in diesem Augenblick aus ihrer Versteinerung und liefen, so schnell es ging, die Straße zurück, aus der sie gekommen waren.

„Hey! Was wollt ihr Strolche hier!“, hörten sie die Stimme hinter sich herrufen. Doch da verschwanden sie schon hinter einer Ecke, rannten von Straße zu Straße und bogen wahllos nach links oder rechts ab.

„Ich denke, das genügt!“, rief Filippo einige Querstraßen weiter und völlig außer Atem. Sie hielten inne und stützten sich mit den Händen auf ihren Knien ab, um kurz zu verschnaufen.

„Meinst du, er wird die Polizei rufen?“, schnaufte Alessio.

„Nein. Und wenn schon: Wir haben nichts Unrechtes getan.“

„Genau! Und was jetzt?“

Sie schlenderten der untergehenden Sonne entgegen die Straße entlang, bis Filippo schließlich antwortete: „Ich weiß noch nicht genau, aber jetzt brauche ich erst mal eine Zigarette.“ Dabei wies er auf die Kneipe auf der anderen Straßenseite, über deren Tür außer dem Schild „Bar“ auch das große „T“ für „Tabacchi“ prangte.

Es waren mehr Leute in der Bar, als angesichts der leeren Straßen zu erwarten gewesen war. Das Stimmengewirr wurde nur kurz ein wenig leiser, als die beiden Jungen den kleinen Raum betraten. Die Kunden waren sämtlich ordentlich gekleidet. Filippo war froh, dass kaum jemand Notiz von ihnen nahm. Er ging zur Theke und bestellte eine Schachtel „MS“. Ohne das offensichtlich ernsthafte Gespräch mit einem Herrn im schwarzen Anzug zu unterbrechen, kramte der Barkeeper geistesabwesend unter der Theke, fand schließlich eine Schachtel und legte sie auf den Tresen. Filippos Hände zitterten noch vor Anstrengung, und gerade als er das Kleingeld auf die Theke legen wollte, machte er eine ungeschickte Bewegung, sodass ihm die Münzen aus der Hand fielen. Sie rollten über die Bar, fielen zu Boden und kullerten über den schwarz-weißen Fliesenboden unter Tische und Stühle in alle Richtungen.

„Das kann passieren“, sagte der Herr im Anzug im selben ernsthaften Ton, in dem er eben noch mit dem Barkeeper gesprochen hatte. Dann begann er mit

'I think that's enough!' called Filippo a few blocks later, panting loudly. They stopped and rested with their hands on their knees, gasping for breath.

'Do you think he'll call the cops?' wheezed Alessio.

'No. And if he does, we haven't done anything wrong.'

'Exactly! So what now?'

They ambled down the street into the setting sun until Filippo finally answered, 'I'm really not sure yet, but first I need a cigarette.' He pointed to the bar across the street whose sign above the door read 'Bar' with a big 'T' for 'Tabacchi'.

There were more people in the bar than one would have expected based on the barrenness of the streets. The babel of voices in the small room died down for a moment when the two young men entered. All of the guests were well dressed. Filippo was glad that practically no one seemed to take notice of them. He walked up to the bar and ordered a packet of MSs. The barman, who was engaged in an apparently important conversation with a man in a black suit, groped absentmindedly under the bar without taking his eyes off his customer, and eventually pulled out a packet of cigarettes, placing it on the bar in front of Filippo. As he was extending his hand to pay, Filippo, still shaky with fatigue, made a careless move and accidently dropped the coins, which rolled over the bar and fell to the floor, scattering in all directions under tables and chairs across the black-and-white tiles.

'These things happen,' said the man in the suit, with the same earnest tone he had just been using in his chat with the barman. Then he bent down to help Filippo and Alessio search the floor for the lost coins.

'Thanks Mr helpful-friend-of-clumsy-kids guy,' said Alessio. The man had to grin.

'A little out of breath, are you? Where did you come from?' he asked, amused.

'We were just in the neighbourhood and...,' Filippo stuttered and was about to make a mad dash for the door when the man interrupted him. 'No, no. I meant, you aren't from Rome, are you? Is this your first time here?'

'Yeah. Rome is beautiful,' answered Filippo tentatively.

'And where are you from?' the man persisted. He was polite and his questions seemed sincere. His suit looked expensive, as did the watch that peeked out from under his shirt cuffs. He must have been in his early forties. The hair at his temples was flecked with grey, and he had friendly, brown eyes. Filippo never shared information about himself with strangers. He would later ask himself what it was

Filippo und Alessio den Boden abzusuchen, um die Münzen aufzusammeln.
„Danke Herr Ichhelfeeucheinsammelnihrtollpatsche", sagte Alessio. Der Herr musste schmunzeln.
„Wohl etwas außer Atem, ihr beiden? Wo kommt ihr denn her?", fragte er amüsiert.
„Wir waren gerade in der Gegend und…": Filippo stotterte und wollte schon aus dem Bar fliehen, da nahm ihm der Herr das Wort aus dem Mund: „Nein, nein. Ich meine, ihr seid doch nicht aus Rom? Seid ihr zum ersten Mal hier?"
„Ja. Rom ist schön", antwortete Filippo unverbindlich.
„Und woher seid ihr nun?", ließ der Herr nicht locker. Er war höflich und schien nichts Zwielichtiges an sich zu haben. Der Anzug war sicherlich teuer; die Uhr, die unter dem Hemd hervorblitzte, vermutlich auch. Er war Anfang vierzig, hatte leicht grau melierte Schläfen und freundliche, braune Augen. Filippo gab gegenüber Fremden nie etwas von sich Preis. Er würde sich später nie erklären können, wieso er gerade diesem Herrn etwas über sich erzählte und antwortete wahrheitsgemäß: „Ich komme aus Kalabrien."
„Kalabrien? Wie schön! Ich war mal in Urlaub dort. Kennt ihr das Savuto-Tal?"
„Ja", sagte Filippo erstaunt, weil er nicht erwartet hatte, den Namen seiner Heimat hier zu hören. Leise fügte er hinzu: „Ich bin von dort. Aus Cosenza."
Alessio zupfte vorsichtig und unmerklich an Filippos Hose, um anzudeuten, dass sie verschwinden sollten. Doch Filippo gab ihm mit einem Blick zu verstehen, dass er noch kurz bleiben wollte.
„Na, so was!", antwortete der Herr. Sein ernstes Gesicht hellte sich ein wenig auf, die Augen verfielen in einen melancholischen Blick, der sich weit in die Vergangenheit zurück zu richten schien. „Ich war einmal sehr verliebt in Cosenza", nuschelte er geistesabwesend vor sich hin.
„Wann waren Sie denn in Cosenza?", fragte Filippo schnell.
„Es war nicht direkt Cosenza. Es war ein kleiner Ort ganz in der Nähe. Nur ein paar Häuser. Ich war während meines Studiums mit ein paar Kommilitonen dort. In den Semesterferien. Es muss etwa zwanzig Jahre her sein. Damals habe ich dort eine Frau kennengelernt…", sagte der Herr und sein Blick schien wieder weit entfernt.
„Dein Kaffee, Samuele", unterbrach der Barkeeper plötzlich. Filippo erstarrte, als es aus Alessio herausplatzte: „Sie sind sein Vater! Signore, Sie sind…. Sie sind

that made him trust this strange man and answer with a forthright, 'I'm from Calabria.'
'Calabria? How wonderful! I was once there on holiday. Do you know the Savuto Valley?'
'Yeah,' said Filippo astonished. He would never have expected to hear the name of his home in a place like this. In a soft voice, he added, 'That's where I'm from. From Cosenza.'
Alessio tugged gently and inconspicuously at Filippo's trousers to hint that it was time to go. But Filippo reacted by throwing him a quick glance that made it clear he needed a little more time.
'You don't say!' answered the man. His serious face brightened somewhat and his eyes took on a melancholy look that seemed to be focused on some point far in the past. 'I once fell in love in … er, with Cosenza,' he muttered, deep in thought.
'When were you in Cosenza?' asked Filippo quickly.
'It wasn't exactly Cosenza. It was a nearby village. Just a few houses. I was there with some friends from university during our semester break. It must have been about twenty years ago. I met a woman there…,' said the man, with the same far-away look in his eyes.
'Your coffee, Samuele,' interrupted the barman brusquely. Filippo froze as Alessio blurted out, 'You're his father! Signore, you're…. You're his father! *Mamma mia*!'
All at once the room fell silent. The man's dreamy expression dissolved into one of confusion. Suddenly alert, he asked, 'What are you saying, young man? Whatever gave you that idea?'
'His mother … Filippo's mother … his father doesn't know about him….' At that point Filippo gripped Alessio's arm, causing him to fall silent.
'Your name is Samuele?' Filippo took his courage in both hands, screwing up his eyes in concentration.
'Yes, that's right,' answered the man.
'Samuele Colonnese? Samuele Filippo Colonnese?'
'How did you know that?'
Filippo stood perfectly still, suddenly at a loss for words. Their eyes met, and in that moment they both knew it was true.
After an infinitely long silence, Samuele asked, 'Filippo? And what is your mother's name?'

sein Vater! *Mamma mia*!"
Schlagartig verstummten die Gespräche im Raum. Der verträumte Blick des Herrn verpuffte im Nichts. Plötzlich hellwach fragte der Mann: „Was sagst du da, Junge? Wie kommst du auf eine solche Idee?"
„Seine Mutter… Filippos Mutter… Sein Vater weiß nichts von ihm…" Da griff Filippo Alessios Arm, sodass dieser umgehend schwieg.
„Sie heißen Samuele?" Filippo nahm seinen ganzen Mut zusammen und kniff konzentriert die Augen zusammen.
„Ja, ganz richtig", antwortete der Mann.
„Samuele Colonnese? Samuele Filippo Colonnese?"
„Woher weißt du das, Junge?" Filippo stand still und war nicht fähig, etwas zu sagen. Ihre Blicke trafen sich, und in diesem Moment wussten sie es beide.
„Filippo? Und wie heißt deine Mutter?", fragte Samuele nach einer endlos langen Pause.
„Stella. Stella Pagliarani."
„Stella…" Der Mann wurde blass, kalkweiß. Für einen Moment fror sein fragender Blick wieder in einem weit entfernten Punkt ein. Dann begannen seine Augen nervös umherzuirren, scheinbar nach Orientierung suchend. "Ich habe einen Sohn!", stammelte er leise.
Die Gespräche in der Bar wurden wieder laut. Jemand bestellte eine Lokalrunde, einige Herren klopften Samuele auf die Schulter, andere umarmten ihn und musterten Filippo und Alessio. Einer gab Filippo die Hand, ein anderer legte die Arme um die Schultern der beiden und fragte, was sie trinken wollten.
„Wie geht es Stella?", fragte Samuele, noch immer geistesabwesend in all dem Trubel.
„Meine Mutter ist letztes Jahr gestorben", antwortete Filippo leise.

Es war die letzte Abendvorstellung in Rom. Am nächsten Tag sollte der Zirkus die Stadt verlassen. Obwohl sein Auftritt fehlerfrei verlaufen war, nahm Filippo seine Umgebung wie in einem Trancezustand wahr. Alles schien ihm unwirklich: Der Applaus und die Stimmen, die Rufe der Zuschauer, das Schnauben der Tiere, die Musik in Hintergrund … Er fing die letzte Keule und verbeugte sich, als sein Blick in die zweite Reihe des Publikums fiel, wo Samuele saß und applaudierte.

'Stella. Stella Pagliarani.'
'Stella….' The colour drained from Samuele's face. For a moment his inquisitive expression melted into a pensive gaze. Then his eyes began darting nervously from face to face, as if searching for confirmation. 'I … I have a son!' he stammered.
The pub exploded with loud voices. Someone ordered a round of drinks. Several men patted Samuele on the back. Others embraced him warmly. By now everyone in the pub had taken notice of Filippo and Alessio. One of them shook Filippo's hand, and another put his arms around the young men's shoulders and asked them what they'd like to drink.
'How is Stella doing these days?' asked Samuele, still lost in thought amidst all of the hubbub.
'My mother passed away last year,' answered Filippo, quietly.

It was the final evening show in Rome. The circus would be leaving the city the following day. In the middle of his flawless performance, Filippo was taking in his surroundings as if in a trance. Everything seemed so unreal: the applause and the voices, the shouts from the audience, the sounds of the animals, the music in the background…. He caught the last torch and took a bow as his eyes found the second row of the audience, where Samuele sat and applauded.

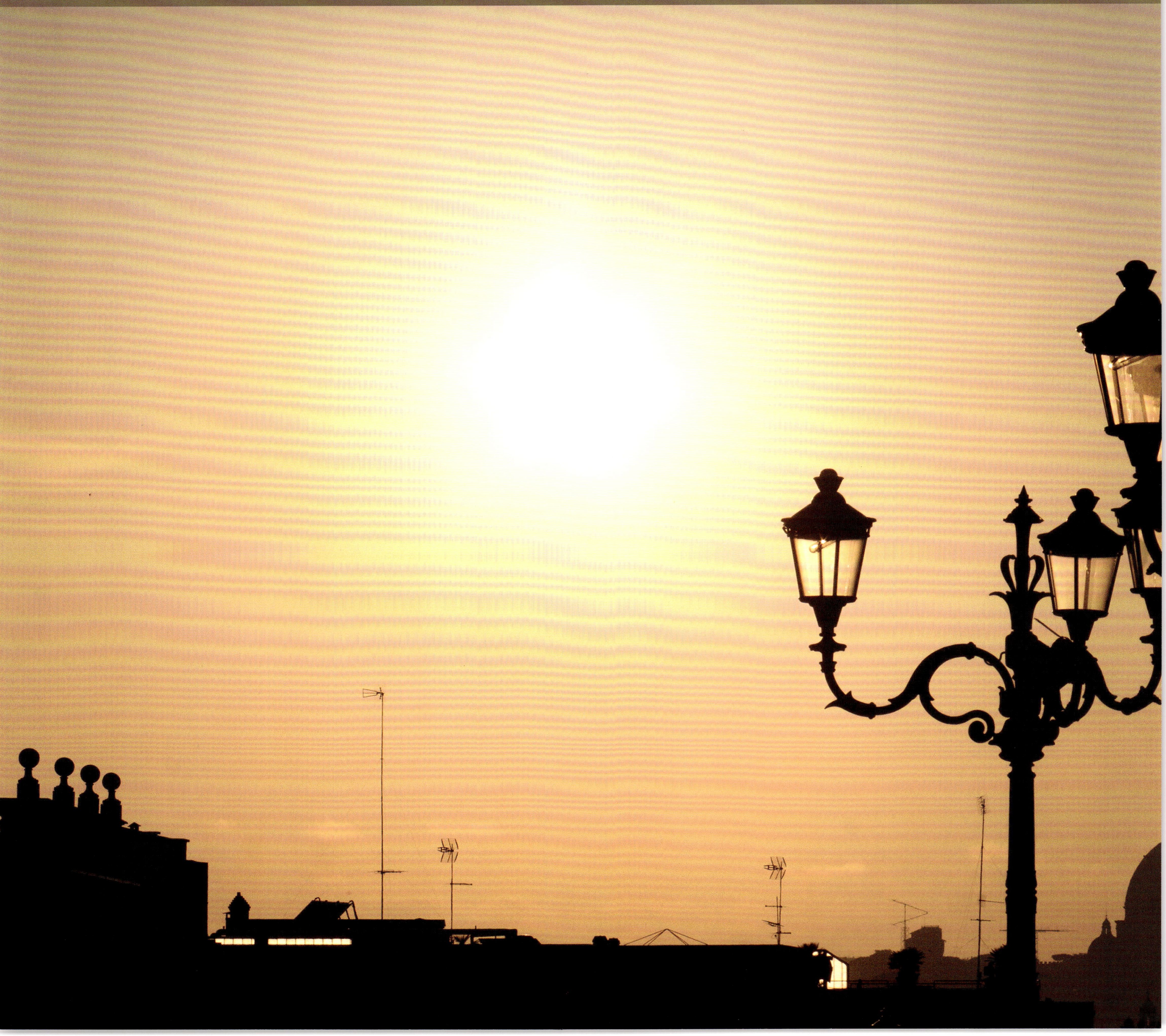

Am Horizont zeichnete sich die Silhouette einer der vielen Kuppeln der Stadt ab.
Die untergehende Sonne beleuchtete die Steinfiguren des Obelisken im Zentrum des Brunnens mit orangefarbenem Licht und bettete deren lange Schatten sanft auf das Kopfsteinpflaster.

The silhouette of one of the city's many domes loomed on the horizon.
The setting sun cast an orange glow over the stone statues of the obelisk in the middle of the fountain, laying their long shadows gently down on the cobbled pavement.

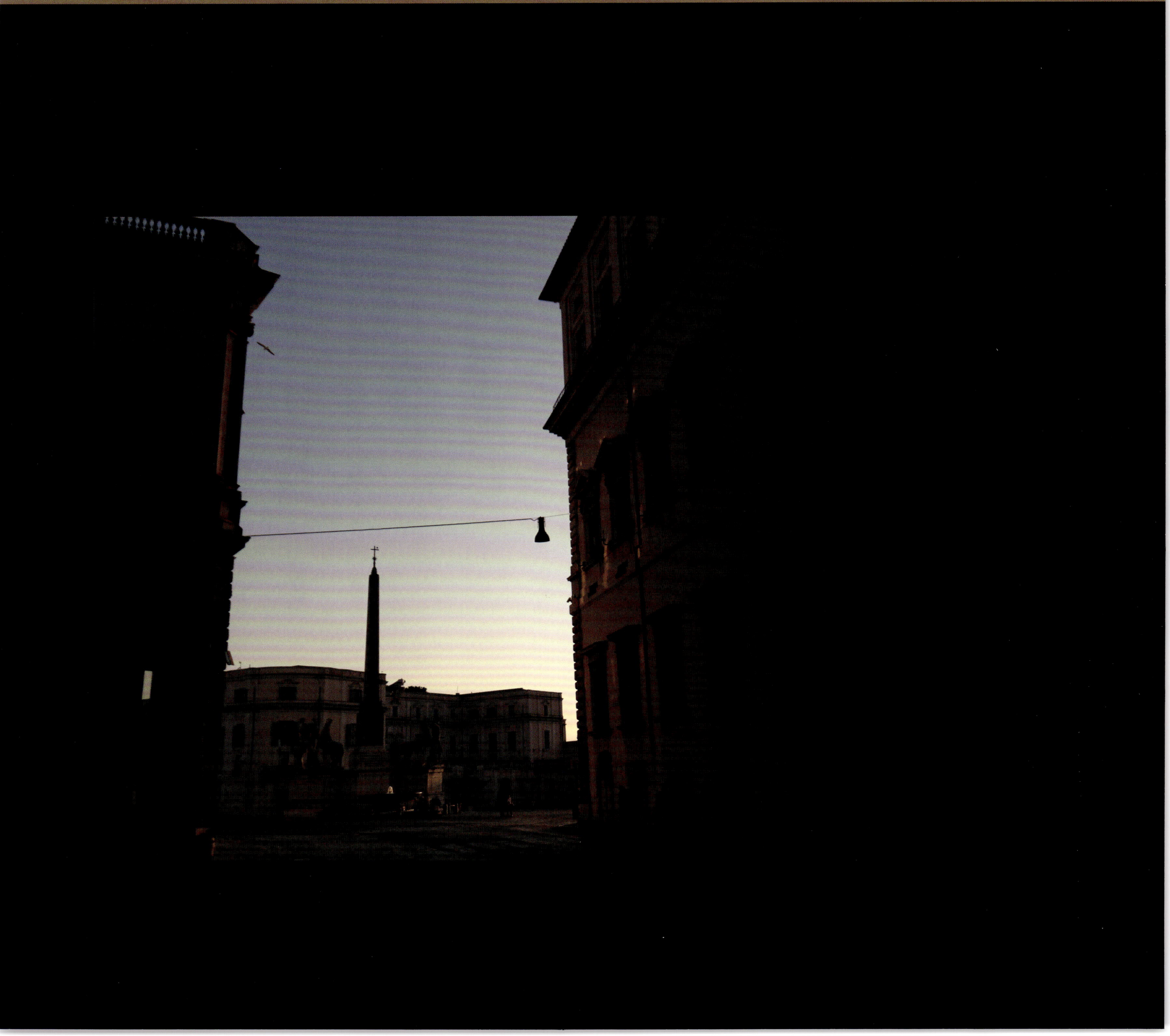

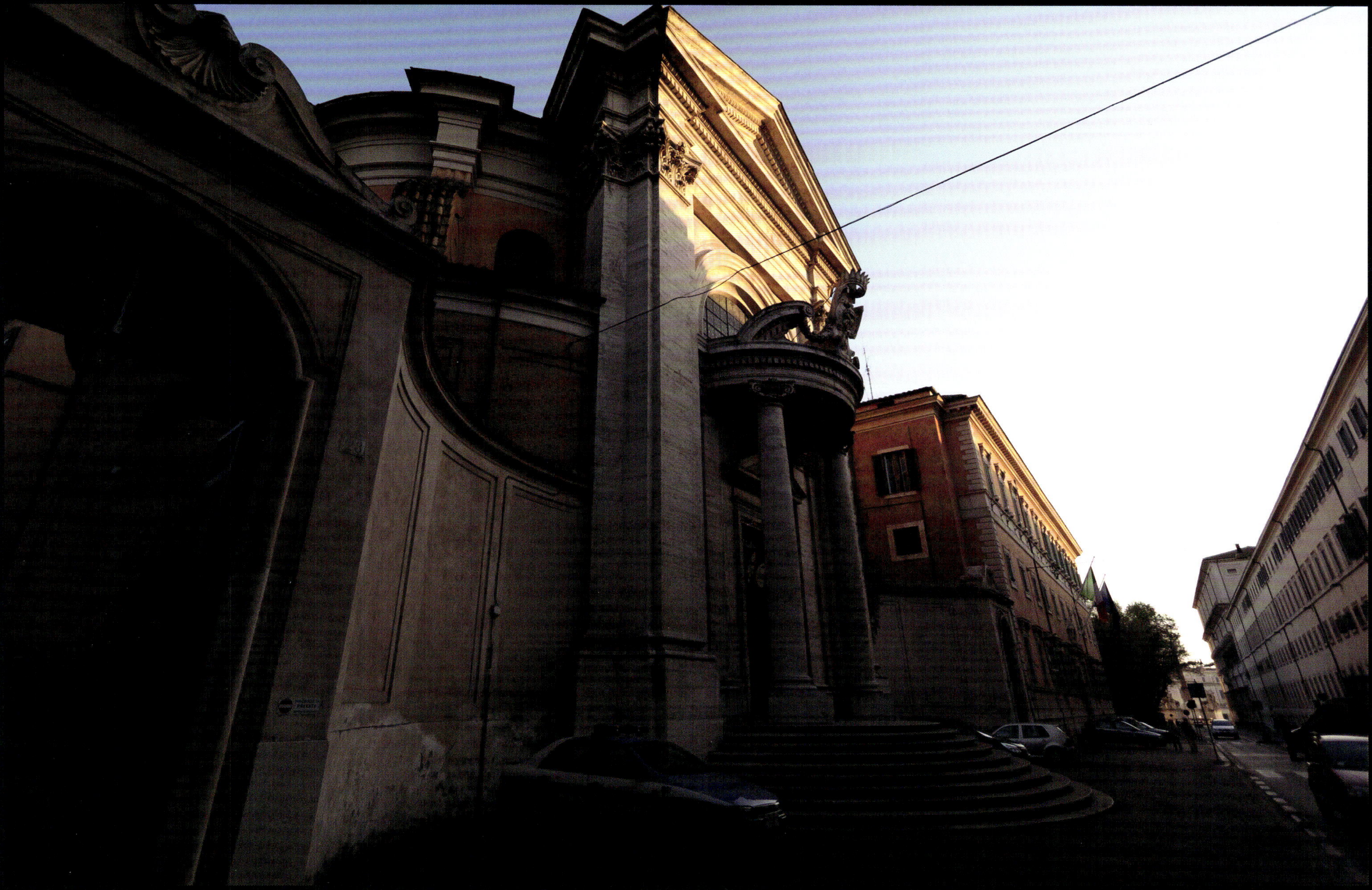

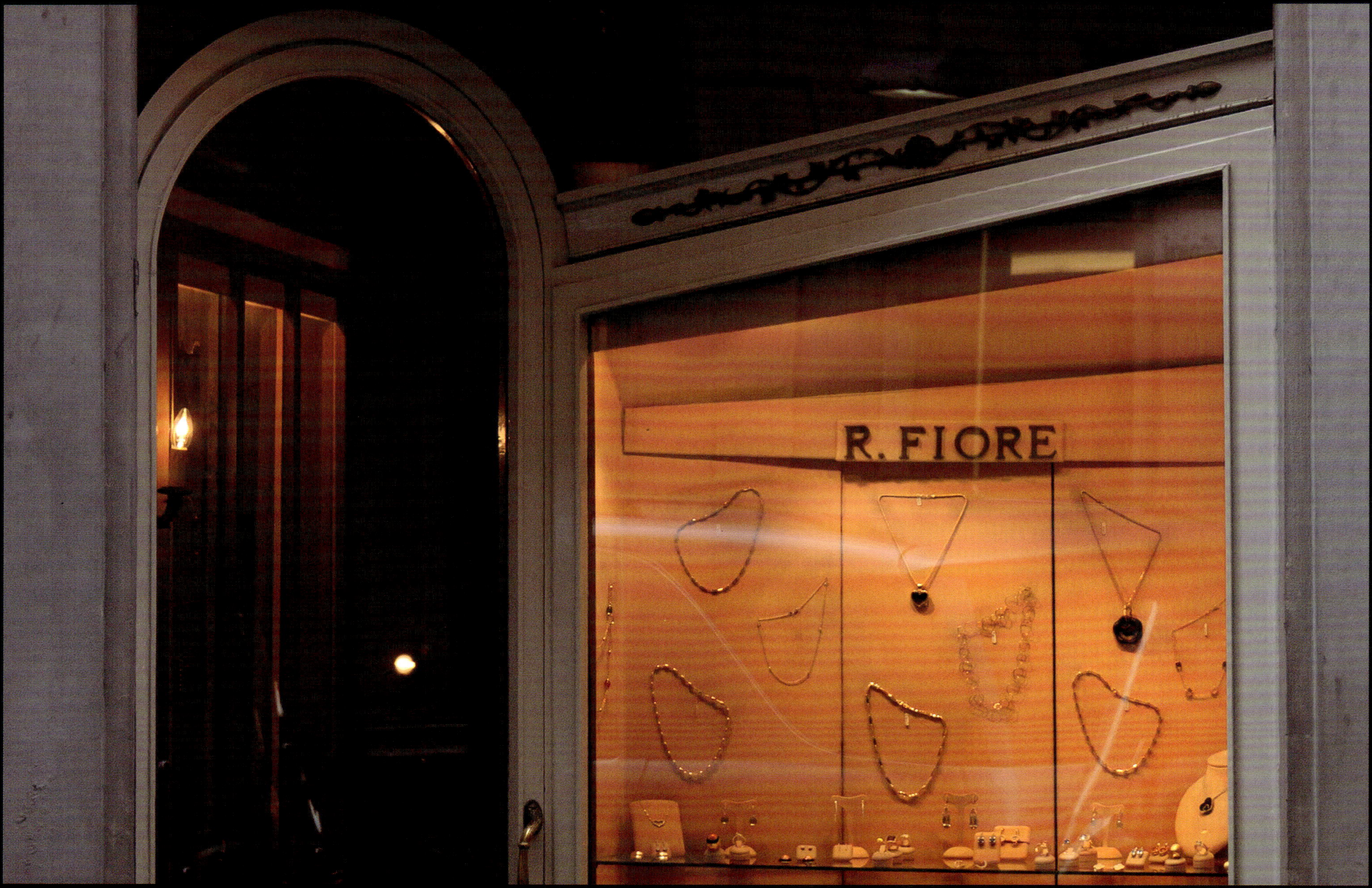
R. FIORE

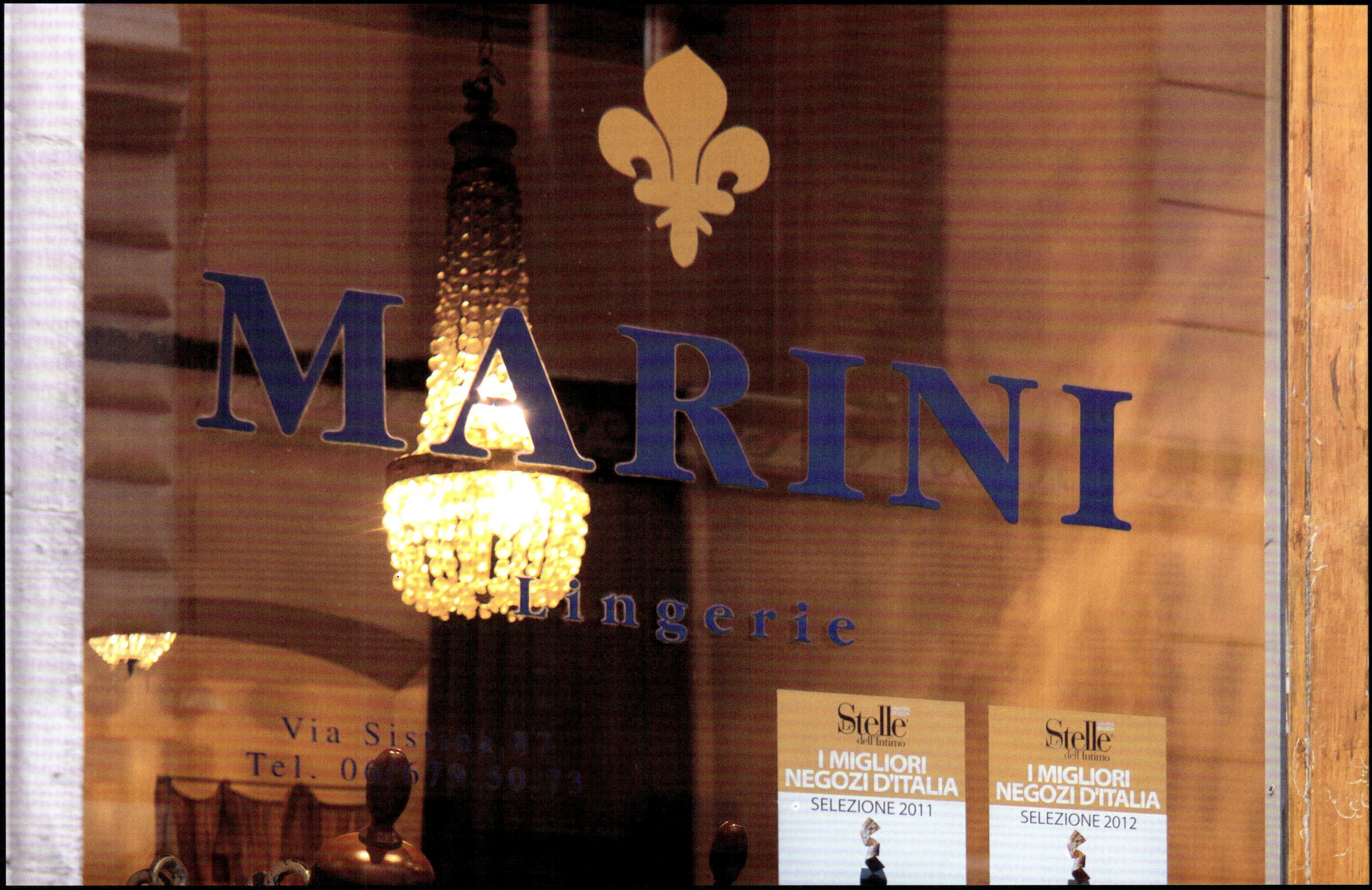
MARINI
Lingerie
Stelle dell'Intimo
I MIGLIORI NEGOZI D'ITALIA
SELEZIONE 2011
Stelle dell'Intimo
I MIGLIORI NEGOZI D'ITALIA
SELEZIONE 2012

Hinter dem schmiedeeisernen Tor des Palazzo Barberini hob sich eine sonnenrot
leuchtende Fassade mit riesigen Rundbogenfenstern gegen den dunkelblauen Abendhimmel ab.

Behind a wrought-iron gate, the façade of the Palazzo Barberini, with its great arch-headed
windows, caught the last rays of the setting sun, glowing red against a dark blue sky.

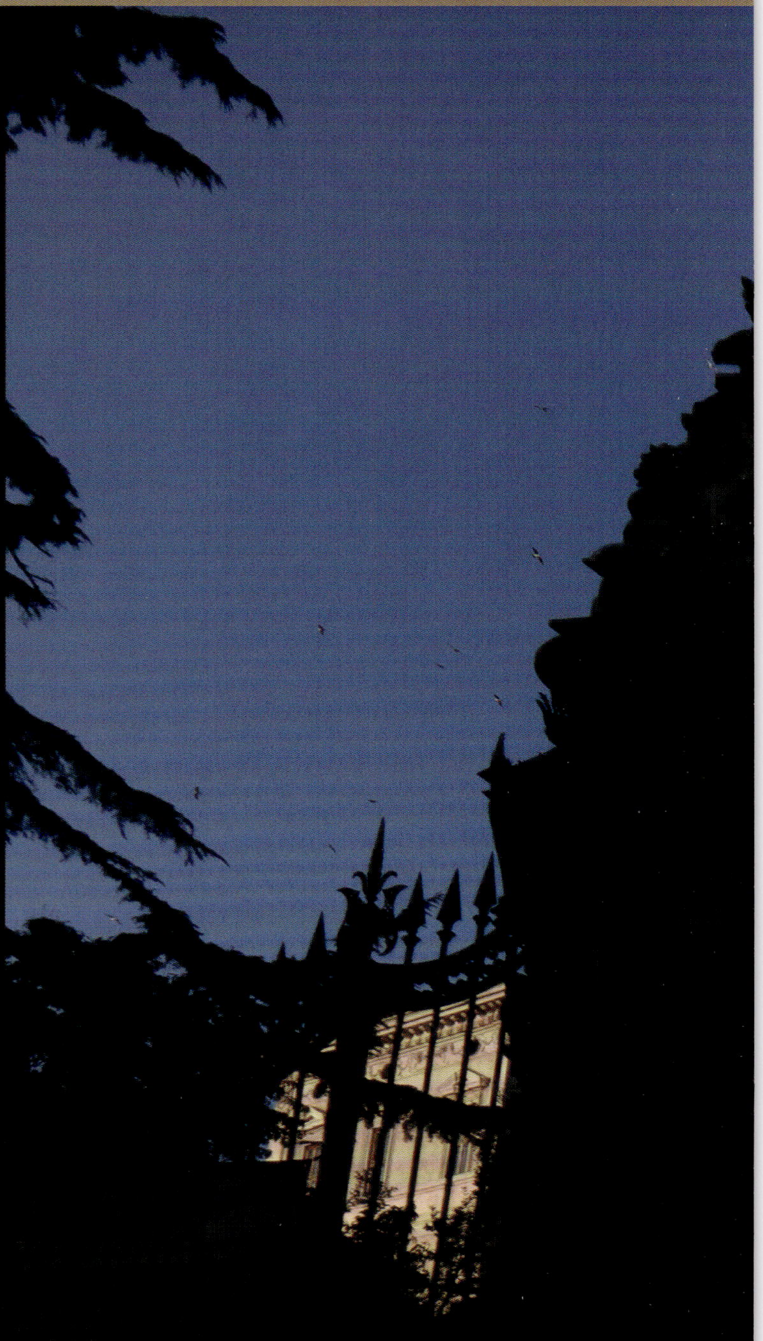

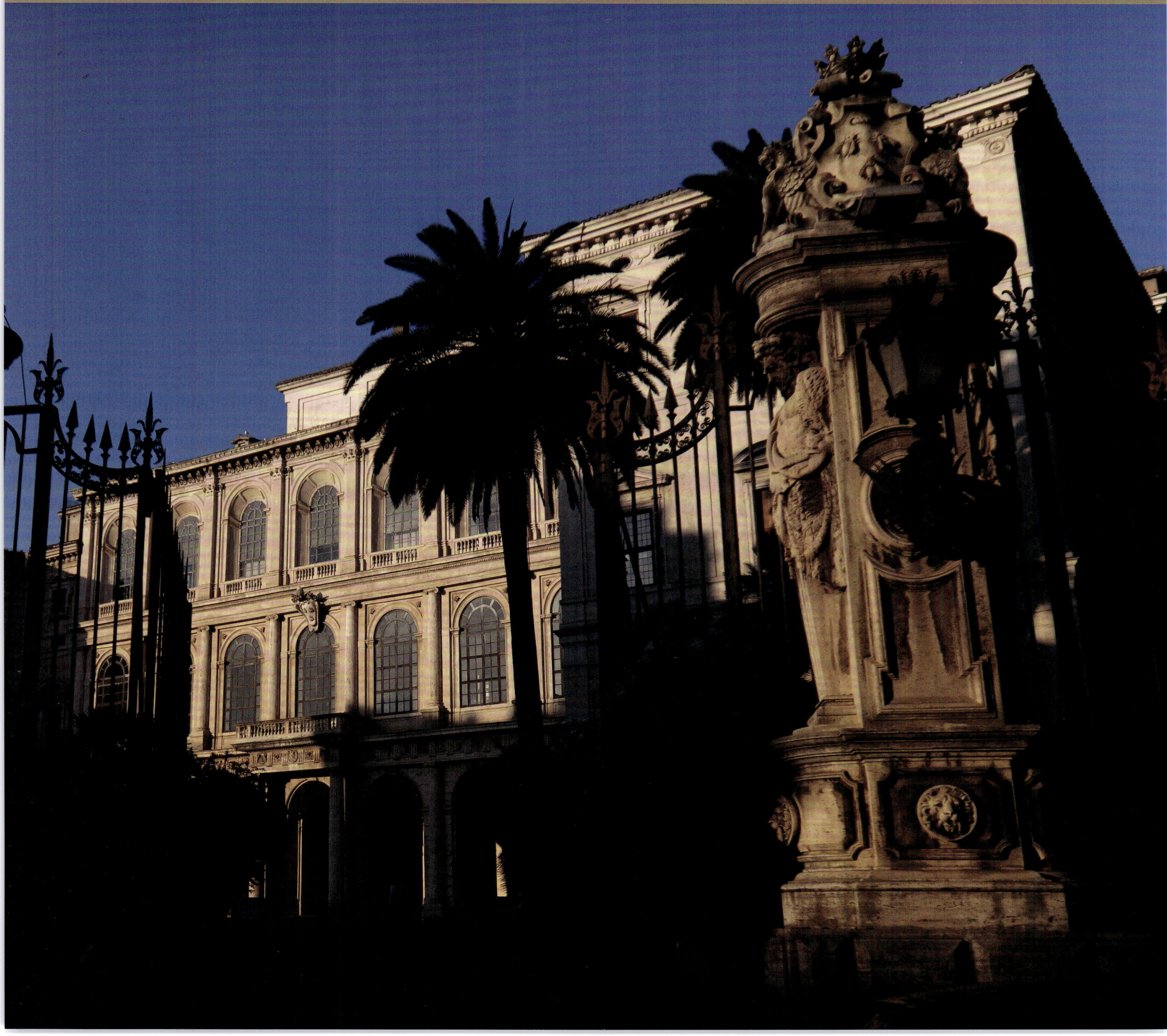

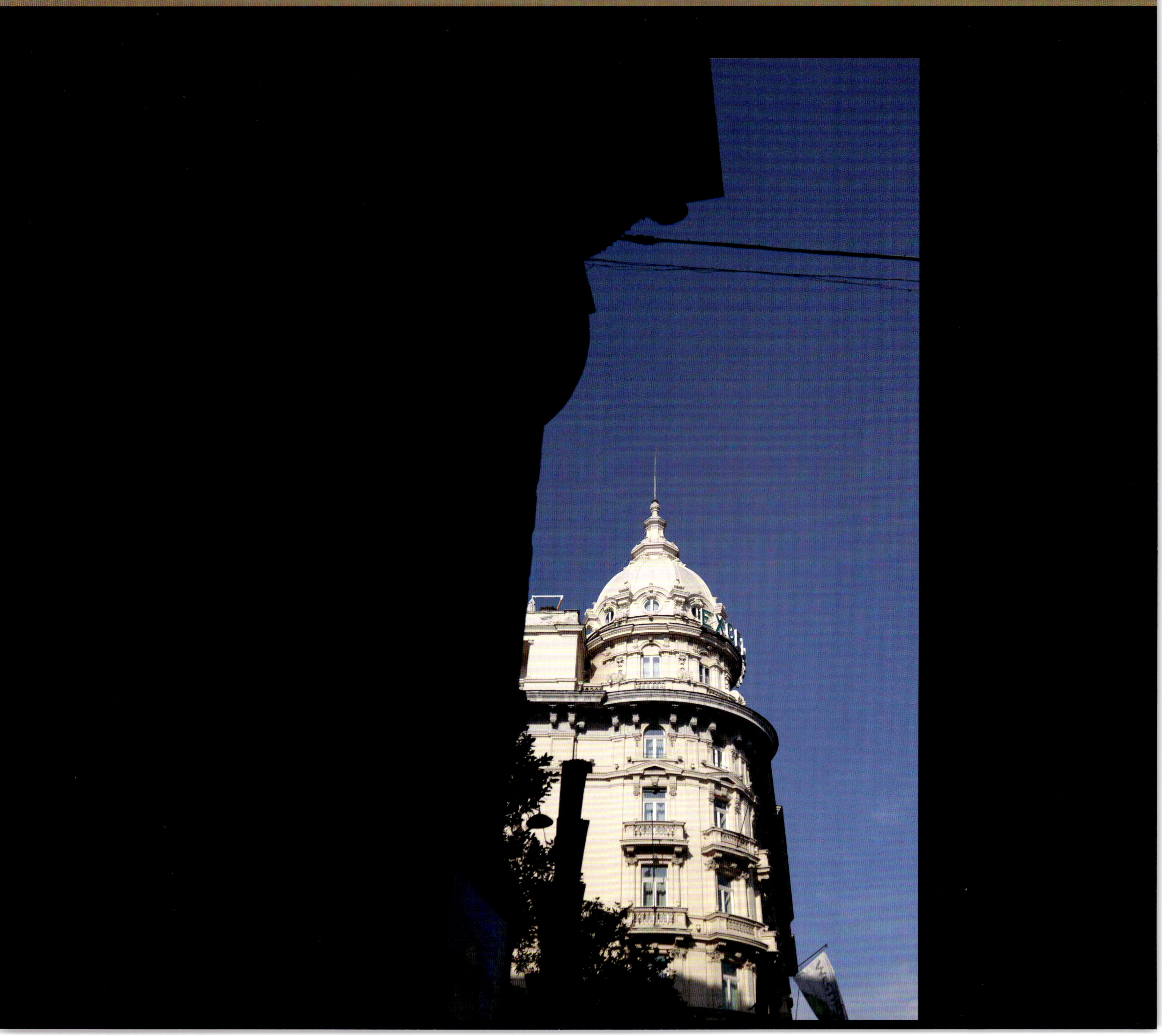

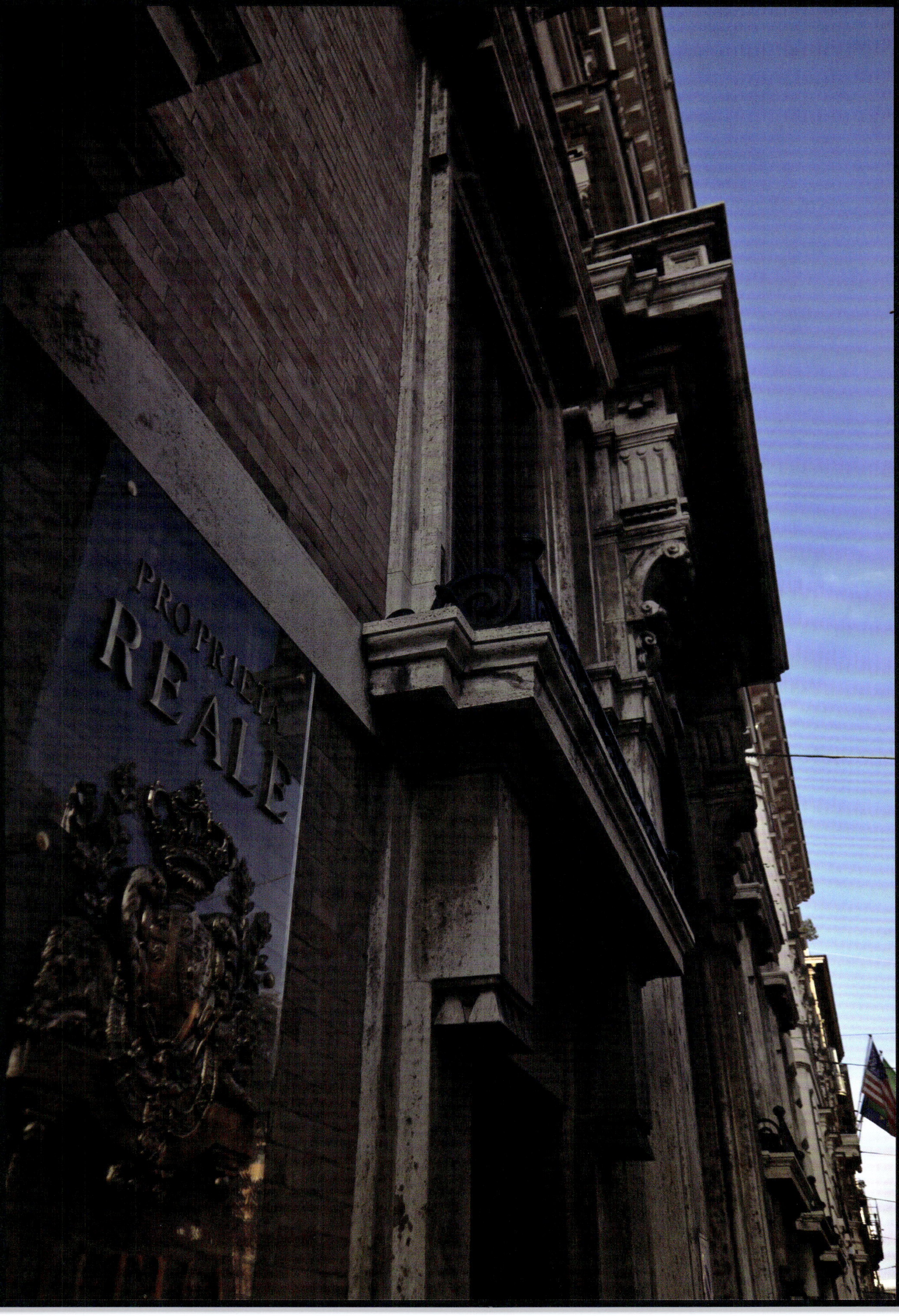
PROPRIETA
REALE

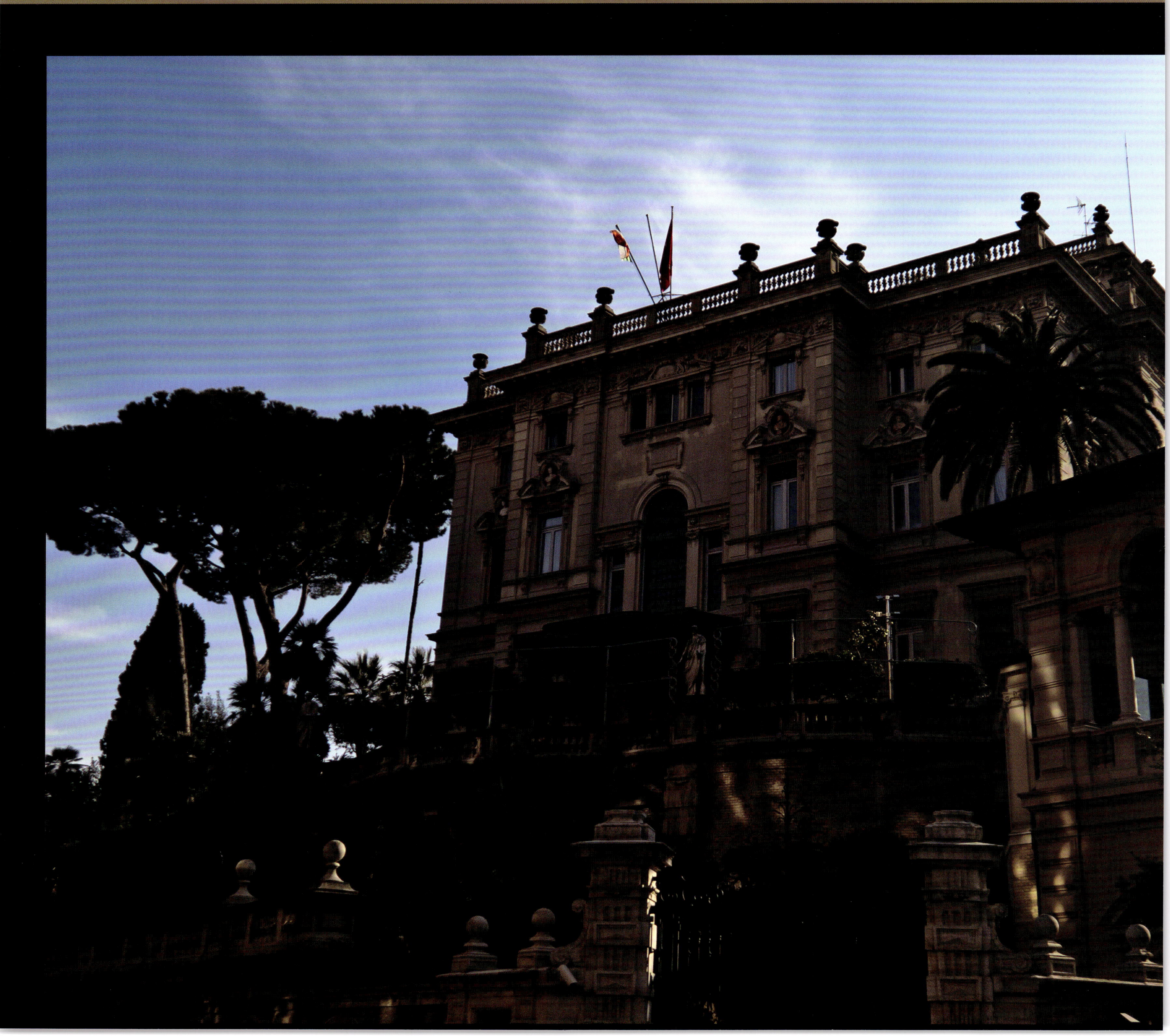

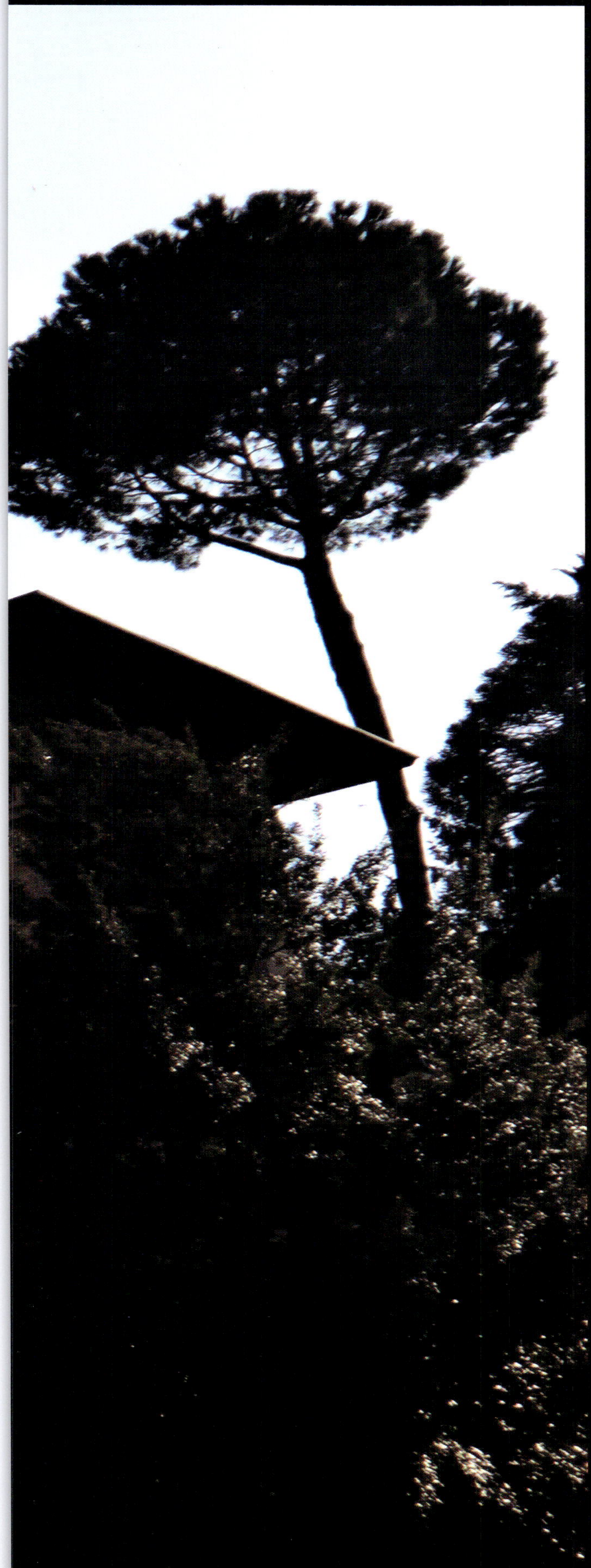

Links, hinter verzierten Mauern, thronte ein Palast auf einem Hügel:
Die Fenster trugen Giebel; Pilaster, Stuck und steinerne Balustraden schmückten die Fassade;
Palmen rahmten das Gebäude ein.

On the left, behind ornate walls, a palace stood majestically on a hill,
surrounded by a garden of palm trees. The windows bore pediments; pilasters, stucco and stone
balustrades adorned the façade.

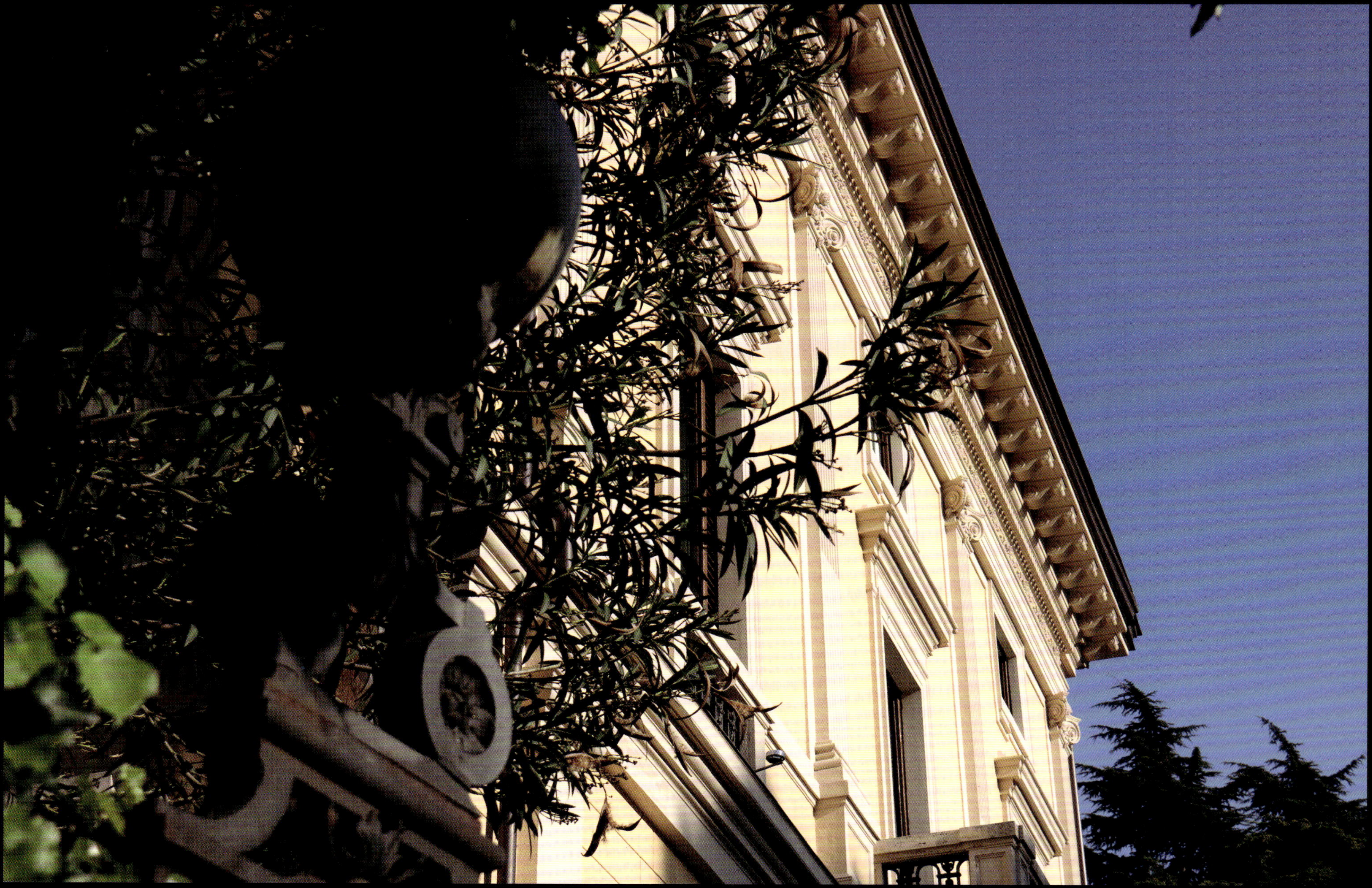

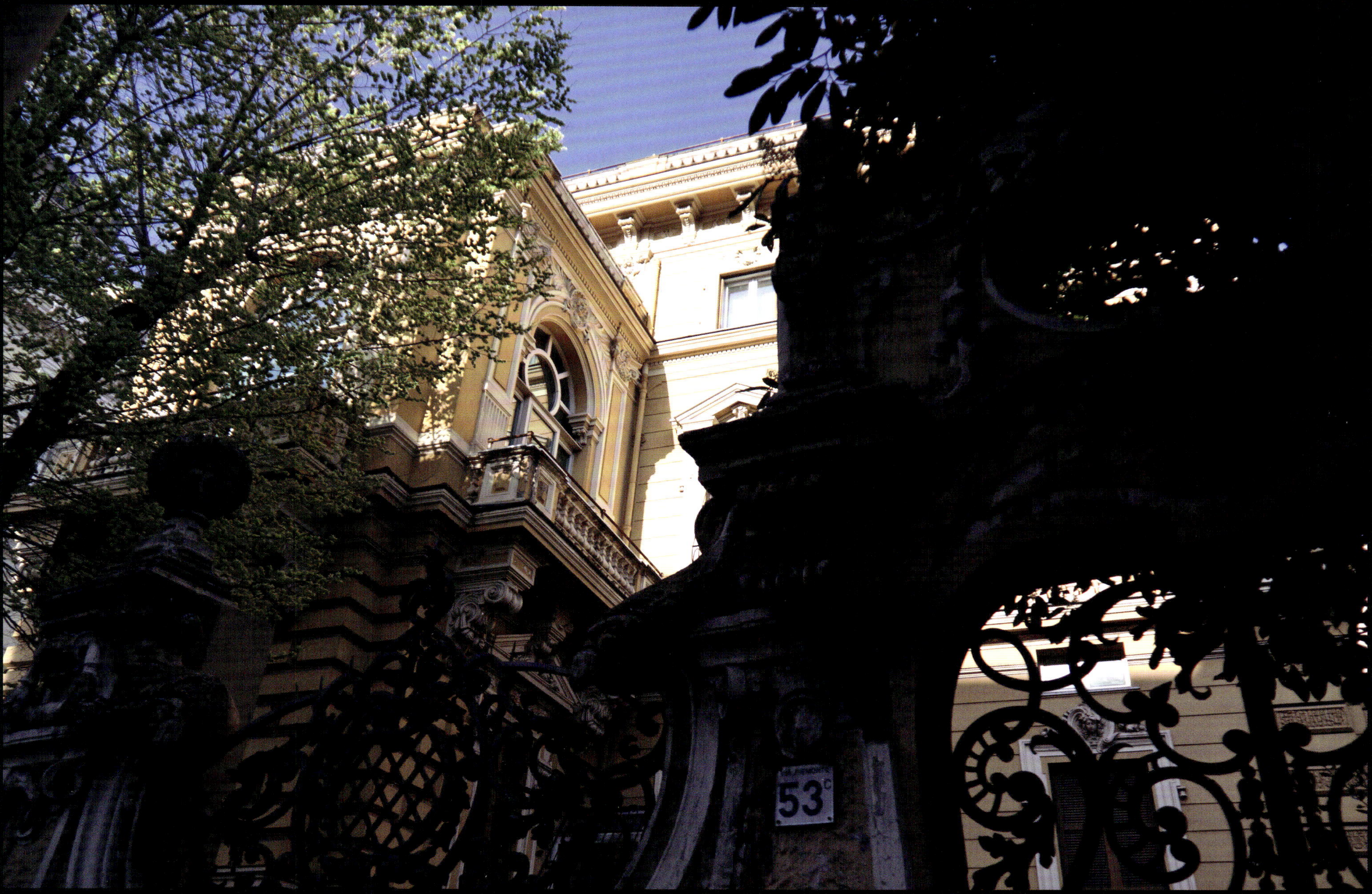
53c

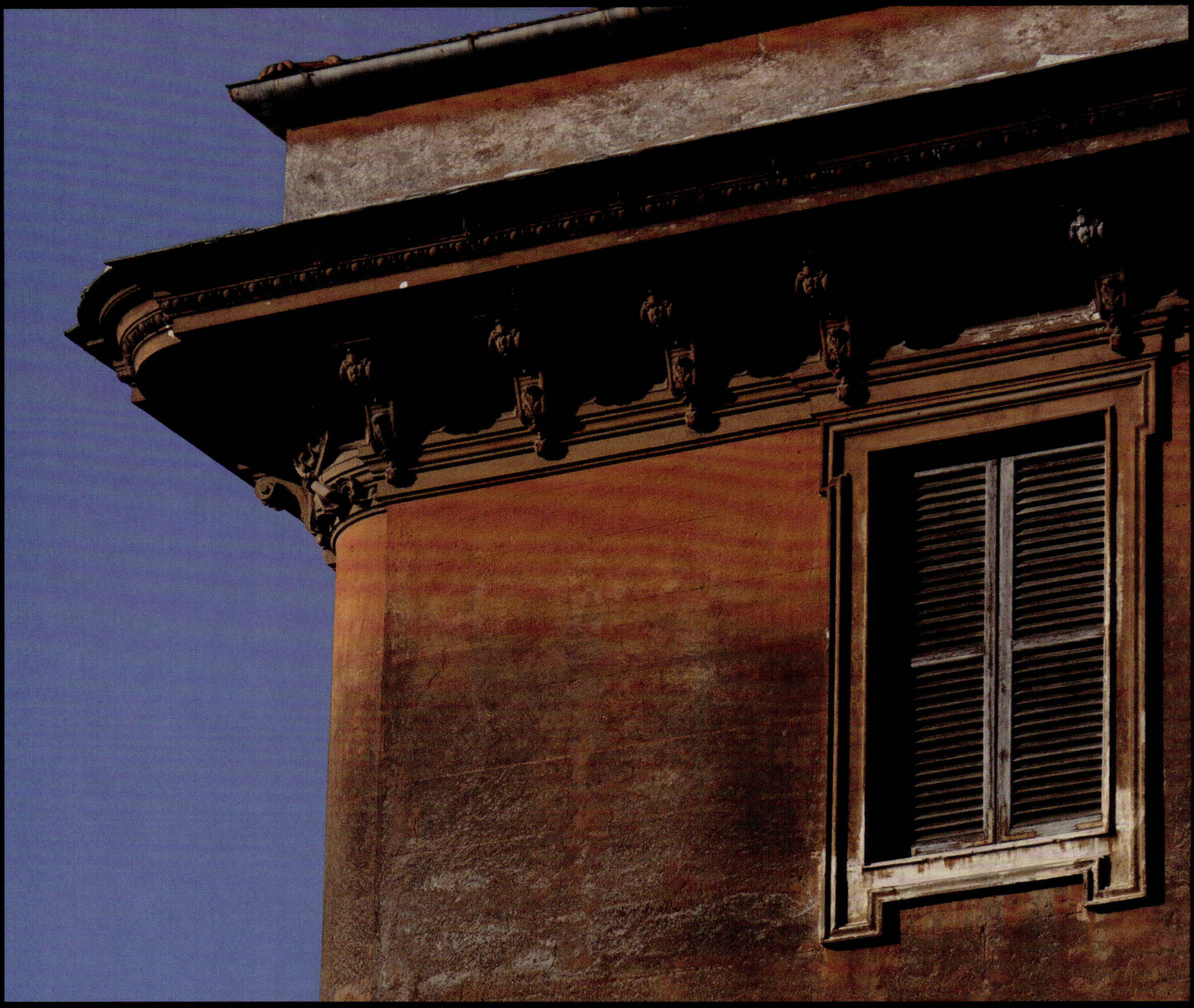

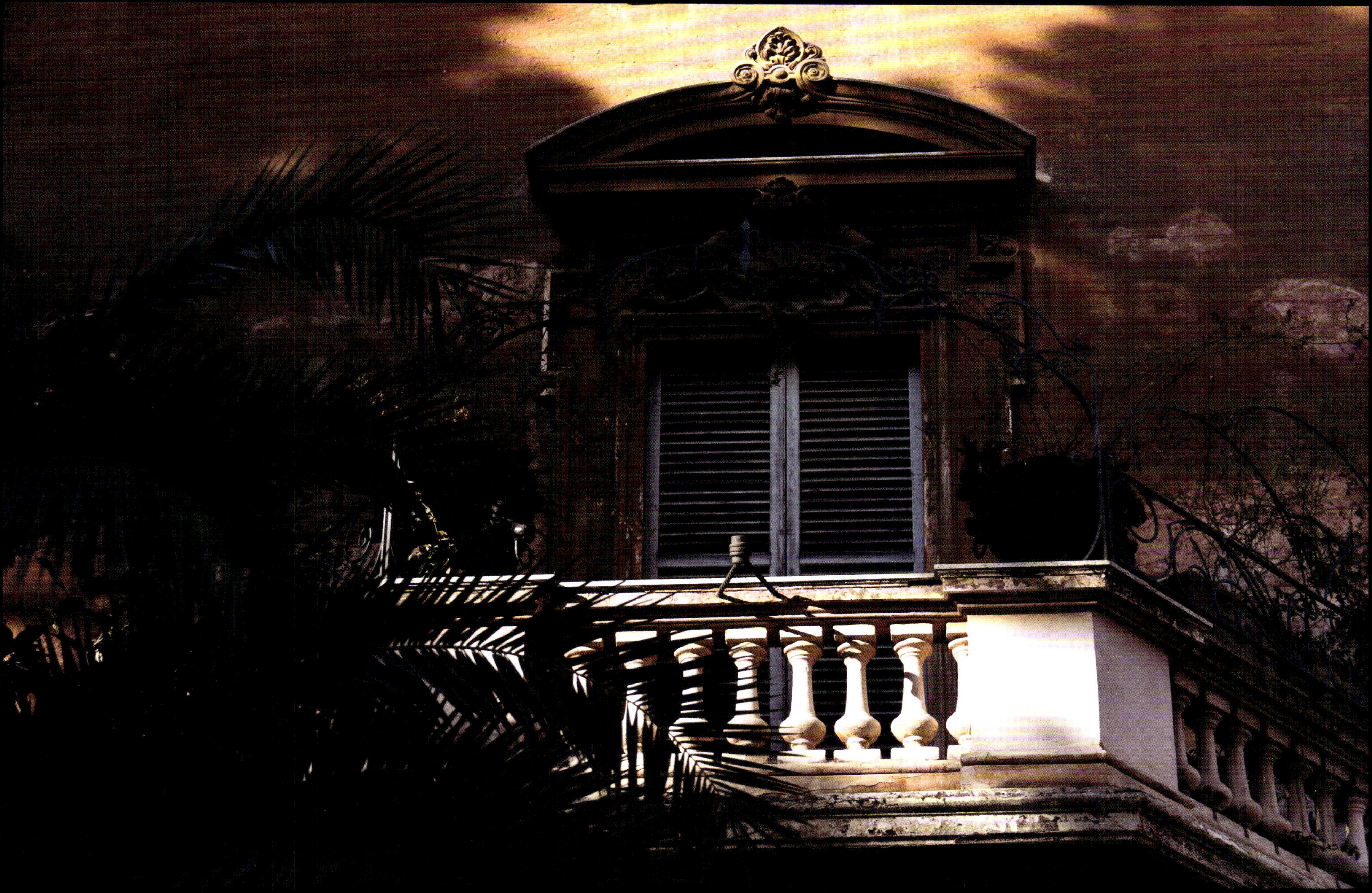

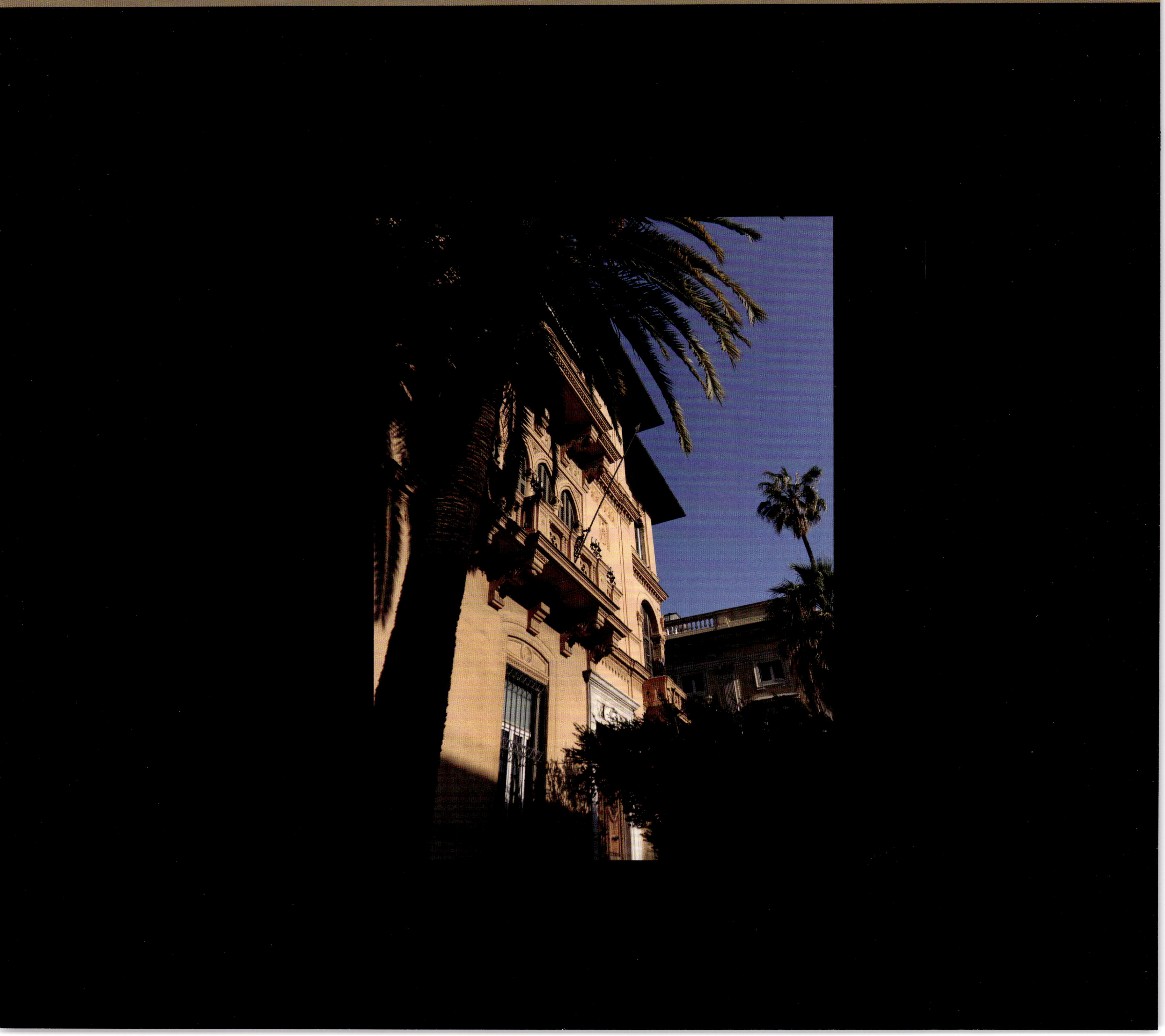

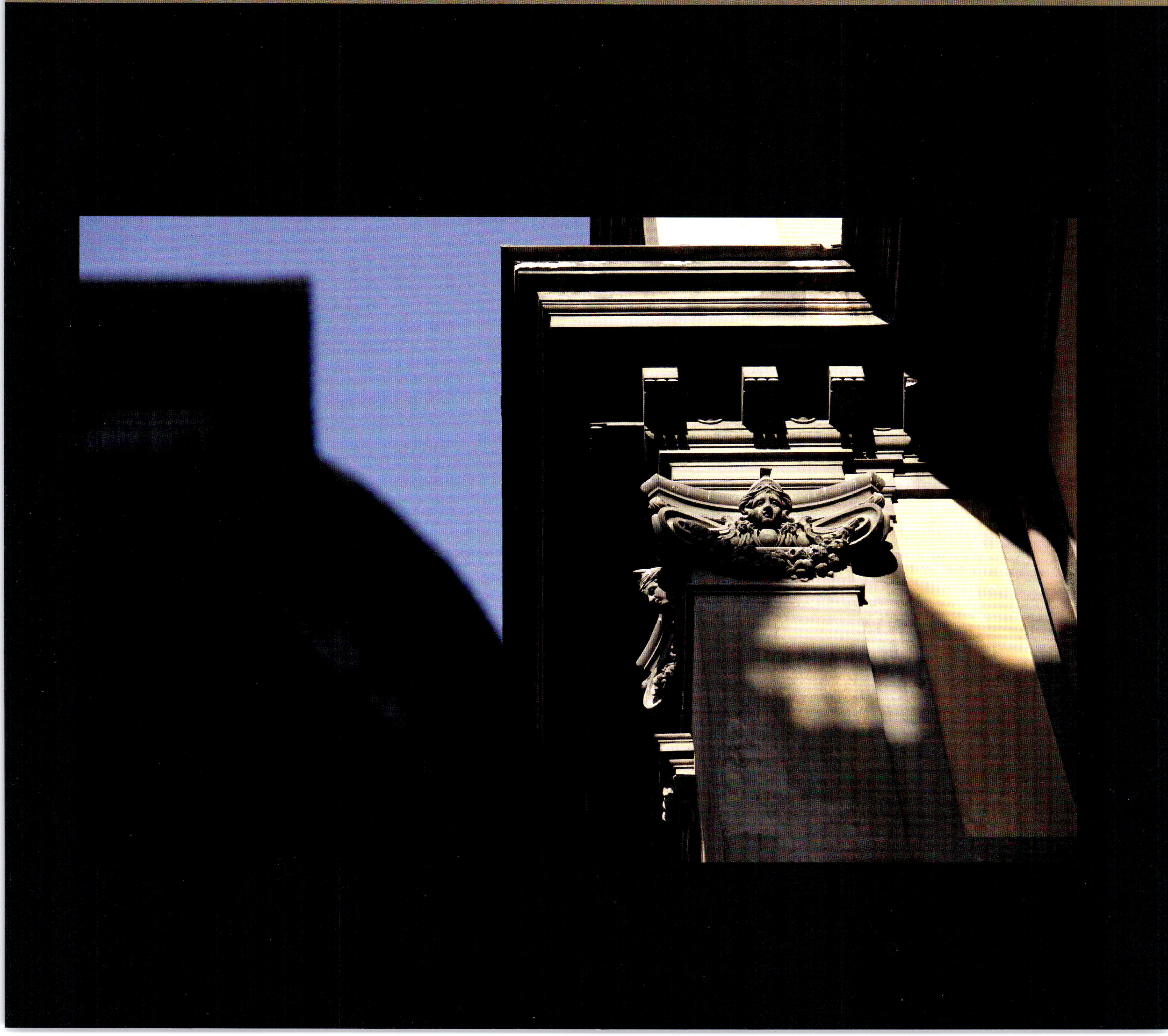

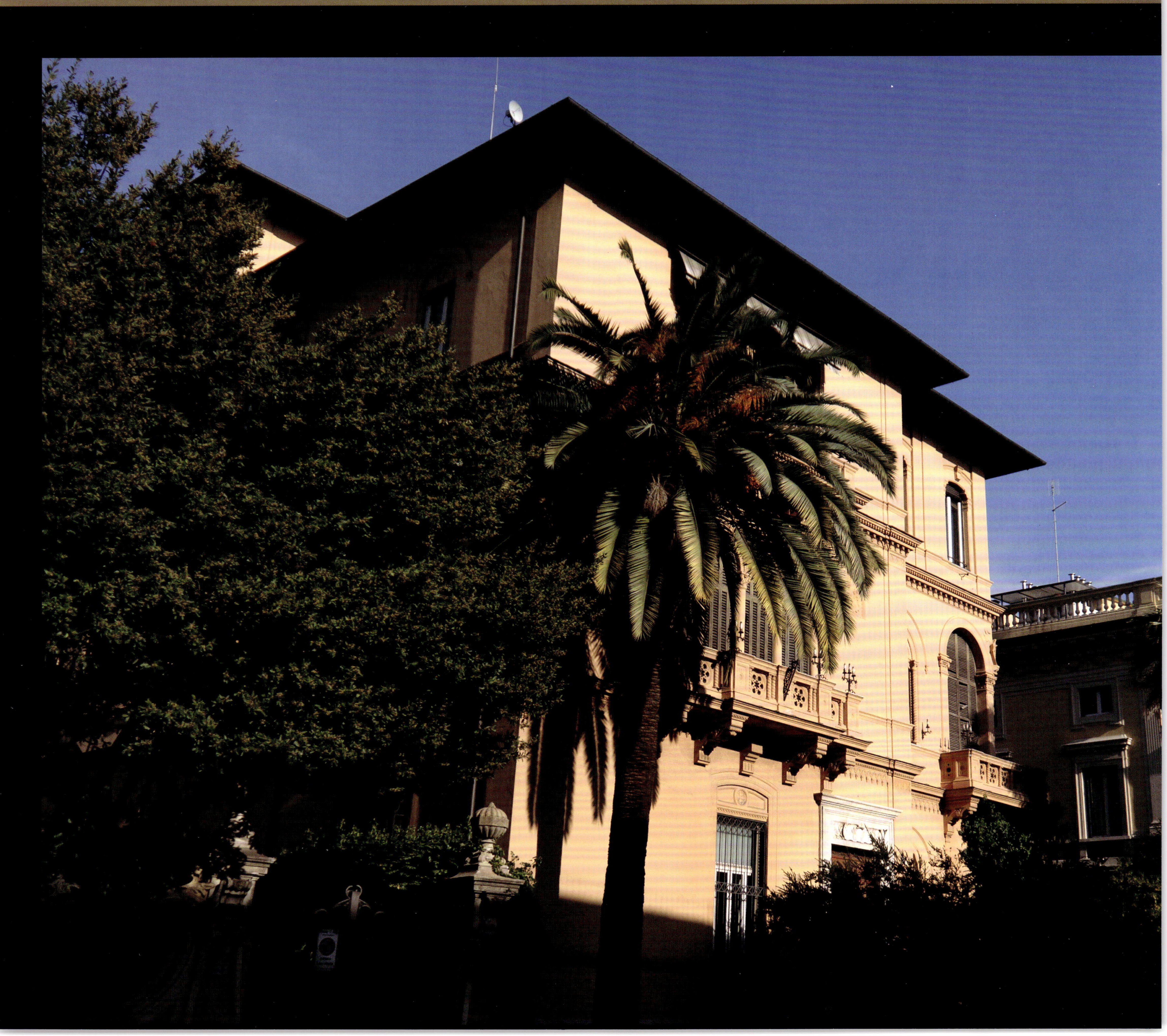

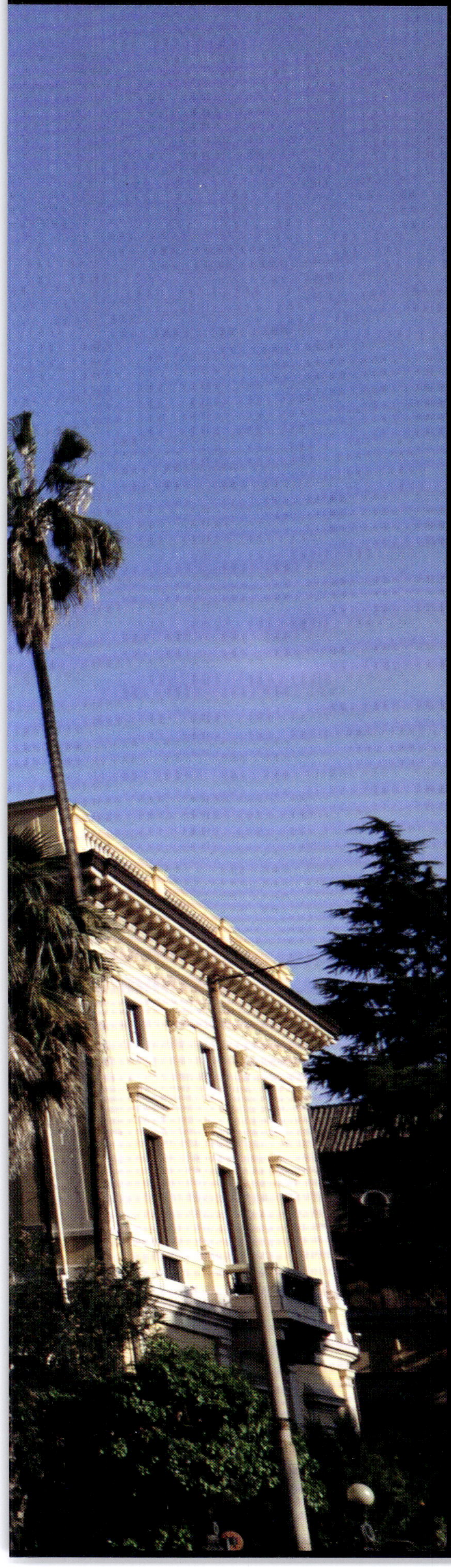

Filippo zog die Augenbrauen hoch und wies mit einem
Nicken auf die gegenüberliegende Villa. Alessio ließ seinen Blick über das Haus wandern.

Filippo raised his eyebrows and nodded towards the villa across the street. Alessio studied the house

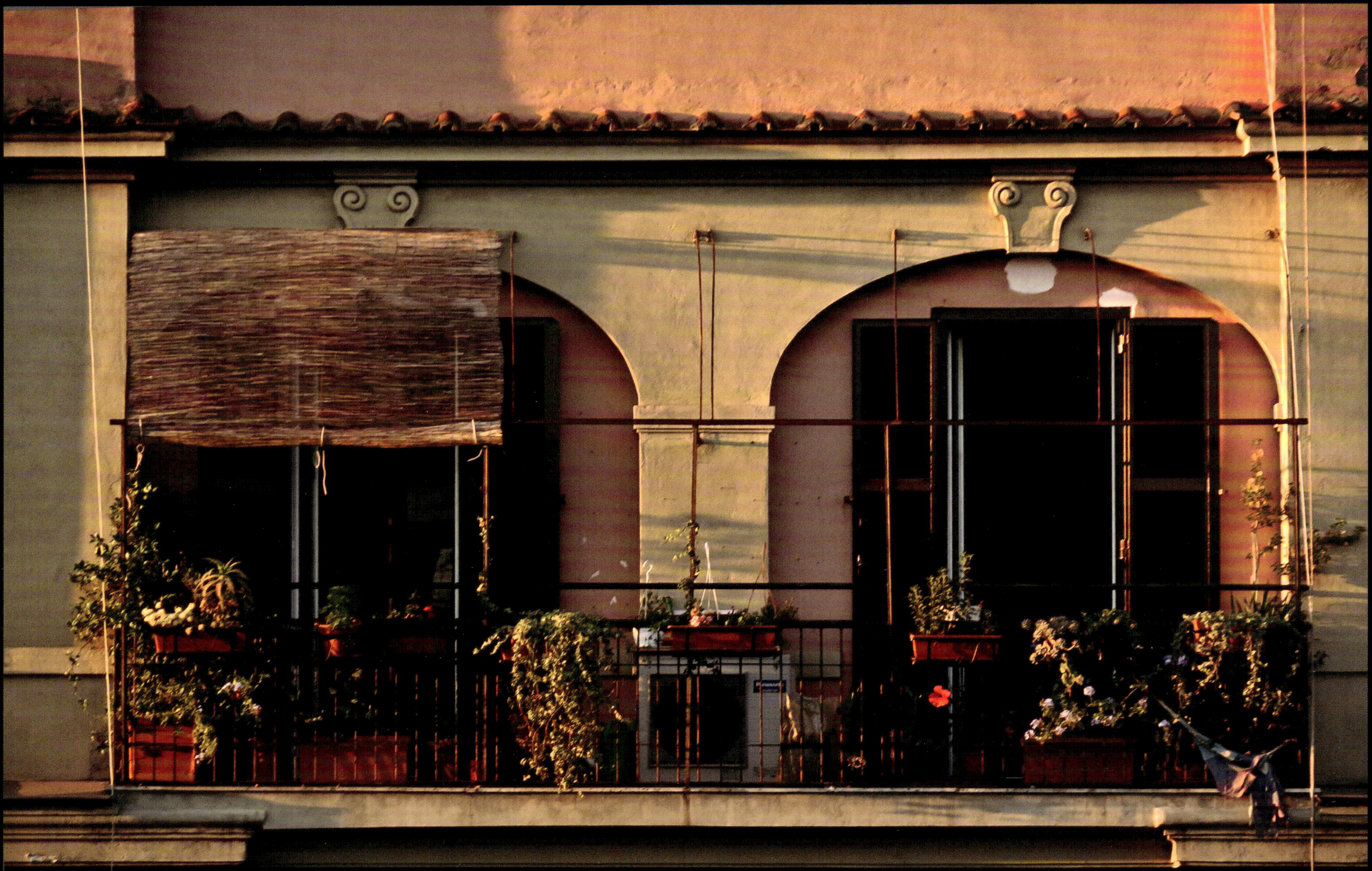

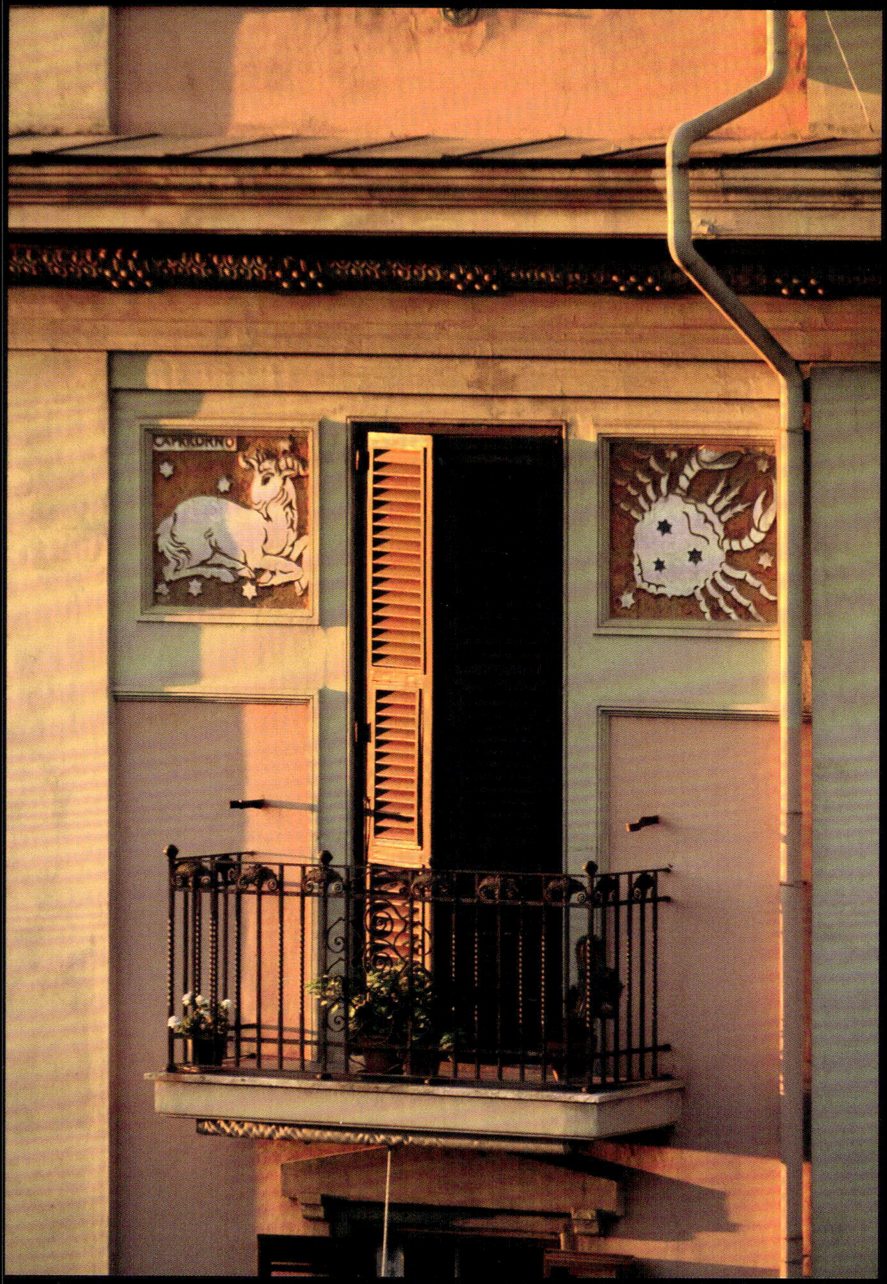

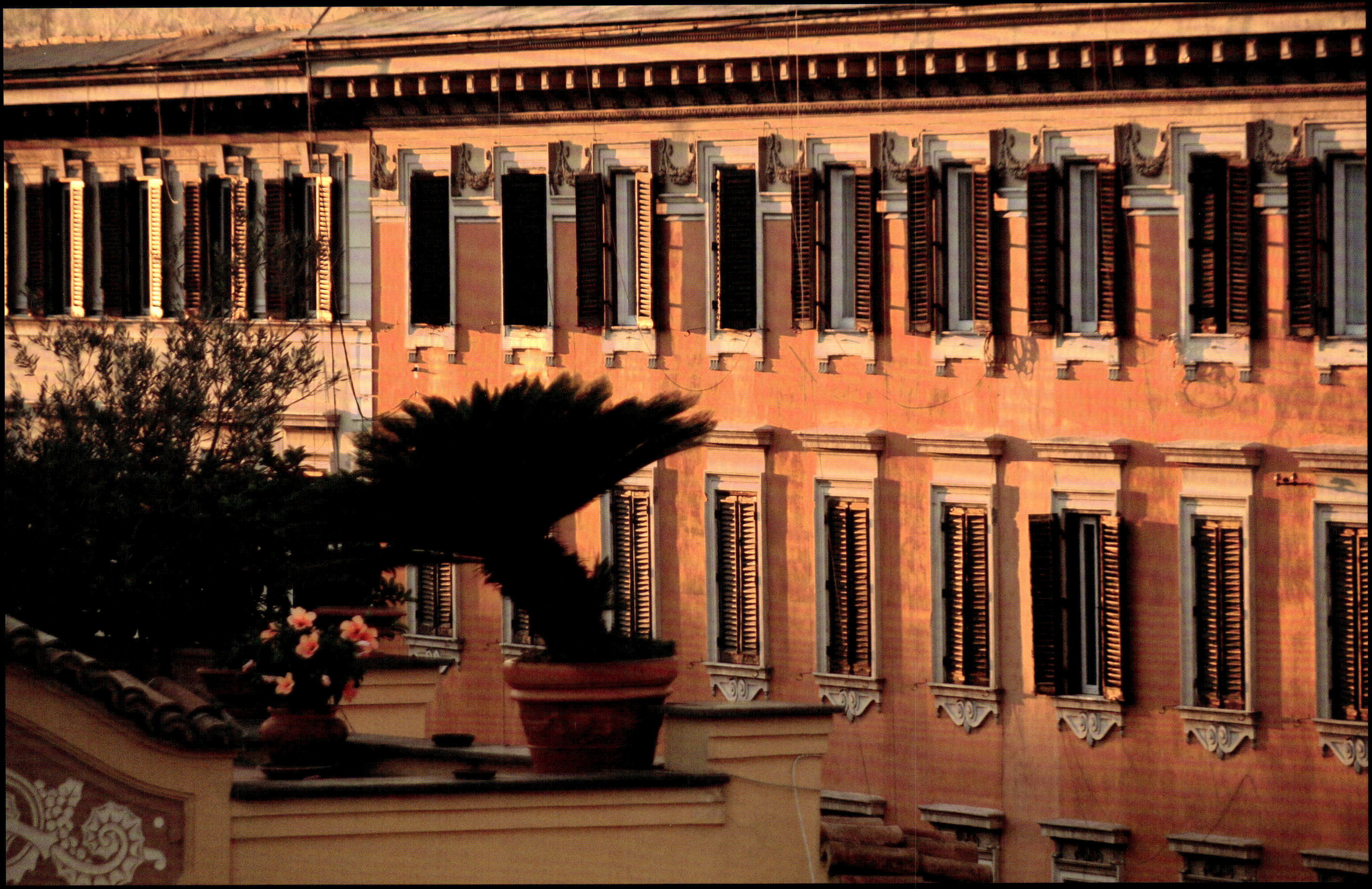

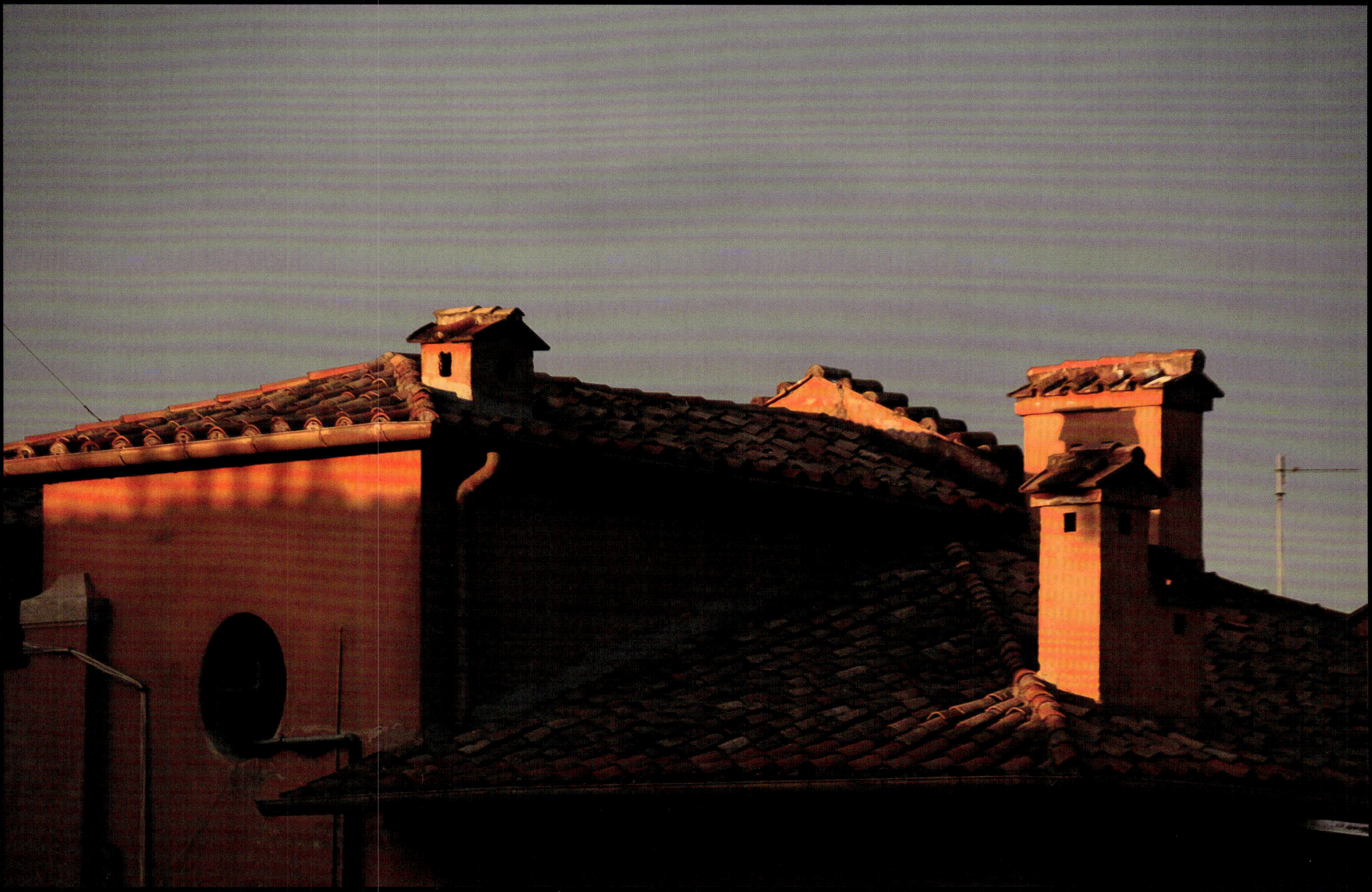

ENDE

THE END

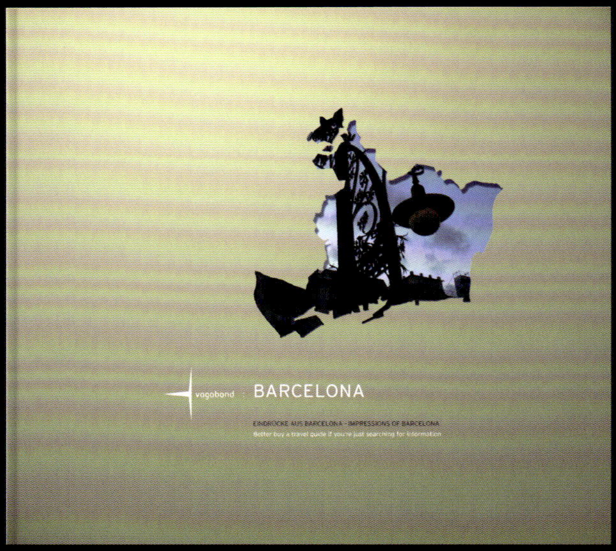

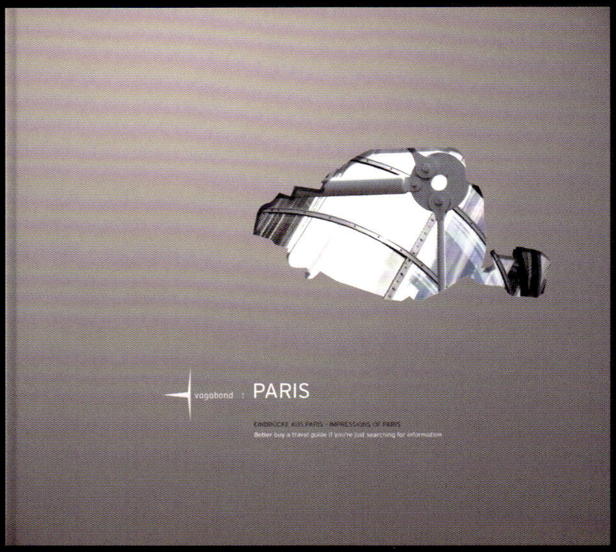

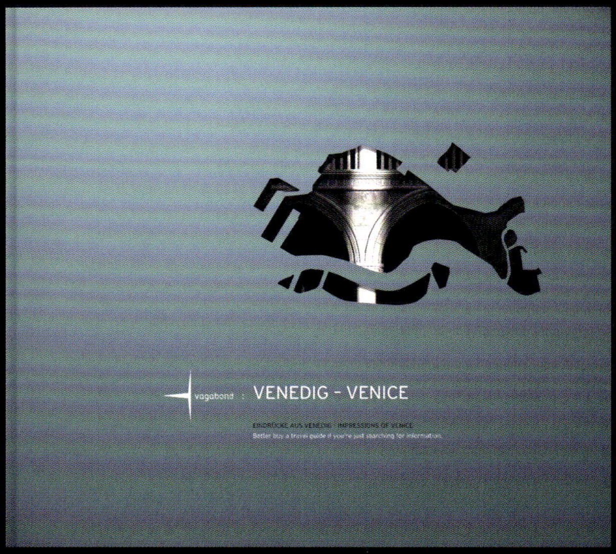

BARCELONA (Deutsch/English)
ISBN: 978-3-943254-00-6

BARCELONA – BARCELONE (Español/Français)
ISBN: 978-3-943254-01-3

PARIS (Deutsch/English)
ISBN: 978-3-943254-04-4

PARÍS – PARIS (Español/Français)
ISBN: 978-3-943254-05-1

VENEDIG – VENICE (Deutsch/English)
ISBN: 978-3-943254-02-0

VENECIA – VENISE (Español/Français)
ISBN: 978-3-943254-03-7

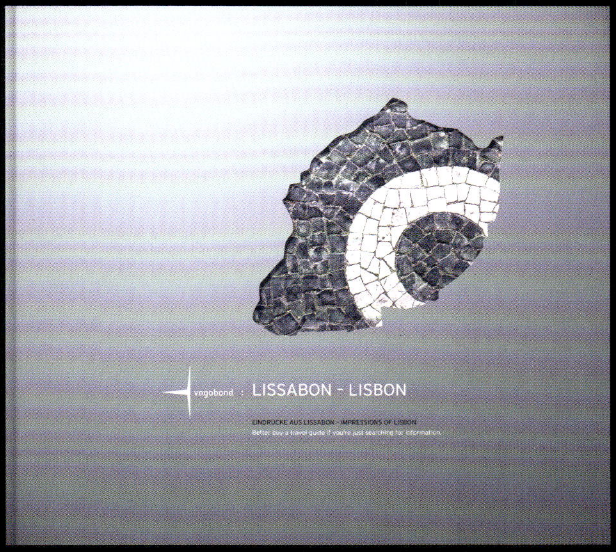

LISSABON – LISBON (Deutsch/English)
ISBN: 978-3-943254-06-8

LISBOA – LISBONNE (Español/Français)
ISBN: 978-3-943254-07-5

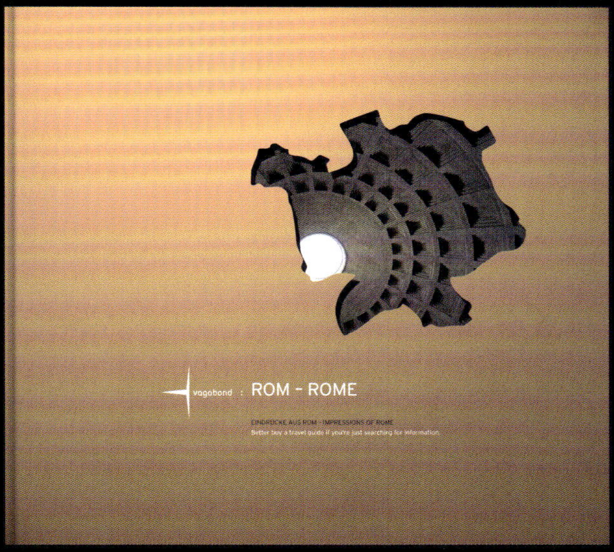

ROM - ROME (Deutsch/English)
ISBN: 978-3-943254-08-2

ROMA - ROME (Español/Français)
ISBN: 978-3-943254-09-9

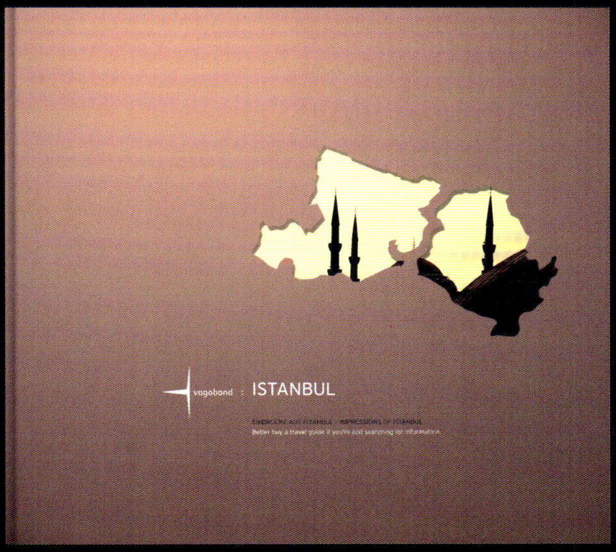

ISTANBUL (Deutsch/English)
ISBN: 978-3-943254-10-5

ESTAMBUL - ISTANBUL (Español/Français)
ISBN: 978-3-943254-11-2

Jährlich erscheinen bis zu vier neue Titel in der vagabond-books Reihe CITY IMPRESSIONS. Sortiment und Neuerscheinungen: www.vagabond-books.com

Every year vagabond-books will publish up to four new books in the CITY IMPRESSIONS series. List of publications and new titles: www.vagabond-books.com

Ein Buch aus dem vagabond-books Verlag | www.vagabond-books.com

Fotografie, Text und Gestaltung: Bernd Rücker | Englische Version: Leslie Ocker | Druckvorstufe: Marco Slowik
Druck: C&C Offset Printing Co., LTD., China

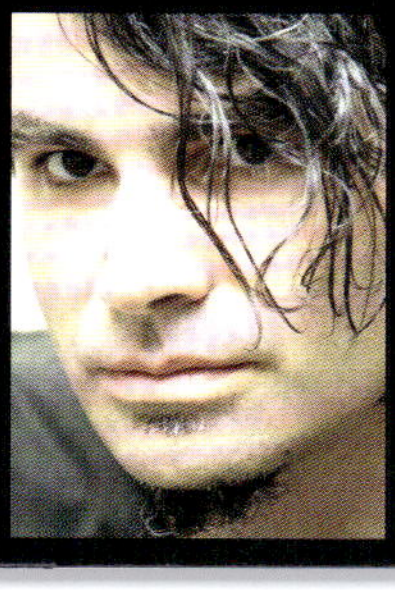

Published by vagabond-books | www.vagabond-books.com

Photographs, copy and design: Bernd Rücker | English version: Leslie Ocker | Prepress: Marco Slowik
Printed by: C&C Offset Printing Co., LTD., China

ISBN: 978-3-943254-08-2